国家社会科学基金项目(15BRK031)最终成果

重庆市课程与教学研究基地资助出版

国家社科基金丛书
GUOJIA SHEKE JIJIN CONGSHU

特殊儿童家庭赋权增能研究

Study on Empowerment for Family of
Children with Disabilities

申仁洪　著

人民出版社

目　　录

绪　　论

　　残疾人是社会的有机构成。由于人类身心发展的自然特征分布所具有的正态分布特性、个体和群体先天性遗传缺陷和后天发展偶然性与差异性的必然存在,使得残疾人是伴随人类进化的永恒主题,同时也是人类社会的基本特性。

　　作为多彩性和多元化社会的有机构成,残疾人的发展状况直接反映出一个社会的文明水平与进步程度。残疾人的学习、生活、工作、休闲和对社会的参与方式既是他们应有之权利,也是社会多样化的基本体现。因此,残疾人的发展机会、发展空间、发展路径、发展模式、发展水平不仅对残疾人群体本身具有重要的价值与意义,而且对于整个社会和整个人类也具有强大的启示意义与现实价值。在残疾人的个体发展历程中,现代社会学、心理学和教育学的最新研究成果都显示,早期经验和早期干预无论是对残疾儿童的缺陷补偿还是潜能开发,无论是对后面的学业成就还是人格发展,无论是个体生活质量还是生涯发展水平,既具有投入产出的强大效益,又具有个体社会实现价值和自我实现价值的深刻影响。对于残疾儿童早期经验和早期干预而言,家庭无疑是最为重要的场域。家庭为残疾儿童的生活与发展提供了强大的物质基础和情感依赖。家庭参与与家庭赋权增能成为残疾儿童发展的基本趋势。

　　我国庞大的人口基数,决定了残疾人群体和残疾儿童的巨大数量。2006年,我国进行了第二次残疾儿童抽样调查,结果显示,我国有各类残疾人(视力残疾、听力残疾、言语残疾、肢体残疾、智力残疾、精神残疾、多重残疾)8296万人,占全国总人口的6.34%;全国有残疾人的家庭户共7050万户,占全国家庭户总户数的17.80%;其中有2个以上残疾人的家庭户有876万户,占残疾人家庭户的12.43%;有残疾人的家庭户的总人口占全国总人口的19.98%。[1]

---

[1] 中华人民共和国统计局:《2006年第二次全国残疾人抽样调查主要数据公报》,2007年11月21日,http://www.cdpf.org.cn/sjzx/cjrgk/200711/t20071121_387540.shtml。

到 2010 年底,我国残疾人数量增加到 8502 万人,其中处于义务教育及其以前阶段的 0—14 岁的残疾儿童人口为 387 万人,占 4.66%。① 所有这些残疾儿童还仅仅是狭义上的特殊儿童。如果我们将特殊儿童的含义扩展到国际流行的定义,将学习障碍、情绪与行为障碍等发展性障碍儿童纳入,则特殊儿童的数量将会成倍增长。

联合国《儿童权利公约》(Convention on the Rights of the Child)深信"家庭作为社会的基本单元,作为家庭所有成员,特别是儿童成长和幸福之然环境应得到必要的保护和协助,以充分负起它在社会上的责任"。对残疾儿童,缔约国"应鼓励并确保在现有资源范围内,依据申请斟酌儿童的情况和儿童的父母或其他照料人的情况,对合格儿童及负责照料该儿童的人提供援助"。这些援助应"鉴于残疾儿童的特殊需要,考虑到儿童的父母或其他照料人的经济情况,在可能时应免费提供……这些援助的目的应是确保残疾儿童能有效地获得和接受教育、培训、保健服务、康复服务,就业准备和娱乐机会,其方式应有助于该儿童尽可能充分地参与社会,实现个人发展,包括其文化和精神方面的发展"。② 联合国《残疾人权利公约》(Convention of the Rights of Persons with Disabilities)深信"家庭是自然和基本的社会组合单元,有权获得社会和国家的保护,残疾人及其家庭成员应获得必要的保护和援助,使家庭能够为残疾人充分和平等地享有其权利作出贡献"。为此,"缔约国应当确保残疾儿童在家庭生活方面享有平等权利。为了实现这些权利,并为了防止隐藏、遗弃、忽视和隔离残疾儿童,缔约国应当承诺及早向残疾儿童及其家属提供全面的信息、服务和支助"。③

美国 1975 年颁布的 PL94-142 法案(the Education for All Handicapped Children Act of 1975)和 2004 年颁布的 PL108-779(Individuals with Disabilities Education Improvement Act of 2004, IDEA)将家长参与与程序性保护一起构筑为零拒绝、最少受限制环境、免费的恰当教育(通过个别化教育方案加以体现)、

---

① 中国残疾人联合会:《2010 年末全国残疾人总数及各类、不同残疾等级人数》,2012 年 6 月 26 日,http://www.cdpf.org.cn/sjzx/cjrgk/201206/t20120626_387581.shtml。
② 联合国:《儿童权利公约》,1990 年 9 月 2 日,http://www.un.org/chinese/hr/issue/docs/24.PDF。
③ 联合国:《残疾人权利公约》,2008 年 5 月 3 日,http://www.un.org/chinese/esa/social/disabled/。

非歧视性评估等现代特殊教育原则得以有效贯彻的两大基石。① 无论在 0—2 岁的早期介入服务、3—5 岁的早期教育服务、6—21 岁的个别化教育服务,还是儿童从一个阶段到另外一个阶段、从一个结构到另外一个机构的转衔服务,在特殊儿童个别化家庭服务计划(Individual Family Service Plan,IFSP)和个别化教育计划(Individual Education Plan,IEP)中,家长取得了一系列的权利:作为计划团队必然成员,参与教育(干预)服务方案的制订、实施与效果评估,获知有关孩子获得免费恰当教育的学校教育事务,通过面谈、寻求调解和听证乃至诉讼等程序解决与教育当局的相关争议。为此,IDEA 要求各州建立一个遍及全州的、广泛的、协调的、跨学科的、跨部门的系统,为残障婴幼儿及其家庭提供早期干预服务,并由联邦教育部提供经费资助各州对这一系统的效能进行评估。同时联邦教育部还需为非营利性的家长组织提供资助,在各州建立家长训练与信息中心(Parent Training and Information Centers)和社区家长资源中心(Community Parent Resource Centers),为残障儿童家长和家庭,特别是那些因较少接受资源、信息和其他相关服务而处于危险境地的家长和家庭,提供支持与服务,达成残障儿童和家长发展目标。②

我国作为联合国《儿童权利公约》和《残疾人权利公约》的签署国,自然遵守这两个公约的相关要求。同时,我国的相关法律也对家长和家庭的相关权利以及对家长和家庭的支持作出了相应的规定。构建起相对完善的特殊教育法律体系。《中华人民共和国宪法》第四十五条规定:"国家和社会帮助安排盲、聋、哑和其他有残疾的公民的劳动、生活和教育。" 1986 年《中华人民共和国义务教育法》第九条规定:"地方各级人民政府为盲、聋哑和弱智的儿童、少年举办特殊教育学校(班)。"将特殊教育举办纳为政府责任。2006 年 9 月 1 日颁布实施新修订的《中华人民共和国义务教育法》在第六条第一款、第十九条第一款和第二款、第三十一条第三款、第五十七条第一款、第四十三条第三款五处分别就特殊教育的均衡发展、特殊教育学校建设、随班就读教育质量、特殊教育教师待遇、特殊教育学校运行保障等方面作出规定。2008 年 4 月 24

---

① H.R.Turnbull,A.Turnbull & M.Wehmeyer,*Exceptional Lives:Special Education in Today's Schools*,Upper Saddle River,NJ:Merrill/Prentice Hall,2010,p. 20.

② *Individuals With Disabilities Education Improvement Act of* 2004(PL108-779)(20 U.S.C. 1400 Et Seq.),November 17,2004,Section,pp. 671-672.

日,第十一届全国人民代表大会常务委员会第二次会议修订的《中华人民共和国残疾人保障法》明确了要"维护残疾儿童的合法权益,发展残疾儿童事业,保障残疾儿童平等地充分参与社会生活,共享社会物质文化成果",为此需要对残疾儿童进行恰当的康复、教育、劳动就业保障、参与文化生活保障、社会保障、无障碍环境建设,并对此分别进行了详细的规定。2017年,国务院修订颁布的《残疾人教育条例》第二条规定:"国家保障残疾人享有平等接受教育的权利,禁止任何基于残疾的教育歧视。残疾人教育应当贯彻国家的教育方针,并根据残疾人的身心特性和需要,全面提高其素质,为残疾人平等地参与社会生活创造条件。"第八条规定:"残疾人家庭应当帮助残疾人接受教育。残疾儿童、少年的父母或者其他监护人应当尊重和保障残疾儿童、少年接受教育的权利,积极开展家庭教育,使残疾儿童、少年及时接受康复训练和教育,并协助、参与有关教育机构的教育教学活动,为残疾儿童、少年接受教育提供支持。"[①]正是这一规定,使得家庭参与成为我国特殊教育的基本要求。但是家庭参与是要有前提条件的,即家庭要有参与意愿、参与能力和参与路径。家庭赋权增能不可避免地提上了议事日程。

在政策层面,党的十七大报告中提出"关心特殊教育",十八大报告发展为"支持特殊教育",十八届五中全会和十九大报告要求"办好特殊教育"。党的政策这一发展进程蕴含了从慈善到伦理再到义务的内在逻辑演进。2008年,《中共中央、国务院关于促进残疾人事业发展的意见》指出:"促进残疾人事业发展,有利于维护残疾人合法权益,促进社会公平正义,实现全体人民共享改革发展成果;有利于调动残疾人的积极性、主动性和创造性,发挥残疾人在促进改革发展稳定中的重要作用,实现经济社会又好又快发展;有利于促进我国人权事业全面发展,体现社会主义制度的优越性,树立我国良好的国际形象。"为此,要健全残疾人服务体系:"针对残疾人特殊性、多样性、类别化的服务需求,建立健全以专业机构为骨干、社区为基础、家庭邻里为依托,以生活照料、医疗卫生、康复、社会保障、教育、就业、文化体育、维权为主要内容的残疾人服务体系。""有条件的地方要对贫困残疾人家庭住宅无障碍改造提供资

---

① 国务院:《残疾人教育条例(国令第674号)》,2017年2月23日,http://www.gov.cn/zhengce/content/2017-02/23/content_5170264.htm。

助";"鼓励发展残疾人居家服务,有条件的地方建立残疾人居家服务补贴制度"。① 按照中央的统一要求,家庭既是特殊儿童发展和教育的重要参与力量和残疾人服务体系的有机构成,同时本身又要得到支持和相关服务。家庭能力的提升逐渐成为残疾儿童服务的重要内容。

2016 年,国务院颁布的《"十三五"加快残疾人小康进程规划纲要》将这些规定具体化为:"对收养残疾儿童的家庭给予更多政策优惠支持,使更多的残疾儿童回归家庭生活。"对家庭无障碍建设方面,"加大贫困重度残疾人家庭无障碍改造工作力度",有条件的地方对贫困残疾人家庭无障碍改造给予补贴。残疾预防方面,"广泛开展以社区和家庭为基础、以一级预防为重点的三级预防工作"。残疾康复方面,"加强残疾人健康管理和社区康复,依托专业康复机构指导社区和家庭为残疾人实施康复训练,推动基层医疗卫生机构普遍开展残疾人医疗康复"。残疾儿童教育方面,"继续采取'一人一案'方式解决好未入学适龄残疾儿童少年义务教育问题。规范为不能到校学习的重度残疾儿童送教上门服务。……对符合资助政策的残疾学生和残疾人子女优先予以资助;建立完善残疾学生特殊学习用品、教育训练、交通费等补助政策"。家庭文化建设方面,实施文化进家庭"五个一"项目,帮助中西部和农村地区10 万户贫困、重度残疾人家庭每年读一本书、看一次电影、游一次园、参观一次展览、参加一次文化活动。家长支持方面,"加强对残疾儿童家长的指导支持,为残疾儿童成长提供良好的家庭环境"。② 由中残联、国家卫计委、民政部、教育部、人力资源社会保障部联合颁布的《残疾人康复服务"十三五"实施方案》规定:"发挥社会服务组织、残疾人协会、残疾人亲友等作用,利用社区服务设施,就近就便为精神、智力、肢体等残疾人提供日间照料、生活自理能力训练等服务。广泛开展残疾儿童家长、残疾人及亲友培训、心理疏导,对家庭康复和残疾人互助康复给予支持。"③所有这些都涉及充分发挥特殊儿童家庭

---

① 《中共中央、国务院关于促进残疾人事业发展的意见》,2008 年 4 月 23 日,http://www.gov.cn:8080/jrzg/2008-04/23/content_952483.htm。

② 《国务院关于印发"十三五"加快残疾人小康进程规划纲要的通知(国发〔2016〕47 号)》,2016 年 8 月 3 日,http://www.gov.cn/zhengce/content/2016-08/17/content_5100132.htm。

③ 中国残疾人联合会、国家卫计委、民政部、教育部、人力资源社会保障部:《残疾人康复服务"十三五"实施方案》,http://www.tejiao.net/news/zhengce/2018-06-18/8903.html。

的主动性、能动性,同时在这一进程中为特殊儿童家庭提供强大的救助和支持,促进家庭的就业增收,建立健全以家庭为基础、社区为依托、机构为支撑的残疾人托养服务体系,实现与儿童、老年人护理照料服务体系的衔接和资源共享,最终提升家庭生活质量。

基于上述缘由,本书以多学科视角,从"人与文化"整合的高度,借鉴国际上的经验与成果,紧紧抓住我国特殊儿童及家庭能力发展的边缘化、隐性化、同质化、经验化、顺应性等诸多问题,采用宏观研究与微观研究相结合、纵贯研究与横剖研究相结合,定性研究与定量研究相结合的方式,采取文献分析—现状调查—因素分析—问题呈现—原因探讨—理论建构—实践开发与验证的基本路径,研究我国特殊儿童家庭面临的压力状况、应对模式,进而建构本土化的伙伴协作定向的赋权增能模式及其实践效能(见图0.1)。

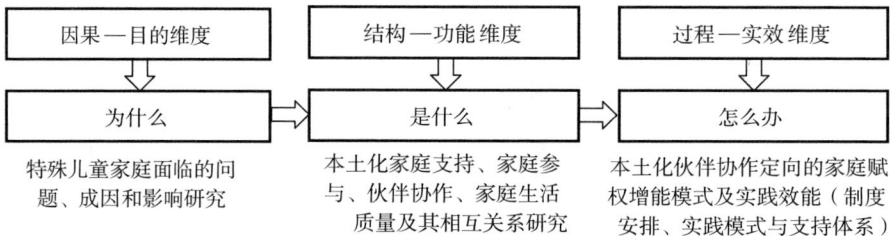

图0.1 本书研究思路

本书的研究内容为我国特殊儿童的出生和成长给家庭所带来的压力及其影响、家庭的应对模式及其效能、家庭所需要的支持需求及其满足度、特殊儿童家庭生活质量及其影响因素、家庭对孩子成长发展的参与程度与参与模式、家庭与专业人士的交互作用方式及其有效的伙伴协作模式,在此基础上探究家庭支持、家庭参与、伙伴协作、家庭生活质量与家庭赋权增能的关系模型、本土化可操作的特殊儿童家庭赋权增能运行模式。

基于上述理解,首先,本书将个人发展、家庭成长和社会支持有机整合作为特殊儿童发展的价值归依,研究我国本土化特殊儿童及家庭发展现状,从而丰富社会主义和谐社会理论。其次,以跨学科视角从人口学、社会学、心理学、教育学、人类学的角度,整合特殊儿童家庭支持、家庭参与、伙伴协作、家庭生活质量,归纳提炼出基于文化整合的本土化特殊儿童家庭赋权增能模式,从而揭示我国特殊儿童家庭力量提升的变化规律及其文化特性。同时,本书将特殊儿童家庭赋权增能看成是一个动态发展演进的文化生存方式,通过建立其与家庭支持、家庭参与、伙伴协作、家庭生活质量的关系模型,彰显我国特殊儿童及其家庭成长的特点与"自我属性",丰富我国特殊教育学和残疾儿童心理学的学科内容。

在此基础上,本书以"生活质量"为导向,基于儿童个人特质、家庭伙伴协作和社会系统支持的三向互动,坚持"人与文化""家庭与专业""儿童与社会""社会支持与家庭参与"整合与同一的基本立场,以特殊儿童家庭伙伴协作为突破口,关注其赋权增能的有效运作模式,试图将理论品位和实践艺术结合起来。同时,本书超越传统的横向研究取向,在采取文化整合的同时注重特殊儿童家庭成长及其对家庭生活质量的影响,凸显"动态发展"、"伙伴协作"、"自我调节"、"赋权增能"与"生活质量",并据此提出基本对策建议,实现基本观点和理论创新(见图 0.2)。

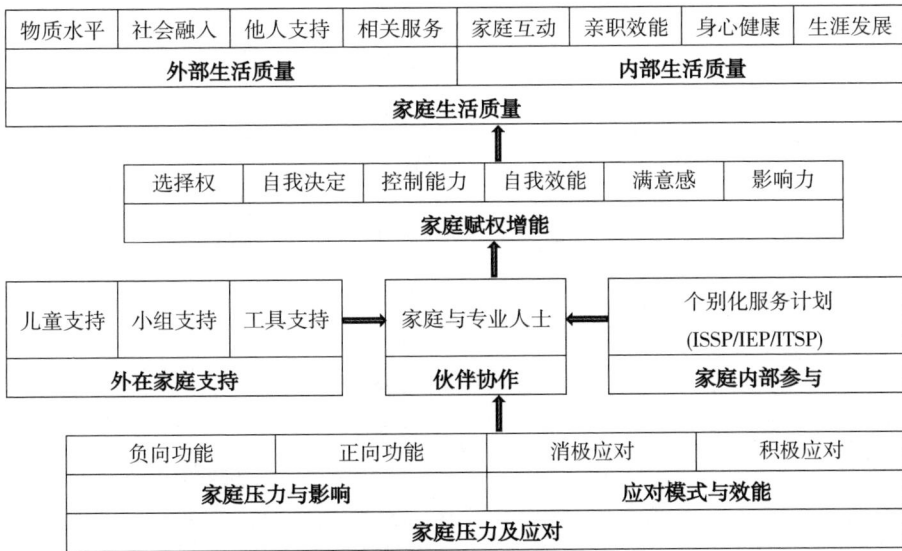

物质水平	社会融入	他人支持	相关服务	家庭互动	亲职效能	身心健康	生涯发展
外部生活质量				**内部生活质量**			
家庭生活质量							

选择权	自我决定	控制能力	自我效能	满意感	影响力
家庭赋权增能					

儿童支持	小组支持	工具支持	家庭与专业人士	个别化服务计划 (ISSP/IEP/ITSP)
外在家庭支持			**伙伴协作**	**家庭内部参与**

负向功能	正向功能	消极应对	积极应对
家庭压力与影响		**应对模式与效能**	
家庭压力及应对			

图 0.2　特殊儿童家庭赋权增能的理论框架(作者绘)

本书是集体智慧的结晶,是我与研究生教学相长的产物。我的研究生为本书的成型投入了大量的精力,收集了大量的资料,实地进行田野调查,分别承担了相关主题的研究以及相关部分的写作。其中,研究和写作分工如下:绪论、第一章和第七章(申仁洪)、第二章(申仁洪、李启娟、黄儒军、任春雷)、第三章(申仁洪、黄儒军、李启娟、任春雷、熊欢)、第四章和第五章(申仁洪、李启娟、熊欢)、第六章(申仁洪、任春雷、黄儒军)。本书直接受益于国家社会科学基金项目"伙伴协作与特殊儿童家庭赋权增能研究(15BRK031)"的支持,是其最终研究成果。

在本书中,作者尽可能按照学术规范,对于所有直接或间接引用到的学术观点给予一一注明,但是难免挂一漏万。在此,对于所有引用或者没有引用到但给予我们启示的相关专家和学者致以衷心的感谢和崇高的敬意,谢谢你们的智慧成就了本书。

第一章　特殊儿童家庭赋权
增能的理论探索

　　家庭参与和家校协作是特殊教育的核心原则。在过去的 50 年里,特殊儿童家庭作为一支重要的核心力量,以特殊教育跨学科团队的天然成员和最直接利益相关者的身份,在世界特殊教育发展演进中扮演着独特而不可替代的角色。他们成立家长团体,借助立法、诉诸诉讼,从最初的机会平等诉求到争取完全参与、独立生活、经济自足,取得了卓越成效。特殊儿童家庭参与也从最初的压力应对演进到伙伴协作与赋权增能。特殊儿童家庭赋权增能超越了传统家庭参与和家校协作基于外部资源的家庭支持,转而聚焦家庭内生能力的发展,并因此成为特殊教育家庭参与和家校协作有效路径。

一、特殊儿童家庭赋权增能的兴起

　　特殊儿童家庭赋权增能的兴起,有着深刻的融合教育发展的社会背景和特殊儿童及其家庭发展内在动因。

(一)特殊需要儿童的持续增长

　　2015 年 1 月 1 日,我国登记持有残疾证人员和尚未领证的 0—15 周岁残疾儿童少年为 29494428 人。[①] 2013—2015 年,我国年度新诊断 0—6 岁残疾儿童分别为 5.0 万、4.8 万、4.8 万人。这还不涵盖当今特殊教育领域占比最大的学习障碍、情绪与行为障碍、自闭症等发展性障碍儿童。随着我国残疾儿童康复和特殊教育的发展,在保证每个儿童的潜能都得到最大程度开发的教育均衡和融合教育理念的引导下,整个教育体系势必为这些儿童提供合适的

---

① 国务院残疾人工作委员会:《关于全国残疾人基本服务状况和需求专项调查工作情况的报告》,2016 年 11 月 6 日,http://www.cdpf.org.cn/zcwj/hywj/201601/t20160105_538257.shtml。

教育与服务。

美国 2005—2014 年,从出生到 2 岁的接受 IDEA C 部分服务的婴幼儿比率从 2.5%增长到 2.9%,达到 350581 人;3—5 岁接受 IDEA B 部分早期干预服务的儿童比率从 5.9%增长到 6.1%,达到绝对人数从 704087 人增长到 753697 人;6—21 岁接受 IDEA B 部分特殊教育及相关服务的比率从 9.0%降到 8.7%,绝对人数从 6109569 人降到 5944241 人。[1] 出生和接受早期干预人数的增加与接受 IEP 人数的减少源于早期干预的成功。

由于融合教育的发展,欧洲对于特殊教育需求的定义在原有定义的基础上大大扩展了。同时,若干国家正在修订法律,使诊断标准标准化[2],被诊断为需要接受特殊教育的儿童比率大大增长,芬兰达到 18%,比利时为 5%,瑞典仅为 2%。[3] 在爱尔兰,2009 年,有 1100 名儿童参加早期干预服务,到了 2013 年,这一数字接近 6400 人。[4] 在日本,发展性障碍儿童的数量持续增长,有 6.3%的孩子有非智力障碍的发展性障碍引起的明显学习与行为困难。[5] 单东京都市区,自闭症的流行率就达到每 10000 人中有 27.2 人[6],而非智力障碍的发展性障碍发生率是自闭症的 3 倍[7]。

特殊儿童数量的增长意味着需求多元化的增加。无论是儿童本身的身

---

[1] Office of Special Education and Rehabilitative Services & U.S.Department of Education., *38th Annual Report to Congress on the Implementation of the Individuals with Disabilities Education Act*, Oct., 2016, http://www.ed.gov/about/reports/annual/osep.

[2] J. Lebeer, N. Birta-Székely, K. Demeter, K. Bohács, A. A. Candeias, G. Sønnesyn, P. Partanen, L. Dawson, "Re-assessing the current assessment practice of children with special education needs in Europe", *School Psychology International*, 2012, 33:69−92.

[3] European Agency for the Development in Special Needs Education(EADSNE), *Special Education across Europe in* 2003: *Trends in provision in* 18 *European Countries*, Middlefart, Denmark: Author, 2003.

[4] N.Fitzgerald, P.Ryan & A.Fitzgerald, "Team-Based Approaches in Early Intervention Services for Children With Disabilities: Irish Parents' Experiences", *Journal of Policy and Practice in Intellectual Disabilities*, 2015, 12(3):199−209.

[5] Ministry of Education, Culture, Sports, Science and Technology, *Report on National Survey on School children with Special Educational needs in a regular class*, March.1, 2003, http://www.mext.go.jp/b_menu/shingi/chousa/shotou/018/toushin/030301i.htm. 2003−03−01.

[6] H.Honda, Y.Shimizu, M.Imai & Y.Nitto, "Cumulative incidence of childhood autism: a total population study of better accuracy and precision", *Child Neurol*, 2005, 47:10−18.

[7] J.G.Williams, J.P.Higgins & C.E.Brayne, "Systematic review of prevalence studies of autism spectrum disorders", *Arch.Dis.Child*, 2006, 91:8−15.

体、认知、情感、社会性等方面的需要,还是其所处的家庭与社会文化背景差异,都显示出强劲的个别化倾向。这意味着在特殊儿童接受评估诊断与需求鉴定、康复治疗、早期干预、教育和相关服务的过程中,对于跨学科、跨领域、跨利益的协作团队的依赖比过去更加强烈。家庭作为最直接的利益相关者,无论是从儿童的自然发展结果、伦理道德要求还是法律政策的运作都需要深度参与整个过程。而家庭/家长的参与必须依赖三个前提条件:参与的意愿、参与的资源和参与的能力。参与的资源可以通过政府和社区的支持解决,而参与的意愿和参与的能力则属于赋权增能的部分。

(二)特殊儿童家庭的核心作用

自从近代特殊教育产生以来,人们采取简单思维方式,将特殊儿童的特殊性看成是儿童自身内在因素(遗传素质、身体残疾、神经功能失调、心理与语言缺陷)所致,因此,所有的干预和教育都聚焦儿童生理和心理机能的改进。鉴别与诊断、分类与标签、特殊学校和机构的安置方式、补偿性课程设置、特有的交流与沟通手段,无一不是指向特殊儿童个体,提供的是儿童中心服务。这种以隔离的特殊教育学校和康复机构为载体的儿童中心服务模式,保证了特殊儿童接受教育的机会和就学的权利,极大地推动了特殊教育的发展。但是二战以后,尤其是20世纪70年代以来,在融合的时代精神引导下,随着人们对特殊教育学校和机构的效能反思,[1]生态和自然支持的理念逐渐得到共鸣,儿童的发展并不完全甚至也不重要是儿童自身特征的结果,而是社会主流价值观、国家法律和政府政策、社区、学校、家庭和儿童交互作用的结果。家庭作为儿童生活和发展的主要和最自然的场所,为其提供了满足资源、金钱、情感、认知等全方位的支持。此外,对未成年的特殊儿童而言,家庭承担了沟通和整合儿童及其家庭的需求和社区、政策、社会价值观的角色。

因此,家庭作为"解决方案的一部分"逐渐超越了作为"问题的一部分"。在传统上,由于特殊儿童的出现会在身体、财政、家庭和社会等不同层面给家庭带来持续的压力和挑战,家长往往是作为"问题的一部分"而存在。[2] 为此,

---

[1]　申仁洪:《特殊教育学校效能:来自美国的反思及其应对》,《重庆师范大学学报(哲学社会科学版)》2014年第1期。

[2]　申仁洪:《走向伙伴协作的残障儿童家庭参与——基于美国研究的考察》,《比较教育研究》2016年第4期。

人们在对特殊儿童直接提供干预和教育服务的同时,也将他们的家庭作为干预的对象。随着研究和实践的深入,人们发现,尽管残障儿童的出现会(甚至总是)给家长和其他家庭成员带来压力,但是家庭对于残障儿童的照顾和对其教育与服务的卷入并不总是负面的经验。"持续增长的压力并不必然导致家庭负面经验增加和家庭功能失调。"①家庭对于压力的有效适应与家庭如何定义压力事件、可以获得什么资源以及这些因素相互之间的交互作用模式密切关联。同时,文化差异在家庭对于压力的定义和寻求资源帮助的舒适自在性方面扮演着关键的角色。如此,家庭作为问题解决方案的一部分被凸显出来。

1975 年开始,家长获得了参与私人和公共事务的权利,如在诊断、评估、鉴定、早期干预服务、特殊教育方案、转衔服务、相关服务、支持性就业等相关领域中,获取信息、参与决策、参加活动。传统的家庭早期干预、特殊教育和相关服务的被动卷入局限逐渐让位于家长参与能力和力量的提升;早期干预者、特殊教育者和相关服务提供者的绝对主导让位于他们与家庭和家长的伙伴协作;家长参与从强调家庭缺陷逐渐转向强调家庭的赋权增能和力量。② 越来越多的服务残障儿童的专家和服务提供者将家庭赋权增能看作是社会福利政策主要目标,看成是改变那些处于高危状态中的个体和家庭的关键性因素。于是,早期干预、特殊教育服务和康复领域的专业人士和研究者寻找包括残障人士家长赋权增能和赋予他们责任在内的干预方法。③ 家庭的赋权增能作为一个系统已经成为一个全球早期干预和特殊教育的关注焦点和发展趋势。

二、特殊儿童家庭赋权增能的概念界定

赋权增能是一个外来词语,对应于英文"empowerment"或"empowering",

① P. Beckman, "Comparison of mothers' and fathers' perceptions of the effects of young children with and without disabilities", *American Journal on Mental Retardation*, 1991, 95:585-595.

② G. Cartledge, C. Kea & E. Simmons-Reed, "Serving culturally diverse children with serious emotional disturbance and their families", *Journal of Child and Family Studies*, 2002, 11(1): 113-126.

③ V. G. Hodges, Y. Burwell & D. Ortega, "Empowering families", in *Empowerment in Social Work Practice: A Source Book*, Pacific Grove: Brooks/Cole Publishing Company, 1998, pp. 146-161.

源于"power"。在英文中，"power"含义很丰富，在许多时候指代力量、能量、权力，所以可以统称为"权能"。前缀"em"意为增强。因此，"empowerment"或"empowering"就是使变得有力量、有能力，可以用赋权增能来表达。

（一）赋权增能的前提

赋权增能得以实现有三个前提：权能可以变化、权能可以扩展、有需要。

1. 权能可以改变

在传统社会科学领域，权能通常与我们让他人做我们所希望的事情有关，而与他们自身意愿和兴趣无关。人们用影响和控制来定义权能，将之看成是一个与人类行为剥离的实体或结构。于是权能是通过遗传获得的，无法或不可能改变，赋权增能也就不可能。然而聚焦于权能的控制与支配在侧面很大程度上会限制人们对赋权增能的理解。社会学家韦伯超越了对权能理解的局限，认识到权能存在于人或事的关系背景之中，而不是孤立地存在或者通过个体遗传得来。① 这样，权能就是可以改变的，于是赋权增能就被作为一个改变的过程。

2. 权能可以扩展

传统上，人们更多时候将权能看成是一个零和概念，一个人的权能获得任何扩展，则他人的权能就会得到相应的减少。尽管这在某种程度上是反映了人们的实践和经验状况，但是却忽略了权能在大多数时候是关系与互动的产物。现代关于权能的研究为人们打开一个新的视野：权能不是一个零和的概念，而是一个共享的概念。女权主义、草根组织成员、种族和宗教团队、家庭中的个体纷纷进入权能的研究领域，并且这些领域的权能都以合作、分享和相互作用为特征。这意味着权能具有相对性、生成性、整合性。因此，获得权能实际上就是强化他人的力量，使之获得支配力、影响力、统帅力，而非消灭他人的力量。也正因如此，对于缺乏某种权能的个体或家庭赋权增能才成为可能。

3. 赋权增能针对权能不足的对象

只有当权能缺乏或不足时，赋权增能才可以成立。社会学中的赋权增能通常针对的是那些由于残障、种族、伦理、宗教或性别等方面的歧视，而被排斥在决策过程之外的社会团体成员。所以赋权增能的对象肯定是在社会或组织

---

① M.Weber, *From Max Weber*, New York：Oxford University Press, 1946.

中处于弱势地位的个体、家庭或团体,妇女、儿童、少数族裔、残疾人、移民、草根组织等通常需要赋权增能。

(二)赋权增能的含义

赋权增能既是一种客观能力,也是一种主观体验,更是一个过程。客观能力和主观体验作为过程的结果而存在,过程作为客观能力和主观体验的前提条件、养成路径和机制而存在。作为一种客观能力,赋权增能是个体、团体、社区控制环境、锻炼权能、实现目标,控制自己生活的能力[1];作为一种主观体验,当赋权增能作为一个结果的时候,更多地表现为一种主观体验,与被赋权增能者对自身力量的内在感觉联系在一起,是人们在个体、背景和业务层次上对赋权增能的主观表达[2],这种力量感通常起源于态度、知识和行为;作为一个过程,它是个人和集体他们自己和他人获得最佳生活质量的过程[3],是以当地社区为中心,主动而持续卷入相互尊重、关键性反思、照护、团体参与的过程,通过这个过程,那些无法分享资源或分享资源不足的人可以获得克服资源获取的障碍,增强对这些资源的控制能力。[4]

赋权增能是一个复杂的概念,可以从多种角度加以理解。任何试图从单一维度对之进行定义都是危险的,这可能导致误解与偏见,将一部分人排除在外。同时,它又是一个具体的概念,总是与特定的个体或家庭、组织联系在一起。[5] 赋权增能的变化涉及个体、背景和时间。[6] 任何操作性定义都需要对特定的人群和背景进行精确的界定。对于不同的人和不同的背景,赋权增能的形式呈现出多样性。因此,赋权增能是一个很多学科和场域分享的领域:社

---

[1] J.Rappaport,"Studies in empowerment:Introduction to the issue",*Prevention in Human Services*,1984,3:1-7.

[2] T.M.Akey,J.M.Marquis & M.E.Ross,"Validation ofscores on the psychological empowerment scale:a measure of empowerment for parents of children with a disability",*Educational and Psychological Measurement*,2000,60:419-438.

[3] Robert Adams,*Empowerment Participation and Social Work*,New York:Palgrave Macmillan,2008.

[4] M.A.Zimmerman,"Empowerment Theory:Psychological,Organizational and Community Levels of Analysis",*Handbook of Community Psychology*,2000,pp.43-63.

[5] D.Bailey,"Using participatory research in community consortia development and evaluation:lessons from the beginning of a story",*American Sociologist*,1992,23(4):71-82.

[6] J.Rappaport,"Terms of empowerment/exemplars of prevention:toward a theory for community psychology",*American Journal of Community Psychology*,1987,15:121-148.

区发展、心理学、教育学、经济学、社会运动和组织研究等；赋权增能发生在不同水平和层次中：个体、家庭、团体、社区；赋权增能发生在与他人关系中的能力养成，尤其是通过个体与社区的基础性联结、一系列的通道和旅途，搭建起沟通个体、社会联系和社会变革的桥梁，促进能力形成，从而对决策、个体家庭、他人、组织和环境产生影响。如此，基于相互尊重、多元观点、发展视角、创造性工作、可行的解决方案的合作就显得非常重要。

（三）特殊儿童家庭赋权增能

早期干预、特殊教育、相关服务对特殊儿童的发展具有至关重要的作用。而基于跨学科、跨利益的团队协作是有效早期干预、特殊教育和相关服务的最佳实践。作为特殊儿童生活主要场所，生活与成长资源的首要来源地，身体、认知、社会情感发展的基地，家庭既在特殊儿童发展和成长进程中扮演着关键的角色，同时也是特殊教育支持的重要对象。特殊儿童家庭功能的充分实现与家庭生活质量的最大提升本身也就成为特殊儿童发展的重要目标。特殊儿童家庭功能的充分实现、特殊儿童家庭生活质量的提升与特殊儿童家庭对早期干预、特殊教育和相关服务的有效参与依赖于特殊儿童家庭权利的充分实现和能力的表达，即特殊儿童家庭的赋权增能。

作为一种状态，特殊儿童家庭赋权增能更多地表现为特殊儿童家庭成员对自身处理特殊儿童发展相关事务能力的内在主观感觉和外在能力体现，是"家庭成员在通过自身努力满足特殊需求的过程中最终获得对其发展过程的控制感"，以及"创造机会，使家庭成员变得更有能力，自我维持对自己调集社会网络能力的尊重"以便获得需要的满足和实现预期的目标。[①]由于特殊儿童发展涉及跨学科团队的伙伴协作与相关服务和资源支持，因此在内容侧面，特殊儿童家庭赋权增能可以通过态度、知识和行为来表达：态度关涉家长/家庭成员/照顾者对孩子及其发展、家庭功能实现、自身权利以及服务支持和资源获取的感受和信念；知识关涉家长/家庭成员/照顾者关于孩子及其发展、家庭功能实现、自身权利以及服务支持和资源获取方面的认知和所知道的信息、对潜在行动与家庭优先事务的把握；行为是在态度

---

① K.E.Allen & G.E.Cowdery,*The Exceptional Child：Inclusion in Early Childhood Education 5th*,Albany.NY：Delmar,2005,p. 168.

和知识基础上,家长/家庭成员/照顾者综合各种因素而实际采取的行动。在力量源侧面,特殊儿童家庭赋权增能可以通过三个内部和外部因素来进行操作性定义:家庭、服务系统和社区。① 其中家庭因素指家长在家庭架构之中对日常情景的管理能力。服务系统因素指家长意识到自己、家庭和孩子所拥有的权利;采取行动从服务系统中获得孩子所需要的服务和资源,满足家庭需要的能力。社区因素指家长在一般情况下为提升孩子服务所进行的倡导,表现为家长所具有的发展本地、都市和政府层面提供的可行的服务结构的广泛的洞察能力。

作为一个过程,特殊儿童家庭赋权增能是在自身生活的典型环境中,主动或在适当协助下持续卷入促进特殊儿童发展的早期干预、特殊教育及相关服务的过程,通过这个过程,那些无法分享资源或分享资源不足的家庭及其成员能够克服资源获取的障碍,增强对这些资源的控制能力,赢得对自己生活的掌控,并能很好地理解自己的环境,从而充分实现家庭功能,最大限度提升帮助孩子发展的能力,最终提升家庭生活质量。有研究发现,自闭症孩子母亲的心路历程通常会经历接受期—积极应对期—经验分享期,在这个心路的变化过程中,存在各种阻力,但也有很多助力:专业人员的资源和帮助,学校、老师和同学对孩子的接纳,母亲们学习专业知识和获取资源的主动性和积极性,来自其他自闭症家长经验的分享等。② 当家长愿意积极应对,最终能够与他人分享应对经验的时候,其赋权增能感就形成了。日本学者运用扎根理论,研究了生活在东京地区的20位发展性障碍者的母亲,发现残障儿童家庭赋权增能过程经历了三个阶段:(1)对孩子照护的迷茫,如对孩子感到不舒服、由孩子问题行为导致的自卑感、残障孩子的出现引起家庭冲突、缺乏养育孩子的信息;(2)正视残障孩子:如家庭作为一个整体单位、与当地服务员工合作、接触本地行政管理;(3)对孩子生命价值充满希望。③

---

① P.E.Koren, N.DeChillo & B.J.Friesen, "Measuring empowerment in families whose members have emotional disabilities: a brief questionnaire", *Rehabilitation Psychology*, 1992, 37: 305-321.
② 杜文海:《自闭症儿童母亲心路历程的叙事研究》,重庆师范大学硕士学位论文,2013年。
③ R.Wakimizu, H.Fujioka & A.Yoneyama, "Empowerment process for families rearing children with developmental disorders in Japan", *Nursing and Health Sciences*, 2010, 12: 322-328.

三、特殊儿童家庭赋权增能的基本理念

在特殊儿童家庭赋权增能的发展过程中,最初作为问题一部分的特殊儿童家庭逐渐转变为问题解决的一部分。家庭角色的转变蕴藏着深刻的理念变化。

(一)权利:特殊儿童家庭赋权增能的基础

传统上,家庭参与特殊教育及其相关服务通常是作为责任而存在的。因此,家庭对特殊儿童的照护能力、对资源的获取能力、对孩子康复及教育的参与能力、对自己以及孩子生活的控制能力均依赖于家庭的自发努力。这种状况复合到因为特殊儿童出现而带来的强大压力,家庭及家长常常处于无能与无助状态之中,并且多数家庭很难从无能无助状态中衍生出强自我效能感。即便有少数的家庭及家长能够最终发展出强自我效能感,能够最终有效高效地参与处理涉及自身及孩子教育、康复的相关事务,并发展出乐观且共享的态度与行为模式,也是一个非常漫长而艰辛的过程。如此,在特殊教育的历史画卷中,成功的家庭与成功的孩子因其总是少数而称为励志的典型。二战以后,尤其是 20 世纪 70 年代以来,随着人们对于特殊人群认识的深化,特殊教育(尤其是早期干预)正向经验的积累,特别是对于平等和公正内涵的重构的时代精神的指引下,人们意识到家庭对儿童的发展、生活、学习、就业和休闲娱乐提供了从物质基础、生活空间、情感皈依、价值构建、独立性发展的全面支持。如果家长具备积极的态度、富有预见的思想、具有相关的知识,能够与教师、康复专家、相关服务提供者和管理人员进行舒服的沟通,就可以称为一个充满力量的倡导者,使自己孩子的特殊教育变得不同;反之,当家庭因贫困、孤独、隔离、剥夺状态而处于震惊、愤怒、绝望、自责(相互责备)、失落、沮丧、挫折、无助等危险情感之中,则不仅对自身和孩子发展带来严重的负面影响,而且对整个社会融合性文化和价值体系都会带来严重的冲击。

因此,在世界范围内,赋权增能就逐渐成为特殊儿童家庭的权利。为特殊儿童家庭提供强力支持,帮助家长增进其预见性、积极性,提升其相关知识和能力成为全球共识。联合国《儿童权利公约》和《残疾人权利公约》深信特殊儿童家庭是自然和基本的社会组合单元,有权获得社会和国家的保护,残疾人

及其家庭成员应获得必要的保护和援助,使家庭能够为残疾人充分和平等地享有其权利作出贡献。我国作为联合国《儿童权利公约》和《残疾人权利公约》的签署国,自然遵守这两个公约的相关要求。同时,《中华人民共和国残疾人保障法》《中华人民共和国义务教育法》《残疾人教育条例》都对特殊儿童家庭做了相应规定。在最新的政策推进层面,《国务院关于加快推进残疾人小康进程的意见》《"十三五"加快残疾人小康进程规划纲要》《残疾人康复服务"十三五"实施方案》等文件的规定逐渐将对特殊儿童家庭的支持和能力提升作为基本规范,与儿童权利公约和残疾人权利公约对接。

(二)融合:特殊儿童家庭赋权增能的场域

在 20 世纪 70 年代以前,秉持"隔离且平等"的观念,世界各国在对特殊儿童提供早期干预、特殊教育和相关服务的时候,更多的是隔离式的机构、学校或家庭,将早期干预、特殊教育和相关服务与真实情景、典型社区生活、通用学习场所分割开来。在 20 世纪 70 年代及其以后,人们持续追问隔离机构和家庭对特殊儿童发展是最有效的吗? 并为此进行了大量的卓有成效的探索。美国的回归主流和去机构化运动、欧洲的一体化和正常化运动、中国的随班就读政策都在各自的文化背景和现实教育土壤中对这一问题进行了回答,并最终汇聚成为融合教育的巨大潮流。

融合的潮流最终指向一种全新的观念和融合性文化:承认差异、尊重价值、拒绝歧视、消解排斥、共生共享、和谐发展等,并在此基础上构建我们的社会制度与法律体系。融合性文化从其本质上来讲是一种对多样性的异质文化的包容与接纳,它表现为在承认公民个人权利以及平等地位的基础上,持续关注处于弱势地位的亚文化群体中个体的生存质量以及生存状态;同时,它也在欣赏个体之间存在的差异性的基础上,不断地揭示与消解藏匿于人类文化深处的排斥与歧视现象,以促成人与人之间和谐共生的关系以及一个具有包容性社会的生成。学校稳定、领导民主、全员参与、成员发展、弹性课程、重视成功、家长参与、社会责任成为融合性文化的显著性标志。[①] 在这一潮流之中,社会融合保证所有公民有平等权利充分参与社会生活的每一个方面,这是世界各国社会政策的一个关键性标志。

---

① 申仁洪:《融合与创生:随班就读的效能实现》,《中国特殊教育》2014 年第 2 期。

　　融合理念的发展和融合教育的推进为特殊儿童的家庭支持和家庭参与提供了新的场域和土壤。首先,孩子独立性的发展、对正常社区的无障碍融入、对普通学校的学习无障碍的参与并取得成功成为早期干预、特殊教育、康复和相关服务的基本目标和孩子公平发展权利的衡量指标。其次,特殊儿童家庭及家长本身对于社区及孩子相关事务的融入也成为特殊儿童及其家庭权利公平发展的基本保障和特殊儿童家庭支持的重要目标。再次,基于上述两点,孩子对自然社区和普通学校与普通班级的回归为家长的参与提供了新的机遇,他们可以成为社会融合理念和融合教育发展的高度的利益相关者、强力推动者和有益的伙伴,从而为之提供全面的支持。① 最后,家庭和家长取得参与权利的同时,也面临全新的挑战。从儿童特殊需求的初始评估、诊断、鉴定、安置方式的确定、IFSP 和 IEP 的制订与实施、干预和教育成效的评估、转衔服务的提供、政府和社区资源的获取、相关服务的跟进、自我权利的倡导与维护等,家庭和家长既要有参与决策的意愿,同时也要有参与决策的能力和资源。在这个过程中如何克服门外汉的局限、茫然不知和无助感的滋生、负面情绪的干扰等都是必须解决的问题。也就是说,特殊儿童家庭和家长相关知识扩展、能力的提升、对自己生活与资源获取能力的控制感日益提上了议事日程。即特殊儿童家庭的赋权增能既是融合的目标又是融合的要求。

　　(三)成长:特殊儿童家庭赋权增能的目标

　　所有的早期干预、康复服务、特殊教育和相关服务最终的成效只能通过成长指标来加以衡量。特殊儿童家庭赋权增能的成长目标具有相互关联的三重意涵:儿童的成长、家庭的成长、社会支持的成长。

　　首先,儿童的发展和成长是核心。在早期,家长参与在很大程度上表现出非教育化②或非专业化服务化倾向,在实践领域,家长通过被认为是学校或机构开展康复服务、早期干预、特殊教育及相关服务的负担和麻烦,学校教职员工或机构专业更多地被导向强调家庭的非教育功能,将家长排除在康复计划、早期干预计划、教育计划的制订、决策和实施工作之外,家长仅仅作

---

① 申仁洪:《论随班就读的家庭支持》,《中国特殊教育》2006 年第 2 期。

② R.L.Simpson & J.Depalmasimpson, "At-Risk and Disabled Students:Parent and Family Needs", *Preventing School Failure:Alternative Education for Children and Youth*,1994,39(1):21-25.

为儿童的养育者和监护人而存在。但是过去三十年的研究发现,家长参与孩子的学校教育对于儿童不同阶段的发展都具有正向功能。学前阶段,家长参与有助孩子获得语言、自助、社会、动机、前学术技能;可以有效帮助孩子与同伴和成人建立更加积极的关系;能够使孩子更顺利进入一年级学习;使更少孩子需要特殊教育。① 小学阶段,家长有效参与能够让孩子学术成就增加;使不同文化背景孩子之间的隔阂更少;孩子文明行为增加。② 中学阶段(初中和高中),家长参与能够让孩子学术成就获得提升;促进孩子学术水准的整体提升;更有机会获得转衔成功;后续学习更棒。③ 因此,无论如何,儿童的成长和发展始终是家庭赋权增能的核心目标。家长对儿童成长和发展至关重要的服务与教育计划的制订、决策和实施过程实质性已经成为早期干预、特殊教育和相关服务的核心原则。家长与专业机构和专业人士在社会服务、医疗、康复、心理健康、法律政策、权利倡导、无障碍环境建设等方面的合作与伙伴关系最终都要为儿童的成长和发展服务。儿童的成长和发展从特定个体上表现为身体、智力、人格、品德等各方面,并最终指向通过个人潜能的开发、对典型社区生活和家庭生活的适应和独立性的发展达成儿童个体生活质量的提升。

其次,家庭/家长的成长和家庭正向功能的有效实现是重要目标。特殊儿童家庭赋权增能对特殊儿童成长和发展目标的实现是通过家庭/家长相关知识和能力的扩展、家庭正向功能的开发来完成的。因此,家庭/家长的成长和家庭正向功能的有效实现构成了家庭赋权增能的重要目标。家庭的成长与家庭的需求密切相连,而家庭的需求在本质上暗示着家庭及家长想要的和要求满足的事务,如恰当教育服务和引导服务、信息交换机会(有效的交流与沟通、家长和专业人士之间的生产性关系)、资源使用和权利倡导准备、家长/家

① "Harvard Family Research Project.Family involvement in early childhood education", *Family Involvement Makes a Difference*,2006(*Spring*),1:1-8.
② "Harvard Family Research Project.Family involvement in elementary school children's education", *Family Involvement Makes a Difference*,2006/2007(*Winter*),2:1-11.
③ "Harvard Family Research Project.Family involvement in middle and high school students' education", *Family Involvement Makes a Difference*,2007(*Spring*),3:1-11.

庭与社区培训项目、家长/家庭商议、支持和咨询。① 家庭/家长成长指向家庭正向功能发挥,如对每个家庭成员健康和成长的承诺,对每个家庭成员做得很好的小事的欣赏,共同的正式和非正式活动时间的保证,对理解好时光和坏时光的目的感觉,对目的和需要一致性的感觉,强调积极互动的相互交流沟通的能力,清晰的规则、价值和信仰,不同种类的应对策略,满足需要的问题解决策略,预见所有生活积极面的能力,甚至直到将压力事件当作"成长的机会",具有弹性的和可适应的角色,家庭内外资源的平衡。②

最后,相关机构对家庭支持与服务能力的成长也是有机构成。通常特殊儿童家庭赋权增能可以通过家庭自我经验积累、自我学习与探索等内在的途径加以实现。但是在现实实践中,家长/家庭相关知识的扩展和能力的形成、控制感的强化和家庭生活质量的提升在许多时候是外在资源(包括制度资源、物质资源和智力资源)强力支持获得的。而这些支持最有效的源泉来自专业机构和专业人士。*IDEA* 要求建立家长训练与信息中心和社区家长资源中心来完成这一使命。康复机构、早期干预机构和学校也是促进家庭赋权增能的最为直接和有效的资源来源。因此,专业机构和专业人士对家庭参与支持的成本—效益水平理所当然就成为家庭赋权增能考虑的重要因素。

(四)专业协作:特殊儿童家庭赋权增能的路径

在早期,家长对儿童学习与发展事务更多的处于协助和配合的从属地位,专业机构或学校与家长的关系是指导与被指导的关系。但是近年这种关系正在悄然发展改变,家庭/家长与专业机构/专业人士之间正在形成一种专业伙伴协作的新型关系,而专业协作恰恰是特殊儿童家庭赋权增能的基本路径。

多年的探索发现,无论对于残障儿童、残障儿童家庭还是对于学校或专业机构,专业伙伴协作都具有重要意义。它能够使孩子获得更高的信任水平,③而信任水平越高,道德水准越高,学校气氛就越积极,教学、学习和行为方面的

---

① R.L.Simpson,"Needs of parents and families whose children have learning and behavior problems",*Behavioral Disorders*,1988,14(1):40-47.

② C.Trivette,C.Dunst,A.Deal,A.Hamer & S.Propst,"Assessing family strengths and family functioning style",*Topics in Early Childhood Special Education*,1990,10:16-35.

③ W.K.Hoy,"Family trust:A key to student achievement",*Journal of School Public Relations*,2002,23:88-103.

问题就越容易解决。高质量的伙伴协作关系能有效促进家庭生活质量提升，如家庭需求得到更大程度的满足、家庭成员更加乐于共享生活、家庭成员更有机会做对自己来说重要的事情。① 专业伙伴协作意味着家庭、专业人士和学校对残障儿童发展共同责任的卷入，是家庭和专业人士通过合作、利用彼此的判断和专业知识以便增进儿童、家庭和专业人士利益。

专业协作伙伴关系需要在不同的利益相关者、服务提供者和家庭之间对协作达成一致的理解。多学科或跨学科团队模式(the multidisciplinary or transdisciplinary team model)②是实现这种协调一致的有效方式。人们期望通过团队设计，为家庭提供支持，提升儿童的正向发展水平，促进形成多元化的原则。例如在英国，平均每个残障儿童家庭在一年内至少与10个专业人士接触，参加至少20个项目会谈；爱尔兰2009年有1100名儿童参加早期干预服务，2013年有58个团队为近6400名孩子提供早期干预服务③。建立团队的目的是将各领域的专业人士聚拢在一起为残障儿童及其家庭提供比单一学科更加有效的服务。它基于这样的人类发展观点，即儿童应该被视作一个整合的互动的整体，而不是各个孤立部分的集合，而家长参与这个互动整体尤为重要。

(五)参与：特殊儿童家庭赋权增能的方法

家庭、专业人士和专业机构或学校之间伙伴关系的建立基于特殊儿童家庭参与孩子教育的程度，因此家庭的积极参与是家庭赋权增能的重要方法。家庭是孩子事务的专家、是关于家庭和孩子事务的最后决定者、是孩子生活的持续提供者(而服务提供者只是暂时的)、在目标和服务设置上具有优先权、具有选择其参与水平的权利。许多研究发现，鼓励父母在孩子的干预治疗中

---

① J. Summers, J. Marquis, H. Mannanb, A. Turnbulla, K. Fleming, D. Poston & K. Kupzyk, "Relationship of perceived adequacy of services, family-professional partnerships, and family quality of life in early childhood", *International Journal of Disability*, *Development and Education*, 2007, 54(3): 319-338.

② S. Berman, C. Miller, C. Rose & S. Bicchieri, "Assessment training and team functioning for treating children with disabilities", *Archives of Physical Medicine and Rehabilitation*, 2000, 81: 628-633.

③ N. Fitzgerald, P. Ryan & A. Fitzgerald, "Team-Based Approaches in Early Intervention Services for Children with Disabilities: Irish Parents' Experiences", *Journal of Policy and Practice in Intellectual Disabilities*, 12, 3: 199-209.

扮演积极角色的援助与控制感存在着显著相关。① 因此,家长的积极参与比同情和倾听等被动行为重要得多。进一步的研究揭示父母对孩子关注的自然性、家庭压力水平、社会支持的可利用性、家庭参与的行为、对其他孩子优先经验、家庭的教育水平等因素决定着家庭卷入干预的水平。②

家庭参与包括对儿童诊断、评估、计划制订与实施、儿童相关事务的决策、相关服务的提供,也包括对于家长组织和相关利益组织的积极参与。特殊儿童家长参与程度受制于很多因素的影响:自己日常工作和职业限制;家里其他需要照顾幼儿状况,交通的便捷程度,家长身心健康状况,家长自身的成熟度,自己对孩子需要的理解方式和程度,对学校、机构、教师、专业服务者和权威人物的态度,自己与服务项目文化的一致程度,在服务和教育中的满意度和感知能力等。

在特殊儿童家庭充分参与之下,建立帮助家庭成为专业伙伴需要遵循七大原则:沟通(友好、倾听、清晰、真诚、提供与整合信息)、专业(提供优质教育、持续学习、高期望)、尊重(尊重文化多样性、肯定力量、使学生和家庭获得尊严)、承诺(适用性和无障碍、走向优秀与卓越、对情绪需求的敏感性)、平等(分享权力、增权赋能、提供机会)、宣导(寻找双赢解决方案、预防问题发生、保持良心的活力、精确定义和整理问题、形成同盟)、信任(成为可靠的人、使用准确的判断力、保持自信心、信任自己)③,其中信任关系的建立是关键。

(六)支持:特殊儿童家庭赋权增能的保障

由于家长角色和专业背景迥异于专业人士;由于关于特殊教育和相关服务资源与信息的不对称性使得家长处于相对弱势地位;由于残障并不仅是个人和家庭的不幸,更是整个社会运作体系的结果,因此社会责任需要纳入研究范畴,家庭支持自然就成为特殊儿童家庭赋权增能的保障。它无论对于儿童的发展还是家庭生产力的建设都具有重大意义。对特殊儿童家庭或者高危家庭提供

---

① B.Baker,S.Landen & K.Kashima, "Effects of parent training on families of children with mental retardation:Increased burden or generalized benefit?", *American Journal on Mental Retardation*, 1991,96(2):127-136.

② S.Baird & J.Peterson, "Seeking a comfortable fit between family-centered philosophy and infant-parent interaction in early intervention:Time for a paradigm shift?", *Topics in Early Childhood Special Education*, 1997,17(2):139-164.

③ H.R.Turnbull,A.,Turnbull & M.Wehmeyer, *Exceptional lives:Special Education in Today's Schools* (6*th ed.*),NJ:Merrill/Prentice Hall,2010,pp.113-120.

整体性支持可以产生事半功倍的效果,能够帮助父母有效地应对孩子所带来的挑战,为孩子和家长自身成长提供富有营养的环境,提升儿童功能性、社会性行为和学业水平,增进对孩子学习、工作训练和职业成功的满意度和独立性。

特殊儿童家庭支持实际上就是一个系统,基于不同的视角,有着不同的表现形式。在层级上包括宏观系统、外系统和中观系统。宏观系统主要为社会的、政治的和文化的相关因素,其中对残障儿童家庭产生重大影响的因素主要有:贫困的冲击、服务的无障碍、可用服务的文化价值。外系统主要为家庭服务机构与代理,其事务影响着家庭接受服务的路径。许多残障儿童家庭所获得的服务通常是非常有限的,但是他们需要的却是年复一年的持续支持;如果家庭无法获得特定的儿童照顾服务,父母寻找工作将存在阻碍;同时家庭接收到多样化的专业建议会使之感到不知所措。中观系统指的是家庭成员与服务提供者(或实践干预者)的关系,在中观系统服务中,父母经常感到干预者缺乏倾听、尊重、态度恶劣、不敏感等。

四、特殊儿童家庭赋权增能的影响因素

基于现实基础和需要,特殊儿童家庭赋权增能过程达成理想状态受制于很多因素的影响。这些因素概括起来主要包括家庭个人变量和社会环境变量。

(一)家庭个人变量

影响特殊儿童家庭赋权增能的个人变量主要是个体的家庭资源。特殊儿童家庭赋权增能通常与家庭成员尤其是家长对自身力量的内在感觉联系在一起,它起源于关于自己、儿童和相关资源及其获取方式的态度、知识和行为。

家长主体特征。主要包括:照顾者年龄特征(年龄越低、照顾经验就越少,赋权增能水平越低)和对社会支持的意识[1]、家长的自尊和控制感[2]、一致

---

[1] R. Wakimizu, H. Fujioka, A. Yoneyama, A. Iejima & S. Miyamoto, "Factors associated with the empowerment of Japanese families raising a child with developmental disorders", *Research in Developmental Disabilities*, 2011, 32: 1030-1037.

[2] S. B. Covert, "Supporting families", in *Natural supports in school, at work, and in the community for people with severe disabilities*, J. Nibset, 1992, pp. 121-164.

感和作出健康选择的能力①、自我效能感(self-efficacy)②、抑郁特征③和压力水平④等。这些特征实质关涉家长对于自己应对孩子问题和管理孩子行为的能力,以及通过自身努力在更大范围内拥有影响孩子相关服务和优化孩子成长环境的能力的自信。

家庭客观资源。(1)家庭所拥有的现实资源。涉及空间资源,如子女数量、人均居住空间;时间分配,如残障子女照顾时间和非残障子女照顾时间的平衡、照顾孩子时间和职业发展时间的平衡、照顾孩子时间和自身休闲喘息时间的平衡、家庭事务时间与参与卷入社会活动时间的平衡、从确诊开始处理问题时间的长度等;物质与财政;是否有可利用资源和对这些资源的可选择性。(2)家庭成员对这些资源富足程度的主观体验。

家庭关联特征。如规则调整、孩子的障碍表现、孩子就医的频率、家庭成员之间的关系和家庭功能的发挥向度(正向或负向、积极或消极)⑤、是否有机会在家中解决问题⑥都与特殊儿童家庭赋权增能相关;父母亲自参与孩子的治疗与干预⑦、对孩子青春期的特别监护⑧等都可以有效促进残障儿童家庭赋权增能。

---

① M.A.Koelen & B.Lindström, "Making healthy choices easy choices:the role of empowerment", *European Journal of Clinical Nutrition*,2005,59:10-16.

② R.Wakimizu, H.Fujioka, A.Yoneyama, A.Iejima & S.Miyamoto, "Factors associated with the empowerment of Japanese families raising a child with developmental disorders", *Research in Developmental Disabilities*,2011,32:1030-1037.

③ K.G.Martinez, E.A.Perez, R.Ramirez, G.Canino & C.Rand, "The role of caregivers' depressive symptoms and asthma beliefs on asthma outcomes among low-income Puerto Rican children", *The Journal of Asthma*,2009,46:136-141.

④ J.S.Nachshen & P.Minnes, "Empowerment in parents of school-aged children with and without developmental disabili ties", *Journal of Intellectual Disability Research*,2005,49:889-904.

⑤ M.J.Scheel & T.Rieckmann, "An empirically derived description of self-efficacy and empowerment for parents of children identified as psychologically disordered", *The American Journal of Family Therapy*,1998,26:15-27.

⑥ M.L.Farber & R.Maharaj, "Empowering high-risk families of children with disabilities", *Research on Social Work Practice*,2005,15:501-515.

⑦ K.G.Martinez, E.A.Perez, R.Ramirez, G.Canino & C.Rand, "The role of caregivers' depressive symptoms and asthma beliefs on asthma outcomes among low-income Puerto Rican children", *The Journal of Asthma*,2009,46:136-141.

⑧ P.Cunningham, S.Henggeler, M.Brondino & S.Pickrel, "Testing underlying assumptions of the family empowerment perspective", *Journal of Child and Family Studies*,1999,8:437-447.

（二）社会环境变量

尽管社会福利在特殊儿童家庭赋权增能中占有一席之地[①]，但是影响特殊儿童家庭赋权增能的社会变量主要表现为家长所参与的相关社区及家长组织以及他们对这些组织的具体参与，包括组织中的活动模式、残障儿童及其家庭的代表、家长参与决策等。这些因素与特殊儿童家庭赋权增能水平存在着显著的正相关。[②] 其中家长组织活动模式聚焦家长参与社区组织或家长组织活动的程度与水平，可以从三个方面进行操作定义：家长每周投入组织活动的时间（小时数）；家长出席组织会议的次数；家长参与组织会议讨论的程度。[③] 残障儿童及其家庭的代表指的是这些代表的代表水平以及他们对自己作为残障人士代表的看法与评价；其他家长对代表的需求和要求；作为组织有影响的和必须的部分，代表对这种影响性和必须性的程度的感受；代表对社区项目的影响。参与决策指的是家长对社区组织或家长组织决策活动的参与程度，可能包括六种水平：没有参与；消极参与；视信息参与；参与部分计划、决策和运用；完全参与计划、决策和运用。社区归属感包括身份自豪（为生活在社区中自豪、为孩子生活在社区自豪、为在社区组织中自豪）和忠诚（为社区而感动、与社区接触、愿意维持社区成员身份）。[④] 总之，家长参与社区组织特别是残障儿童家长组织可以深度影响其赋权增能水平，因此家长/家庭参与是赋权增能的重要成分。

无论是福利还是组织活动都是建立在特殊儿童家庭需求的基础之上的。基于家庭需求，为家庭提供合适的小组支持，就可以帮助家长消除震惊、愤怒、绝望、自责（相互责备）、失落、沮丧、挫折、无助的情感，增进其预见性、积极性，提升其相关知识和能力。如果家长具备积极的态度、富有预见的思想、具

① P.R.Benson & J.Kersh, "Marital quality and psychological adjustment among mothers of children with ASD: cross-sectional and longitudinal relationships", *Journal of Autism and Developmental Disorders*, 2011, 41: 1675-1685.

② M.D.Wiatrowski & C.Campover, "Community policy and community organization assessment and consensus development strategies", *Journal of Community Practice*, 1996, 3: 1-18.

③ A.S.York, "Directive and non-directive approaches in community social work", *Journal and Social Work and Policy in Israel*, 1990, 3: 39-52.

④ H.Itzhaky & C.Schwartz, "Empowerment of parents of children with disabilities: the effect of community and personal variables", *Journal of Family Social Work*, 2000, 5: 21-36.

有相关的知识,能够与教师和管理人员进行舒服的沟通,就可以称为一个充满力量的倡导者,与专业人士充分有效合作,形成伙伴关系,共同分享决策权,促进有效的具有生产性的关系的形成。从而使自己孩子的特殊教育及相关服务变得不同。

五、特殊儿童家庭赋权增能的基本模式

基于权利、融合、成长、专业协作、参与、支持理念的特殊儿童家长赋权增能既有坚实的哲学和制度基础,又具有可行性,是一种实践方式。对特殊儿童家庭相关知识扩展、能力提升和控制感的增强有很多方式,形成了多元化的模式。

(一)压力应对模式

压力应对的典型模式包括 ABC-X 模型和双重 ABC-X 模型。ABC-X 模型源于希尔的 ABC-X 家庭危机模式①,它聚焦于家庭危机出现之前的那些决定家庭应对压力事件能力的影响因素。在 ABC-X 模型中,A 代表紧张性刺激(家庭压力),B 代表调集资源应对危机(家庭资源),C 代表家庭定义压力事件(家庭知觉与洞察),X 代表产生危机(结果)。根据此模型,特殊儿童家庭压力是否产生危机以及危机的强度取决于家庭对压力的解释和基于家庭资源的应对方式。这一模型解释了家庭资源和家庭知觉的互动如何塑造家庭对于危机事件的适应方式。换句话说,如果家庭恰当而有效地应用他们自身的资源,压力并不必然导致危机,而是以更加积极的方式接受压力。其结果是家庭可能发展起恰当的适应方式应对压力事件,并在这个过程中作为一个整体变得更加强大。ABC-X 家庭危机模式在实践中经过不断的调整,直到今天仍然是家庭压力领域最有影响力的观点。

为了考察危机产生之后的家庭行为,特别是家庭在压力适应方面的努力,布尔(Burr,1973)在 ABC-X 模型基础上发展出家庭危机的双重 ABC-X 模型,随后麦克卡宾等(McCubbin, Patterson, Bauman, and Harris, 1981)对双重

---

① R.Hill, *Families under Stress*, New York: Harper & Row, 1949.

ABC-X 模型进行了提炼①,黑福林格等(Heflinger, Northrup, Sonnichsen, and Brannan,1998)对双重 ABC-X 模型进行了调整②,使应对成为家庭努力适应危机的核心过程。双重 ABC-X 模型增加了四个家庭危机出现之后的因素,每个都对应于 ABC-X 原始模型中的因素。家庭适应的双重 ABC-X 模型成分包括:家庭危机(xX),它是与家庭需求(aA)、家庭适应性资源(bB)和对压力情形的定义(cC)相关家庭需求的结果。在这个模型中,大写字母 ABCX 代表危机前的因素,小写字母 abcx 代表这些元素的变化。当最终结果是适应性反应,父母和其他家庭成员就可能经历更少的可管理和控制的压力,这样危机就可能不会带来负面的影响。当家庭成员反应是不适应,对于照顾工作的高度紧张和心理沮丧,就会获得和经历格外的压力(如孩子无法治愈、家外安置、履行家长责任的困难、同胞兄弟姐妹的行为问题、离婚等)。

在双重 ABC-X 模型中,(1)家庭需求(aA 因素)实际是家庭压力的积累,如额外的时间、金钱、进入早期干预的努力、特殊教育和相关服务等,家庭在同一时间很少只处理一个压力因素,而往往需要同时多个压力。(2)进入危机管理的家庭资源(bB 因素)由家庭成员的个体资源、家庭系统的内部资源、来自家庭外部资源的社会支持三部分组成。③ 个体资源包括财政充足状况、家庭成员的身体和情绪健康;其中教育可以形成影响家庭成员解决问题和现实地估计危机的能力;家庭成员的人格特征中高水平自尊和自我效能可以更好地应对社会压力。④ 家庭系统的内部资源包括家庭成员自尊、开放的沟通、相互支持、问题解决能力、身体和情绪健康、对经历事件的操控感。(3)家庭知

---

① H.I.McCubbin, J.M.Patterson, E.I.Bauman & L.Harris, *Systematic assessment of family stress and coping*, St.Paul: University of Minnesota, 1981.

② C.A.Heflinger, D.A.Northrup, S.E.Sonnichsen & A.M.Brannan, "Including a family focus in research on community-based services for children with serious emotional disturbance: Experiences from the Fort Bragg Evaluation Project", in *Outcomes for Children and Youth with Behavioral and Emotional Disorders and Their Families: Programs and Evaluation Best Practices*, M.H.Epstein, K. Kutash & A.Duchnowski(Eds.), Austin, TX: Pro-Ed, 1998, pp.261–293.

③ H.I.McCubbin & J.M., Patterson, "The family stress process: The Double ABCX Model of adjustment and adaptation", in *Family Stress, Coping and Social Support*, H.I.McCubbin, A.E.Cauble & J.M.Patterson(Eds.), Springfield, IL: Haworth Press, Inc.1982, pp.169–188.

④ L.I.Pearlin & C.Schooler, "The structure of coping", *Journal of Health and Social Behavior*, 1978, 19:2–21.

觉(洞察力)(cC 因素)指家庭对危机(xX)、压力和需求(aA)的累积、应对压力和需求的资源(bB)的价值和意义的定义。知觉与资源的互动生成应对性反应。因此,帮助家庭认识清晰情景事件的意义、为解决问题提出潜在解决方法的建议、使与危机关联的情绪紧张传达具有更好的可管理性、增进家庭重建平衡的能力。(4)家庭适应(Xx 因素)是双重 ABC-X 模型的最终结果和产品。使用有效的应对策略可以使家庭适应变成对家庭压力的积极回应。尽管对残障儿童的照顾压力并不必然导致负面经验,但是更常见的情况是残障儿童家庭的照顾压力要高于非残障儿童家庭的同样的照顾压力。

　　双重 ABC-X 模型的应用中,家庭资源和家庭定义是两个关键性变量,分别对应于家庭外部资源(在评估、干预、教育和服务过程中提升和强化已有家庭外部资源的功能的实现,如邻居、朋友、扩展家庭、社区)的利用、内部应对策略(可以用家庭对危机适应的处理方式的洞察来定义。一个非常重要的策略是组织再造,即重新定义家庭需求、优先事务,鉴别满足需要的家庭力量)。应用步骤:观察首要的压力(A)和相关压力的累积(a);鉴别已有的家庭资源(B)和获取潜在的家庭资源(b);测量和再测量家庭洞察力(cC);用有效应对策略增强家庭能力(xX)。[1]

(二)团队工作模式

　　多年来的实践证明,有效的早期干预、特殊教育及其相关服务一定要求跨学科(或多学科)的协作。因此,人们在法律和政策制度设计上和实践操作领域都致力于建设多元化的服务团队以达成预定的目标。家长作为这个团队的天然成员,通过团队协作可以显著地提升自己赋权增能水平。家庭赋权增能的团队工作模式存在着两种基本取向:儿童中心模式和家庭中心模式。

　　1. 儿童中心模式

　　儿童中心模式基于多学科团队方法(multidisciplinary team approach, MDA),由不同学科领域的专家在各自的专业领域中构建团队以儿童为中心提供无障碍的、可行的服务,支持儿童的发展。在这种模式中团队通过增进家访,家长通过参与团队工作,从而达成家庭赋权增能的目标。在这种模式中,

---

[1]　X. Yaoying,"Empowering Culturally Diverse Families of Young Children with Disabilities:The Double ABCX Model",*Early Childhood Education Journal*,2007,34,6:431-437.

来自不同学科和服务领域的专家独立开展工作,对儿童进行各自的评估,撰写个体评估报告,厘定特定的发展和服务目标。[①] 评估期间的治疗(如语言治疗、动作治疗)也在各需要领域和相对隔离的情景中进行。[②]

相对而言,儿童中心模式对家庭赋权增能的最大阻碍在于学科壁垒和团队成员之间的阻隔。学科与学科之间、专业与专业之间、专家与专家之间、专家与家长之间的制度化沟通和协同机会相对较少。因此,尽管有家长对多学科协作报告积极,同时各组织也鼓励多学科协作的家庭经验,但是很多家长反映,该模式中团队沟通的断裂增加了协作的负担和团队与家庭的管理难度;MDA 没有作为一个整体来操作,因此没有促进儿童需要的服务;导致了为儿童和家庭提供碎片化的服务和相互冲突的报告;此外,重度残障儿童在隔离的环境中很难获得应聘和一般化的技能。如此就导致了影响特殊儿童家庭赋权增能的最为核心的问题:家长在团队中的挫败和焦虑经验。尤其是在服务缺乏的情况下,家长没有赋权增能的感觉也是非常普遍的现象。

儿童中心模式的发展及其运行结果显示,促进特殊儿童家庭赋权增能的关键因素是家长通过发展与团队的工作关系,增进融合感;团队对儿童发展的成功介入和家长对团队的有效参与能够给家长带来愉快体验,从而有效增进家庭的效能感和力量感。这就意味着儿童中心模式需要每个专家以积极正向的方式,在各自学科领域为儿童发展提供有效可行的方案,并在此过程中增进与家长和家庭的工作关系,从而促进家长和家庭力量的生成。

2. 家庭中心模式

为了克服儿童中心模式的阻碍和天然缺陷,人们发展出家庭中心模式来增进特殊儿童家庭赋权增能水平。与儿童中心模式各学科领域基于自身学科范式分别着眼于儿童发展并提出自身的解决方案不同,家庭中心模式将焦点从儿童转向家庭,着眼于特殊儿童家庭能力的提升和整体积极功能的实现。家庭中心模式运用跨学科团队方法(transdisciplinary team approach,TDA),由

① M.B.Bruder,"The effectiveness of special educational/ developmental curricula for children with established disabilities", in Guralnick M. J. (Ed.), *The Effectiveness of Early intervention*, Baltimore,MD:Paul H.Brookes,1997,pp. 523-548.

② D.Rush & M.Shelden,"On becoming a team:A view from the field",*Seminars in Speech and Language*,1996,17,pp. 131-142.

不同学科领域专家和家长一起构建一个相互协作的教育和干预跨学科团队。团队由来自不同学科领域的专家和家长构成。团队成员之间充分合作，并在教育和干预期间一起工作，致力于对家庭的整体干预和能力提升，从而达成促进儿童和家庭共生发展目的。

家庭中心模式试图通过形成一个团队克服各学科间的边界所导致的孤立学科的限制，并消解儿童中心模式的教育和干预服务中家庭所面对的斗争与冲突。为达成这一目标，在家庭中心模式增加了一个关键工作者系统(key worker system)，设定关键工作者来界定团队成员的角色，决定由谁来负责帮助联系家庭参与早期干预服务。[1] 关键工作者的设立有效地促进了团队工作关系、早期干预服务效果和家庭生活质量。[2] 然而在教育和早期干预的实践中，较少为家庭安排关键工作者。

家庭中心模式因其具有协作(便利沟通、角色重叠、跨越专业边界)、整合(信息与干预)、弹性(评估程序与领域)、角色租赁(role release)等基本特征，能够有效地增进每个团队成员与团队中来自其他学科的成员进行信息和技能的交换，从而促进家庭整体能力和效能的提升，实现家庭赋权增能。当然，这种赋权增能的水平取决于团队对家庭干预的数量和质量，以及团队工作针对不同家庭在不同时空背景下的弹性水平。

家庭中心模式的有效运作涉及引导水平(团队所提供的支持程度)、儿童发展(认知、感觉运动、沟通、社会情绪技能)水平的提升、团队运作的历史(成功的经验和失败的改进)、鸿沟(学科与学科之间、专业人士和家庭之间、服务提供者之间)的跨越、侵入力(家长和家庭对团队工作和儿童发展的卷入能力)的程度。在家庭中心模式的运作过程中，同样存在着许多阻碍因素：如资源的争取与分配、时间的浪费、服务的障碍和可行性限制等，以及家长在竭力获得适用而充足的服务的过程中所面临的挫败、压力和孤立。这些阻碍因素更多的是服务传递的限制，而不是家庭中心模式的特征限制。

---

[1]　B.Mullins,"Exploring key working:Parents' perceptions of key workers in Clare Early Intervention Service(CEIS),Masters in Health Science(Primary Care)",Galway,Ireland:National University of Galway Ireland,2008.

[2]　R.Webb, V.Greco, P.Sloper & J.Beecham, "Key workers and schools:Meeting the needs of children and young people with disabilities",*European Journal of Special Needs Education*,2008, 23:189-205.

　　儿童中心模式和家庭中心模式是家庭赋权增能的两种方式,秉持各自的价值取向。第一,两种模式分别基于多学科团队方法和跨学科团队方法。从MDA到TDA的演进过程实际反映了特殊儿童教育和干预从儿童中心到家庭中心的转换。① 这种转换意味着家长在特殊教育、相关服务和早期干预中应该扮演关键性角色,专业人士应该将家长和家庭卷入到早期干预中来。第二,儿童中心模式包含了家访。在家长看来,家访是一种非常积极的措施,这实际上间接反映了研究者所强调的为孩子提供居家服务的益处。② 另外,MDA的一对一的会议也不是TDA的优先事务。TDA强调的是家长作为团队的必然成员,强调的是一致性意见和沟通,是一种整合的方法,③并最大程度减少了服务的碎片化。第三,TDA最有价值的特征是关键工作者,包括了支持性的关系、良好的沟通、家庭中心取向这些在过去研究所强调的积极因素。"角色租赁"则是家庭中心模式服务工作的有效路径。

(三)家庭参与模式

　　家庭的积极参与是家庭赋权增能的重要路径。家庭参与基于以下价值取向:家庭是孩子事务的专家;家庭是孩子事务的最后决定者;孩子生活的持续提供者;在服务上具有优先权;家庭对参与水平的选择权;家长和服务提供者之间需要合作与信任关系;服务提供者对文化差异的尊重。在赋权增能中心的家庭实践中,父母积极参与比同情和倾听重要得多。父母对孩子关注的自然性、家庭压力水平、社会支持的可利用性、家庭参与的行为、对其他孩子优先经验、家庭的教育水平等因素决定着家庭卷入干预的水平。④ 特殊儿童家庭

① T.Wehman,"Family-centered early intervention services:Factors contributing to increased parent involvement and participation", *Focus on Autism and Other Development Disabilities*,1998,13:80-86.

② D.Pierce,V.Munier & C.Myers,"Informing early intervention through an occupational science description of infant-toddler interactions with home space", *American Journal of Occupational Therapy*,2009,63:273-287.

③ L.Zaretsky,"A transdisciplinary team approach to achieving moral agency across regular and special education in K-12 schools", *Journal of Educational Administration*,2007,45:496-513.

④ S.Baird & J.Peterson,"Seeking a comfortable fit between family-centered philosophy and infant-parent interaction in early intervention:Time for a paradigm shift?", *Topics in Early Childhood Special Education*,1997,17,2:139-164.

赋权增能的参与模式包含家庭支持与伙伴协作两个有效策略。①

1. 家庭支持

基于家庭支持的赋权增能模式在强化实践取向的基础上,假定残障并不仅仅是个人和家庭的不幸,更是整个社会运作体系的结果,道义和伦理、资源与心理上的支持对于残障儿童家庭不可或缺,同时也是追求社会公正的基本价值取向。对残障儿童家庭或者高危家庭提供整体性支持无论对于儿童的发展还是家庭生产力的建设都具有重大意义。恰当的支持和资源,可以帮助家长有效地应对特殊孩子所带来的挑战;降低家庭压力水平;促进家庭正向功能的发挥;为孩子成长提供富有营养的家庭成长环境,从而增进其学校学习、工作训练和职业生涯的成功;显著地影响和提升智障儿童功能性水平和家庭满意度。

着眼于家庭赋权增能的家庭支持实际上就是一个生态系统。基于不同的视角,特殊儿童家庭支持有着不同的表现形式。从层级上看,残障儿童家庭支持包括宏观系统(社会的、政治的和文化的相关因素,如贫困消解、服务无障碍、可用服务的文化价值)、外系统(家庭服务机构与代理所提供的持续的相关服务路径与丰富程度)和中观系统(家庭成员与服务提供者或实践干预者的关系,尤其是家长感受到的倾听、尊重、移情、敏感)。在这三大系统中,分别存在着正式和非正式的支持系统。家庭支持理念有力促进和支持了家庭中心实践的发展。特殊儿童学前阶段的个别化家庭服务计划(Individual Family Service Plan,IFSP)和 3 岁以后的个别化教育计划(Individual Education Plan,IEP)都要求家长参与教育方案的制订、实施与效果评估,获知相关信息与干预和教育事务,通过面谈、寻求调解和听证乃至诉讼等程序解决与教育当局的相关争议。

2. 伙伴协作

伙伴协作指家庭和专业人士通过合作、利用彼此的判断和专业知识以增进儿童、家庭和专业人士利益②,意味着家庭、专业人士和学校对残障儿童发

---

① 申仁洪:《走向伙伴协作的残障儿童家庭参与——基于美国研究的考察》,《比较教育研究》2016 年第 4 期。

② A. A. Turnbull, H. R. Turnbull, E. J. Erwin, L. C. Soodak & K. A. Shogren, *Families, Professionals, and Exceptionality：Positive Outcomes Through Partnerships and Trust*(7th Ed.), Pearson eText with Loose-Leaf Version-Access Card Package. 2014.

展共同责任的卷入。如果家庭有能力决定孩子生活、康复、教育、转衔相关事务，就会感觉到自己是真正参与者。特殊儿童家庭通过与专业人士建立专业伙伴协作关系是促进其能力提升的重要策略。无论对于儿童、家庭还是学校，伙伴协作都具有重要意义。首先，可以有效提升孩子的信任水平；其次，在整个 K-12 阶段，伙伴关系和信任氛围能够有效提升孩子学业成就水平；最后，高质量的伙伴协作关系能有效促进家庭生活质量提升，更能有效满足家庭需求，家庭成员更乐于共享生活、更有机会做自认重要的事情。[①]

伙伴协作致力于促进家庭生活领域的健康发展。这包括健康的情绪（如通过协作减轻压力、发展兴趣、照顾需求）、良好的亲职关系（如通过活动培养孩子独立性、学会与人交往、照顾个别需求）、融洽的家庭互动（交流、共享、分担、关爱）、丰富的物资/资源（交通、社区、医疗、金钱、安全等）、特殊的相关支持（学习、居家、友谊、业务关系）等方面。[②] 伙伴协作与特殊儿童家庭参与孩子教育程度密切相关。影响特殊儿童家长参与程度有很多因素：日常生活、工作和职业限制；孩子数量及状况；交通的便利性；家长健康状况；家长的成熟度和对孩子需要的理解；家长对专业人士的态度；等等。在残障儿童家庭充分参与之下，伙伴协作需要遵循七大原则：沟通、专业、尊重、承诺、平等、倡导、信任，其中信任关系的建立是关键。

特殊儿童家庭赋权增能导向的家庭参与模式中，为家长提供机会，卷入到计划和信息服务中非常重要。而这是建立在对家庭需求的充分了解和对家庭需求的充分满足基础上的。压力应对、家庭支持、伙伴协作可以走向深度整合，通过倡导协助、信息提供、资源支持、家庭咨询、专业训练、评估参与、方案共制、课程发展、教学协作、及时反馈等方法，共同构成了特殊儿童家庭赋权增能的可能的家庭参与模式，并最终指向特殊儿童个体生活质量和家庭生活质量的提升，重构特殊教育图景。

---

① J. Summers, J. Marquis, H. Mannanb, A. Turnbulla, K. Fleming, D. Poston & K. Kupzyk, "Relationship of perceived adequacy of services, family-professional partnerships, and family quality of life in early childhood", *International Journal of Disability, Development and Education*, 2007, 54, 3: 319-338.

② L. Hoffman, J. Marquis, D. Poston, et al., "Assessing family outcomes: psychometric evaluation of the beach center family quality of life scale", *Journal of Marriage and the Family*, 2006, 68(4): 1069-1083.

第二章　研究工具的本土化探索

国外尤其是西方对于特殊儿童家庭压力、家庭赋权增能、家庭生活质量等本项目的核心变量进行了大量的研究。由于中西环境、政策、文化与行为方式等方面的差异,根据本项目整体设计,本研究针对特殊儿童家庭压力、家庭赋权增能、家庭生活质量等变量进行工具的本土化探索。

一、特殊儿童家庭赋权增能

20 世纪 70 年代开始,家长参与逐渐成为特殊教育和残疾人权利实现的基本原则。随着美国 PL94-142 法案将家长参与权利通过法律形式固定下来,家庭作为一个整体逐渐进入人们视野之中,其中家庭赋权增能问题得到人们的关注,人们在探讨特殊儿童家庭赋权增能内涵的基础上,开发出了特殊儿童家庭赋权增能水平的测量工具。然而这些工具对于我国特殊儿童家庭的适应性问题却没有得到很好的探索。

(一)问题提出

1. 特殊儿童家庭赋权增能研究的兴起

赋权增能对应的英文表达是"Empowerment"。人们对赋权增能的研究首先在社会工作领域针对处于弱势地位的群体展开。[1] 1976 年,美国哥伦比亚大学学者巴巴拉·索罗门(Barbara Solomon)出版《黑人赋权:受压迫社区中的社会工作》,标志赋权增能理论的诞生。此后伴随着民权运动、女权运动、反压迫运动等弱势群体权利运动的蓬勃兴起,赋权增能理论逐渐被广泛应用于

---

① 　周晶晶、耿俊华:《赋权增能:成人教育发展新视角》,《成人教育》2016 年第 6 期。

社会学、心理学、管理学、教育学、政治学、经济学等领域。[①] 人们对赋权增能的内涵、构成因素、各类群体赋权增能水平进行了大量的研究。特殊儿童作为社会弱势群体之一,自然也受此潮流影响。早期人们关注的是残疾人或者特殊儿童本身的赋权增能问题。随着家庭在特殊儿童发展中的作用逐渐被人们所认知和强调,家长倡导潮流兴起、家庭自我决策关键地位确立和家庭参与儿童发展权利确认,使得人们认识到特殊儿童家庭赋权增能与特殊儿童本身的赋权增能同等重要,对于处于发展期的儿童而言甚至更为重要。于是人们纷纷对特殊儿童家庭赋权增能展开研究,以便帮助特殊儿童家庭有效处理自身和孩子面临的问题与挑战,有效参与孩子的干预、教育和发展,有效地提升个体和家庭生活质量。那么,有效地测评特殊儿童家庭赋权增能就是所有这些研究的一个关键性问题,它既是特殊儿童家庭赋权增能研究内涵深化的具体体现,也是特殊儿童家庭赋权增能实践的基础,更是评价特殊儿童家庭赋权增能实践效果的前提。

　　2. 本土化特殊儿童家庭赋权增能研究工具的缺失

　　基于实证研究的价值取向,国外开发出来了针对特殊儿童家庭赋权增能的相关问卷。如作为赋权增能一个重要构成要素的特殊儿童家庭心理赋权增能问卷。[②] 该问卷将特殊儿童父母的心理赋权增能分为四个维度:对自身控制与效能感的态度、对自身技能和知识的评价、直接参与组织的行为和间接参与组织的行为,四个分问卷与总问卷的 α 值在 0.90 到 0.97 之间。Koren 等学者开发的特殊儿童家庭赋权增能问卷(The Family Empowerment Scale, FES)[③]最初用于情绪障碍儿童家庭的测量,然后扩展到自闭症儿童家庭、发展性障碍儿童家庭和学习障碍家庭的赋权增能测量,从家庭、服务系统和社区等方面对特殊儿童家庭赋权增能进行测量。第一个维度家庭,反映了父母管理家庭及日常生活的效能感;第二个维度服务系统,反映家长能够与服务系统合作的程度;第三个

---

① 卢继青:《乡镇成人学校开展企业职工培训的赋权增能研究》,《河北大学成人教育学院学报》2017 年第 2 期。

② T. M. Akey, J. G. Marquis & M. E. Ross, "Validation of scores on the Psychological Empowerment Scale: A measure of empowerment for parents of children with a disability", *Educational and Psychological Measurement*, 2000, 60(3):419−438.

③ P. K. Koren, N. DeChillo & B. J. Friesen, "Measuring empowerment in families whose children have emotional disabilities: A brief questionnaire", *Rehabilitation Psychology*, 1992, 37(4):305−321.

维度社区/政治,反映了家长倡导改善残疾儿童服务的情况。问卷的 α 值介于
0.81 与 0.94 之间。我国台湾地区的张美云在综合以往研究向度的基础上,通
过台湾身心障碍儿童家长调查形成了包含自我效能、影响力、自我决策、赋予效
能感、接触资源、自我拥护、社区参与七个维度的问卷,各个分问卷的 α 值在
0.76 至 0.91 之间,总问卷的 α 值为 0.95。① 我国大陆地区针对特殊儿童家庭
赋权增能的相关研究较少,有限的研究多局限在医疗领域里。如通过实验发
现采用家庭赋权护理实验组患者在自编患者家属赋权护理问卷得分均明显高
于对照组,治疗依从性、护理满意度也要高于对照组,且临床并发症的发生率
显著降低。② 直接采用家庭赋权增能问卷对 125 名白血病患儿主要照顾者的
赋权增能水平做调查,研究结果显示焦虑对赋权增能无显著影响,而抑郁水
平、家长自我效能感和赋权增能成正相关,而化疗时间、家庭月收入与家庭赋
权增能总分也呈现正相关关系。③ 本土化的特殊儿童家庭赋权增能问卷开发
则基本处于空白。

(二)研究方法

本研究采用文献回顾及多元统计方法,按照问卷适应性调整的一般程序,
通过项目分析、信效度检验等,探讨发展性障碍儿童家庭赋权增能的结构维
度,对家庭赋权增能问卷进行适应性调整

1. 研究对象

本研究分为两个阶段,第一个阶段以发展性障碍儿童家庭为对象,通过项
目分析、探索性因素分析和验证性因素分析,确定特殊儿童家庭赋权增能问卷
项目及结构,并对问卷心理统计特征进行检验。第二阶段以听力障碍儿童家
庭为对象,验证本问卷对于听力障碍儿童家庭的适应性。

(1)发展性障碍儿童取样

根据我国经济社会和特殊教育发展水平采取分层抽样原则,分别在东
中西部地区通过特殊教育学校进行取样。东部地区以浙江、广东省为主,西

① 张美云:《发展迟缓儿童家庭社会支持、亲职压力与赋权增能之相关研究》,台湾彰化师范大
学特殊教育学系博士班研究所博士学位论文,2007 年。
② 段永暖、魏忠梅、卢金菊、张丽贞、刘志敏:《家庭赋权护理在神经外科危重症患者中应用的
效果》,《中国医药导报》2015 年第 36 期。
③ 吴媚斯、周芬、管萍、张冰花、陆红:《白血病患儿家庭充权现状调查》,《护理学杂志》2012 年
第 15 期。

部地区以四川、广西和重庆等省市区为主,中部地区以安徽、黑龙江和河南等省为主。共抽取发展性障碍儿童 922 个家庭,发放问卷 922 份。回收问卷之后,将大面积雷同、规律性作答及遗漏超过 3 题的问卷作为无效问卷处理,共得到有效问卷 840 份,回收率 91.1%。并通过进一步剔除与发展性障碍无关的障碍类型问卷,剩 777 份问卷,有效率 92.5%。将所得的 777 份发展性障碍儿童赋权增能问卷折半随机分为 AB 两组,A 组数据用于项目分析和探索性因素分析,B 组数据主要进行验证性因素分析及信度检验。AB两组样本构成如下。

表 2.1.1　问卷预测(A 组)被试情况一览表

背景变量	类型	人数	百分比(%)
家长身份角色	爸爸 妈妈 爷爷或者外公 奶奶或者外婆 其他	68 258 19 31 10	17.6 66.8 4.9 8 2.6
居住地域	城镇 乡村 缺失	209 176 1	54.1 45.6 0.3
特殊儿童年龄	0—6 岁 7—12 岁 13—15 岁 16—18 岁	101 194 57 24	28.7 50.3 14.8 6.2
特殊儿童性别	男 女	252 118	65.3 34.7
孩子类型	自闭症 智力障碍 脑瘫 多重障碍 及其他障碍	114 179 44 49	29.5 46.4 11.4 12.7

表 2.1.2 问卷正式量(B 组)被试样本人口资料

背景变量	类型	人数	百分比(%)
家长身份角色	爸爸 妈妈 爷爷或者外公 奶奶或者外婆 其他 缺失	78 270 13 22 4 4	19.9 69.1 3.3 5.6 1 1
居住地域	城镇 乡村 缺失	234 153 4	59.8 39.1 1
特殊儿童年龄	0—6 岁 7—12 岁 13—15 岁 16—18 岁 缺失	104 185 53 32 17	26.6 47.3 13.6 8.2 4.3
特殊儿童性别	男 女	259 132	66.2 33.7
孩子类型	自闭症 智力障碍 脑瘫 多重障碍及其他障碍	126 162 63 40	32.2 41.4 16.1 10.2

(2)听力障碍儿童家庭取样

在重庆、四川地区的特殊教育学校、普通学校、机构选取 0—18 岁听力障碍儿童家长进行调查。共发放问卷 350 份,剔除有明显抄袭、大面积规律性作答以及漏答题超过总题数 2/3 的问卷,回收有效问卷为 253 份,有效回收率为 72.3%。研究对象具体资料见表 2.1.3。

表 2.1.3　听力障碍儿童被试基本情况一览表　　（单位：人）

变量	类型	人数	百分比（%）	变量	类型	人数	百分比（%）
家长身份	爸爸	81	32.0	家庭类型	小家庭	88	34.8
	妈妈	155	61.3		三代同堂	118	46.6
	其他	17	6.7		大家庭	10	4.0
家长年龄	30 岁及以下	21	8.3		单亲家庭	37	14.6
	31—40 岁	100	39.5	子女数	独生子女	67	26.5
	41—50 岁	116	45.8		多子女	186	73.5
	51 岁及以上	16	6.3	儿童年龄	0—6 岁	27	10.7
家长文化程度	小学及以下	69	27.3		7—12 岁	80	31.6
	初中	119	47.0		13—15 岁	67	26.5
	高中	37	14.6		16—18 岁	79	31.2
	专科及以上	28	11.1	儿童性别	男	126	49.8
					女	127	50.2
家长职业状态	全职主妇或主男	91	36.0	教育安置情况	特教学校或中心	225	88.9
	全职工作	75	29.6		残联依托机构	2	0.8
	半职工作	84	33.2		普通学校	26	10.3
	缺失	3	1.2				
家长婚姻状况	已婚	213	84.2	障碍程度	极重度	196	77.5
	离婚	31	12.3		重度	30	11.9
	丧偶	4	1.6		中度及以下	13	5.1
	其他	5	2.0		不知道	14	5.5
家庭月收入	2000 元及以下	129	51.0	接受康复情况	接受过	129	51.0
	2000—5000 元	102	40.3		没接受过	122	48.2
	5000 元及以上	22	8.7		缺失	2	0.8

续表

变量	类型	人数	百分比（%）	变量	类型	人数	百分比（%）
居住区域	城镇	112	44.3	就读形式	每天都回家	117	46.2
	乡村	141	55.7		一或两周回一次家	68	26.9
家长康复知识	完全不了解与听障教育康复相关的知识	69	27.3		每个月或每两个月回一次家	51	20.2
	听说过与听障教育康复相关的知识	135	53.4		每学期或超过一学期回一次家	17	6.7
	学过一些与听障教育康复相关的知识	45	17.8	—	—	—	—
	缺失	4	1.6	—	—	—	—

2. 研究工具

本研究选用 Koren 等编制的家庭赋权增能问卷。[①]　该问卷由家庭、服务系统、社区及政策三个分量表共计 34 题构成。计分方式采用里克特 5 点记分，从"完全不符合"到"完全符合"按 1—5 分分为五个等级。该问卷被翻译成希伯来语、日语、西班牙语和芬兰语，在世界各国被广泛使用，影响非常大。

---

① P.E.Koren，N.DeChillo & B.J.Friesen，"Measuring empowerment in families whose members have emotional disabilities：a brief questionnaire"，*Rehabilitation Psychology*，1992，37：305–321.

有超过 50 个研究分别在美国①、澳大利亚②、以色列③、波多黎各④、日本⑤和芬兰⑥使用 FES 评量特殊儿童家庭赋权增能水平。

（三）研究结果

1. 发展性障碍儿童家庭赋权增能问卷研究结果

（1）项目分析。采用极端组比较法和项目与总分相关法对问卷进行区分度检验,在 A 组中随机抽取 100 份问卷数据,按照得分高低进行排序,划分出高分组（前 27%）与低分组（后 27%）,对两组数据进行 t 检验,删除 T 值小于 3 的第 9 题。然后计算每个项目与总分之间的相关系数,删除与总分相关系数低于 0.4 的第 34 题。处理后剩下 32 道题具有较好的鉴别度,适合做进一步的探索性因素分析。

（2）探索性因素分析。利用 A 组中剩下的 286 份问卷数据进行因子适合性检验。

KMO 和 Bartlett's 检验。对发展性障碍儿童家庭赋权增能问卷的数据进行 Bartlett 球形检验,检验值为 $X^2 = 2592.586$,$p < 0.001$,结果说明各项目之间可能存在着共享因素。同时样本适当性度量值 KMO 为 0.924,大于 0.9,说明本研究中的数据选取适当,适合做因素分析（表 2.1.4）。

---

① J. E. Gerkensmeyer, S. M. Perkins, E. L. Scott & J. Wu, "Depressive symptoms among primary caregivers of children with mental health needs: mediating and moderating variables", *Archives of Psychiatric Nursing*, 2004, 22: 135−146.

② T. Walsh & B. Lord, "Client satisfaction and empowerment thorough social work intervention", *Social Work in Health Care*, 2004, 38, 4: 37−56.

③ H. Itzhaky & C. Schwartz, "Empowerment of parents of children with disabilities: the effect of community and personal variables", *Journal of Family Social Work*, 2000, 5, 21−35.

④ K. G. Martinez, E. A. Perez, R. Ramirez, G. Canino & C. Rand, "The role of caregivers' depressive symptoms and asthma beliefs on asthma outcomes among low-income Puerto Rican children", *The Journal of Asthma*, 2009, 46: 136−141.

⑤ R. Wakimizu, H. Fujioka, A. Yoneyama, A. Iejima & S. Miyamoto, "Factors associated with the empowerment of Japanese families raising a child with developmental disorders", *Research in Developmental Disabilities*, 2011, 32: 1030−1037.

⑥ M. VuorenmaaN. Halme, P. Åstedt-Kurki, M. Kaunonen & M. L. Perälä, "The validity and reliability of the Finnish Family Empowerment Scale (FES): a survey of parents with small children", *Child: Care, Health and Development*, 2013, 40, 4: 597−606.

表 2.1.4　家庭赋权增能问卷 KMO 和 Bartlett's 检验表

取样足够度的 Kaiser-Meyer-Olkin	度量	0.924
Bartlett 的球形度检验	X^2	2439.783
	df	210
	Sig.	0

（3）主成分分析。采用主成分分析法抽取特征值大于 1 的因子数,确定 6 因素个数。使用最大方差法,结合碎石图,按照项目负荷值大于 0.45,共同度大于 0.20,同一个条目不能落在两个或两个以上维度,且满足所有维度的条目数量均不得少于 3 的标准,研究者进行了多次探索性因素分析,最终共删除 13 道题,得到 4 个维度,共 21 个项目,累计贡献率为 57.774%,其 21 个项目分布情况、负荷值及共同度情况等见表 2.1.5。根据以上结果,将问卷分为四个维度,维度一:效能感包含 5 个项目是 T2、T3、T4、T5、T7;维度二:互动性包含的 7 个项目是 T6、T8、T10、T11、T12 、T13 、T19;维度三:影响力包含的 4 个项目是 T15、T22 、T25 、T26;维度四:主动性包含的 5 个项目是 T27、T28 、T29、T31、T32。

表 2.1.5　家庭赋权增能初测问卷探索性因素分析结果

题项	F1	F2	F3	F4
SMEAN(B10)	0.771			
SMEAN(B12)	0.714			
SMEAN(B13)	0.665			
SMEAN(B11)	0.606			
SMEAN(B8)	0.491			
SMEAN(B19)	0.473			
SMEAN(B6)	0.466			
SMEAN(B28)		0.821		
SMEAN(B29)		0.745		
SMEAN(B27)		0.661		
SMEAN(B32)		0.632		
SMEAN(B31)		0.607		
SMEAN(B2)			0.780	

续表

题项	F1	F2	F3	F4
SMEAN(B7)			0. 720	
SMEAN(B5)			0. 701	
SMEAN(B4)			0. 674	
SMEAN(B3)			0. 479	
SMEAN(B25)				0. 702
SMEAN(B22)				0. 683
SMEAN(B26)				0. 658
SMEAN(B15)				0. 558
特征值	7. 884	1. 664	1. 457	1. 127
解释变异量(%)	15. 026	29. 828	44. 032	57. 774

（4）验证性因素分析。将经由探索性因素分析得出的问卷结构,用 B 组 391 份问卷数据做验证性因素分析,采用 AMOS 22.0 软件检验发展性障碍儿童家庭赋权增能 4 因素 22 题的结构模型,拟合指标情况则见表 2.1.6。

表 2.1.6　验证性因素分析拟合指数

拟合指数		
绝对拟合指数	X^2	467. 805
	CMIN/DF	2. 556
	SRMR	0. 054
	RMSEA	0. 063
相对拟合指数	GFI	0. 894
	TLI	0. 889
	CFI	0. 903
	NFI	0. 851
	IFI	0. 904
简约拟合指数	PGFI	0. 709
	PNFI	0. 742
	PCFI	0. 787

从研究结果可以看出,四个因素模型 CMIN/DF(自由度)值小于 3,IFI(增量拟合指数)、CFI(比较拟合指数)两个的拟合指数均大于 0.9,RMSEA(近似误差均方根)小于 0.08,SRMR(均方根残差)小于 0.1。GFI(拟合优度指数)值为 0.894、TLI(非规范拟合指数)值为 0.889、NFI 值为 0.851,且更接近 0.9。简约拟合指数 PGFI、PNFI、PCFI 皆在 0.5 以上且小于 GFI、NFI、CFI 的对应数值。因此,可以认为家庭赋权增能问卷的四因素结构模型较好的拟合了数据,适用于中国发展性障碍儿童家庭。

(5)信度分析。本研究的信度分析采用内部一致性系数(Cronbach's Alpha 系数)测量家庭赋权增能问卷的信度,分问卷的 α 值介于 0.75 与 0.85 之间,总问卷的 α 值为 0.92,结果分析如表 2.1.7 所示。

表 2.1.7　发展性障碍儿童家庭赋权增能的内部一致性的分析结果

量表维度	原题号	现题号	题数	α 系数
效能感	2、3、4、5、7	1、2、3、4、5	5	0.80
互动性	6、8、10、11、12、13、19	6、7、8、9、10、11、12	7	0.85
影响力	15、22、25、26	13、14、15、16	4	0.75
主动性	27、28、29、31、32	17、18、19、20、21	5	0.82
总问卷				0.92

(6)问卷因子命名。本研究最终结果显示,本土化处理之后的问卷结构与原 FES 结构发生了变化。原问卷三个维度分别为家庭、服务系统、社区与政策。本研究所得出的结果显示,对中国发展性障碍儿童家庭而言,其赋权增能问卷结构形成了四个维度,根据维度内容,研究者分别将之定义为效能感、互动性、影响力、主动性。

效能感(也可称为"自我效能感")包括第 2、3、4、5、7 题。效能感是家长对于自己能否有能力解决问题、取得预期结果的一种信念或者信心,包括解决孩子发生的问题及参与改善孩子的服务。

互动性指与服务系统的互动包括第 6、8、10、11、12、13、19 题。第 6、11、12、13、19 题在原问卷中属于服务系统这一维度,而其中第 8、10 题原不属于服务系统维度而在社区/政策这个维度上,但却在分析后归到这个维度,其原因可能是填答者受语句陈述的影响和由于本身题项即包含了服务系统的内涵。包含家长及专业人员与机构提供给儿童的服务的决策与和专业人员的沟通。

影响力包括第15、22、25、26题。是指家长能够与为孩子服务的专业人员和其他家庭合作,影响其思想和行动的能力,改变其工作的策略和操作成果,包含对于服务系统的改善及对其他家庭的正向影响。

主动性包括第27、28、29、31、32题。而第27、29、31、32题原属于家庭这个维度,但在调整后纳入了原属于服务系统维度的第28题。主动性是家长为了孩子的需求愿意主动去了解和参与孩子的服务,在家长主体意识支配下不依赖外力推动而进行的积极活动,包含主动了解与孩子有关教育和康复知识及方法、主动寻求外界帮助及采取行动。

2. 听力障碍儿童家庭赋权增能问卷适应性研究结果

(1)验证性因素分析。将发展性障碍儿童家庭赋权增能本土化处理之后的问卷,对350个听力障碍儿童样本家庭进行调查,回收有效问卷253份。将这253份听力障碍儿童家庭数据与上述发展性障碍儿童家庭赋权增能问卷处理分析得出的家庭赋权增能问卷结构模型作验证性因素分析,检验家庭赋权增能问卷对听障儿童家庭的适用性。采用AMOS 22.0软件检验听力障碍儿童家庭赋权增能四维度22项目的结构模型,拟合指标情况则见表2.1.8。

表2.1.8 听力障碍儿童家庭赋权增能模型拟合指数

拟合指数		检验结果数据
绝对拟合指数	X^2	346.509
	cX^2/df	1.991
	RMR	0.063
绝对拟合指数	RMSEA	0.063
相对拟合指数	GFI	0.887
	TLI	0.912
	CFI	0.927
	NFI	0.865
	IFI	0.928
简约拟合指数	PGFI	0.668

续表

拟合指数	检验结果数据
PNFI	0.717
PCFI	0.768

由表 2.1.8 所示的模型检验结果可知,听力障碍儿童家庭赋权增能四个因素模型拟合指数中绝对拟合指数(cX^2/df)卡方自由度比值为 1.991(满足模型适配标准小于 2 的要求),RMSEA 值为 0.063(满足模型适配标准小于 0.08 的要求);相对拟合指数 IFI 值为 0.928、CFI 值为 0.927(满足模型适配标准大于 0.90 的要求);简约拟合指数 PGFI 值为 0.668、PNFI 值为 0.717、PCFI 值为 0.768,均满足模型适配标准大于 0.5 的要求,且 PGFI< GFI、PNFI< NFI、PCFI<CFI。由此可知,发展性障碍儿童家庭赋权增能问卷结构模型与听力障碍儿童家庭实际数据拟合较好,即发展性障碍儿童家庭赋权增能问卷同样适用于我国听力障碍儿童家庭。

(2)信度分析。研究采用克隆巴赫本 α(Cronbach's Alpha)系数针对听力障碍儿童家庭对家庭赋权增能问卷进行信度检验,总问卷的 Cronbach's Alpha 值为 0.923,分问卷的 Cronbach's Alpha 值介于 0.736 与 0.854 之间,具体结果分析如表 2.1.9 所示。检验结果表明问卷内部一致性信度较好。

表 2.1.9 听力障碍家庭赋权增能问卷信度检验结果一览表

维度	题号	题数	Cronbach's Alpha 值
总问卷		21	0.923
效能感	1、2、3、4、6	5	0.736
互动性	5、7、8、9、10、11、13	7	0.819
影响力	12、14、15、16	4	0.725
主动性	17、18、19、20、21	5	0.854

综上所述,通过统计分析,模型验证相关数据符合统计学标准,且问卷具有较好的信效度,家庭赋权增能问卷能够用于听力障碍儿童家庭赋权增能水平的调查研究中。

(四)分析与讨论

本研究基于 Koren 等人编制的家庭赋权增能问卷。FES 由家庭、服务系统和社区三个分量表构成。然而本研究对 FES 进行中国本土化处理之后,结构发生了重大的变化。在本研究中,特殊儿童家庭赋权增能的分量表从原始的三个变成了四个:效能感、互动性、影响力、主动性。

1. 中西特殊儿童家庭赋权增能内涵差异

特殊儿童家庭赋权增能进入人们的研究视野中后,对其含义有着不同的理解。在美国 PL94-142 法案和 *IDEA* 中将家长参与作为特殊教育的六大原则之一。这促进了特殊儿童及其家庭赋权增能的相关研究。尽管特殊儿童家庭赋权增能可能是一种状态,是在某种情境中特殊儿童家庭所表现出来的应对能力、效能感和相关技能水平。但是更多时候却是将特殊儿童家庭赋权增能看成是一个过程,是创造机会增强家庭成员效能感和满足特殊儿童需求的过程中获得的控制感,即家庭成员对自身处理特殊儿童发展相关事务能力的内在主观感觉和外在效能感不断增强的体现。[①] 对国外特殊儿童家庭而言,家庭成员效能感和控制感的增强,常常与支持系统有关。特殊儿童相关服务和社区支持在西方特殊儿童发展和特殊教育领域一直就是两个非常核心的概念。因此,FES 从家庭、服务系统和社区三个分量表来定义特殊儿童家庭赋权增能。家庭分量表指家长在家庭架构之中对日常情景的管理能力;服务系统指家长采取行动从服务系统中获得孩子所需要的服务和资源,从而满足家庭需要的能力,以及对自己、家庭和孩子权利的意识;社区分量表指家长在一般情况下为提升孩子服务所进行的倡导,表现为家长所具有的发展本地、都市和政府层面提供可行的服务机构的广泛的洞察能力。

对中国而言,由于在历史传统上特殊儿童发展虽然在一定意义上被纳入了公共政策部分,但是通常都是作为社会福利的一部分,体现的是所谓仁政的价值取向。从国家法律层面上对特殊儿童发展、教育和家庭提供服务仅仅是近三十年的事情。而且强调得更多的是家长的义务,而非权利。特殊儿童服务和教育通常也是儿童中心的价值取向,即着眼于改进儿童本身的状况。在制度层面上,社区支持和社区融合才刚刚起步,家庭作为一个整体被服务和支

---

① 申仁洪:《家庭本位实践:特殊儿童早期干预的最佳实践》,《学前教育研究》2017 年第 9 期。

持的理念还远没有形成。特殊儿童康复和教育相关责任在相当长的时间里主要是由特殊儿童家庭承担。家长和家庭的权利意识也才刚刚起步。所有这些导致了本研究中所显示出来的四个后果：一是与权利相关的项目对特殊儿童家庭而言，并没有显示出统计学意义，如"我认为我有权利来决定孩子所接受的任何服务""我知道特殊教育相关法律赋予父母与孩子的权利"等题项最终没有保留。二是与家庭主体意识、主动倡导、自我决定等与家长和家庭权利密切相关的要素对中国家长并没有显示出应有的价值，因此"在决定我的孩子需要怎样的服务时，我认为我的意见和专家的意见一样重要""我会告诉机构服务人员或政府人员如何改进提供给我孩子的服务"等项目也没有得到家长的理解和接受，最终没有保留。三是政府、社区、医疗体系、学校、家庭全方位的支持服务系统，在我国各个层面往往还是独立奋战，并没有形成一个有机的系统，所以家长很难对整体的服务有清楚的认知、很难获得对家庭的全方位支持，所以"我对于我孩子理想中的服务系统有自己的想法""我可以获得更多的信息来帮助我更了解我孩子的状况"等项目没能保留。四是因为以上情况的存在，我国特殊儿童家庭更多从家庭内在努力和在此过程中的主观体验视角，而非通过外在支持实现自我权利的向度，来反思自身面对孩子特殊需要时所具有的能力和水平就显得合情合理了。效能感、互动性、影响力、主动性这几个要素莫不是这样的结果。

2. 特殊儿童家庭赋权增能问卷对听力障碍儿童家庭的适应性问题

FES 最初是为了用于情绪障碍儿童家庭赋权增能水平的测量。[1] 之后才逐步将适用对象扩展到用于自闭症儿童家庭、发展性障碍儿童家庭和学习障碍家庭的赋权增能测量。[2] 适用场域也有研究将其扩展到在学校背景中基于学校干预方案提升家庭赋权增能水平。[3][4] 该问卷最初的适用年龄是从出生

① P.E.Koren, N.DeChillo & B.J.Friesen, "Measuring empowerment in families whose members have emotional disabilities: a brief questionnaire", *Rehabilitation Psychology*, 1992, 37:305-321.

② R.Wakimizu, H.Fujioka, A.Yoneyama, A.Iejima & S.Miyamoto, "Factors associated with the empowerment of Japanese families raising a child with developmental disorders", *Research in Developmental Disabilities*, 2011, 32:1030-1037.

③ S.McConaughy, P.Kay & M.Fitzgerald, "The achieving, behaving, caring project for preventing ED: two-year outcomes", *Journal of Emotional & Behavioral Disorders*, 1999, 7:224-240.

④ S.McConaughy, P.Kay & M.Fitzgerald, "How long is long enough? Outcomes for a school-based prevention program", *Exceptional Children*, 2000, 67:21-34.

到 19 岁,后来的研究也将适用年龄扩展到青少年,将家庭赋权增能纳入综合干预方案促进青少年自我决定能力提升。[1] 在已有的研究文献中很少看到将FES 用于评量听力障碍儿童家庭赋权增能的研究。这可能是因为,在聋人教育的发展历程中,随着听力损失作为一种被看作是种自然和文化现象,手语的语言属性和语言地位的确立,聋人作为人类社会的自然族群被认可,听力损失在许多国家已经不再被视作残疾的一部分。[2] 对听力障碍儿童而言,只要认可手语的语言学地位,无障碍沟通支持系统充分建立,加上科学技术(如智能化的人工耳蜗即配套的适配服务与早期语言康复服务)的进步,聋人、聋人家庭和聋人教育就不再是一个具有挑战性的问题。

但是在我国,听力残疾儿童一直是特殊儿童主体群体之一。聋校也是公立特殊教育学校体系的重要组成。况且,由于我国传统文化的集体主义和社会取向,我国对于聋人文化一直有着自己的独特性。手语的语言属性和语言地位研究与实践才刚刚起步,以手语服务和手语翻译为核心的聋人无障碍沟通支持系统也才刚刚得到人们重视。所有这一切都使得听力障碍儿童家庭与发展性障碍儿童家庭一样面临巨大的挑战,即便是对那些依赖智能化人工耳蜗和良好语言康复服务而进入普通学校学习的听力障碍儿童家庭也是如此。这意味着听力障碍儿童家庭赋权增能同样应该得到关注。

本研究探索性因素分析和验证性因素分析的结果显示,本土化处理之后的发展性障碍儿童家庭赋权增能问卷对于听力障碍儿童家庭同样适用。这似乎在学理上有一些值得探讨的地方。从一般观点来看,听力障碍儿童家庭和发展性障碍儿童家庭所面临的问题具有很大的区别。孩子问题诊断评估与应对的确定性也大不一样,对未来的预期也有很大差别。但是,在我国,无论是从制度设计还是相关理论的研究、意识的普及,尽管在残疾人大类之中有进一步细分的各种不同的残疾类型,但在许多时候都将残疾人作为一个整体来处理。因此,不同类别的特殊儿童家庭可能在技术层面上有不同的需求和压力,但是各类特殊儿童家庭在整体上所面临的挑战和主观体验却存在很大的共同性。这可能就是本研究结果合理性的现实基础。这也恰恰说明,在我国特殊儿童家庭

[1] L.Powers,A.Turner,R.Ellison,J.Matuszewski,R.Wilson,A.Phillips & C.Rein,"A multicomponent intervention to promote adolescent self-determination",*Journal of Rehabilitation*,2001,67:13-19.

[2] 申仁洪:《美国聋人文化与聋人教育的发展》,《比较教育研究》2014 年第 3 期。

可能现在更急迫要解决的问题有很多是没有分化的、笼统的、面上的问题。

二、特殊儿童家庭生活质量

与特殊儿童家庭赋权增能密切相关,也是家庭赋权增能最终追求的结果,家庭生活质量是一个非常重要的领域。本土化的家庭生活质量测评也是值得关注的问题,并且是本项目的重要内容。

(一)问题提出

党的十九大明确提出"全面建成小康社会,残疾人一个也不能少"的发展方针,而发展性障碍儿童生存和发展最核心,同时也最需要社会支持和关注的微观环境就是其家庭[①]。2015 年,《教育部关于加强家庭教育工作的指导意见》将发展性障碍儿童家庭教育社会支持体系的培育提上重要议事日程。近年来,随着生态模式的兴起,学术界也逐渐意识到医学模式取向下对发展性障碍儿童的干预可能存在障碍分类标签负面预言效应、对问题和潜在问题的被动反应、过于强调个别化无法大范围推广解决方案、忽视家庭优势力量的发挥等问题[②],因此衍生出以家庭占据绝对优势地位为特征的家庭本位模式。可见,从国家政策及学术研究层面,家庭在发展性障碍儿童的成长康复生涯中有着极其重要的地位。

站在生态系统发展的视角,家庭具有平衡性、开放性、动态性及整体性,家庭系统的各子系统相互影响相互作用,共同影响家庭系统的平衡,家庭系统也受到其他系统的影响。[③] 对于发展性障碍儿童家庭而言,其家庭系统的平衡性及整体性运转主要依赖于内部家庭特征(如家庭关系),家庭系统的开放性及动态性运转主要表现为获取外部支持(如组织支持)。内部家庭特征(如家庭关系)和外部支持(如组织支持)正好是残障人士家庭生活质量研究的聚焦点[④],因此发挥家庭在发展性障碍儿童成长生涯中的优势作用必然指

[①] 胡晓毅:《我国残疾儿童家庭生活质量与家庭支持现状》,《中国康复理论与实践》2016 年第 10 期。

[②] 申仁洪:《家庭本位实践:特殊儿童早期干预的最佳实践》,《学前教育研究》2017 年第 9 期。

[③] 王海英:《青少年心理健康发展的家庭生态系统研究》,《东北师大学报(哲学社会科学版)》2012 年第 6 期。

[④] A.P.Turnbull, J.A.Summers, S.Lee, K.Kyzar, "Conceptualization and Measurement of Family Outcomes Associated with Families of Individuals with Intellectual Disabilities", *Mental Retardation and Developmental Disabilities*, 2007, 13:346-356.

向家庭生活质量这一主题。另外,不少研究都指出发展性障碍儿童的到来给其家庭带来了巨大的经济、心理压力①,严重影响到其家庭的生活质量。

无论是从发挥家庭在发展性障碍儿童成长生涯中的优势作用,抑或是出于对发展性障碍儿童家人的人性关怀,关注发展性障碍儿童的家庭生活质量都具有重要意义,而这又势必涉及对发展性障碍儿童家庭生活质量的评估。目前对障碍儿童家庭生活质量的评估工具主要有美国堪萨斯大学开发的比奇中心家庭生活质量量表(The Beach Center Family Quality of Life Scale)和加拿大多伦多大学开发的家庭生活质量问卷(The Family Quality of Life Survey)。

比奇中心家庭生活质量量表第一部分为人口学信息(性别、年龄、受教育水平、居住地等),第二部分按满意度(Satisfaction)和重要性(Importance)两方面从家庭互动(Family Interaction)、亲职抚育(Parenting)、情绪健康(Emotional Well-being)、身体健康/物质富足(Physical/Material Well-being)和残障相关支持(Disability-Related Support)这五个维度测量家庭生活质量,采用非常满意(very satisfied)、满意(satisfied)、一般(neither)、不满意(dissatisfied)、非常不满意(very dissatisfied)五级评分制,共包括 25 个条目。该量表关注的是发展性障碍儿童家长对家庭生活的全面满意度评价,各项测量指标符合心理学标准。Hoffman 等选取了 488 个障碍儿童家庭作为被试,采用验证性因素分析对比奇中心家庭生活质量量表的因素结构进行了检验,发现 25 个条目能够较好地归于量表建构的五个因子[$\chi^2(5) = 9.13, p = 0.10, CFI = 0.99, RMSEA = 0.06, \alpha = 0.88$],每个因子内部无其他二阶因子存在且内部条目一致性较好,量表的初测信度、重测信度、聚合效度较好,当然 Hoffman 等的上述研究还存在一定的不足,主要表现为其样本是白种人和非西班牙裔群体,对美国人口分布特征的代表性不够,可能影响到研究的推广度,同时比奇中心家庭生活质量量表在编制过程中对特殊文化群体的关注度不够,比如对低收入群体以及西班牙裔群体家庭是否适用都需要进一步探讨。②

家庭生活质量问卷主要用于对那些有智力障碍或其他发展性障碍的家庭

① 黄儒军、申仁洪:《国外特殊儿童家庭生活质量研究综述》,《现代特殊教育》2016 年第 10 期。
② L.Hoffman, J.Marquis, D.Poston, et al., "Assessing family outcomes:psychometric evaluation of the Beach Center Family Quality of Life Scale", *Journal of Marriage and Family*, 2006, 68(4):1069-1083.

进行生活质量评定,关注的是对于家庭成员而言有重要意义的生活各方面是否充实、快乐和有意义。① 该问卷的第一部分是关于特殊儿童家庭的背景信息(性别、年龄、诊断情况等),接下来则从重要性(Importance)、机会(Opportunities)、主动性(Initiative)、稳定性(Stability)、成就感(Attainment)、满意度(Satisfaction)这六个方面分别对家人关系(family relationships)、家人健康(health of the family)、专业服务支持(support from disability related services)、职业(careers)、闲暇及放松(leisure and recreation)、价值观的影响(influence of values)、经济状况(financial well-being)、社区融入(community interaction)、他人支持(support from others)的相关情况进行测查。② Verdego 等人采用简单随机抽样方法在哥伦比亚卡利市(Cali,Colombia)的障碍儿童及成人养护中心、特殊教育机构及学校等地选取了 385 个发展性障碍儿童西班牙裔家庭作为被试,对家庭生活质量问卷进行心理统计学检测,探究其信效度情况,Verdego 等人的研究表明家庭生活质量问卷具有足够的稳定性(重要性维上的重测信度相关系数为 0.68,满意维上的重测信度相关系数为 0.78)以及较强的内部一致性(满意维上的内部一致性信度系数达到 0.95,重要性维上的内部一致性信度系数达到 0.96),对问卷进行验证性因素分析表明问卷的九个因素结构具有较好的拟合指标(满意维与重要性维上的 RMR 均低于 0.80,GFI、NFI、RFI 均达到 0.90 以上)。因此,Verdego 等的研究表明家庭生活质量问卷具有符合心理测量要求的统计指标,需要指出的是 Verdego 等人采用西班牙语版本的家庭生活质量问卷对西班牙裔被试进行的测试,他们的研究只是指出了家庭生活质量问卷对家庭生活质量的架构适宜于西班牙裔背景的被试③,对其他文化背景的被试是否适宜还需要进一步检验。

正如上文提到,无论是 Hoffman 等对比奇中心家庭生活质量量表抑或 Verdego 等对家庭生活质量问卷的验证性研究都存在着文化适应问题,即只能

① I.,Brown S.Neikrug,R.I.Brown,"Family quality of life survey",*International Family Quality of Life Project*:*Australia*,*Canada*,*Israel*,2000.

② B.J.Isaacs,I.Brown,R.I.Brown,et al.,"The International Family Quality of Life Project:Goals and Description of a Survey Tool",*Journal of Policy and Practice in Intellectual Disabilities*,2007(3):177−185.

③ M.A.Verdugo,L.Córdoba,J.Gómez,"Spanish adaptation and validation of the Family Quality of Life Survey",*Journal of Intellectual Disability Research*,2005,49(10):794−798.

明确某一因素架构能够适合于被试样本所能代表的总体,对于被试样本所不能代表的总体是否适合还不能下肯定性结论。Matsumoto 也指出生活质量的含义会随着文化以及个体的差异而有所改变,甚至会因为环境、地域、时间而变化。① 因此,基于国家、语言、文化背景去审视家庭生活质量的架构也就势在必行。在中国文化传统中,个人身份首先是家庭的成员,家庭利益比个人利益更重要,中国人倾向于把家庭、集体和国家的重要性放在个人价值之上,而西方文化更注重个人的主动性和成就感,强调个人的决定,个人的目标优先于他们对家庭或雇主等群体的忠诚②,而且由于中国系统化的特殊教育发展起步相比西方国家晚,使得目前国内多数发展性障碍儿童家长的教育康复理念及对专业支持服务的需求还不如西方国家具有多样化及前瞻性。因此,这种基于个人主义与集体主义的中西方文化差异及中西方特殊教育发展的时代差异,可能会导致中国的父母相比西方的父母,更多地压抑自我的需求而考虑到孩子的障碍或者家庭的困难,以及出现不同于西方国家发展性障碍儿童家长的专业支持服务需求,这些都可能会影响到家庭生活质量的含义、架构。因此,在中国本土开展对发展性障碍儿童家庭生活质量的因素结构探究也就显得很有必要,而目前国内在这方面的研究还相对处于空白,于是本书尝试立足本土实践,建构现阶段中国文化背景下的发展性障碍儿童家庭生活质量的因素架构及测量指标体系。

(二)研究方法

1. 研究对象

发展性障碍是指在儿童发育中由于生理或心理原因造成的在某个领域显著、长期的发展迟缓,包括智能障碍(Mental Retarded, MR)、自闭症(Autism Spectrum Disorders, ASD)等和其他未定义的神经发展性障碍。③ 本研究中的发展性障碍儿童指的是年龄在 18 岁以下由于生理或心理原因造成的,且经过正规医学诊断在某个领域存在显著、长期的发展迟缓的个体。在我国中部地

---

① P.Matsumoto,"Foreword",In *Cross-cultural Perspectives on Quality of Life* (eds K.D.Keith & R.L. Schalock).Washington,DC.2000.

② 霍冬雪:《从价值观视角分析中西方文化差异》,《现代交际》2018 年第 21 期。

③ B.Butterworth & Y.Kovas,"Understanding neurocognitive developmental disorders can improve education for all",*Science*,2013,340(6130) :300–305.

区的河南、西部地区的重庆和四川、东部地区的广东的特殊教育学校及残联机构、民办机构进行随机便利取样。通过这些学校、机构联系到 1020 名发展性障碍儿童家长作为被试,其中有效被试为 846 人,男性家长占比 32.1%、女性家长占比 67.9%,城市家庭占比 48.3%、农村家庭占比 51.7%,独生子女家庭占比 32.5%、非独生子女家庭占比 67.5%。

2. 研究程序

根据问卷编制的一般程序,本研究主要围绕初始理论维度及问卷的确立、数据的收集与整理、数据的项目分析、数据的因素分析等程序展开。

(1)研究伦理。参照 Matthew 等提出的关系伦理框架[①],从知情同意与保密、避免伤害原则确保本研究符合伦理规范。在知情同意与保密方面,为充分保证被试的知情同意与隐私权,研究者向被试介绍了研究的主题以及目的,被试自愿选择是否参与调查,同时向被试承诺,所有资料均只用于研究,对隐私信息严格保密。在避免伤害方面,被试难免会因触及以往的一些伤心事情,而感到失落、情绪失控。为此研究者在调查的过程中,遇到此类情况,会给被试提供一定的情绪舒缓机会,可以是安静的倾听与积极的支持等。

(2)初始理论维度及问卷的形成。在借鉴生活质量、特殊儿童家庭面临的困境等相关理论的基础上,结合开放式访谈,建构初步的发展性障碍儿童家庭生活质量理论维度。参考已有的生活质量及家庭生活质量相关量表,结合开放式访谈结果,完成每个维度下项目的编写,形成发展性障碍儿童家庭生活质量初始问卷。

(3)数据收集。本研究主要通过特殊教育学校或者教育康复机构完成数据调查。为保证问卷填答的有效性,对于部分文化水平较低或年老不易填答问卷的家长,调查者采用口头解释和询问的方式完成问卷的代填答,同时为了保证被试有足够的时间完成填答,被试可将问卷带回家,第二天送孩子上学时交给老师,由老师集中邮寄给研究者。研究者在剔除无效问卷后,得到 846 份有效问卷(有效标准为:空白题项不超过 5 个、相互印证的题项之间无明显矛盾、无抄袭行为及明显的规律性答题),将数据录入 SPSS 19.0 软件,然后随机将数据分为 ABC 三组,A 组(样本量 117)用于项目分析,B 组(样本量 324)用

---

① 　[美]Matthew B.Miles、A.Michael Huberman:《质性资料的分析:方法与实践》,张芬芬译,重庆大学出版社 2008 年版,第 33 页。

于探索性因素分析,C 组(样本量 405)用于验证性因素分析及信度检验。

(4)项目分析。项目分析是量表编制最为根本的一项工作,其主要目的是对预试题目进行适切性评估[①],判断是否能够正确测得受测特质的内容,是否能鉴别答题者情况的个别差异,以此作为个别题项删除或修改的依据[②]。本研究采用常用的极端组比较法对样本 A 进行项目分析,以判别哪些题不具有较好的鉴别度。

(5)因素分析及信度检验。使用 SPSS 19.0 软件对样本 B 进行探索性因素分析,删除无意义题项,探索出发展性障碍儿童家庭生活质量的最佳因素结构,并将题项重新归纳为几个有意义的构面,确保每个构面包含题项所测得的潜在特质或行为构念是十分相似的。[③] 在此基础上使用 AMOS 22.0 软件对样本 C 进行验证性因素分析,对探索性因素分析得出的家庭生活质量因素结构进行进一步的验证,确保该结构能够在数学程式上满足样本 C 数据,保证家庭生活质量模型的可靠性。因素分析关注的是效度问题,还需要关注到信度问题,因此同样利用样本 C 数据进行家庭生活质量结构的 Cronbach's α/Alpha 一致性信度检验,确保家庭生活质量模型具有合理的信度。

(三)研究结果

1. 初始理论维度及问卷的建构

依据相关理论探讨和开放式访谈建构了发展性障碍儿童家庭生活质量初始理论维度,并形成初始问卷。理论探讨主要基于:(1)生活质量的含义。生活质量关注的是生活得"好不好"的问题,侧重对人的精神文化等高级需求满足程度和环境状况的一种评价[④],启示家庭生活质量应该同时关注到生理和精神需求的满足。(2)我国特殊儿童家庭的需求和困境。目前我国特殊儿童家庭面临的三大困境是:经济困难、专业康复欠缺、时间和精力不足[⑤],对经济

---

① 邱皓政:《量化研究与统计分析——SPSS(中文视窗版)数据分析范例解析》,重庆大学出版社 2013 年版,第 313 页。

② 吴明隆:《问卷统计分析实务 SPSS 操作与应用》,重庆大学出版社 2010 年版,第 158—159 页。

③ 吴明隆:《问卷统计分析实务 SPSS 操作与应用》,重庆大学出版社 2010 年版,第 476 页。

④ 李莉:《上海市自闭症儿童家庭生活质量研究》,华东师范大学硕士学位论文,2016 年。

⑤ 黄晶晶、刘艳虹:《特殊儿童家庭社会支持情况调查报告》,《中国特殊教育》2006 年第 4 期。

支援、专业支持、精神支持、服务支持、孩子的发展性教育支持的需求特别强烈①。(3)家庭功能理论。根据家庭功能理论,家庭生活质量与家庭功能是密切相关的②,所以家庭生活质量也应该如同家庭功能,体现出家庭成员的关系,比如关怀、凝聚力特征等。

开放式访谈围绕发展性障碍儿童家人对"满意家庭生活基本特质"的看法进行,研究者对这些看法进行归类,把描述相类似的词条归入一组,并以一名词代之,发现家长对满意家庭生活状况的描述主要集中在如下方面:良好的经济条件及人际关系、愉悦的心情、健康的身体、适度的休闲放松、对孩子成功的教育、足够的家人发展机会(职业发展)、外界的包容与支持(专业支持、他人的支持)(见表2.2.1)等。

表 2.2.1　家长开放式访谈结果归类

分类	行为描述	分类	行为描述
身体健康	食欲好;不吃药;不疲倦;不生病	专业支持	政府财政支持;就学保障;医疗和康复支持;志愿者基金会等社会支持;教师帮助孩子
心理健康	情绪稳定;生活乐观;安全感;心理上的快乐;知足	休闲活动	家人都能一起玩耍;家人有机会出去旅游;玩耍得开心
家人交往	家人在一起;和睦友好;一起商量解决问题;一起奋斗;夫妻相互尊重理解;家人团结;宽容;和谐;不吵闹	职业发展	工作顺利;做自己喜爱的工作;在工作上找到乐趣;可以上班;工作有成绩
经济状况	合适的居住环境;收入能够支付支出;有钱看病、保证基本的吃住;衣食无忧	亲子养育	了解孩子学校的老师;关心孩子学业;孩子与人相处;孩子独立;关注孩子的教养;关注孩子的成长教育资源
他人支持	情感的支持理解;日常的料理帮助;来自家里老人的帮助	他人关系	尊重;接纳;关系好

综合理论探讨和访谈内容,将发展性障碍儿童家庭生活质量的初始理论维度建构如下:(1)身体健康,即家人的身体健康状况;(2)心理健康,即家人的心理情绪特征;(3)家人交往,即家人之间的人际关系状况;(4)经济状况,

---

① 陈姣姣、陈雪梅:《特殊儿童家庭需求研究综述》,《绥化学院学报》2016年第7期。

② D T L.Shek,"Family functioning and psychological well-being, school adjustment, and problem behavior in Chinese adolescents with and without economic disadvantage", *The Journal of Genetic Psychology*, 2002(4):497-502.

即家庭的收入与开支状况;(5)休闲生活,即家人参与休闲活动的程度和机会;(6)职业发展,即家人的职业发展状况;(7)亲子养育,即家人教育孩子的方式和内容;(8)他人关系,即家人与家庭以外他人的关系特征;(9)专业支持,即家人接受来自政府、残联等部门的相关支持;(10)他人支持,即家庭以外的他人对发展性障碍儿童家庭提供的情感和日常料理支持。确定初始理论维度后,参照生活质量综合评定问卷[①]、比奇中心家庭生活质量量表、家庭生活质量问卷等国内外量表及访谈结果,编制了易于理解的项目,并请相关专家进行评定,最终确定72个项目的初测问卷。问卷采用1—5的计分方式,5代表"非常符合",1代表"非常不符合",并将所有题项随机排列,量表采用自评方式。

2. 项目分析

在对反向题进行反向记分的基础上,根据项目分析极端组比较法的操作程序[②],将问卷所有项目的得分相加得到总分,将总分按照从高到低排列,取前27%得分作为高分组,标记为"1组",然后将总分按照从低到高排列,取前27%得分作为低分组,标记为"2组",再将所有条目得分根据高低分组进行独立样本 T 检验,发现第4、27、48 题在高低分组上的得分不具有显著差异,表明这3道题的鉴别度不够,将其删除。

3. 探索性因素分析

对剩余69题进行探索性因素分析(采用常用的主成分分析法进行因素抽取和正交转轴最大变异法进行因素转轴),发现总体的 KMO 值为 0.90,Bartlett 的检验值为6232.68,sig 为 0,符合 KMO 值大于 0.60、Bartlett 的 sig<0.05 的标准[③],说明这69道题适合进行探索性因素分析。第一次探索性因素分析发现部分因素存在不能命名或者包含题项不足三个等要求,因此删除相应题项,进行多次探索性因素分析,最终确定了七个因子(35 题),七个因子满足特征值大于1及题项在因子上的载荷值不低于 0.40,不存在题项分布模糊

① 汪向东、王希林、马弘编著:《心理卫生评定量表手册(增订版)》,中国心理卫生出版社 1999年版,第96—98 页。

② 邱皓政:《量化研究与统计分析——SPSS(中文视窗版)数据分析范例解析》,重庆大学出版社 2013 年版,第315 页。

③ H.F. Kaiser, "Little Jiffy, Mark IV", *Educational and Psychological Measurement*, 1974, 34:111-117.

的情况(表2.2.2、表2.2.3),且因子可命名等满足探索性因素分析要求①。结合题项表达的意义,将这七个因子分别命名为经济与休闲(f1)、身心健康(f2)、亲子养育(f3)、家人交往(f4)、他人支持(f5)、专业支持(f6)、职业发展(f7)。七个因子可以解释发展性障碍儿童家庭生活质量总变异的69.58%,表示建构效度良好。

表 2.2.2 发展性障碍儿童家庭生活质量各因子的特征值及方差贡献率

	经济与休闲	身心健康	亲子养育	家人交往	他人支持	专业支持	职业发展	总变异(%)
特征值	11.52	3.36	2.80	2.11	2.09	1.42	1.05	—
方差贡献率(%)	32.93	9.60	8.00	6.03	5.97	4.07	2.99	69.58

表 2.2.3 发展性障碍儿童家庭生活质量的结构及指标

维度	编号	条目描述	负荷值	共同度
经济与休闲(f1)	b53	所有家庭成员都能够参与到家庭的休闲活动	0.84	0.79
	b60	我的家人会积极投入到休闲活动中	0.84	0.78
	b17	我的家人有足够的机会参与休闲活动	0.79	0.71
	b57	我对家庭成员的休闲与放松程度感到满意	0.77	0.68
	b6	我的家庭能够保持收支平衡	0.68	0.65
	b28	我的家庭成员有方便的交通工具以便到想去的地方	0.71	0.60
	b39	我的家人拥有合适的居住环境	0.68	0.65
身心健康(f2)	b1	近一周来,家人身体健康,没有出现不舒服的情况	0.73	0.60
	b24	近一周来,家人情绪稳定	0.79	0.74
	b35	近一周来,家人对生活感到乐观	0.72	0.72
	b46	近一周来,家人具有安全感	0.71	0.75
	b64	近一周来,家人的睡眠状态非常好	0.76	0.70
	b72	近一周来,家人的食欲非常好	0.78	0.74
亲子养育(f3)	b16	家人会培养孩子应对未来生活的技能	0.75	0.73
	b10	家人注重为孩子的未来做考虑	0.75	0.71
	b32	家人会帮助孩子学会独立	0.84	0.79
	b43	家人教孩子如何与人相处	0.81	0.79
	b55	家人帮助孩子完成学校的学业	0.73	0.67

---

① 吴明隆:《问卷统计分析实务——SPSS操作与应用》,重庆大学出版社2010年版,第477—488页。

续表

维度	编号	条目描述	负荷值	共同度
家人交往 (f4)	b3	我的家庭成员之间会互相帮助	0.71	0.69
	b22	我的家庭成员尊重彼此的爱好和私人空间	0.70	0.60
	b50	我的家庭成员会为了家庭的未来一起奋斗	0.72	0.62
	b52	我对家人彼此之间的关系感到满意	0.78	0.68
	b70	我的家庭成员彼此信任对方	0.65	0.59
他人支持 (f5)	b26	亲戚会帮助家庭的日常料理,比如购物、照顾家人	0.73	0.65
	b37	亲戚会为我的家人提供情感支持,比如鼓励、倾听	0.65	0.61
	b49	邻居会帮助家庭的日常料理,比如购物、照顾家人	0.83	0.72
	b67	朋友会帮助家庭的日常料理,比如购物、照顾家人	0.84	0.80
	b20	朋友会为我的家人提供情感支持,比如鼓励、倾听	0.73	0.66
专业支持 (f6)	b29	家庭能获得来自基金会、公益组织、志愿者等的社会支持	0.75	0.61
	b18	家庭能获得政府(如民政局、残联)对孩子的财政支持	0.88	0.78
	b8	家庭能获得政府(如民政局、残联)对孩子的相关医疗和康复支持	0.87	0.79
	b30	我对家庭接收到的专业支持服务感到满意	0.76	0.69
职业发展 (f7)	b31	我的家人会追求自己喜爱的工作或者学习	0.54	0.58
	b42	我的家人在工作上发展顺利	0.55	0.78
	b59	家人对目前的工作感到满意	0.58	0.70

4. 验证性因素分析

验证性因素分析最核心的环节是模型的辨识与分析、模型评鉴。在模型的辨识与分析环节需要重点考虑模型估计的方法,最广泛使用的是极大似然法(Maximum Likelihood),但极大似然法使用的前提是样本数据符合多元正态分布。因此,先对样本 C 进行正态分布检验,基于峰度(kurtosis)和偏度(skewness)系数的 Z 检验法容易受到样本数的影响,当样本量超过 100 时,容易把数据误判为非正态性[1],所以采用 SPSS 19.0 软件里面的 QQ 图对这 35 道题的正态性进行检验,发现这 35 道题的 QQ 图中的点基本都落在 45 度参考线上或在 45 度参考线附近,说明这 35 道题的数据符合多元正态分布,可以采用极大似然法进行验证。

---

[1] C.M. Waternaux,"Asymptotic distribution of the sample roots for a non-normal population",*Biometrika*,1976,63:639-645.

表 2.2.4　发展性障碍儿童家庭生活质量结构验证性因素分析拟合指数

拟合指数	X^2/df	SRMR	RMSEA	TLI	CFI	PNFI	PCFI
值	2.25	0.06	0.06	0.90	0.90	0.76	0.82

验证性因素分析结果的拟合判断主要依靠绝对适配、增值适配、简约适配指标。考虑到指标稳定性问题①,绝对适配指标选取比较稳定的 X^2/df、SRMR、RMSEA。增值适配指标选择比较稳定的 TLI 和 CFI。简约适配指标选择比较稳定的 PNFI 和 PCFI。从表 2.2.4 可知,本研究的 X^2/df 为 2.25,SRMR 为 0.06,RMSEA 为 0.06,TLI 为 0.90,CFI 为 0.90,PNFI 为 0.76,PCFI 为 0.82,符合 X^2/df 在 1 与 3 之间,SRMR 小于 0.08、RMSEA 小于 0.08、TLI 和 CFI 不低于 0.90、PNFI 和 PCFI 大于 0.50 的要求。② 所以发展性障碍儿童家庭生活质量七因素模型的验证性因素分析结果良好,有较好的结构效度,符合心理测量学的要求。

5. 信度检验

在验证性因素分析的基础上,依据样本 C 对家庭生活质量及各维度的 Cronbach's α/Alpha 一致性信度系数进行检验(表 2.2.5),从表 2.2.5 可知发展性障碍儿童家庭生活质量总体问卷的 α/Alpha 系数为 0.89,各维度的 α/Alpha 系数均在 0.70 以上,符合心理测量学的要求,表明发展性障碍儿童家庭生活质量七因素模型具有较好的信度。

表 2.2.5　发展性障碍儿童家庭生活质量及各维度的信度系数

	总体问卷	经济与休闲	身心健康	亲子养育	家人交往	他人支持	专业支持	职业发展
α 系数	0.89	0.89	0.89	0.84	0.82	0.82	0.84	0.75

（四）分析与讨论

今天,随着生态模式的兴起,在特殊儿童家庭赋权增能和家庭本位实践的

---

① E E.Rigdon,"A necessary and sufficient identification rule for structural models estimated in practice",*Multivariate Behavioral Research*,1995,30(3):359—383.

② 吴明隆:《结构方程模型——AMOS 的操作与应用》,重庆大学出版社 2009 年版,第 44—50 页。

主流趋势下,发挥家庭在发展性障碍儿童成长生涯中的优势力量及关注其家人的生活需求具有积极的现实意义,这两点都指向了发展性障碍儿童的家庭生活质量。由于家庭生活质量与文化及时代密切相关,而中西方在文化及特殊教育康复需求理念方面存在一定的差异,因此在当前时代的中国文化背景下开发本土的发展性障碍儿童家庭生活质量评估结构也就是一件很重要的工作。本研究按照问卷编制的一般程序,采用理论探讨与实践调查相结合的方式,运用项目分析、因素分析等数据处理程序,建构了国内发展性障碍儿童家庭生活质量的因素结构及测量指标体系,该因素架构及各因素题项的构成均符合心理测量学的要求。

那么,站在文化及时代的差异视角去理解本研究结果与国外主要研究成果,将是必须回答的问题。具体而言,本研究从因素结构及重要指标对比两方面去论述这种差异。

1. 因素结构差异

本研究发现发展性障碍儿童家庭生活质量分为经济与休闲、身心健康、亲子养育、他人支持、家人交往、专业支持、职业发展。与加拿大及美国学者提出的家庭生活质量因素模型相比,存在如下差异。

(1)本土身心健康维度对标西方身体健康和情绪健康维度

相比比奇中心家庭生活质量量表提出的情绪健康(Emotional Well-being)、身体健康(Physical Well-being)两个维度,本研究得出的是身心健康一个维度(在中国一直也有"身心健康"的表述),出现这种情况的原因可能主要是源于中西方文化的差异。

首先,中国人家族本位、感性思维与西方个人本位、理性思维的差异,导致中国孩子的障碍及家庭困境对其家人有更强的压力源效应。中国人倾向于把家庭、集体和国家的重要性放在个人价值之上,而西方人倾向于把个人需求放在群体需求之前,个人的目标优先于他们对家庭或雇主等群体的忠诚。[1] 因此,当面对孩子障碍这一事实时,中国的父母可能会更多地考虑到孩子障碍及家庭面临的困境,所以情绪上更加容易担忧;而西方人可能会把孩子的障碍及家庭的困境和自己的个人目标需求区分开来看,并且可能优先考虑到自己的

---

[1] 霍冬雪:《从价值观视角分析中西方文化差异》,《现代交际》2018 年第 21 期。

目标,所以情绪压力没有那么大。再者,中国人的思维方式习惯以感性为主,西方人主要是理性思维;中国父母在面对孩子存在障碍及家庭面临的困难时,可能更容易从情绪上去体会压力感,而西方父母则可能更多地选择理性看待这些不利处境,想的是如何面对及解决问题。因此,相比西方发展性障碍儿童家人,家族本位与感性思维可能更容易导致中国的发展性障碍儿童家人面临更多的压力。

其次,中国人含蓄、内敛、委婉与西方人外向、直接、坦率的性格差异,导致中国的发展性障碍儿童家人的情绪宣泄渠道普遍不如西方人顺畅。多数中国人性格谨慎、沉稳、委婉、内敛,不善于表达自我情感①,喜怒哀乐都善于隐忍。西方文化推崇直接、坦率、自然的表达方式,人与人之间频繁交流,逐渐形成了西方人情感上自然流露的性格特点。这种性格上的差异,可能会导致多数中国发展性障碍儿童家人,相比西方发展性障碍儿童家人,不擅长于把内心的情绪压力释放出来。

所以,因为家族本位、感性思维,中国的发展性障碍儿童家人可能更容易有负面情绪,再加上中国人含蓄和内敛的性格,导致负面情绪不易得到释放,使得负面情绪淤积较多,从而对身体健康产生较大的不利影响,所以也就强化了情绪状态与身体健康状况的联结,直至身体健康和心理健康合并为身心健康一个维度。西方文化推崇的个人本位和理性思维,使得多数西方发展性障碍儿童家人在情绪上不会有很多的压力,即使有压力,但西方人直接、坦率、频繁交流的性格也会让他们有机会把压力释放出来,情绪对身体健康的影响并没有那么明显,所以可以区分为情绪健康(Emotional Well-being)、身体健康(Physical Well-being)两个维度。

(2)本土经济与休闲维度对标西方经济状况和闲暇及放松维度

相比家庭生活质量问卷提出的经济状况(financial well-being)和闲暇及放松(leisure and recreation)两个维度,本研究得出了经济与休闲一个维度。我们试图从文化的角度来解释这种差异:一是中西方文化对休闲概念理解上的不同。中国文化习惯将休闲看作是与工作和劳动相对立的,多数中国人将休闲的主要方式看作是旅游;严格来说,西方没有休闲这个说法,英文里的

① 程珊:《中西方文化视域下的民族性格比较》,《重庆电子工程职业学院学报》2016年第6期。

Leisure 是闲暇/自由时间之意,西方人将 Leisure 看作是一种自由支配的时间与空间,一种个人乐趣的实现,是一种自我探索和自我满足。① 二是中西方文化在休闲获取方式上的差异理解。受老子、孔子求安之道的影响,中国文化将休闲约束在现实基础与求安心理之下②;受以亚里士多德、柏拉图为代表的古希腊创造、探索、挑战主义取向的影响,西方文化将休闲看作是检验人类主动性的核心指标,是生活与权利、快乐与自由、敬畏与信仰③、个人道德活动、自我实现的最高形态④,正如斯特宾斯等人提出的"严肃休闲"或是"认真休闲"⑤。

如前文所述,一旦中国人将休闲看作与工作和劳动相对立,主要是旅游这种方式,看作是约束于现实条件及求安心理之下的一种选择,那么中国式休闲也就要首先考虑到经济是否能支撑。唯有经济能够支撑,才会去考虑休闲,特别是对于多数发展性障碍儿童家庭而言,本身就面临经济困境,所以谈到休闲就必然会联系到经济条件是否允许,也就不难理解本研究中出现的经济与休闲共同构成一个维度了。西方人将休闲看作是个人支配的时间空间、必须生活方式、个人的追求与责任,那么也就意味着可以将休闲与经济分开来看,而且休闲是一件严肃的活动,所以西方人在家庭生活质量模型中将经济与休闲分别作为两个维度。

(3)本土缺失社区互动(community interaction)维度

家庭生活质量问卷中有社区互动(community interaction)维度,形容特殊儿童家人与邻居等他人的交往关系品质,本研究初始理论维度中建构的他人交往原本对应着社区互动(community interaction)维度,但在因素分析中该维度被删除,说明对中国的发展性障碍儿童家庭而言,他们并没有把他人交往纳入家庭基本生活需求满足中。这或许是源自三个方面的原因。

第一,中国家文化与西方个人主义文化的差异。正如前文分析,在传统的中国家文化取向下,中国发展性障碍儿童家人会首先考虑到孩子障碍、家庭面

① 刘吉:《中西方休闲观念差异探究》,浙江大学硕士学位论文,2014 年。
② [英]汤因比:《历史研究》,曹未风等译,上海人民出版社 1986 年版,第 92—93 页。
③ 李仲广、卢昌崇:《基础休闲学》,社会科学文献出版社 2004 年版,第 248 页。
④ [美]卡拉·亨德森等:《女性休闲——女性主义的视角》,刘耳等译,云南人民出版社 2000 年版,第 121 页。
⑤ [美]杰弗瑞·戈比:《你生命中的休闲》,康筝译,云南人民出版社 2000 年版,第 100 页。

临的困境,他们愿意牺牲自我人际交往的时间,优先满足孩子和家庭的需求。相反,西方社会强调个人需求的实现优于家庭,所以多数西方的发展性障碍儿童家人并不会因为孩子的障碍,而忽略自己的人际交往需求。

第二,社会接纳度的差异。国内有研究指出,由于发展性障碍儿童不被同伴及同伴家庭接纳,他人对发展性障碍儿童存在异样眼光,导致发展性障碍儿童的家人参与人际交往互动的积极性受到影响①,使得他们在人际互动上存在顾虑。相比而言,国外(特别是西方国家)对障碍儿童的接纳度高于国内,所以国外的发展性障碍儿童家人愿意走进社区交往。

第三,对社区互动(人际交往)的观念差异。由于深受"面子文化"的影响,中国的发展性障碍儿童家人对于与社区或他人的交往有一种逃避,中国的父母习惯在一起谈论孩子,发展性障碍家人不愿参与这类话题,因为这会让他们觉得没有面子或者激发内心深处的自卑感,所以他们选择尽可能少的与其他人接触②,尽量少参与社区的互动。相比而言,国外(特别是西方国家)的发展性障碍儿童家人对参与社区互动则有一种积极的看法,他们愿意走入社区互动。比如 Brown 对加拿大智力障碍儿童的家庭研究,发现多数家长都会选择参与到社区事务或与他人的交往活动中,这些家长把参与社区事务看作是一种责任与权利,同时在他们看来,参与到社区事务或者与他人的互动中,可以呼吁更多的人来给自己的家庭和障碍孩子提供帮助和支持,或者是团结群体的力量呼吁政府制定更多对自己孩子及家庭有利的政策。③

2. 重要指标的差异

(1)亲子养育凸显中西方教育观念及文化的差异

本研究的亲子养育包括"培养孩子未来生活的技能、学会独立、与人相处、完成学业",比奇家庭生活质量量表在此基础上还包括"关注孩子的独特需求、认识孩子的朋友、帮助孩子做决定",可以看出,在亲子养育上也体现出

---

① B.J.Isaac I.Brown,R.I.Brown,et al.,"The International Family Quality of Life Project:Goals and Description of a Survey Tool",*Journal of Policy and Practice in Intellectual Disabilities*,2007(3):177,180-182,185.

② 黄儒军、申仁洪等:《发展性障碍儿童家庭生活质量问卷结构及其编制》,《绥化学院学报》2017 年第 7 期。

③ Brown Ivan,Anand Sabrina,Fung W.L.Alan,et al.,"Family quality of life:Canadian results from an international study",*Journal of Developmental and Physical Disabilities*,2003,15(3):207-230.

中西方教育观念及文化的差异。中国的发展性障碍儿童家人主要关注的是实用主义,比如学习、人际交往、独立及未来生活的技能,但西方的发展性障碍儿童家人关注到了孩子的平等,比如帮助孩子做决定、认识孩子的朋友、关注每个孩子独特的需求、尊重孩子的个性和权利。①

事实上,教育观念背后隐藏的是中西方文化的差异,受西方哲学观的影响,西方人认为宇宙间的天地万物都是独立存在的个体,尊重个人权力、向往自由、崇尚平等和民主,因此他们在教育孩子的时候也会去尊重孩子的个性化需求,提倡与孩子平等相处,不替孩子做决定,而是帮助孩子做决定。中国文化受儒家天人合一哲学思想的影响,形成了中国的群体取向价值观,即非常重视家庭、社会和国家的利益,注重以家庭为本位,对个人需求关注不足,受此影响本研究的亲子养育维度没有"关注孩子的独特需求"这一内容,在方式上也强调的是家庭(家长)的权威。

(2)其他方面的差异

除了上述亲子养育方面的差异,本研究的专业支持、身心健康等指标相比国外也存在一定的差异,这些差异也可以归结到文化及发展性障碍儿童家长的教育康复理念差异上。

比如本研究的身心健康维度,主要包括"睡眠状况""身体是否舒服""食欲状况""安全感""情绪的稳定",但比奇家庭生活质量量表身体健康和心理健康包括了"是否定期去做体检""情绪是否得到释放""是否能做自己感兴趣的事情"。对比可以发现这背后也可能存在文化的差异,中国传统文化关注的是现状的稳定,主动性不足,而西方文化主张主动争取与探索,所以本研究相比比奇家庭生活质量量表,没有"主动定期去体检"一说。再者相比西方文化,中国传统文化对个人的关注不够,所以本研究的身心健康维度里也没有"个人情绪的释放和干自己感兴趣的事情"这一指标。

又比如,本研究的专业支持维度主要包括获取"医疗、康复、财政、社会支持",比奇家庭生活质量量表的专业支持包括"与专业服务人员有好的人际关系、障碍儿童获取交朋友的支持、获取在学校或家庭参与活动的支持等",对比可以发现我国的发展性障碍儿童家人,对于专业支持的需求比较笼统,不如

---

① 王敏琦:《浅析中西家庭教育的差异及原因》,《绥化学院学报》2014年第11期。

西方国家发展性障碍儿童家人细致和明确。出现这种情况的原因主要在于,我们国家的特殊教育相比国外(特别是西方国家)起步较晚,大众对于现代特殊教育康复理念的接受度相对落后于西方国家,所以出现了中国的发展性障碍儿童家人对专业支持需求笼统的情况,生活质量除了与文化相关,还随着时间而变化,本研究得出的专业支持维度指标差异也反映了当前我国特殊教育康复理念相比国外存在的时代差异。

三、特殊儿童家庭亲职压力

特殊儿童的出生,几乎对所有家庭都带来了强大的亲职压力。面对这一局面,家庭参与首先思考的问题是特殊儿童家庭到底面临什么样的压力,当面临这些压力时,残障儿童家庭是采取什么方式进行有效应对的。

(一)问题提出

在我国,随着现代化进程的加速,特殊儿童家庭结构也悄然发生着变化:传统的大家庭让位于核心家庭、同时扩展家庭、独生子女家庭、多子女家庭、(祖父母、外祖父母)隔代抚养、单亲(父亲或母亲)家庭、收养家庭、寄养家庭都呈现出来。多元化的特殊儿童家庭带来严重的复杂挑战:失业、频繁的工作变动、家庭成员的亡故、财政困难、身心疾病、物质滥用、儿童虐待、社区暴力、对外来的不确定性等等。尤其是低收入和低水平的教育显得更加突出。特殊儿童家庭比普通儿童家庭面临着更高风险和更严重的发展危机,尤其这种风险和危机与种族和文化差异紧密相连,对于特殊儿童家庭或者可能出现特殊儿童的家庭提供整体的支持性干预就显得特别重要。而整体性的支持干预方案源于对亲职压力状况的清晰把握,于是对特殊儿童亲职压力的评估就显得非常重要了。

临床心理学家阿比登(Abidin)在20世纪80年代首次提出亲职压力(parenting stress)一词后,成功将养育和管教子女的压力从家庭生活压力中分离出来,此后亲职压力成为教育学界研究的热门议题。亲职压力被定义为"对称为父母的要求所产生的厌恶性心理反应"[1],与诸如低水平的父母温暖和互

---

[1] K.Deater-Deckard,"Parenting stress and child adjustment:Some old hypotheses and new questions",*Clinical Psychology:Science and Practice*,1998,5:314-332.

惠、不健康的养育风格、严厉规则的使用等负面亲职特征密切关联[1]，是父母所面对的大多数共同的日常关注事项之一[2]。对亲职压力的评估与许多家庭诊断关联在一起，预示着家长的需求与家庭调节的需要。亲职压力的减轻对那些具有困扰性行为问题孩子的父母[3]、发展性障碍孩子的父母[4]以及慢性疾病孩子的父母[5]十分重要。亲职压力的增加，会导致家庭功能的失调、家长健康状况的恶化、父母教养方式的负向变化、孩子人格与行为的消极发展、学业成就水平的降低等等问题的产生。减轻亲职压力的前提和基础是亲职压力状况和水平的评估与诊断。这就需要具有良好信度和效度的亲职压力测量工具。

阿比登（Abidin）1983年开发的由120个项目组成的亲职压力指数检核量表（the Parenting Stress Index/Long Form，PSI/LF）[6]成为检测亲职压力最通用的工具之一。问卷由家长领域、儿童领域和生活压力领域三个部分组成。家长领域包含能力、隔离、依附关系、健康、角色限制、沮丧和配偶/亲职伙伴关系七个分问卷49个项目。儿童领域包含注意涣散、多动、适应性、强化家长、情绪和可接受性六个分问卷42个项目。生活压力领域属选择性问卷，由19个二分（是或否）项目构成。[7] 尽管这个检核表有非常好的统计特征，但是它项目多，测量耗时长，超出一般测量的范围。因此，阿比登1995年从孩子、父母、亲子互动三个因子建构了家长压力模型提出高水平的家长困境、儿童困难和亲子去功能性互动导致负向的亲职压力增加，从而直接影响到儿童的行为。

---

[1] A.Y.Rogers，"The assessment of variables related to the parenting behavior of mothers with young children"，*Child and Youth Services Review*，1993，15：385-402.

[2] Y.Chang & M.A.Fine，"Modeling parenting stress trajectories among low-income young mothers across the child's second and third years：Factors accounting for stability and change"，*Journal of Family Psychology*，2007，21：584-594.

[3] A.E.Kazdin，T.C.Siegel & D.Bass，"Cognitive prob- lem-solving skills training and parent manage-ment training in the treatment of antisocial behavior in children"，*Journal of Con-sulting& Clinical Psychology*，1992，60：733-747.

[4] Smith，T.B.，Oliver，N.I.& Innocenti，M.S.，"Parenting stress in families of children with disabili-ties"，*American Journal of Orthopsychiatry*，2001，71：257-261.

[5] E.J.Hauenstein，"The experience of distress in parents of chronically ill children：Potential or likely outcome?"，*Journal of Clinical Child Psychology*，1990，19：356-364.

[6] R.R.Abidin，"The Parenting Stress Index.Charlottesville"，*VA：Pediatric Psychology Press*，(1983).

[7] R.R.Abidin，"Introduction to the special issue：the stresses of parenting"，*Journal of Clinical Child Psychology*，1990，19(4)：298-301.

并在 PSI 的基础上开发出由 36 个项目组成的简缩版(PSI-SF)。PSI-SF 包括困难儿童、亲子愁苦、亲子互动失调(亲子去功能性互动)三大因子。在总分上,PSI-SF 与 PSI 的相关系数达到 0.87。该问卷中测信度总分为 0.84,PD 为 0.85,PCDI 为 0.68,DC 为 0.78。[①]

目前,国内针对特殊儿童家庭的研究日益增多,尤其是其家庭所承担的亲职压力更是我们当前研究的一个热门话题。Abidin 所发展的短式亲职压力量表是目前使用范围最为广泛的工具。本研究拟对短式亲职压力量表进行适应性调整,并测量其信效度,发展适宜中国地区的发展性障碍儿童家庭亲职压力问卷。本研究采用文献回顾及多元统计方法,按照问卷适应性调整的一般程序,通过项目分析、信效度检验等,探讨发展性障碍儿童家庭亲职压力的结构维度,对亲职压力量表进行适应性调整。

(二)研究方法

1. 研究对象

抽取中部地区的安徽和河南,西部地区的广西和四川、东部地区的浙江和广东等地发展性障碍儿童家长进行施测,共计发放问卷 956 份,删除有明显抄袭和大面积规律性作答问卷及遗漏超过 3 题的问卷,回收有效问卷 873 份,回收率 91.3%。并通过进一步剔除与发展性障碍无关的障碍类型如听力障碍等剩 781 份问卷,有效率 89.5%。将所得的 781 份发展性障碍儿童亲职压力问卷运用 SPSS 19.0 软件按照 50% 的比重随机分为两组,其中 A 组数据用于项目分析和探索性因素分析,B 组数据主要进行验证性因素分析及信度检验。

表 2.3.1 问卷预测(A 组)被试情况一览表

背景变量	类型	人数	百分比(%)
家长身份角色	爸爸	68	17.4
	妈妈	258	66.2
	爷爷或者外公	19	4.95
	奶奶或者外婆	31	7.9
	其他	10	2.6
	缺失	4	1.05

---

① R.R.Abidin,"Parenting Stress Index(3rd ed.).Odessa", *FL*: *Psychological Assessment Resource*, (1995).

续表

背景变量	类型	人数	百分比（%）
居住地域	城镇 乡村	209 181	53.5 46.4
家庭类型	核心家庭 三代家庭 延伸家庭 单亲家庭 缺失	188 151 17 25 9	48.2 38.7 4.3 6.4 2.3
特殊儿童年龄	0—6 岁 7—12 岁 13—15 岁 16—18 岁	101 202 67 20	25.8 51.7 17.1 5.1
特殊儿童性别	男 女	262 128	67.1 32.8
孩子类型	自闭症 智力障碍 脑瘫 多重障碍及其他障碍	114 179 48 49	29.2 45.8 12.3 12.5

表 2.3.2　问卷正式测量（B 组）被试情况一览表

背景变量	类型	人数	百分比（%）
家长身份角色	爸爸 妈妈 爷爷或者外公 奶奶或者外婆 其他 缺失	78 270 13 22 4 4	19.9 69.1 3.3 5.6 1.0 1.0
居住地域	城镇 乡村 缺失	234 153 4	59.8 39.1 1.0
家庭类型	核心家庭 三代家庭 延伸家庭 单亲家庭	195 159 23 14	49.9 40.7 5.0 3.6
特殊儿童年龄	0—6 岁 7—12 岁 13—15 岁 16—18 岁	104 195 60 32	26.6 49.9 15.3 8.2

续表

背景变量	类型	人数	百分比（%）
特殊儿童性别	男 女 缺失	259 128 4	66.2 32.7 1.0
孩子类型	自闭症 智力障碍 脑瘫 多重障碍及其他障碍	126 162 63 40	32.2 41.4 16.1 10.2

2. 研究工具

本书选用的工具为研究者翻译的 Abidin 的短式亲职压力量表（Parenting Stress Index/Short Form,PSI/SF）。

（三）研究结果

1. 项目分析

首先抽取 100 份问卷数据对极端组比较法和题目与总分的相关法这两种方法的问卷项目的区分度进行检验,获得相关系数和 t 值。根据问卷得分进行高低分排序,分为高分组（得分居于前 27%）与低分组（得分居于后 27%）,然后进行 t 检验,删除 T 值小于 3 的第 23 题,同时删除与总分相关系数低于 0.4 的第 22 题,剩下的 34 道题具有较好的鉴别度,适合做进一步探索性因素分析。

2. 探索性因素分析

表 2.3.3　亲职压力问卷 KMO and Bartlett's 检验表

取样足够度的 Kaiser-Meyer-Olkin	度量	0.926
	X^2	3618.101
Bartlett 的球形度检验	df	276
	Sig.	0

用另 290 份问卷数据进行因子适合性检验,第一步对发展性障碍儿童家庭亲职压力问卷的数据进行 Bartlett 球形检验,检验值为 $X^2 = 3618.101$,p< 0.001,结果说明各项目之间可能存在着共享因素。同时,发现样本适当性度

量值 KMO 为 0.926 大于 0.9,说明本研究中的数据选取适当,适合作因素分析。

第二步本研究参考 Abidin 的短式亲职压力量表的原结构,同时结合主成分分析法抽取特征值大于 1 的因子数与碎石图最大拐点,确定因素个数。使用最大方差法按照项目负荷值大于 0.45,共同度大于 0.20,同一个条目不能落在两个或以上维度上,且满足所有维度的条目数量均不得少于 3 的标准,研究者进行了多次探索性因素分析,最终共删除 12 道题,得到 3 个因子,共 24 个项目,累计贡献率为 56.325%,其 24 个项目分布情况、负荷值及共同度情况等见表 2.3.4。根据以上结果,将问卷分为三个维度,维度一:亲职愁苦包含的 8 个项目是 T1、T4、T5、T7、T9、T10、T11、T12;维度二:亲子互动失调包含的 6 个项目是 T13、T14、T15、T16、T17、T19;维度三:困难儿童包含的 10 个项目是 T25、T26、T27、T28、T29、T30、T32、T33、T35、T36。

表 2.3.4 家庭亲职压力初测问卷探索性因素分析结果

原问卷题项	F1	F2	F3
SMEAN(A27)	0.819		
SMEAN(A30)	0.744		
SMEAN(A29)	0.718		
SMEAN(A28)	0.677		
SMEAN(A25)	0.665		
SMEAN(A26)	0.618		
SMEAN(A35)	0.616		
SMEAN(A33)	0.613		
SMEAN(A36)	0.559		
SMEAN(A32)	0.529		
SMEAN(A11)		0.818	
SMEAN(A12)		0.753	
SMEAN(A10)		0.742	

续表

原问卷题项	F1	F2	F3
SMEAN(A9)		0.698	
SMEAN(A5)		0.690	
SMEAN(A4)		0.637	
SMEAN(A7)		0.597	
SMEAN(A1)		0.579	
SMEAN(A15)			0.800
SMEAN(A14)			0.789
SMEAN(A17)			0.759
SMEAN(A19)			0.687
SMEAN(A16)			0.625
SMEAN(A13)			0.589
特征值	9.234	2.203	2.081
解释变异量(%)	21.741	40.971	56.325

3. 验证性因素分析

为检验经由探索性因素分析得出的问卷结构,使用 B 组的 391 份问卷数据做验证性因素分析,采用 AMOS 22.0 软件检验发展性障碍儿童家庭亲职压力三个因素 24 题的结构模型,拟合指标情况见表 2.3.5。

表 2.3.5 验证性因素分析拟合指数

拟合指数		
绝对拟合指数	X^2	644.227
	CMIN/DF	2.834
	SRMR	0.0526
	RMSEA	0.068

续表

拟合指数		
相对拟合指数	GFI	0.873
	TLI	0.899
	CFI	0.909
	NFI	0.867
	IFI	0.910
简约拟合指数	PGFI	0.718
	PNFI	0.778
	PCFI	0.816

从结果可以看出,三个因素模型 CMIN/DF(自由度)值小于 3,IFI 值（增量拟合指数）、CFI 值（比较拟合指数）两个拟合指数均大于 0.9,RMSEA（近似误差均方根）小于 0.08,SRMR（均方根残差）小于 0.1。NFI（规范拟合指数）值、GFI（拟合优度指数）值、TLI 值（非规范拟合指数）虽然没有达到 0.9,但均在 0.8 与 0.9 之间,且更接近 0.9。简约拟合指数 PGFI、PNFI、PCFI 皆在 0.5 以上且小于 GFI、NFI、CFI 的对应数值。因此,可以认为,亲职压力问卷的三因素结构模型较好的拟合了数据,适应于中国发展性障碍儿童家庭。

4. 信度分析

本研究的信度分析采用内部一致性系数（Cronbach's α）测量家庭亲职压力问卷的信度,分问卷的 α 值介于 0.87 与 0.90 之间,总问卷的 α 值为 0.93,结果分析见表 2.3.6。

表 2.3.6　发展性障碍儿童家庭亲职压力的内部一致性的分析结果

量表维度	原题号	现题号	题数	α 系数
亲职愁苦	1、4、5、7、9、10、11、12	1、2、3、4、5、6、7、8	8	0.90
亲子互动失调	13、14、15、16、17、19	9、10、11、12、13、14	6	0.87
困难儿童	25、26、27、28、29、30、32、33、35、36	15、16、17、18、19、20、21、22、23、24	10	0.89
总量表				0.93

（四）分析和讨论

PSI-SF 有四个基本假设：（1）测验基于已经存在的实证研究；（2）它将从现有实证研究获取的知识与家庭压力临床问题结合在一起；（3）压力源可以叠加；（4）压力源是一个复杂的结构，它起于不同源头。[1] 由于其良好的心理统计特征和使用的方便性，被特殊儿童家庭相关主题研究广泛使用。[2]

人们使用各种效度指标来验证 PSI 和 PSI-SF 的效度。Deater-Deckard 和 Scarr（1996）以已婚夫妻为样本，对其进行了验证性因素分析（confirmatory factor analysis，CFA），结果显示与三因子模型拟合度较差，其中困难儿童分量表与父母对孩子情绪能力和不当行为报告的相关性远远高于与婚姻满意度和配偶支持的相关性。[3] 但是，Reitman、Currier 和 Stickle（2002）选取 192 名学前儿童的非洲裔美国母亲作为样本，分别对三因子、两因子、一因子模型进行验证性因素分析，发现所有模型都表现出非常好的拟合度（每个比较性拟合指数均为 0.90）。[4] 儿童的反抗行为与困难儿童分量表的关联度大大高于与家长困境和亲子去功能性互动分量表的关联度。人们验证了 PSI-SF 对于高危母亲和婴儿样本中的心理统计特征。[5] 12—15 个月具有高行为问题风险、来自西班牙裔、低收入背景的婴儿及其讲英语和西班牙语的母亲。结果显示能够有效地准确地测量高危险家庭的亲职压力。

在情绪健康方面，SCL-90-R（the Symptom Check-list-90-Revised）与

① R.R. Abidin, Parenting Stress Index, Fourth Edition (PSI-4), Lutz, *FL: Psychological Assessment Resources*, (2012).

② O.Alyce "Test Review", *Journal of Psychoeducational Assessment*, 2015, 33(7): 698-702.

③ K.Deater-Deckard & S.Scarr, "Parenting stress among dual-earner mothers and fathers: Are there gender differences?", *Journal of Family Psychology*, 1996, 10: 45-59.

④ D.Reitman, R.O.Currier & T.R.Stickle, "A critical evaluation of the Parenting Stress Index-Short Form(PSI-SF)in a Head Start population", *Journal of Clinical Child and Adolescent Psychology*, 2002, 31: 384-392.

⑤ N.E.Barroso, G.M.Hungerford, D.Garcia, P.A.Graziano & D.M.Bagner, "Psychometric Properties of the Parenting Stress Index-Short Form(PSI-SF)in a High-Risk Sample of Mothers and Their Infants", *Psychological Assessment*, 2016, 28, 10: 1331-1335.

PSI-SF 具有高度相关性。[1] 父母的 PSI 分数可以预测他们所报告的亲职行为与对孩子的惩戒策略。[2] PSI-SF 分数可以预测父母所报告的用于促进孩子同伴关系的不同策略。[3] 利用 PSI 对亲职压力的测量可以区分那些对孩子照顾不充分的父母与进行积极健康亲职实践的父母。如 PSI 分数与对孩子潜在虐待倾向有关，那些具有虐待和忽略倾向的父母 PSI 得分高于没有虐待倾向的父母。[4] 一项研究报告，那些物质成瘾母亲——她们许多人虐待过自己的孩子——PSI-SF 三个分量表得分都显著高于没有物质成瘾的母亲。[5] 另外一项研究显示，PSI-SF 在家长困境和去功能性亲子互动两因子都具有良好的内部一致性，并与家长精神病学、父母对孩子调整的看法以及可观测的家长与孩子的行为具有一致性。[6] ADHD 儿童父母倾向于感受到较高压力[7]，由于伴随着每天诸如家务等日常任务的压力使无效感称为普遍现象，这可能导致家长质疑他们抚养孩子的能力[8]，对自己的孩子缺乏热情和温暖[9]。有证据证

---

[1] D.Reitman, R.O.Currier & T.R.Stickle, "A critical evaluation of the Parenting Stress Index-Short Form(PSI-SF)in a Head Start population", *Journal of Clinical Child and Adolescent Psychology*, 2002,31:384-392.

[2] E.E.Pinderhughes, K.A.Dodge, J.E.Bates, G.S.Pettit & A.Zelli, "Discipline responses: Influences of parents' socio-economic status, ethnicity, beliefs about parenting, stress, and cognitive-emotional processes", *Journal of Family Psychology*, 2002,14:380-400.

[3] N.P.Bhavnagri, "Low income African American mothers' parenting stress and instructional strategies to promote peer re-lationships in preschool children", *Early Education & Development*, 1999, 10:551-571.

[4] L.S.Ethier, C.Lacharite & G.Couture, "Childhood adversity, parental stress, and depression of negligent mothers", *Child Abuse & Neglect*, 1995,19:619-632.

[5] S.Kelley, "Stress and coping behaviors of substance-abusing mothers", *Journal of the Society of Pediatric Nurses*, 1998,3:103-110.

[6] M.E.Haskett, L.S.Ahern, C.S.Ward & J.C.Allaire, "Factor Structure and Validity of the Parenting Stress Index-Short Form", *Journal of Clinical Child and Adolescent Psychology*, 2006, 35, 2: 302-312.

[7] E.Van de Weijer-Bergsma, A.R.Formsma, E.I.De Bruin & S.M.Bogels, "The effectiveness of mindfulness training on behavioral problems and attentional functioning in adolescents with ADHD", *Journal of Child and Family Studies*, 2012,21:775-787.

[8] W.B.Brinkman, S.N.Sherman, A.R.Zmitrovich, M.O.Visscher, L.E.Crosby, K.J.Phelan & E.F.Donovan, "Parental angst making and revisiting decisions about treatment of attention-deficit/hyperactivity disorder.", *Pediatrics*, 2009,124:580-589.

[9] S.M.Bogels, A.Lehtonen & K.Restifo, "Mindful parenting in mental health care", *Mindfulness*, 2010,1(2),107-120.

明热情和温暖的缺乏可能引起 ADHD 儿童抑郁综合征,而消极亲职则与诊断儿童焦虑的增长和行为外化联系在一起。① 家庭压力也是 ADHD 儿童父母为自己孩子用药求助的关键因素之一。②

PSI-SF 是自闭症儿童家庭压力测量中使用最为广泛的量表。2010 年之前没有研究来检测自闭症幼儿家长样本心理统计特征。学者还对 PSI-SF 在自闭症领域的心理统计特征进行了跨文化研究,在约旦修订以适合阿拉伯文化。该修订删除了 PCDI 中的 19、22、24 三个项目和 DC 中的 31、32、33 三个项目,并将 PCDI 中的 18、21 两个项目调整到 DC 中,从而使整个量表变成 30 个项目。经检测,对约旦和阿拉伯文化而言,PSI-SF 的 30 个项目模型比 36 个项目模型具有更高的拟合性、有效性与稳定性。③ 但是,另外一项以 141 个自闭症谱系障碍儿童(84.3%为男孩,年龄在 20.5—72 个月,平均 46.6 个月,)家长(91.4%母亲,平均 36.2 岁)项目分析表明④:本量表对于自闭症儿童家长困境拟合性非常好,而对亲子去功能性互动和儿童行为困难的拟合性相对较差,[可能的原因是量表研制者没有考虑自闭症儿童特殊行为特征和(或)父母关于自闭症对亲子互动影响的理解],因此使用本量表对自闭症谱系儿童家长亲职压力测量时,对这两个分量表的使用要小心。

PSI-SF 对具有行为问题孩子的美籍黑人和拉美裔美国人等少数族裔也具有很好的拟合度,能够有效测查其亲职压力。⑤ 样本 240 个,其中 204 位(86.8%)母亲,7 位(3%)父亲,1 位(0.4%)自认为是孩子父母,10 位

① L.C.Deault, "A systematic review of parenting in relation to the development of comorbidities and functional impairments in children with attention-deficit/hyperactivity disorder (ADHD)", *Child Psychiatry & Human Development*, 2009, 41(2): 168-192.

② E.Cormier, "How parents make decisions to use medication to treat their child's ADHD: A grounded theory study", *Journal of the American Psychiatric Nurses Association*, 2012, 18: 345-356.

③ L.A.Dardas & M.M.Ahmad, "Psychometric properties of the Parenting Stress Index with parents of children with autistic disorder", *Journal of Intellectual Disability Research*, 2014, 58, 6: 560-571.

④ A.Zaidman-Zait, P.Mirenda, B.D.Zumbo, S.Wellington, V.Dua & K.Kalynchuk, "An item response theory analysis of the Parenting Stress Index-Short Form with parents of children with autism spectrum disorders", *Journal of Child Psychology and Psychiatry*, 2010, 51, 11: 1269-1277.

⑤ S.J.Lee, G.Gopalan & D.Harrington, "Validation of the Parenting Stress Index-Short Form With Minority Caregivers", *Research on Social Work Practice*, 2016, 26, 4: 429-440.

(4.2%)(外)祖父母,13 位(5.5%)其他如姑妈和法定监护人。非洲裔美国人(96,40.2%),拉丁裔美国人(98,41%),其他本土及亚裔(16,6.6%),白人(29,12.1%),约 70%是单亲父母(163,68.8%),超过一半为高中及其以下教育程度(142,59.6%),家庭收入水平低,(154,67.9%)年收入 2 万美金以下,仅有 8.8%(20)超过 4 万美金,年龄在 21—72 岁之间,平均为 36.74 岁(SD = 9.15)。70%(167)为男孩,平均年龄 8.86 岁(7—11 岁,SD = 1.42)。

这些研究表明,PSI-SF 对不同障碍类型的特殊儿童家庭与不同文化背景下家庭都具有比较良好的心理统计特征与适应性。本研究在适应性调整修订 Abidin 的短式亲职压力量表后,删除了 12 题,但是仍然保持了原本问卷的结构。亲职压力各维度包含的题项变化较大,编订后的问卷中保持了原问卷的三个维度。说明该研究的理论框架基本能够符合我国发展性障碍儿童家庭的背景,但所包含的题项与原维度发生删减。在 Abidin 的短式亲职压力中 1—12 题属于亲职愁苦,13—24 题属于亲子互动失调,25—36 题属于困难儿童。编订后其中亲职愁苦维度为 T1、T4、T5、T7、T9、T10、T11、T12,亲子互动失调维度为 T13、T14、T15、T16、T17、T19,困难儿童维度为 T25、T26、T27、T28、T29、T30、T32、T33、T35、T36。

本研究的结果显示,我国特殊儿童家庭亲职压力结构总体上符合困难儿童、亲子愁苦和亲子互动失调三维结构模型。但是在具体项目上保持着自己的独特性。例如在亲子愁苦维度中,"为孩子而放弃自己的生活""为父母养育责任儿童倍感压力""上次为自己买衣服时不快乐""孩子给配偶带来麻烦"等问卷中的项目,在本研究中都没有达到统计要求而被删除。这似乎意味着,在西方的文化传统和权利意识的推动下,社会保障制度和社会支持体现相对完善,政府、社区和家庭责任相对清晰的制度安排下,父母个人的主观感受和相对独立生活要求更加强烈,而对孩子的同理心与责任感相对较弱。当问题或高危孩子出现之后,只要影响到自己的生活,父母所感受的困境和沮丧就显得特别重要。但是在我国的文化背景和制度体系下,家庭作为孩子康复、养育和教育的第一责任和主要责任承担者一直以来是基本现实,当问题孩子和高危孩子出现之后,父母不自觉地毫无保留承担其所有责任,为了孩子获得一个较好的发展,物质、情感倾其所有也在所不辞。为孩子而放弃自己的生活在许多父母看来天经地义,压力感和麻烦的相对重要性也就大大减弱,更不会对因养育孩子压力放弃购买自己喜欢的东西如衣服而有强烈的负面感受了。而这也恰恰是中国家庭整体力量的所在。

与之密切关联,在困难儿童维度上,"很难建立孩子睡觉或吃饭的作息"和"孩子做的一些事给我带来很多麻烦"等项目在父母责任的驱使下,也就不是家庭所关注的主要问题了。在此过程中,父母对孩子问题和障碍严重性的过度确认,以及由此带来的低期望值也是一个大的问题。比如在亲子功能失调维度方面,对孩子的许多行为表现,如学习速度慢、做事能力较低、作出许多出乎意料的烦恼事情等不自觉地被家长所认可。尽管这在相当大程度上会减轻家庭亲职压力,但是却可能带来习得性无助和负面的罗森塔尔效应。从而将家庭关注的焦点从孩子本身需要满足和最大限度发展上,转移到尽自己可能努力为孩子创造一个外在的保护体系和物质保障基础,即从儿童生涯发展促进转移到孩子终身生活保障构建上。这似乎在很大程度上是一种消极的应对方式。

四、特殊儿童家长心理赋权增能问卷本土化

当前对不同群体的心理赋权增能研究逐渐丰富,但对于家长尤其是特殊儿童家长则较少。目前,Akey 等国外学者开发了一个关于特殊儿童家长的心理赋权增能问卷可供参考应用。但无论是国情还是文化因素,我国与西方国家均有各自的特点。所以,有必要进行适应性调整,将问卷进行编修而后应用于调查。

(一)研究目的

本研究的主要目的是对特殊儿童家长心理赋权增能量表进行适应性调整,并对本土环境下与国外环境下特殊儿童家长心理赋权增能结构的差异展开讨论。

(二)研究方法

1. 研究对象

本研究在全国范围内抽取发展性障碍儿童家长 595 名,进行问卷的本土化编修工作。家长来源地包括北京、天津、辽宁(沈阳、大连)、黑龙江(哈尔

滨、黑河)、江苏(扬州)、浙江(杭州)、广东(广州、东莞)、重庆、四川(成都)、云南(昆明、景东、墨江),共回收535份,回收率89.92%。剔除信息大量丢失和明显规律作答等无效问卷后,剩余496份,有效率为92.71%。进一步剔除与发展性障碍无关的障碍类型(如视力障碍、听力障碍)剩余472份。随后将获得的有效问卷随机分成两组,第一组共244份,第二组共228份。第一组数据用于探索性因素分析,第二组数据用于验证性因素分析。其中,第一组样本人口学背景变量资料见表2.4.1;第二组样本人口学背景变量资料见表2.4.2。

表 2.4.1 第一组测量人口学背景变量资料表

背景变量	分类	人数	百分比(%)
家长身份	爸爸	79	32.4
	妈妈	84	34.4
	爷爷或外公	58	23.8
	奶奶或外婆	13	5.3
	缺失	10	4.1
家庭类型	核心家庭	63	25.8
	直系家庭	78	32.0
	扩展家庭	73	29.9
	单亲家庭	18	7.4
儿童障碍类型	自闭症	88	36.1
	智力障碍	100	41.0
	肢体障碍	42	17.2
	多重障碍	14	5.8
	缺失	12	4.9
儿童年龄	6岁以下	100	41.2
	6—9岁	91	37.4
	10—13岁	33	13.6
	14岁及以上	19	7.8

续表

背景变量	分类	人数	百分比(%)
儿童性别	男孩	158	64.8
	女孩	86	35.2

表 2.4.2 第二组测量人口学背景变量资料表

背景变量	分类	人数	百分比(%)
家长身份	爸爸	61	26.8
	妈妈	136	59.6
	爷爷或外公	17	7.4
	奶奶或外婆	14	6.1
家庭类型	核心家庭	100	43.9
	直系家庭	95	41.7
	扩展家庭	19	8.3
	单亲家庭	14	6.1
儿童障碍类型	自闭症	63	27.6
	智力障碍	113	49.6
	肢体障碍	30	13.2
	多重障碍	22	9.6
儿童年龄	6 岁以下	43	18.9
	6—9 岁	77	33.8
	10—13 岁	72	31.6
	14 岁及以上	36	15.8
儿童性别	男孩	146	64.0
	女孩	82	35.0

2. 研究工具

基本问卷选用堪萨斯大学比奇特殊儿童研究中心的特殊儿童家长心理赋权增能问卷(Psychological Empowerment Scale for families of children with disability)。该问卷包括对自身控制与能力的态度(attitudes of control and compe-tence)、对自身技能和知识的评价(cognitive appraisals of critical skills and knowledge)、直接参与组织的行为(formal participation in organizations)和间接参与组织的行为(informal participation in social systems and relationships)。原量表中的 23 题"我参加了正式或非正式的特殊儿童家长的支持团体。(I par-ticipate in a formal or informal support group for parents of children with a disabili-ty)"在 Akey 等人编制的量表中被删除,[1]所以最终采用 31 道题的量表,即相关态度的子量表中涉及第 1、8、11、14、17、23、26、31 题;相关评价的子量表涉及第 2、5、12、15、18、21、27、29 题;相关直接参与组织的子量表涉及第 3、6、9、16、19、22、24、30 题;相关间接参与组织的子量表涉及第 4、7、10、13、20、25、28 题。本量表属于自评量表,采用五点计分,由非常不符合、有点不符合、不知道、有点符合、非常符合。本量表的分量表与总量表的信度系数范围为0.91—0.94,表示有良好的信度,同时该量表与家庭赋权增能量表(Family Empowerment Scale,Koren、Dechillo 和 Friesen,1992)的相关系数达到 0.74[2],各分量表之间的相关很低,具有良好的区分效度。

(三)研究结果

通过高分组与低分组比较的方法以及分析题项与总分的相关关系的方法对问卷的区分度进行检验,最后删除差异不显著以及与总分相关系数没有达到显著的第 4 题。

1. 效度检验

首先,进行探索性因素分析。第一步进行因子适应性检验,发展性障碍儿童家长心理赋权增能的 Bartlett 球形检验值为 5302.372,P 值小于 0.001,意为项目之间存在共同因素。同时,KMO 值为 0.849,表示本研究的数据适合进行因素分析。表 2.4.3 为 Bartlett 检验以及 KMO 值。

---

① Therresa M.Akey,Janet G.Marquis & Margret E.Ross,"Validation of Scores on the Psychological Empowerment Scale:A Measure of Empowerment for Parents of Children with a Disability",*Educational and Psychological Measurement*,2000(3):419–438.

② P.E.Koren,N.DeChillo & B.J.Friesen,"Measuring empowerment in families whose children have emotional disabilities:A brief questionnaire",*Rehabilitation Psychology*,1992,37(4):305–321.

表 2.4.3 KMO 值和 Bartlett 检验结果

KMO 和 Bartlett 检验		结果
足够样本的 KMO 度量		0.849
Bartlett 球形检验	近似卡方	5302.372
	Df	435
	Sig.	0.000

第二步,用主成分分析法抽取特征值大于 1 的因子,并采用最大方差法获取因素之间的载荷截距。其中,问卷中的题项负荷值要大于 0.45,共同度大于 0.2,不能有同一题项落入 2 个及 2 个以上的因子中,且所有因素中的题项不得少于 3 个。进行因素分析时,考虑抽取特征值大于 1 的因子,而后在删除题项时,优先删除落入同一因子且载荷量较小的题,如此,由于每删除 1 道题项可能会影响其他题项的所属因子与载荷量,所以每删除 1 个题项再重新进行因素分析,经过多次探索,最终保留 16 个题项,得到 4 个因素,累计贡献率为 56.77%。此 16 题的负荷值情况见表 2.4.4。

表 2.4.4 发展性障碍儿童家长心理赋权增能初测问卷探索性因素分析结果

原问卷题项	因子一	因子二	因子三	因子四
18	0.73			
15	0.70			
8	0.70			
17	0.64			
12	0.64			
14	0.52			
24		0.75		
9		0.67		
19		0.65		
28			0.87	
25			0.80	
20			0.79	
29			0.66	

续表

原问卷题项	因子一	因子二	因子三	因子四
3				0.76
2				0.73
7				0.57
特征值	2.938	1.514	2.503	1.265
解释变异量(%)	18.36	9.46	15.64	7.91

其次,进行验证性因素分析。为验证探索性因素分析得出问卷维度的拟合情况,采用 AMOS 22.0 软件对发展性障碍儿童家长的 16 题项进行验证性因素分析模型拟合指数见表 2.4.5。

表 2.4.5 验证性因素分析拟合指数

绝对拟合指数			
X^2/df	SRMR	RMSEA	GFI
3.253	0.069	0.076	0.901
相对拟合指数			
TLI	CFI	NFI	IFI
0.863	0.874	0.829	0.875
简约拟合指数			
PGFI	PNFI	PCFI	—
0.728	0.760	0.801	—

绝对拟合指数的作用是检验理论模型与样本数据间的拟合程度。学者Rigdon[1] 曾表示,由于 X^2 值容易受样本数量影响,而 X^2/df(卡方自由度的比值)可以更好地检验模型,并且 X^2/df 在 1—3 之间为最优结果。但有研究表示 X^2/df 在 1—5 之间也可以采用。[2] 本研究 X^2/df 为 3.253,符合采用标准。

---

[1] E.E.Ridgon,"A Necessary and sufficient identification rule for structural models estimated in practice",*Multivariate Behavioral Research*,1995,30(3):359-383.

[2] 刘青、马永旭、杨丽等:《社区融入问卷中文版在残疾人研究中的信效度检验》,《解放军预防医学杂志》2017 年第 3 期。

其次,将 RMR 标准化后可以得到一个标准数值来衡量模型的拟合程度。Hu 和 Bentler 等学者认为当 SRMR 小于 0.08 时,可以接受模型。[①] 本土化后的问卷 SRMR 值为 0.069,符合小于 0.08 的标准,可以接受。近似误差的均方根(RMSEA)也是模型适配度的一个重要参考内容,且 RMSEA 处于 0.05—0.08 之间表示模型良好。本研究结果中的 RMSEA 值为 0.076,符合这一标准。同时,GFI 也满足大于 0.9 的标准。所以,修订问卷结构的绝对拟合指数良好。

相对拟合指数是指将理论模型与虚拟模型进行比较,观察拟合程度的改进情况。当模型对应的相对拟合指数越接近 1,表示模型拟合越好。[②] 其中,规范拟合指数(NFI)、非规范拟合指数(TLI)、比较拟合指数(CFI)、递增拟合指数(IFI)可以作为检验标准。一般来说,NFI、TLI、CFI、IFI 大于 0.9 为最优结果,但也有学者认为可以采用"接近 1 的原则"来衡量,所以本研究结果中几个数值全部大于 0.8 的结果也可以作为参考。[③]

简约拟合指数是用来衡量模型复杂程度的指标。简约拟合指数应该小于相应的绝对指数或相对指数。根据研究结果,简约拟合指数 PGFI、PNFI、PCFI 都小于 GFI、NFI 和 CFI 的对应数值。有学者也表示,简约拟合指数应该大于 0.5 以上,本研究结果也满足此要求。所以修订问卷结构的简约拟合指数符合标准。[④]

综上所述,本研究选取的拟合指数中的 SRMR、RMSEA、GFI、PGFI、PNFI、PCFI 结果良好,X^2/df、TLI、CFI、NFI、IFI 也基本满足要求,所以本研究对发展性障碍儿童家长心理赋权增能问卷修订后的结构是可以接受的。

2. 信度检验

本研究采用内部一致性信度系数作为问卷信度检验的衡量标准,表 2.4.6 为信度检验结果。经过检验发现积极态度、决策能力、参与家长互助团体均达到了 0.70 及以上,与其他家庭交往也达到了 0.60 以上,整个问卷的信度系数为 0.82。

---

① Hu Li-tze,P.M.Bentler,"Fit indices in covariance structure modeling:Sensitivity to underparameterized model misspecification",*Psychological methods*,1998,(4):424.

② 吴明隆:《结构方程模型——AMOS 的操作与应用》,重庆大学出版社 2009 年版,第 44 页。

③ 张芳全:《问卷就是要这样编》,心理出版社 2008 年版,第 187 页。

④ Hu Li-tze,P M.Bentler,"Fit indices in covariance structure modeling:Sensitivity to underparameterized model misspecification",*Psychological methods*,1998,(4):424.

表2.4.6 发展性障碍儿童家长心理赋权增能及其各维度的信度系数

	总体问卷	决策能力	与其他 家庭交往	参与家长 互助团体	积极态度
α 系数	0.82	0.78	0.64	0.84	0.70

3. 问卷结构

通过探索与验证等一系列的修订,删除原问卷不符合要求的15道题目,原问卷的结构发生了较大的改变。这也说明了不同社会与文化条件下的特殊儿童家长"心理赋权"有着不同的方面,在某种程度上体现了本土化修订的必要性与作用。原本的四个维度的题项重新组合成了新的四个维度。通过对心理赋权增能内涵的分析与解读,并结合我国特殊教育发展的客观条件、特殊儿童家长的心理特点,新的四个维度包括:决策能力(共6题项),与其他家庭的交往(共3题项),参与家长互助团体(共4题项),积极态度(共3题项)。见表2.4.7为修订后的问卷项目。

表2.4.7 发展性障碍儿童家长心理赋权增能问卷的正式结构

修订后的结构与题项	原题项
因素一:决策能力	
1. 我相信我有能力改善我家的情况。	8
2. 当我们家庭遇到问题时,我知道找谁帮忙。	12
3. 我的意见会影响到家里决定选择的支持服务。	14
4. 我知道该怎样利用有效的资源去帮助我的家庭。	15
5. 我认为我为家庭生活幸福做了好的决定。	17
6. 我知道到哪去找可以利用的资源及信息来解决我们家的需要。	18
因素二:与其他家庭交往	
7. 我会花点时间与其他家长聊一聊我的家庭。	9
8. 其他一些家庭都知道我们家庭现在的情况。	19
9. 我可以从别的家长那里获得安慰和情感支持。	24
因素三:参与家长互助团体	
10. 我能够在家长互助团体中领导其他家长。	20
11. 我积极参加一些家长团体。	25

续表

修订后的结构与题项	原题项
12. 我在一些家长互助团体或一些其他服务组织中为家长提供一些咨询服务。	28
13. 我了解一些家长互助团体、服务组织的运行情况	29
因素四:积极态度	
14. 如果这次事情没做好,下次我会更加努力。	2
15. 我积极维护我们家庭的合法权利。	3
16. 我与其他特殊儿童的家长有一种归属感、认为大家是一个团体。	7

修订后的正式问卷由"家庭基本信息"和"家长心理赋权增能"两部分构成,其中主要家庭基本信息包括家长身份、家长年龄、家长学历、家庭类型、家长教育康复知识水平、儿童性别、儿童年龄、儿童障碍类型等内容组成。家长心理赋权增能包含决策能力、与其他家庭交往、参与家长互助团体、积极态度这四个维度16道题。问卷采用里克特(Likert)五点计分方式,"1"代表"完全不正确","2"代表"有点不正确","3"代表"说不清楚","4"代表"有点正确","5"代表"非常正确"。

"决策能力"主要检测家长在面对家庭问题,解决家庭问题时产生的感受,包括感受自身对家庭的能力、意义、影响力,领悟到资源的存在以及体验利用和如何利用资源解决家庭需要等内容。

"与其他家庭交往"主要检测发展性障碍儿童家庭与其他家庭之间的社会性联系,包括家长感受到自己主动沟通和家长感受到自己可以被其他家庭了解等内容以及获得安慰等。

"参与家长互助团体"主要检测发展性障碍儿童家庭与家长互助团体之间的联系,这样的联系本着解决特殊儿童的问题与困难所产生的,包括发展性障碍儿童家长对专业团体的认识、感受到自己的参与及在其中的作用和影响力。

"积极态度"主要检测发展性障碍儿童家长积极态度认识自己以及家庭,包括自信、倡导与归属。

（四）分析与讨论

原问卷经过适应性调整后,问卷内部的结构产生了较大的改变。究其原因,可以从特殊教育事业发展、家长权利意识及中美思维方式和不同文化下家长的批判意识不同等角度去分析。

1. 特殊教育事业发展的影响

纵观历史,我国特殊教育起点虽高,但在长期发展中并未形成完备的体系和支持系统。欧美国家在一系列权利运动的催化下,自下而上逐渐形成了较为完整的支持体系。法律角度上,美国已经于1975年通过了《所有残疾学生教育法》(Education of All Handicapped Students Act,PL94-142),这部法律意味着特殊教育的实施得到深入确立,特殊儿童及其家庭的相关权利得到有力保证;而我国目前正处于一个填补特殊教育空白的快速发展时期,特殊教育事业的方方面面还需完善。教育条件上,美国具备专业评估、治疗与教育的师资、完备的工具与服务程序、多层面广领域的社会支持系统。例如,问卷结构中的"家长互助团体",就是以家长和专业人士为代表形成的一种为促进特殊儿童成长与发展的一种家庭互助组织。对我国来说,很多特殊儿童家长都是"孤军奋战",除接受国家统一的补助与学校的有限支持外,并无专业团体解决家庭个性化的需要。所以从问卷结构上看,所有有关"家长互助团体"的题项很容易汇聚在一起。

2. 中外特殊儿童家长权利意识的差异

社会条件以及文化差异使得家长权利内容与意识有着一定的差异。美国家长行使的教育权利具有代表性,如家长对儿童教育方式的选择权利;家长直接或间接参与学校的教育与管理的权利;家长有接受教育培训的权利。[1] 而家长对自身教育权利的认识是建立在对儿童权利认识的基础上。调查表示,我国家长对儿童本身具有的权利都感到模糊。[2] 所以,在当前社会特殊教育资源极其有限的情况下,社会对特殊教育事业比较陌生的环境下,一方面,特殊儿童家长本身不了解特殊教育;另一方面,家长也没有能力去解决特殊儿童的需要很容易陷入"被动"的困境。从原问卷中可见,家长对家长和儿童的权利都比较模糊。如"我知道特殊儿童家长该有的权利""我认为我有足够的权

---

[1] 朱桂梅、高静:《美国家长教育权利的行使对我国家长教育权利的启示》,《东北师大学报(哲学社会科学版)》2011年第2期。

[2] 中国儿童中心:《城市小学生家庭教育状况调查报告》,2014年3月26日,https://www.ccc.org.cn/art/2014/3/26/art_8_15703.html。

利去做一些事情""在老师、训练师、专家等专业人员面前,我能有效地维护孩子的权益"等题项都没能保留。

3. 思维方式差异

中美思维方式的差异使得不同文化背景下的个体对问卷的内容有不同的解读。中国的思维方式是以整体思维为基础的,强调语句整体性,以意统形;以美国为代表的西方国家则是以分析思维为基础,强调语句结构严谨,以形统意。① 所以将原始问卷翻译过来后,由于不同文化下群体表达方式与解读方式的不同,问卷编修后会与原问卷有一定的差异。在问卷中体现为本土文化背景的家长更倾向于把握问卷中各题项表述内容的共性,例如有关"决定"、"找……帮忙"或"找……资源"就会共同形成一个维度;题项中和其他家庭联系在一起的内容则会共同形成一个维度。

4. 家长批判性思维

文化背景、意识形态的差异也使得不同背景下的家长关于批判性思维的表现各有不同。在西方则形成了心理赋权增能结构中有关批判性思维、批判性知识、技能的要素。以美国为代表的西方国家在主体的表达上强调"个人本位",而本土环境则是由来已久的"集体本位",强调集体利益的实现。并且,就特殊教育事业的问题具体分析,许多家长自身对特殊教育的认识较为模糊,再者社会还未拥有足够的条件和资源供家长自由选择。同时,长久以来的"尊师重道"思想使得当前环境下,本土环境的家长群体没能像西方家长那样展现出完全的"批判性"思维。

---

① 牛保义:《整体思维与分析思维——谈中美两国人的思维模式差异》,《四川外语学院学报》1997年第2期。

第三章 特殊儿童家庭生活质量的现状

促进个体和家庭生活质量的提升是所有教育和社会政策的重要目标,也是特殊儿童家庭赋权增能的终极目的。在学术领域里,人们最初关注的是个体生活质量的提升问题。随着家庭倡导和家庭参与的兴起,家庭在特殊儿童发展中的重要作用逐渐被人们所认知和承认。于是,家庭生活质量逐渐进入人们的研究视野之中,并对其进行大量的探索。家庭生活质量(FQOL)在过去的二十多年里越来越被公认为是特殊儿童家庭领域的一个重要概念。Bailey 等建议应该将家庭生活质量作为衡量残疾儿童政策措施成果有效性的指标。[①]然而中国特殊儿童家庭生活质量的研究却相对较少。本部分内容主要关注发展性障碍儿童、智力障碍儿童、听力障碍儿童的家庭生活质量状况,并在此基础上,针对西南少数民族家庭生活状况和家庭生活质量进行初步探索。

一、发展性障碍儿童家庭生活质量

狭义的特殊儿童通常包括发展性障碍儿童和感官缺陷儿童。其中发展性障碍儿童是最近二十年发展起来的一个概念。随着科学技术的进步、早期干预深入推进和人们观念的更新,发展性障碍儿童障碍类型越来越多,在所有障碍儿童中所占的比例越来越大,逐渐成为特殊儿童的焦点领域。世界范围内如此,我国的情况亦然。

(一)问题提出

在传统上,根据我国法律和政策,人们对特殊儿童关注比较多的是三类残

---

① D.B.Bailey Jr,R.A.McWilliam,L.A.Darkes,K.Hebbeler,R.J.Simeonsson,D.Spiker & M.Wagner, "Family outcomes in early intervention:A framework for program evaluation and efficacy research", *Exceptional children*,1998,64(3):313-328.

疾儿童:听力残疾儿童、视力残疾儿童和智力残疾儿童。但是随着社会的演进,一方面大量的视力残疾儿童和听力残疾儿童借助现代科学技术、早期干预与早期康复,儿童的派生性缺陷发生率大大降低,大部分儿童能够很好地融入到常态化社区生活或普通学校接受教育,从而使得特殊教育学校视力残疾儿童和听力残疾儿童数量急剧减少,聋校和盲校数量和规模均迅速减少,从而纷纷向综合性特殊教育学校和区域的资源中心转型,服务于重度和多重残障儿童、发展性障碍儿童和融合教育①。另一方面,以智力障碍儿童为代表,但超越智力障碍儿童的发展性障碍儿童种类和数量急剧增加,例如自闭症儿童(又称孤独症儿童)正在以前所未有的速度增长而成为特殊教育领域的重点和难点。许多发展性障碍儿童的发生机理、表现特征和应对策略都是未知领域。这给发展性障碍儿童家庭带来了巨大的挑战,不可避免地影响到其家庭生活质量。

我国政策认识到家庭的巨大作用。我国政府已经看到这些发展趋势,并通过政策推进特殊儿童家庭整体发展和家庭积极功能的发挥。作为联合国《儿童权利公约》和《残疾人权利公约》的缔约国,我国政府"深信家庭作为社会的基本单元,作为家庭所有成员、特别是儿童的成长和幸福的自然环境,应获得必要的保护和协助,以充分负起它在社会上的责任,确认为了充分而和谐地发展其个性,应让儿童在家庭环境里,在幸福、亲爱和谅解的气氛中成长"②。"在任何情况下均应当以儿童的最佳利益为重",确保"残疾儿童在家庭生活方面享有平等权利",承诺"及早向残疾儿童及其家属提供全面的信息、服务和支助","在近亲属不能照顾残疾儿童的情况下,尽一切努力在大家庭范围内提供替代性照顾,并在无法提供这种照顾时,在社区内提供家庭式照顾"③。残疾预防工作"覆盖全人群和全生命周期,以社区和家庭为基础,坚持普遍预防和重点防控相结合";残疾人康复工作"建立和完善以社区康复为基础、康复机构为骨干、残疾人家庭为依托的残疾人康复服务体系,以实用、易

① 申仁洪:《融合教育背景下的特殊教育学校转型发展:方向与路径》,《现代特殊教育》2017 年第 10 期。

② 联合国:《儿童权利公约》(序言),1989 年 11 月 20 日,见 https://www.un.org/zh/documents/treaty/files/A-RES-44-25.shtml。

③ 联合国:《残疾人权利公约》(第 23 条),2006 年 12 月 13 日,见 https://www.un.org/zh/documents/treaty/files/A-RES-61-106.shtml。

行、受益广的康复内容为重点,为残疾人提供综合性的康复服务"①。在教育上,"残疾人家庭应当帮助残疾人接受教育。残疾儿童、少年的父母或者其他监护人应当尊重和保障残疾儿童、少年接受教育的权利,积极开展家庭教育,使残疾儿童、少年及时接受康复训练和教育,并协助、参与有关教育机构的教育教学活动,为残疾儿童、少年接受教育提供支持";特殊教育资源中心可以受教育行政部门委托"为残疾学生父母或者其他监护人提供咨询";"卫生保健机构、残疾幼儿的学前教育机构、残疾儿童康复机构应当就残疾幼儿的早期发现、早期康复和早期教育为残疾幼儿家庭提供咨询、指导"。② 特殊儿童家庭作为特殊儿童成长中所接触到的第一个社会化的组织,与个体的交流最为直接也最为频繁,因此影响也最为巨大,提升家庭功能,发挥家庭的优势,使其成为儿童发展真正的动力系统,势必是我们必须要关注的。

在特殊儿童康复与教育服务层面,1987 年着眼于家庭整体需要满足的家庭中心服务模式正式提出③,使得人们的目光从强调父母卷入向家庭支持转移。在我国,家庭本位的早期干预实践模式④和送教上门服务⑤得到认可。家庭为中心服务理念认为,家庭有能力作出决策,能够提升家庭整体功能,促进家庭的自我成长(增强效能感和学习技巧等),就更能为家庭寻找到适当的资源和支持。⑥ 这就迫切需要我们转变当前特殊教育针对特殊儿童的服务模式,建立特殊儿童家庭为中心的服务路径,构建家长—专业人员之间的伙伴关系,发挥家庭在特殊教育中的先天优势。

特殊儿童康复与教育、家庭本位的服务模式最终指向家庭生活质量的提

---

① 国务院:《残疾预防和残疾人康复条例》,2017 年 2 月 27 日,见 http://www.gov.cn/zhengce/content/2017-02/27/content_5171308.htm。

② 国务院:《残疾人教育条例》,2017 年 2 月 23 日,见 http://www.gov.cn/zhengce/content/2017-02/23/content_5170264.htm。

③ A. P. Turnbull & J. A. Summers, "From parent involvement to family support:Evolutionto revolution", in *New perspectives on DownSyndrome:Proceedings of the state-of-the-art conference*, S. M.Pueschel, C.Tingey, J.E.Rynders, A.C.Crocker & D.M.Crutcher(Eds.), 1987, pp. 289-306.

④ 申仁洪:《家庭本位实践:特殊儿童早期干预的最佳实践》,《学前教育研究》2017 年第 9 期。

⑤ 黄儒军、申仁洪、明兰、熊欢:《特殊儿童送教上门服务的实践与反思》,《现代特殊教育》2017 年第 22 期。

⑥ Dempsey, Ian Dunst, Carl, "Help giving Styles and Parent Empowerment in Families with a Young Child with a Disability", *Journal of Intellectual and Developmental Disability*, 2014, 29(1):40-51.

升。家庭对特殊儿童的养育、康复、教育过程,对其就业、生活和社会融合的支持过程,往往伴随着困难、压力、沮丧、挫折和挑战,衍生出额外协助需求和额外的家庭资源消耗,造成物质及精神层面上的负担。家长所扮演的主要照顾者、组织成员、教师、服务开发者、决策者和倡导者等角色常常出现困扰和困难。因此,国际对残疾及其家庭的研究范式从 20 世纪 50 年代的心理治疗模式演进到 70 年代的家长教育模式,再演进到 80 年代的生活质量和赋权增能模式。人们相信特殊儿童家庭具有弹性,有能力在提供必要的支持下应对残疾问题。[1] 近年来的研究,从特殊儿童病因探寻、医疗救治、教育康复等研究问题逐渐转向对特殊儿童的主要照顾者及其家庭的关注。学者越来越重视加强对特殊儿童的主要照顾者及其家庭的关注与支持,通过帮助他们全面承担起其亲职职责,从而达到其家庭生活质量的提升。家庭生活质量提升的前提是对家庭生活质量现状的把握。

(二)研究方法

发展性障碍是 20 世纪末提出的一个新概念,虽然在发病机理、定义上仍然存在很多争议,但可以确定的是发展性障碍发生在出生或者在 18 岁之前,由于生理或者心理的损伤(常由神经发育障碍引起),而显示在语言、社交、学习等领域显著且长期的发展迟缓,包括如智力障碍、学习障碍、情绪行为障碍、语言障碍、脑瘫或自闭症谱系障碍等。[2] 本研究参考我国残疾人障碍类别的划分标准和研究中常涉及的特殊儿童类别,将其划定为自闭症、智力障碍、脑瘫、多重障碍四个类别。

1. 研究对象

根据东中西部地区分别抽取样本,其中东部地区选取浙江省和广东省,西部地区选取重庆市、四川省和广西壮族自治区,中部地区选取黑龙江省、安徽省和河南省。共计发放问卷 524 份,删除有明显抄袭和规律性作答问卷及遗漏超过 3 题的问卷,回收有效问卷 480 份,回收有效率 91.6%。在实际调查中

①　A.P.Turnbull, H.R.Turnbull, "From the old to the new paradigm of disability and families: Research to enhance family quality of life outcomes", *Rethinking Professional Issues in Special Education*, 2002:83−119.

②　B.Butterworth & Y.Kovas, "Understanding neurocognitive developmental disorders can improve education for all", *Science*, 2013, 340(6130):300−305.

家长角色类型爷爷或者外公一项数据较少,未达到统计学标准,故与家长角色类型奶奶及外婆合并为祖父母(外祖父母)。

表 3.1.1　被试结构一览表

背景变量	类型	人数	百分比(%)
家长角色	爸爸 妈妈 祖父母(外祖父母) 缺失	83 332 61 4	17.3 69.2 12.7 0.8
教育水平	高中及以下 大专 本科及以上 缺失	352 57 68 3	73.3 11.9 14.2 0.6
家庭月收入	3000 元以下 3000—6000 元 6000 元以上 缺失	275 135 62 8	57.3 28.1 12.9 1.7
居住地域	城镇 乡村 缺失	295 180 5	61.5 37.5 1.0
家中子女数	独生 非独生	176 304	36.7 63.4
是否具备康复知识	完全不知道 听说过 专门学习过 缺失	86 285 108 1	17.9 59.4 22.5 0.2
孩子障碍类型	自闭症 智力障碍 脑瘫 多重障碍及其他障碍	176 175 77 52	36.7 36.5 16.0 10.8
障碍程度	轻度 中度 重度 缺失(部分家长不知道孩子的障碍程度)	77 176 181 46	16.0 36.7 37.8 9.5

2. 研究工具

经过本土化处理的特殊儿童家庭生活质量问卷(见《研究工具本土化探索》)。该问卷由身心健康、亲子养育、经济与休闲、家人交往、他人支持、专业支持、职业发展七个因子 36 个项目构成。该问卷采用五点记分法,5 代表"非常符合",1代表"非常不符合",并将所有题项随机排列,量表采用家长自评方式。该问卷绝对适配指标 X^2/df 为 2.25、SRMR 为 0.06、RMSEA 为 0.06;增值适配指标 TLI 为 0.90、CFI 为 0.90;简约适配指标 PNFI 为 0.76、PCFI 为 0.82。所有指标均符合测量学的统计要求,证明该问卷具有良好的结构效度。该问卷的总体信度 a 系数为 0.89,七个因子 a 系数除职业发展为 0.75 之外,其他均在 0.80 以上,所有信度系数均符合测量学的统计要求,具有良好的信度。

（三）研究结果

1. 因子得分及总体状况

本研究统计结果表明,我国发展性障碍儿童家庭生活质量总分最低分 40 分,最高分 176 分,最低和最高得分之间的差距较大,达到 136 分;总平均分为 118.29 分;每个项目平均分为 3.29 分,落在 3—4 之间。进一步分析家庭生活质量的八个维度得分情况,可以发现在家人交往、亲子养育、身心健康、职业发展、经济与休闲五个维度的平均得分在 3—4 分之间,依次为 3.76 分、3.59 分、3.56 分、3.24 分、3.01 分,说明处于一般水平。而在专业支持、他人支持两个维度的得分较低,在 2—3 分之间,依次为 2.97 分和 2.82 分。具体得分情形见表 3.1.2。

表 3.1.2　发展性障碍儿童家庭/生活质量得分（N=480）

因子	平均数	标准差	题数	单题平均数	序位
身心健康	21.39	5.23	6	3.56	3
亲子养育	17.96	4.05	5	3.59	2
经济与休闲	10.74	3.87	7	3.01	5
家人交往	18.81	4.33	5	3.76	1
他人支持	14.14	4.49	5	2.82	7
专业支持	11.98	4.07	4	2.97	6
职业发展	12.16	3.58	4	3.24	4
总问卷	118.29	24.65	36	3.29	

2. 人口统计变量差异

（1）不同家长身份家庭生活质量得分差异。采用单因素方差分析,比较不同身份家长在家庭生活质量总分得分上差异状况。结果显示,家庭在专业支持和职业发展两个因子上差异显著,进一步事后检验表明,在专业支持上,祖父母及外祖父母得分明显高于妈妈得分。具体见表3.1.3。

表 3.1.3　不同家长身份家庭生活质量得分差异

因子	①爸爸（N=83）M±SD	②妈妈（N=332）M±SD	③（外）祖父母（N=52）M±SD	F	Post Hoc
身心健康	3.61±0.92	3.56±0.84	3.56±0.92	0.11	
经济与休闲	3.02±0.98	2.99±0.92	3.04±1.01	0.04	
家人交往	3.82±0.84	3.76±0.87	3.71±0.84	0.28	
他人支持	2.87±0.83	2.81±0.92	2.92±0.8	0.41	
专业支持	3.03±0.98	2.91±1.03	3.38±0.78	4.88**	3>2
职业发展	3.06±0.98	2.92±0.62	3.22±0.61	2.21*	1>2,3>2
亲子养育	3.6±0.94	3.63±0.78	3.41±0.74	1.58	
总问卷	3.31±0.59	3.25±0.58	3.32±0.59	0.58	

注: ** $p<0.01$, * $p<0.05$。

（2）不同教育水平家长家庭生活质量得分差异。采用单因素方差分析,比较家长不同教育水平在家庭生活质量得分差异状况。结果表明,经济与休闲、职业发展在家长不同教育水平上差异非常显著。进一步事后检验表明,在经济与休闲上高中及以下学历家长得分低于大专学历家长得分,大专学历家长得分低于本科及以上学历家长得分;在职业发展上本科及以上学历家长得分最低,明显低于高中及以下学历家长和大专学历家长。具体见表3.1.4。

表 3.1.4　不同教育水平家长家庭生活质量得分差异

因子	①高中及以下（N=352）M±SD	②大专（N=57）M±SD	③本科及以上（N=68）M±SD	F	Post Hoc
身心健康	3.52±0.89	3.61±0.76	3.77±0.82	2.45	
经济与休闲	2.91±0.94	3.17±0.89	3.30±0.90	15.68***	1<2<3
家人交往	3.71±0.89	3.84±0.79	3.68±0.90	2.64	
他人支持	2.82±0.90	2.77±0.88	2.89±0.92	0.27	
专业支持	3.01±1.02	2.82±0.97	2.98±1.02	0.89	
职业发展	3.09±0.83	3.09±0.76	2.70±0.77	−5.57**	1>3,2>3
亲子养育	3.57±0.82	3.62±0.80	3.71±0.79	0.81	

因子	①高中及以下（N＝352）M±SD	②大专（N＝57）M±SD	③本科及以上（N＝68）M±SD	F	Post Hoc
总问卷	3.24±0.59	3.28±0.57	3.40±0.55	2.31	

注：*** p<0.001，** p<0.01，* p<0.05。

（3）不同康复知识水平家长家庭生活质量得分差异。采用单因素方差分析，比较不同康复知识水平家长家庭生活质量得分的差异状况。结果表明，仅有身心健康和专业支持两个因子没有显著性差异，其他五个因子，经济与休闲、家人交往、他人支持、职业发展、亲子养育以及家庭生活质量总分得分上差异均达到显著水平，事后检验结果表明，经济与休闲、家人交往、他人支持、亲子养育四个因子，以及家庭生活质量总分得分上，专门学习过康复知识的家长得分高于完全不知道康复知识的家长得分，也高于知道部分康复知识的家长。在职业发展因子上，却呈现出相反状况，完全不知道康复知识的家长得分明显高于知道部分康复知识的家长，而知道部分康复知识的家长得分明显高于专门学习过康复知识的家长。具体见表3.1.5。

表3.1.5　不同康复知识水平家长家庭生活质量得分差异

因子	①完全不知道（N＝86）M±SD	②知道部分（N＝285）M±SD	③专门学习（N＝108）M±SD	F	Post Hoc
身心健康	3.53±0.82	3.53±0.89	3.69±0.88	1.40	1<3，2<3
经济与休闲	2.80±0.91	2.97±0.97	3.35±0.89	8.09***	1<3，2<3
家人交往	3.59±0.87	3.7±0.87	4.04±0.79	8.13***	1<3，2<3
他人支持	2.68±0.83	2.8±0.93	3.03±0.85	3.95*	1<3，2<3
专业支持	2.83±1.02	2.95±1.01	3.15±1.02	2.51	
职业发展	3.26±0.82	3.05±0.83	2.83±0.78	5.92**	1>2>3
亲子养育	3.56±0.81	3.51±0.82	3.84±0.73	5.97**	1<3，2<3
总问卷	3.18±0.52	3.22±0.60	3.43±0.55	5.39**	1<3，2<3

注：*** p<0.001，** p<0.01，* p<0.05。

（4）不同收入水平家庭在家庭生活质量问卷得分差异。采用单因素方差分析，比较不同月收入水平家庭在家庭生活质量问卷得分的差异状况。结果表明,不同月收入水平家庭仅在他人支持和专业支持两个因子得分上差异没有达到显著水平,在身心健康、经济与休闲、家人交往、职业发展、亲子养育等五个因子的得分情况,以及家庭生活质量总分得分上,不同月收入水平的家庭差异均达到非常显著的水平。事后检验结果表明,在身心健康、家人交往两个因子以及家庭生活质量总分得分上,月收入在3000—6000元之间的家庭和月收入超过6000元的家庭均明显高于月收入在3000元以下的家庭;亲子养育因子得分上,月收入在6000元以上的家庭既明显高于月收入3000元以下的家庭得分,也显著高于月收入在3000—6000元之间的家庭;在经济与休闲、职业发展两个因子上,月收入在6000元以上的家庭显著高于月收入在3000—6000元的家庭,而月收入在3000—6000元的家庭又显著高于月收入在3000元以下的家庭。具体见表3.1.6。

表 3.1.6　不同收入水平家庭在家庭生活质量问卷得分差异

因子	①3000 元以下 （N＝275）M±SD	②3000—6000 元 （N＝135）M±SD	③6000 元以上 （N＝62）M±SD	F	Post Hoc
身心健康	3.39±0.89	3.74±0.83	3.98±0.65	15.38***	2>1,3>1
经济与休闲	2.78±0.94	3.22±0.87	3.89±0.83	39.57***	3>2>1
家人交往	3.64±0.93	3.90±0.80	4.04±0.60	7.68**	2>1,3>1
他人支持	2.75±0.92	2.97±0.82	2.88±0.93	2.86	
专业支持	3.04±1.04	2.94±0.99	2.71±0.97	2.68	
职业发展	3.24±0.82	2.85±0.72	2.58±0.8	22.97***	3>2>1
亲子养育	3.51±0.85	3.63±0.76	3.91±0.63	5.25**	3>1,3>2
总问卷	3.18±0.61	3.35±0.54	3.47±0.48	8.20***	2>1,3>1

注:*** p<0.001,** p<0.01,* p<0.05。

(5)家庭生活质量问卷得分的城乡差异。采用独立样本 T 检验,比较居住在不同地域,即居住于城镇和农村家庭在家庭生活质量问卷得分上的差异状况。结果表明,仅专业支持因子得分城乡差异不显著,他人支持因子得分差异显著,其他身心健康、经济与休闲、家人交往、他人支持、职业发展、亲子养育等五个因子和家庭生活质量总分差异均达到异常显著的水平。其中,身心健康、经济与休闲、家人交往、他人支持、亲子养育和家庭生活质量总分均呈现城镇显著高于农村。而职业发展则相反,农村家庭得分显著高于城镇家庭得分。

具体见表 3.1.7。

表 3.1.7　家庭生活质量问卷得分的城乡差异

因子	城镇（N = 295）M±SD	农村（N = 180）M±SD	T 值
身心健康	3.69±0.82	3.37±0.92	3.91***
经济与休闲	3.21±0.93	2.71±0.96	5.26***
家人交往	3.87±0.84	3.58±0.89	3.65***
他人支持	2.89±0.92	2.71±0.85	2.07*
专业支持	2.98±1.03	2.96±1.00	0.24
职业发展	2.89±0.79	3.29±0.81	−5.32***
亲子养育	3.71±0.76	3.4±0.86	4.02***
总问卷	3.34±0.56	3.13±0.6	3.94***

注：*** $p<0.001$，** $p<0.01$，* $p<0.05$。

（6）独生子女与否家庭生活质量问卷得分差异。采用独立样本 T 检验，比较独生子女家庭和非独生子女家庭在家庭生活质量问卷上得分的差异状况。结果表明，独生子女家庭和非独生子女家庭在身心健康、经济与休闲、职业发展上差异均达到显著水平。具体见表 3.1.8。

表 3.1.8　独生子女与否家庭生活质量问卷得分差异

因子	是（N = 176）M±SD	否（N = 304）M±SD	T 值
身心健康	3.46±0.93	3.63±0.83	−2.06*
经济与休闲	3.17±0.91	2.97±0.96	2.12*
家人交往	3.67±0.94	3.81±0.82	−1.78
他人支持	2.8±0.92	2.85±0.89	−0.57
专业支持	2.89±1.03	3.03±1.01	−1.45
职业发展	2.86±0.81	3.15±0.82	−3.73***
亲子养育	3.53±0.86	3.63±0.78	−1.27
总问卷	3.2±0.61	3.3±0.57	−1.68

注：*** $p<0.001$，** $p<0.01$，* $p<0.05$。

（7）儿童障碍类型不同家庭家庭生活质量问卷得分差异。采用单因素方差分析，比较儿童障碍类型不同家庭在家庭生活质量问卷上的差异状况。结果表明，儿童障碍类别不同家庭仅在身心健康、经济与休闲、家人交往因子，以及家庭生活质量总分上差异达到显著水平。进一步事后检验，结果显示，儿童障碍类型不同家庭在身心健康、经济与休闲、家人交往因子，以及家庭生活质量总分上，自闭症儿童家庭得分显著高于智力障碍儿童家庭得分，脑瘫儿童家庭得分亦显著高于智力障碍儿童家庭得分。具体见表3.1.9。

表3.1.9　儿童障碍类型不同家庭生活质量问卷得分差异

因子	①自闭症（N=176）M±SD	②智力障碍（N=175）M±SD	③脑瘫（N=77）M±SD	④多重障碍（N=52）M±SD	F	Post Hoc
身心健康	3.69±0.86	3.36±0.85	3.72±0.79	3.61±0.98	5.41**	1>2,3>2
经济与休闲	3.18±0.94	2.83±0.87	3.12±0.99	3.02±1.10	3.57*	
家人交往	3.90±0.83	3.59±0.87	3.89±0.60	3.68±0.90	4.66**	1>2,3>2
他人支持	2.93±0.90	2.69±0.84	2.90±1.00	2.83±0.90	2.47	
专业支持	3.02±0.97	2.82±0.99	3.15±1.10	3.10±1.10	2.47	
职业发展	3.08±0.81	3.04±0.84	2.99±0.86	3.00±0.83	0.25	
亲子养育	3.67±0.80	3.50±0.81	3.64±0.80	3.59±0.88	1.40	
总问卷	3.36±0.57	3.12±0.54	3.36±0.60	3.27±0.66	5.22***	1>2,3>2

注：*** $p<0.001$，** $p<0.01$，* $p<0.05$。

（8）儿童障碍程度不同家庭生活质量问卷得分差异。采用单因素方差分析，比较儿童障碍程度不同家庭在家庭生活质量问卷上得分的差异状况。结果表明，仅有专业支持因子得分差异没有达到显著水平。其他因子得分及生活质量总分差异均达到非常的显著水平。事后检验结果显示，身心健康、经济与休闲、职业发展、亲子养育等因子和家庭生活质量总分上，轻度障碍儿童家庭得分非常明显地高于中度障碍儿童家庭得分，而中度障碍儿童家庭得分又非常明显地高于重度障碍儿童家庭；在家人交往、他人支持等因子得分上，轻度障碍儿童家庭得分非常明显高于中度障碍儿童家庭得分，也明显高于重度障碍儿童家庭得分。具体见表3.1.10。

表 3.1.10 儿童障碍程度不同家庭生活质量问卷得分差异

因子	①轻度 （N=77） M±SD	②中度 （N=176） M±SD	③重度 （N=180） M±SD	F	Post Hoc
身心健康	3.92±0.73	3.63±0.81	3.36±0.97	11.86***	1>2>3
经济与休闲	3.38±0.83	3.12±0.95	2.77±0.96	16.35***	1>2>3
家人交往	4.05±0.73	3.79±0.89	3.66±0.90	5.44**	1>2,1>3
他人支持	3.12±0.79	2.86±0.94	2.71±0.85	5.88**	1>2,1>3
专业支持	3.03±0.99	2.99±1.08	3.01±0.99	0.04	
职业发展	2.55±0.69	2.91±0.75	3.47±0.76	49.86***	1>2>3
亲子养育	3.86±0.71	3.70±0.84	3.42±0.83	9.59***	1>2>3
总问卷	3.46±0.50	3.31±0.61	3.18±0.59	5.52**	1>2>3

注：*** $p<0.001$，** $p<0.01$，* $p<0.05$。

（四）分析与讨论

1. 发展性障碍儿童家庭生活质量总体状况

本研究中，被试样本在家庭生活质量问卷的每个项目平均得分为 3.29 分，落在 3—4 分之间，即"一般"到"比较符合"等级之间。问卷的七个因子得分方面，除他人支持和专业支持两个因子之外，其他五个因子的项目平均得分皆落在这一区间。这研究结果与 Brown 等人[1]的研究结果相似：在他人支持上得分较低，而在家人交往和身心健康上得分普遍较高。同时也支持了 Werner 等学者的研究结果[2]。这说明三个问题：一是对发展性障碍儿童家庭而言，他人和社会所提供的生活与专业支持在家庭的感性方面是存在着不足的，即支持与需求者的感受之间存在落差，无论是西方还是中国都是如此。二是我国发展性障碍儿童家庭生活质量总体上呈现出一定程度的正向表现，尽

---

[1] R.I.Brown, J.MacAdam-Crisp, M.Wang, et al, "Family quality of life when there is a child with a developmental disability", *Journal of Policy and Practice in Intellectual Disabilities*, 2006, 3(4): 238-245.

[2] S.Werner, M.Edwards, N.Baum, I.Brown, R.I.Brown & B.J.Isaacs, "Family quality of life among families with a member who has an intellectual disability: an exploratory examination of key domains and dimensions of the revised FQOL Survey", *Journal of Intellectual Disability Research*, 2009, 53(6): 501-511.

管这可能存在着低期望效应。三是对于我国发展性障碍儿童家庭而言,无论是他人支持还是专业支持都存在明显不足。然而随着特殊儿童发展从医学模式向社会模式、生态模式转变,残疾人事业和特殊教育从慈善模式向权利模式的转型,支持无论是对儿童本身发展还是对儿童家庭生活与家庭能力提升都是基础性的事项,逐渐成为一个学术领域与实践领域的共识。

2. 不同养育者在家庭生活质量上的差异

本研究结果显示,在家庭生活质量的总体得分上,不同养育者或照料者并不存在显著性差异。国外也有研究得出类似的结论,他们发现父母的性别和参与者的家庭生活质量没有关系[1],母亲和父亲在生活质量的满意度上不存在差异。[2] 但是在专业支持因子的得分上,祖父母及外祖父母得分高于母亲得分。国外研究也有发现年长者对于专业支持的满意度较高。[3] 对于这种现象的可能解释是,祖父母或外祖父母丰富的人生经历和人际网络可能带来比较强大的支持机会,即他们寻求帮助的空间机会、拥有的资源比年轻母亲要多得多。

在职业发展因子的得分上,父亲得分高于母亲得分,祖父母及外祖父母得分也高于母亲得分。这符合文化传统和日常生活经验。在中国传统文化中,男主外女主内是绝大多数家庭的基本运作模式。在现实情境中,由于社会保障和社会支持的相对缺乏,对孩子的照料和养育的责任主要由家庭承担。强大的物质压力、经济压力和精神压力使得整个家庭需要建立起分工合作模式,在这种分工合作模式中,母亲通常为特殊儿童的主要照顾者,甚至可能出于家庭照料和孩子养育的考量,在家做全职的家庭主妇,失去职业发展和职业成功机会,从而在职业发展上得分偏低。至于祖父母和外祖父母在职业发展因子的得分也高于母亲,可能的原因是多数直接照顾特殊儿童的祖父母和外祖父母通常已经走完自己的职业生涯,即多数处于退休状态,特殊孩子的出现并不

① R.B.Zabriskie & B.P.McCormick,"Parent and child perspectives of family leisure involvement and satisfaction with family life",*Journal of Leisure Research*,2003,35(2):163-189.

② M.Wang,J.A.Summers,T.Little,A.Turnbull,D.Poston & H.Mannan,"Perspectives of fathers and-mothers of children in early intervention programmesin assessing family quality of life",*Journal of Intellectual Disability Research*,2006,50:977-988.

③ 联合国教科文组织:《2005 全民教育全球监测报告》,2005 年 3 月,见 http://learn.tsinghua.edu.cn/flfg/js/jiaoyufa.htm。

会或者较少有机会影响其职业发展。因此他们对自己职业发展的满意度很少受到特殊孩子的影响，从而得分相对母亲较高。本研究结果显示，相对于父亲或祖父母和外祖父母，母亲在职业发展上处于相对的弱势地位。要有效解决者这一问题，最可能的途径就是社会支持系统的建立和专业支持机构介入，将母亲精力部分从孩子的养护者和照料者的事务中解脱出来。国外的喘息服务也许可以给我们提供一个很好的启示。

3. 不同学历家长在家庭生活质量上的差异

本研究结果显示，家长学历越高，在经济与休闲因子上的得分也越高，并且高中及以下学历家长、大专学历家长和本科及以上学历家长在这一因子上得分 0.001 水平达到显著差异。即三者之间差异异常显著。个人的社会收入与其受教育的程度密切相关，一般来说学历越高在职业的发展和选择上更具有自由度；收入越高，家庭可供调配的资金越充裕，越有可能去发展更多的休闲娱乐活动。① 这与正常的社会分工和社会收入状况相吻合。

在本研究中，职业发展因子的得分却表现出另外一种情况，本科及以上学历家长在发展因子上的得分非常显著低于大专学历家长和高中及以下学历家长得分。按照一般的认知和经济收入状况，高学历家长似乎在职业发展有更多的机会，体验和满意度也更高。常识似乎无法解释本研究的结果。但是深入分析，本研究的结果还是有其合理性。一是我们通过进一步的交叉表分析，发现本科学历家长的样本大部分为儿童母亲，而母亲又常为儿童的主要照顾者，其必定会对其职业发展的影响较大，这在不同养育者的家庭生活质量差异部分已经讨论到。二是作为家庭生活质量的因子，家长对其职业发展的自我陈述是一种主观判断，这种判断与满意度紧密相连。学历越高尽管经济收入满意度越高（在经济与休闲因子的差异已经显示出这一趋势），但是学历越高家长自我意识越强，对自己职业发展的期望值越高，这就导致现实与理想期望之间的差距可能在高学历家长有扩大的趋势；对于低学历家长来说，他们的职业通常是比较接近半技术性或非技术性职业，他们对其职业发展空间的预期与现实之间的差距就不会那么大。

---

① 黄儒军、申仁洪、明兰、顾俊朴、曾树兰、任春雷、熊欢、靳少举、卢秀丽：《发展性障碍儿童家庭生活质量问卷结构及其编制》，《绥化学院学报》2017 年第 7 期。

4. 不同收入水平家庭在生活质量上的差异

家庭收入是影响家庭生活质量的重要决定因素,家庭收入较高的家庭在统计上显著提高了家庭生活质量和照顾者的个人生活质量,特别是在情感和物质/幸福方面;相反,贫穷对家庭生活质量有负面影响。国外有研究发现家庭收入与家庭生活质量高收入呈正相关,可靠的经济收入使得家庭拥有相对富足的生活日用品供应、居住环境、休闲机会,更能有充裕的时间和经济成本加强对孩子的教育和养护。[1] Turnbull 等学者探讨了家庭收入对 FQOL 的影响,父母对于家庭收入的敏感性存在一定的差异,相较于特殊儿童母亲来说,家庭收入对父亲的 FQOL 满意度影响度较小,这可能是由于大多数家庭中母亲扮演主要照顾者的角色,会更敏锐地关注干预服务的费用。[2] Emerson 等人在英国一项针对普通儿童和特殊儿童母亲的社会经济地位和福利的大型研究[3]中发现,照顾有智力缺陷孩子的母亲比典型发展孩子的母亲在幸福水平上指数更低。该研究结果显示,养育智力残疾儿童的母亲在社会经济更多的处于劣势,照顾有智力残疾孩子的母亲由于她们养育的责任、压力以及通常更为困难的经济状况而有较低的生活质量。

本研究结果也显示,在经济与休闲、职业发展两个因子上,月收入水平与得分呈现明显的正相关关系,即收入越高,得分就越高,高收入(月收入 6000 元以上)得分显著高于中等收入家庭(月收入 3000—6000 元),而中等收入家庭得分又显著高于低收入(月收入 3000 元以下)家庭。在身心健康、家人交往以及家庭生活质量总分上,中等收入家庭和高收入家庭都高于低收入家庭。亲子养育因子得分上,月收入在 6000 元以上的家庭既明显高于月收入 3000

[1] J. Wang, Y. Hu, Y. Wang, X. Qin, W. Xia, C. Sun, ... & J. Wang, "Parenting stress in Chinese mothers of children with autism spectrum disorders.", *Social Psychiatry and Psychiatric Epidemiology*, 2013, 48(4):575-582.

[2] M. Wang, A. P. Turnbull, J. A. Summers, T. D. Little, D. J. Poston, H. Mannan & R. Turnbull, "Severity of disability and income as predictors of parents'satisfaction with their family quality of life during early childhood years", *Research and Practice for Persons with Severe Disabilities*, 2004, 29(2): 82-94.

[3] E. Emerson, C. Hatton, G. Llewellyn, J. Blacker & H. Graham, "Socio - economic position, household composition, health status and indicators of the well - being of mothers of children with and without intellectual disabilities", *Journal of Intellectual Disability Research*, 2006, 50(12): 862-873.

元以下的家庭得分,也显著高于月收入在3000—6000元之间的家庭。这种情况说明,增加家庭收入可以在很大程度上提升家庭生活质量,尤其是承受沉重经济压力的特殊儿童家庭更是如此。中国如此、世界范围内也是如此。这再次说明,照顾一个智力残疾的孩子会对家庭生活质量产生负面影响。

5. 城乡居住地在家庭生活质量上差异

本研究发现,家庭居住地的城乡差别对家庭生活质量影响较大。除专业支持因子外,家庭生活质量总分及其他各因子得分上,居住在城镇和农村的家庭之间均存在显著差异,而专业支持维度的得分上虽未达到显著差异,但也略高于农村家庭,其他相关研究也证实了这一结果。① 本研究表明,从发展性障碍儿童家庭生活质量角度,我国的城乡差距和发展不平衡依然是一个真实的存在。城乡家庭在收入水平、教育、医疗、就业以及其他相关资源支持等诸多方面仍存在较大的差距,也是二者在生活质量上得分显著差异的原因。这是全面建设小康社会和精准扶贫战略所要关注问题。以本研究的结果来说,乡村振兴战略可能需要更加关注处于弱势群体的弱势家庭,农村特殊儿童家庭就属于这一类。

6. 专业康复知识对家庭生活质量的影响

本研究结果发现,专门学习过康复知识的家庭,在家庭生活质量的总分以及经济与休闲、家人交往、他人支持、亲子养育等因子得分上都较高,显著高于完全不知道康复知识的家庭和知道部分康复知识的家庭。完全不知道康复知识的家长在职业发展因子上的得分大于知道部分康复知识和专门学习过康复知识的家庭。进一步分析可以发现,专门学习过有关康复知识的家长多来源于高收入和高学历背景的家庭,其本身即有较强的正向调整的效能感,加之康复知识和技能的获取帮助孩子的发展与家人的互动,所以其在分数的表现上要高于另两类家长。这一研究结果表明,通过家长培训,提升家长的专业意愿、专业能力和专业水平,促进其权能增长,可以有效提升其家庭生活质量。

7. 特殊儿童障碍类型对于家庭生活质量的影响

本研究结果显示,自闭症儿童或者脑瘫儿童的家庭在家庭生活质量总分、

---

① Hu, X., Wang, M., Fei, X., "Family quality of life of Chinese familiesof children with intellectual disabilities", *Journal* 2012,56(1):30-44.

身心健康、家人交往、经济与休闲等因子的得分上高于智力障碍儿童家庭。本研究通过探索不同障碍儿童家庭背景,进一步深度分析发现,虽然智力障碍儿童较之自闭症或者脑瘫儿童可能有着更少的行为问题及照顾压力,但是本研究样本中的智力障碍儿童家长大多不知道康复知识或部分知道,对于儿童教育康复的关注度要低于自闭症儿童家庭及脑瘫儿童家庭,且后两类障碍儿童家长的数据多来源于康复机构。在我国,由于能够进入康复机构接受早期干预和康复训练的家庭,本身就需要有相应的意识观念和收入水平以及精力投入度的强力支撑。

8. 儿童障碍程度对家庭生活质量的影响

本研究结果显示,轻度障碍儿童家庭在身心健康、经济与休闲、职业发展因子上的得分都显著高于中度和重度障碍儿童家庭。轻度障碍儿童家庭在家人交往、他人支持上得分显著高于中度障碍儿童家庭,也显著高于重度障碍儿童家庭。在经济与休闲、亲子养育、家庭生活质量总分上则显示儿童障碍程度越轻,得分越高,而且不同障碍程度家庭之间的差异达到显著水平。这可能由于随着孩子障碍程度的加重,行为问题和生活自理问题产生的概率大大增加,孩子与家长的互动回应也较少,家长将面临更多的挑战。而儿童问题行为越多,养育者和照顾者的生活满意度就越低。其他相关研究也证实了这一点。[①]。Wang 等人的研究发现在智力障碍儿童发展早期,智力障碍的严重程度能显著影响特殊儿童家庭生活质量,即障碍越严重,父母的满意度越低。[②]这意味着,有效处理和减少障碍儿童的问题可以有效地提升其家庭生活质量。

9. 专业支持的重要作用

本研究结果发现,在我国,对于发展性障碍儿童家庭而言,他人支持和专业支持项目平均得分上,是唯一两个低于 3 分的因子,处于负面的得分区域。其中专业支持在家长教育水平、家庭收入水平、家长康复知识水平、城乡居住地、障碍儿童是否独生子女、儿童障碍类型与障碍程度等变量上,通通没有显

---

① 李莉:《上海市自闭症儿童家庭生活质量研究》,硕士学位论文,华东师范大学,2016 年。

② M.Wang,A.P.Turnbull,J.A.Summers,T.D.Little,D.J.Poston,H.,Mannan & R.Turnbull, "Severity of disability and income as predictors of parents'satisfaction with their family quality of life during early childhood years", *Research and Practice for Persons with Severe Disabilities*, 2004, 29(2): 82-94.

示出显著性差异。这是一个十分严峻的问题。几乎对所有发展性障碍儿童家庭，无论家长的教育程度如何、家庭收入水平高低、家长康复知识专业水平高低、居住在城镇或是乡村、养育独生子女还是多子女、孩子障碍类型是哪一类以及障碍程度，都对专业支持的感觉、评价和满意度没有显示出差异来。这意味着我国对特殊儿童家庭的支持体系没有完全建立起来，甚至根本就没有建立起来，障碍儿童家长和家庭无差别地没有接收到相关服务。

然而国外大量的研究表明，特殊儿童家庭生活质量与家庭服务、相关支持和服务满意度密切相关，对家庭整体和家庭成员个人的支持（包括他人支持、家人相互支持和专业支持）对特殊儿童家庭生活质量会产生实质性影响，无论这些支持是来源于正式或非正式的支持，抑或是表现为不同类型（如物质支持、信息支持、情感支持等）的支持。有研究发现，家庭支持与家庭结果有显著的相关关系[1]，对服务满意度的评分显著地预测了 FQOL 的满意度。[2] 人们普遍认为，有效的家庭生活质量标准可以用来衡量服务提供的结果，能够确定家庭的需要，并能为培训专业人员和制订适宜的家庭服务计划提供参考。Eskow 等人调查了自闭症儿童家庭生活质量，发现接受了州立和联邦资助支持服务的家庭比未接收相关支持服务的家庭生活质量整体分数和各因子得分都有较高的表现。[3]

因此，如何有效构建一个专业化的支持体系，发展具有中国特色的特殊儿童照顾、养育、康复、教育、就业、生活与社会融合的服务和保障体系，无疑是当前提升我国发展性障碍儿童家庭生活质量的当务之急。

（五）研究结论

我国发展性障碍儿童家庭在家庭生活质量处于中等偏上水平。进一步分析家庭生活质量的七个因子得分情况，可以发现依次排序为家人交往、亲子养

① K.B.Kyzar,A.P.Turnbull,J.A.Summers & V.A.Gómez,"The relationship of family support to family outcomes: A synthesis of key findings from research on severe disability", *Research and Practice for Persons with Severe Disabilities*,2012,37(1):31-44.

② J.A.Summers,J.Marquis,H.Mannan,A.P.Turnbull,K.Fleming,D.J.Poston,"Relationship of perceived adequacy of services, family-professionalpartnerships, and family quality of life in early childhoodservice programme", *International Journal of Disability*, *Development and Education*,2007,54:319-338

③ K.Eskow,L.Pineles & J.A.Summers,"Exploring the effect of autism waiver services on familyoutcomes", *Journal of Policy and Practice in Intellectual Disabilities*,2011,8:28-35.

育、身心健康、职业发展、经济与休闲、专业支持、他人支持。家庭居住地农村家庭在职业发展上的得分要高于城镇家庭,在家庭生活质量总分及其他因子的得分上都显示出低于城镇家庭。

在专业支持上,祖父母及外祖父母的得分要大于母亲;在职业发展上,父亲大于母亲,祖父母及外祖父母大于母亲;在经济与休闲上,低学历家庭低于中等学历家庭,中等学历家庭低于高学历家庭;在职业发展上,低学历家庭低于高学历家庭,中等学历家庭低于高学历家庭。家庭月收入在身心健康、家人交往、家庭生活质量总分上表现出中等收入家庭高于低收入家庭、高收入家庭高于低收入家庭;在亲子养育上,高收入家庭高于低收入家庭、也高于中收入家庭;高收入家庭在休闲娱乐、经济与休闲、职业发展的得分上高于低收入家庭和中收入家庭。

完全不知道康复知识的家长在经济与休闲、家人交往、他人支持、亲子养育、家庭生活质量总分得分上低于专门学习过康复知识家庭;知道部分康复知识的家庭在经济与休闲、家人交往、他人支持、亲子养育、家庭生活质量总分上的得分低于专门学习过康复知识家庭;完全不知道康复知识的家庭在职业发展得分上高于知道部分康复知识和专门学习过的家庭。自闭症儿童、脑瘫儿童家庭在家庭生活质量总分、身心健康、家人交往、经济与休闲得分均高于智力障碍儿童家庭。轻度障碍儿童家庭在身心健康、经济与休闲、职业发展得分上都显示高于中度障碍儿童家庭和重度障碍儿童家庭;在家人交往、他人支持得分上轻度障碍儿童家庭高于中度障碍儿童家庭、也高于重度障碍儿童家庭;在经济与休闲、亲子养育因子和家庭生活质量总分得分上则显示出轻度障碍儿童家庭高于中度障碍儿童家庭、中度障碍儿童家庭高于重度障碍儿童家庭。

二、智力障碍儿童家庭生活质量

(一)问题提出

家庭作为儿童生活的主要场所,是其发展的重要动力源,既为儿童的生存与发展提供坚实的物质基础,又是儿童发展的归属地,发挥着为儿童提供心理上的安全感与落实感的重要作用。对于身心存在障碍的特殊儿童而言,这种家庭的动力源意义更为明显,同时特殊儿童对其家人的生活产生了较大的影响,既包括正面的,如使家人之间的人际关系更加紧密;又包括负面的,如使家庭出现经济压力等,可见家庭与特殊儿童存在着交互影响,因此,特殊儿童家庭的研究也就具有重要意义。20世纪80年代,为应对来自残疾人社会政策制定与完善、残疾人支持项目的设计、残疾人服务评估的需求,残疾人个体生活质量的研究逐渐兴起①,而且在生活质量核心领域的确定、跨文化及跨类别②生活质量的对比研究等方面形成了丰富的成果。进入21世纪,基于家庭与残疾个体之间的交互影响,特殊人群个体生活质量研究逐渐转移到家庭生活质量的研究。

在特殊儿童群体中,智力障碍儿童占有较大的比例。中国存在着庞大的智力障碍群体。中国残疾人联合会发布的《关于使用2010年末全国残疾人总数及各类、不同残疾等级人数的通知》指出,目前国内的智力障碍者人数为568万。③ 同时,智力障碍儿童的出现可能导致父母出现普遍的心理问题④,带来沉重的经济负担,家庭成员的失业率也偏高⑤,家庭在应对矫正孩子问题行为、解决财政压力、关照孩子未来生活、家庭变故、未来的不确定性及低水平的教育等方面都面临着负面经验和强大的挑战⑥,研究进一步表明智力残疾、脑瘫和自闭症儿童家长的心理压力、个人与家庭问题、经济负担、终身照顾、缺乏成就感和过度保护方面都显著高于听力残疾和视力残疾儿童的家长⑦,当然,智障儿童也可能对家庭生活产生积极影响,当特殊儿童家庭面对挑战和危机时,如果能够借用外部资源积极解决这些问题,那么也就会促成其家庭适应

---

① R.L.Schalock,I.Brown,R.Brown,et al,"Conceptualization,measurement,and application of quality of life for persons with intellectual disabilities:Report of an international panel of experts",*Mental Retardation*,2002(6):457-470.

② L.C.Lee,R.A.Harrington,B.B.Louie,et al,"Children with autism:Quality of life and parental concerns",*Journal of Autism and Developmental Disorders*,2008(6):1147-1160.

③ 中国残疾人联合会:《关于使用2010年末全国残疾人总数及各类、不同残疾等级人数的通知》,2012年6月26日,见http://www.cdpf.org.cn/sjzx/cjrgk/201206/t20120626_387581.shtml.

④ 王军霞:《智力障碍儿童对家庭的影响及对策》,《社会福利(理论版)》2014年第1期。

⑤ 李莉:《上海市自闭症儿童家庭生活质量研究》,硕士学位论文,华东师范大学,2016年。

⑥ 申仁洪:《走向伙伴协作的残障儿童家庭参与——基于美国研究的考察》,《比较教育研究》2016年第4期。

⑦ 彭虹、周海燕、陈淑云:《北京市学前残疾儿童家长心理压力问卷调查》,《中国特殊教育》2010年第5期。

性功能的增强。①

智力障碍儿童家庭生活质量的研究也已成为一个重要的课题,如以"family quality of life"、"children with intellectual disability"为检索词,在谷歌检索平台进行检索,并限定发表时间选择为"2013年及其以后",共得到17000条结果,但国内研究却非常有限。以"智障"、"家庭生活质量"为主题词在知网进行检索,只检索到2篇。可见目前国内对于智力障碍儿童家庭生活质量的区域研究非常少。鉴于智力障碍患者庞大的人口基数及其家庭生活质量的严峻现实,智力障碍儿童家庭生活质量已经成为一个非常值得探索的问题。

(二)研究方法

1. 研究对象

本研究的研究对象为重庆地区的智障儿童家长,主要包括智障儿童的父母、祖父母、外祖父母等长期在一起生活的直系亲属。研究对象的孩子均有正规医院的医学诊断结果为证。由于考虑到研究人力、物力和时间的限制,本研究采用非随机取样中的便利取样法。在重庆地区(主要包括沙坪坝区、渝中区、渝北区、璧山区、酉阳县、城口县等地方的特殊教育学校和普通学校内的辅读班)抽取了400名智障儿童家长参与正式调查,有效被试数为353人。正式施测被试样本具体资料见表3.2.1。

表3.2.1 正式施测被试样本人口资料

背景变量	类型	人数	百分比(%)
家长性别	男	119	33.7
	女	233	66.0
	缺失	1	0.3
家庭居住地	城市	160	45.3
	农村	167	47.3
	缺失	26	7.4

① J.M.Patterson, "Families experiencing stress：I. The Family Adjustment and Adaptation Response Model：II. Applying the FAAR Model to health-related issues for intervention and research", *Family Systems Medicine*, 1988,6(2)：202.

背景变量	类型	人数	百分比(%)
家长身份角色	母亲	215	60.9
	父亲	106	30.0
	祖父母	18	5.1
	外祖父母	13	3.7
	缺失	1	0.3
家庭结构	核心家庭	167	47.3
	三代同堂	145	41.1
	延伸家庭	20	5.7
	单亲家庭	18	5.1
	缺失	3	0.8
孩子障碍程度	轻度	55	15.6
	中度	140	39.7
	重度	108	30.6
	极重度	14	4.0
	缺失(没有确定)	36	10.2
孩子性别	男	216	61.2
	女	134	38.0
	缺失	3	0.8
孩子是否独生	独生	113	32.1
	非独生	237	67.1
	缺失	3	0.8
孩子年龄	婴儿期(1—3岁)	12	3.4
	学龄前期(4—6岁)	31	8.8
	学龄初期(7—11岁)	128	36.3
	少年期(12—14岁)	91	25.8
	青年初期(15—18岁)	78	22.1
	缺失(没有反馈)	13	3.7

背景变量	类型	人数	百分比(%)
家长年龄	青年期(44岁及以下)	250	70.8
	中年期(45—59岁)	80	22.7
	老年期(60岁及以上)	15	4.2
	缺失(没有反馈)	8	2.3
孩子就读学校	特殊教育学校	299	84.7
	民办机构	35	9.9
	普通学校	16	4.5
	缺失	3	0.8

2. 研究工具

经过本土化处理的特殊儿童家庭生活质量问卷(《研究工具本土化探索》)。该问卷经济与休闲、身心健康、亲子养育、家人交往、他人支持、专业支持、职业发展七个因子36个项目构成。该问卷采用五点记分法,5代表"非常符合",1代表"非常不符合",并将所有题项随机排列,量表采用家长自评方式。该问卷绝对适配指标 X^2/df 为2.25、SRMR为0.06、RMSEA为0.06;增值适配指标TLI为0.90、CFI为0.90;简约适配指标PNFI为0.76、PCFI为0.82。所有指标均符合测量学的统计要求,证明该问卷具有良好的结构效度。该问卷的总体信度a系数为0.89,七个因子a系数除职业发展为0.75之外,其他均在0.80以上,所有信度系数均符合测量学的统计要求,具有良好的信度。

3. 研究程序

研究者通过联系特殊教育学校或者普校辅读班的教师,再由这些教师将纸质问卷发放到智障儿童家长手中进行填答,对于部分年龄较大或者文化程度较低的家长,主要由研究者或老师口头解释和询问的方式,完成问卷的填答,共发放400份,回收有效问卷353份,有效标准为空白题项不超过3个,且无明显的规律性填答,以及题项之间无明显的矛盾性(比如经济状况维度下的第26题"我的家庭能够保持收支平衡"与第25题"我的家人对目前的经济条件感到满意"之间无明显的矛盾性冲突),问卷的回收率为88.25%,然后采用SPSS 19.0对数据进行处理。

（三）研究结果

1. 智力障碍儿童家庭生活质量各因子得分

表 3.2.2　智障儿童家庭生活质量各项目得分情况

因子	项目	M±SD	M±SD
身心健康	近一周来,家人情绪稳定	3.93±0.93	3.78±0.80
	近一周来,家人身体健康,没有出现不舒服情况	3.90±1.09	
	近一周来,家人具有安全感	3.83±0.94	
	近一周来,家人对生活感到乐观	3.72±1.00	
	近一周来,家人食欲非常好	3.70±0.98	
	近一周来,家人的睡眠状态非常好	3.61±1.03	
亲子养育	家人会帮助孩子学会独立	4.10±0.82	3.99±0.73
	家人注重为孩子的未来做考虑	4.03±0.89	
	家人教孩子学会如何与人相处	4.04±0.85	
	家长帮助孩子完成学校的学业	3.89±0.95	
	家人会培养孩子应对未来生活的技能	3.79±0.89	
家人交往	我的家庭成员会为了家庭的未来,一起奋斗	4.22±0.84	4.02±0.69
	我的家庭成员之间会互相帮助	4.14±0.88	
	我的家庭成员彼此信任对方	4.09±0.85	
	我对家人彼此之间的关系感到满意	3.86±0.88	
	我的家庭成员尊重彼此的爱好和私人空间	3.03±1.13	
职业发展	我的家人能够在工作上找到乐趣	3.47±0.94	3.15±0.77
	我的家人在工作上发展顺利	3.05±0.94	
	我的家人对目前的工作感到满意	3.07±0.97	
	我的家人会追求自己喜爱的工作	2.99±1.02	
专业支持	家庭能获得政府对孩子相关医疗和康复支持	4.09±0.85	3.15±0.82
	家庭能获得政府对孩子的财政支持	3.04±1.26	
	我对家庭接收到的专业支持服务感到满意	2.88±1.20	
	家庭能获得来自基金会、公益组织、志愿者等的社会支持	2.61±1.25	

续表

因子	项目	M±SD	M±SD
经济与休闲	我的家人对目前的经济条件感到满意	3.23±1.08	2.90±0.89
	我的家庭能够保持收支平衡	3.10±1.11	
	我的家庭成员有方便的交通工具,以便到想去的地方	2.97±1.24	
	我对家庭成员的休闲与放松程度感到满意	2.92±1.11	
	我的家人会积极投入到休闲活动中	2.79±1.15	
	所有家庭成员都能够参与到休闲活动中	2.74±1.12	
	我的家人有足够的机会参与休闲活动	2.55±1.14	
他人支持	亲戚会为我的家人提供情感支持,比如鼓励、倾听等	3.16±1.13	2.79±0.91
	朋友会为我的家人提供情感支持,比如鼓励、倾听等	3.03±1.13	
	亲戚会帮助家庭的日常料理,比如购物、照顾家人等	2.70±1.12	
	朋友会帮助家庭的日常料理,比如购物、照顾家人等	2.66±1.15	
	邻居会帮助家庭的日常料理,比如购物、照顾家人等	2.39±1.05	
总问卷		3.36±0.55	

重庆市智力障碍儿童家庭生活质量七个因子项目得分结果见表3.2.2,他人支持、经济与休闲两个因子在3分以下处于较为负向的区间。其他五个因子和整个问卷项目的平均得分均在3分以上,处于一般和比较符合等级之间的正向区间内。其中家人交往因子得分达到4.20分,处于非常正向的区间。而亲子养育和身心健康因子项目平均得分也非常高分别为3.99分和3.78分。

2. 家庭生活质量的家长性别差异

表3.2.3　不同性别家长家庭生活质量得分差异

因子	男(N=120)M±SD	女(N=233)M±SD	T值
总问卷	3.35±0.51	3.35±0.56	0.02
亲子养育	3.99±0.66	3.96±0.75	0.33
经济状况	2.93±0.93	3.19±1.01	−2.35*
休闲活动	2.66±1.02	2.79±0.98	−1.16

因子	男（N＝120）M±SD	女（N＝233）M±SD	T 值
家人交往	4.05±0.61	4.01±0.72	0.56
他人支持	2.91±0.93	2.73±0.89	1.74
专业支持	2.91±1.02	2.75±1.03	1.33
职业发展	3.09±0.74	3.18±0.79	−0.95
身心健康	3.77±0.76	3.79±0.83	−0.32

注：* $p<0.05$，** $p<0.01$，*** $p<0.001$。

以家长性别为自变量，智障儿童家庭生活质量及其各维度为因变量，采用独立样本 T 检验，结果见表3.2.3。结果显示家庭生活质量总分及亲子养育、休闲活动、家人交往、他人支持、专业支持、职业发展、身心健康维度得分在家长性别上并不存在显著差异，但智障儿童家庭生活质量的经济状况维度在家长性别上存在显著差异（$p<0.05$），表现为女性家长得分（M＝3.19）显著高于男性家长得分（M＝2.93）。

3. 家庭生活质量的儿童性别差异

表 3.2.4　不同性别智障儿童家庭生活质量得分差异

因子	男（N＝216）M±SD	女（N＝134）M±SD	T 值
总问卷	3.32±0.53	3.40±0.56	−1.28
亲子养育	3.94±0.73	4.01±0.69	−0.84
经济状况	3.01±0.99	3.24±0.95	−2.22*
休闲活动	2.68±0.99	2.84±0.98	−1.44
家人交往	4.00±0.66	4.04±0.73	−0.53
他人支持	2.78±0.90	2.77±0.91	0.15
专业支持	2.81±1.01	2.82±1.06	−0.04
职业发展	3.11±0.75	3.19±0.80	−0.95
身心健康	3.74±0.78	3.84±0.84	−1.16

注：* $p<0.05$，** $p<0.01$，*** $p<0.001$。

以孩子性别为自变量，智障儿童家庭生活质量及其各维度为因变量，采用独立样本 T 检验，结果见表3.2.4。结果显示家庭生活质量总分及亲子养育、休闲活动、家人交往、他人支持、专业支持、职业发展、身心健康维度得分在孩子性别上并不存在显著差异,但经济状况在孩子性别上存在显著差异(p<0.05),表现为孩子为男性的家庭在经济状况上的得分显著低于孩子是女性的家庭。

4. 家庭生活质量的城乡差异

表 3.2.5　智障儿童家庭生活质量得分城乡差异

因子	城市(N=160)M±SD	农村(N=167)M±SD	T 值
总问卷	3.46±0.55	3.25±0.50	3.58***
亲子养育	4.02±0.74	3.94±0.66	1.06
经济状况	3.45±0.90	2.75±0.93	6.91***
休闲活动	3.07±0.91	2.44±0.98	6.06***
家人交往	4.08±0.73	3.96±0.63	1.60
他人支持	2.82±0.89	2.78±0.91	0.36
专业支持	2.77±1.04	2.87±0.99	−0.92
职业发展	3.29±0.76	2.99±0.76	3.54***
身心健康	3.86±0.80	3.70±0.81	1.85

注: * p<0.05, ** p<0.01, *** p<0.001。

以家庭住址为自变量,智障儿童家庭生活质量及其各维度为因变量,采用独立样本 T 检验,结果见表 3.2.5。结果表明智障儿童家庭生活质量整体水平、休闲活动、职业发展、经济状况在不同家庭住址上存在显著差异(p<0.001),表现为家庭住址为城市的显著高于家庭住址为农村的,在其他维度比如亲子养育、身心健康、他人支持、家人交往上,城市家庭略高于农村家庭,但差异没有达到显著。

5. 不同子女数量的家庭生活质量差异

表 3.2.6　孩子是否独生智障儿童家庭生活质量得分差异

因子	独生(N=113)M±SD	非独生(N=237)M±SD	T 值
总量表	3.37±0.59	3.34±0.52	0.37
亲子养育	3.94±0.77	3.98±0.69	−0.54
经济状况	3.18±1.00	2.75±0.93	1.10
休闲活动	2.87±1.07	2.68±0.96	1.66
家人交往	3.94±0.77	4.06±0.64	−1.37

因子	独生（N=113）M±SD	非独生（N=237）M±SD	T值
他人支持	2.78±0.90	2.80±0.92	-0.17
专业支持	2.92±1.04	2.76±1.02	1.33
职业发展	3.15±0.88	3.14±0.71	0.02
身心健康	3.78±0.86	3.78±0.78	-0.02

以孩子是否独生为自变量,智障儿童家庭生活质量及其各维度为因变量,采用独立样本T检验,结果见表3.2.6。结果显示智障儿童家庭生活质量及其各维度在孩子是否独生上并不存在显著差异。

6. 孩子不同障碍程度的家庭生活质量差异

表3.2.7　不同障碍程度智障儿童家庭生活质量得分差异

因子	轻度 （N=55） M±SD	中度 （N=140） M±SD	重度 （N=108） M±SD	极重度 （N=14） M±SD	F	Post Hoc
总问卷	3.40±0.58	3.30±0.51	3.15±0.52	3.02±0.56	3.85*	轻度>重度; 轻度>极重度
亲子养育	4.09±0.77	4.13±0.61	3.86±0.80	3.73±0.83	3.71*	中度>重度; 中度>极重度
经济状况	3.28±0.99	3.10±1.07	3.05±0.96	2.83±0.87	1.00	—
休闲活动	3.08±1.02	2.78±1.02	2.54±0.92	2.75±1.01	3.69*	轻度>重度
家人交往	4.06±0.71	4.12±0.66	3.97±0.68	3.73±0.71	1.95	—
他人支持	2.90±0.85	2.82±0.92	2.75±0.88	2.39±1.06	1.32	—
专业支持	2.81±1.22	2.83±0.98	2.78±0.10	3.05±0.84	0.31	—
职业发展	3.40±0.88	3.18±0.77	3.03±0.72	3.18±0.70	2.87*	轻度>重度
身心健康	4.04±0.83	3.84±0.79	3.65±0.79	3.18±0.65	5.93**	轻度>重度; 轻度>极重度

注: * p<0.05, ** p<0.01, *** p<0.001。

以孩子障碍程度为自变量,智障儿童家庭生活质量及其各维度为因变量,进行单因素方差检验,见表3.2.7。将F值达到显著的项目进行事后多重分析,经LSD法发现,在家庭生活质量整体水平及身心健康维度上,轻度障碍儿童家庭得分显著高于重度、极重度障碍儿童家庭;在休闲活动和职业生涯发展维度上,轻度障碍儿童家庭得分显著高于重度障碍儿童家庭;在亲子养育维度上,中度障碍儿童家庭得分显著高于重度、极重度障碍儿童家庭。整体而言,随着孩子障碍程度的加重,上述维度得分呈现"从高到低"的态势。

7. 孩子不同年龄阶段的家庭生活质量差异

表 3.2.8　不同年龄阶段智障儿童家庭生活质量得分差异

因子	婴儿期 （N=12） M±SD	学龄前期 （N=31） M±SD	学龄初期 （N=128） M±SD	少年期 （N=91） M±SD	青年初期 （N=78） M±SD	F	Post Hoc
总问卷	3.15±0.71	3.24±0.60	3.30±0.55	3.20±0.48	3.21±0.52	0.73	
亲子养育	3.79±0.97	3.86±0.89	4.17±0.63	3.87±0.70	3.98±0.76	3.06*	初>前;初>少
经济状况	2.92±0.84	3.27±0.85	3.11±1.05	3.06±0.95	3.04±1.04	0.42	
休闲活动	2.50±0.98	2.89±1.10	2.75±1.04	2.71±0.91	2.73±0.99	0.37	
家人交往	4.22±0.73	3.97±0.75	4.11±0.65	3.91±0.70	4.00±0.69	1.38	
他人支持	2.87±1.38	2.81±0.75	2.77±1.02	2.79±0.79	2.77±0.85	0.04	
专业支持	2.85±0.96	2.76±1.17	2.81±1.05	2.74±1.00	2.84±0.10	0.12	
职业发展	2.98±0.91	3.12±0.82	3.22±0.80	3.07±0.72	3.14±0.76	0.71	
身心健康	3.46±0.61	3.72±0.95	3.89±0.79	3.82±0.79	3.63±0.80	1.89	

注:* p<0.05,** p<0.0,*** p<0.001。

以孩子年龄段为自变量,智障儿童家庭生活质量及其各维度为因变量,进行单因素方差分析,见表3.2.8。将F值达显著的维度进行基于LSD法的事后分析,结果表明,智障儿童家庭的亲子养育维度在孩子年龄段上存在显著差异(p<0.05),家庭生活质量及其他各维度在孩子年龄段上并不存在显著差异。总体而言,学龄前期的智障儿童家庭得分显著小于学龄初期智障儿童家庭,学龄初期的智障儿童家庭得分显著大于少年期的智障儿童家庭。

8. 不同家庭结构的生活质量差异

表 3.2.9　智障儿童家庭生活质量得分在家庭结构上的差异

因子	核心家庭 （N=167） M±SD	三代同堂 （N=145） M±SD	延伸家庭 （N=20） M±SD	单亲家庭 （N=18） M±SD	F	Post Hoc
总问卷	3.26±0.56	3.26±0.50	3.24±0.49	2.99±0.53	1.49	
亲子养育	4.02±0.73	3.98±0.72	3.91±0.71	3.93±0.93	0.20	

续表

因子	核心家庭 （N=167） M±SD	三代同堂 （N=145） M±SD	延伸家庭 （N=20） M±SD	单亲家庭 （N=18） M±SD	F	Post Hoc
经济状况	3.13±1.01	3.17±0.98	2.97±0.84	2.48±0.74	2.82[*]	核心>单亲； 三代>单亲
休闲活动	2.77±1.05	2.73±0.93	2.99±0.94	2.23±0.92	2.04	
家人交往	4.09±0.65	3.99±0.67	3.92±0.79	3.76±0.98	1.64	
他人支持	2.74±0.94	2.88±0.88	2.89±0.83	2.37±0.84	2.03	
专业支持	2.78±1.07	2.88±0.95	2.69±1.16	2.65±1.14	0.47	
职业发展	3.14±0.78	3.18±0.78	3.20±0.57	2.83±0.77	1.11	
身心健康	3.82±0.84	3.75±0.80	3.76±0.66	3.81±0.73	0.20	

注：[*] $p<0.05$，[**] $p<0.01$，[***] $p<0.001$。

以家庭结构为自变量，智障儿童家庭生活质量及其维度为因变量，进行单因素方差分析，见表3.2.9。将 F 值达显著的维度进行基于 LSD 法的事后分析，结果显示，家庭生活质量及其他维度在家庭结构上并不存在显著差异，但单亲家庭的家庭生活质量略低于其他家庭，只是差异没有达到显著水平。智障儿童家庭的经济状况维度在家庭结构上存在显著差异（$p<0.05$），表现为核心家庭的经济状况显著好于单亲家庭，三代同堂家庭的经济状况显著好于单亲家庭。

9. 家庭生活质量的家长年龄差异

表 3.2.10　智障儿童家庭生活质量得分在家长年龄上的差异

因子	青年期 （N=250） M±SD	中年期 （N=80） M±SD	老年期 （N=15） M±SD	F	Post Hoc
总问卷	3.23±0.54	3.23±0.52	3.40±0.46	0.69	
亲子养育	3.98±0.74	4.02±0.73	3.88±0.72	0.21	
经济状况	3.13±0.10	2.96±0.99	3.2444±0.88	1.09	
休闲活动	2.77±1.05	2.73±0.93	2.99±0.94	0.24	
家人交往	4.04±0.67	3.95±0.72	4.05±0.81	0.58	
他人支持	2.74±0.89	2.92±0.95	2.95±1.09	1.50	
专业支持	2.71±1.04	3.00±0.95	3.33±0.87	4.69[*]	青<中； 青<老

续表

因子	青年期 （N=250） M±SD	中年期 （N=80） M±SD	老年期 （N=15） M±SD	F	Post Hoc
职业发展	3.14±0.78	3.12±0.73	3.38±0.73	0.76	
身心健康	3.80±0.81	3.66±0.82	3.9778±0.58	1.39	

注：* p<0.05，** p<0.01，*** p<0.001。

以家长年龄段为自变量,智障儿童家庭生活质量及其各维度为因变量,进行单因素方差分析,见表3.2.10。结果发现家庭生活质量及其多数维度得分都呈现出随着家长年龄增加而增加的情况,但只有专业支持维度的得分呈现出在家长年龄段上的显著差异(p<0.05),家庭生活质量总分及其他维度得分只是在家长年龄上呈现略微的差异。LSD法的事后分析结果表明,老年期家长在专业支持上的得分显著高于青年期家长得分,中年期家长在专业支持上的得分显著高于青年期家长得分。

10. 家庭生活质量的家长亲职角色差异

表 3.2.11　智障儿童家庭生活质量得分在家长身份上的差异

因子	母亲 （N=215） M±SD	父亲 （N=106） M±SD	祖父母 （N=18） M±SD	外祖父母 （N=13） M±SD	F	Post Hoc
总问卷	3.24±0.55	3.24±0.49	3.38±0.53	3.25±0.28	0.42	
亲子养育	3.97±0.77	4.06±0.65	3.83±0.80	4.08±0.14	0.63	
经济状况	3.17±1.01	2.93±0.96	3.19±0.81	3.22±1.58	1.53	
休闲活动	2.79±0.10	2.62±1.02	2.90±.88	2.58±0.52	0.86	
家人交往	4.00±0.72	4.08±0.59	3.88±.80	4.53±0.50	1.19	
他人支持	2.74±0.90	2.86±0.91	3.20±.90	1.87±0.81	2.78*	母亲< 祖父母
专业支持	2.75±1.04	2.85±1.01	3.33±0.84	2.92±0.88	1.93	
职业发展	3.17±0.79	3.06±0.73	3.39±0.70	3.33±1.04	1.16	
身心健康	3.77±0.82	3.79,0.77	3.84±0.81	3.94±0.60	0.09	

注：* p<0.05，** p<0.01，*** p<0.001。

以家长身份为自变量,智障儿童家庭生活质量及其各维度为因变量,进行单因素方差分析,见表3.2.11。将F值达显著的项目进行LSD法的事后分析,结果表明母亲和父亲在家庭生活质量及其各维度上的得分并不存在显著差异,但母亲和祖父母在他人支持维度的得分上出现了显著差异(p<0.05)。

11. 孩子不同教育安置形式的家庭生活质量差异

表 3.2.12　智障儿童家庭生活质量得分在智障儿童就读学校上的差异

因子	特教学校 (N=299) M±SD	民办机构 (N=35) M±SD	普通学校 (N=16) M±SD	F	Post Hoc
总问卷	3.25±0.53	3.17±0.55	3.58±0.38	3.31*	普校> 特校、机构
亲子养育	3.98±0.72	4.02±0.85	4.46±0.45	3.00*	普校> 特校、机构
经济状况	3.10±0.10	3.07±0.97	3.94±0.97	5.29**	普校> 特校、机构
休闲活动	2.77±0.98	2.50±1.05	3.72±0.73	8.27**	普校> 特校、机构
家人交往	4.01±0.68	4.06±0.80	4.41±0.56	2.36	
他人支持	2.79±0.92	2.80±0.82	2.75±0.84	0.22	
专业支持	2.82±1.02	2.79±1.08	2.34±1.21	2.02	
职业发展	3.17±0.77	2.96±0.78	3.67±0.49	4.42**	普校> 特校、机构
身心健康	3.80±0.80	3.59±0.86	4.06±0.68	1.76	

注:* p<0.05, ** p<0.01, *** p<0.001。

以孩子就读学校为自变量,智障儿童家庭生活质量及其维度为因变量,进行单因素方差分析,见表 3.2.12。将 F 值达显著的项目进行 LSD 法的事后分析,结果表明智障儿童家庭生活质量总分、亲子养育、休闲互动、职业发展、经济状况维度在孩子就读学校上存在显著差异,表现为孩子就读于普通学校的智障儿童家庭在家庭生活质量总分、亲子养育、休闲活动、职业发展、经济状况维度得分上显著高于就读于特殊教育学校和民办机构的家庭。

(四)分析与讨论

1. 智力障碍儿童家庭生活质量的总体情况

(1)家庭生活质量总体水平

研究发现,智力障碍儿童家庭生活质量总分的均值为3.36,处于中等水平,介于一般与满意之间,还有较大的提升空间。胡晓毅[1]和韩央迪等人[2]指出残疾儿童家庭生活质量的满意度处于中等水平,可见本研究与他们的研究能够保持基本一致。究其原因,这与国家和社会近年来对特殊儿童及其家庭的关注有关。《特殊教育提升计划(2014—2016年)》出台以来,残疾人受教育机会不断扩大,残疾儿童少年义务教育普及水平在中西部农村地区、民族地区明显提高,财政投入大幅增长,保障能力持续增强,教师队伍建设、课程教材建设、教育教学改革取得显著成效,教育质量进一步提升,这在一定程度上解决了特殊儿童家庭面临的困境,提高了家人对生活的满意度。但由于目前的特殊教育资源依然不足,针对特殊儿童的非义务教育发展相对滞后,条件保障机制不够完善,特殊教育教师的专业水平和残疾学生融入社会的能力有待提高等现实问题,使得特殊儿童家庭面临的现实问题没有得到彻底解决,因此家庭生活质量还有一定的提升空间。

(2)家庭生活质量各因子情况

研究发现,智力障碍儿童家庭生活质量各因子中,家人交往、亲子养育、身心健康得分较高(M>3.70)。可能原因在于:第一,我国传统的家庭价值观以及共同的困难激发了家人之间团结紧密人际关系的形成。第二,家长们为了能够给孩子提供足够的依靠,因此会进行自我调节,让自己有一个健康的身体。第三,特教老师专业水平的提高,以及家长对孩子教育的重视,使得智障儿童家庭的亲子养育总体上相对比较满意。但在本研究中,亲子养育的得分比胡晓毅和王勉[3]的研究更高,这可能是研究对象不同所致。本研究的对象是智障儿童家长,而胡晓毅研究对象是自闭症儿童家长或者包括多种障碍在内的特殊儿童家长,已有研究指出了不同障碍类别特殊儿童家庭生活质量存在差异,如自闭症儿童的问题行为更多,因此导致自闭症儿童家人面临的亲子教育困难更多。[4]

① 胡晓毅:《我国残疾儿童家庭生活质量与家庭支持现状》,《中国康复理论与实践》2016年第10期。
② 韩央迪、黄晓华、周晶:《助残服务的充足性与家庭生活质量——基于对上海地区残障儿童的家庭照料者研究》,《社会建设》2016年第1期。
③ 胡晓毅、王勉:《北京地区发展性障碍儿童家庭生活质量的研究》,《中国特殊教育》2012年第7期。
④ B.F.Meral,A.Cavkaytar,A.P.Turnbull,et al.,"Family quality of life of Turkish families who have children with intellectual disabilities and autism",*Research and Practice for Persons with Severe Disabilities*,2013(4):233-246.

研究发现,专业支持、职业发展、经济状况维度的得分(M 接近 3.0)处于一般水平,还有很大的提升空间。本研究得出的智力障碍儿童家庭专业支持、经济状况得分情况与国内外其他研究能够保持基本的一致,如包括 Brown ①、胡晓毅②、Werner③、Rillotta④ 等学者的研究都指出了特殊儿童或智力障碍儿童家庭对经济状况、专业支持满意度偏低的结论,主要原因在于国家为障碍儿童提供的专业支持及经济扶持不够完善和持续。但本研究得出的职业发展得分低于部分国外学者的研究,出现这一情况的原因在于部分发达国家为特殊儿童家人提供了具有针对性的职业培训机会⑤,使得特殊儿童家人在照顾孩子的同时,仍然能够有机会从事自己喜爱,适合自己时间、精力的工作,而目前国内对于特殊儿童家人的类似职业机会建设的重视程度不够,因此使得智力障碍儿童家人在照顾孩子的同时,没有多样化的职业选择机会,导致了其职业发展受到一定的限制。

研究发现,他人支持、休闲生活得分最低(M<3.00),表明重庆市智力障碍儿童家庭的他人支持和休闲生活严重不足,需要引起关注。Wang⑥、Brown⑦、Werner⑧等学者的研究均指出了特殊儿童家庭面临着他人支持不足的情况,可见本研

---

① R.I.Brown, K.Hong, J.Shearer, et al., "Family quality of life in several countries: results and discussion of satisfaction in families where there is a child with a disability," *Springer Netherlands*, 2010, pp. 377–398.

② 胡晓毅、王勉:《北京地区发展性障碍儿童家庭生活质量的研究》,《中国特殊教育》2012 年第 7 期。

③ S.Werner, M.Edwards, N.Baum, et al., "Family quality of life among families with a member who has an intellectual disability: an exploratory examination of key domains and dimensions of the revised FQOL Survey", *Journal of Intellectual Disability Research*, 2009(6):501–511.

④ F.Rillotta, N.Kirby, J.Shearer, et al., "Family quality of life of Australian families with a member with an intellectual/developmental disability", *Journal of Intellectual Disability Research*, 2012(1):71–86.

⑤ F.Rillotta, N.Kirby, J.Shearer, et al., "Family quality of life of Australian families with a member with an intellectual/developmental disability", *Journal of Intellectual Disability Research*, 2012(1): 71–86.

⑥ M.Wang, A.P.Turnbull, J.A.Summers, et al., "Severity of disability and income as predictors of parents'sat- isfaction with their family quality of life during early childhood years", *Research and Practice for Persons with Severe Disabilities*, 2004(2):82–94.

⑦ R.I.Brown, K.Hong, J.Shearer, et al., "Family quality of life in several countries: results and discussion of satisfaction in families where there is a child with a disability", *Springer Netherlands*, 2010, pp. 377–398.

⑧ S.Werner, M.Edwards, N.Baum, et al., "Family quality of life among families with a member who has an intellectual disability: an exploratory examination of key domains and dimensions of the revised FQOL Survey", *Journal of Intellectual Disability Research*, 2009(6):501–511.

究中得出的智力障碍儿童家人他人支持不足的结论与上述研究能够保持基本一致,原因在于:其一,现实机会的缺乏。Brown 等指出周围人缺乏如何与障碍者相处的知识技能,制约了他人对特殊儿童家庭提供帮助的现实机会。[1]其二,智力障碍儿童家人本身的敏感心理。Werner 等指出智力障碍儿童家庭因为害怕成为别人的负担,或者被他人拒绝,所以并不愿意主动寻求他人的帮助[2],研究者在调查中也发现一些智力障碍儿童家长的自尊心较强,不愿意主动去寻求他人的支持帮助。但本研究得出的休闲活动维度得分与其他研究得出的结论存在一定的差别,如 Werner 等对加拿大智力障碍儿童家庭的研究[3]和 Rillotta 等[4]对澳大利亚智力障碍儿童家庭的研究均指出家人的休闲活动满意度较高,不同于本研究得出较低的结论。出现这一情况的可能原因在于加拿大、澳大利亚等国的社会公众对于残疾人的接纳度以及残疾人融入社会的程度比国内要高,而且公共休闲无障碍设施更完善,因此这些国家的家人可以带着自己的孩子比较顺利地参与公共休闲活动,而国内目前对于障碍儿童的接纳度还不够,同时无障碍设施建设还相对不够完善,因此也就制约了智力障碍儿童家人对休闲活动的参与。

2. 家庭生活质量各人口统计变量差异

(1)家庭生活质量城乡差异

研究发现,智力障碍儿童家庭生活质量整体水平及休闲活动、职业生涯发展、经济状况维度得分在家庭住址上存在显著差异,表现为城市家庭的得分显著高于农村家庭。Hu 等的研究结果显示城市地区的智力障碍儿童家庭的生

---

[1] R.I.Brown,K.Hong,J.Shearer,et al.,*Family quality of life in several countries:results and discussion of satisfaction in families where there is a child with a disability*,Springer Netherlands,2010, pp. 377–398.

[2] S.Werner,M.Edwards,N.Baum,et al.,"Family quality of life among families with a member who has an intellectual disability:an exploratory examination of key domains and dimensions of the revised FQOL Survey",*Journal of Intellectual Disability Research*,2009(6):501–511.

[3] S.Werner,M.Edwards,N.Baum,et al.,"Family quality of life among families with a member who has an intellectual disability:an exploratory examination of key domains and dimensions of the revised FQOL Survey",*Journal of Intellectual Disability Research*,2009(6):501–511.

[4] F.Rillotta,N.Kirby,J.Shearer,et al.,"Family quality of life of Australian families with a member with an intellectual/developmental disability",*Journal of Intellectual Disability Research*,2012(1): 71–86.

活质量显著高于农村家庭[①];胡桂锬指出城市居民家庭在劳动生活质量(职业生活质量)和闲暇生活质量的满意度上显著好于农村家庭[②],本研究的结果也从侧面支持了他们的研究。这主要是因为农村家庭整体经济状况的落后所致:由于整体上农村家庭的经济条件相比城市家庭差,因此经济条件的差距也就影响到了家人参与休闲活动的情况,经济条件不足往往意味着职业收入和工作环境不理想,在需要较大经济开支的现实情景下,经济状况的不如意也就直接影响家庭生活质量。

(2)家庭生活质量在孩子障碍程度上的差异

研究发现,智力障碍儿童家庭生活质量整体水平及亲子养育、休闲活动、家人交往、职业发展、身心健康维度在孩子障碍程度上存在显著差异。具体而言,在家庭生活质量整体水平及身心健康维度上,轻度障碍儿童家庭得分显著高于重度、极重度障碍儿童家庭;在休闲活动和职业发展维度上,轻度障碍儿童家庭得分显著高于重度障碍儿童家庭;在亲子养育维度上,中度障碍儿童家庭得分显著高于重度、极重度障碍儿童家庭,整体而言,随着孩子障碍程度的加重,上述维度得分呈现越来越低的情况。这可能是因为孩子障碍程度的加重,也就意味着问题行为的增加[③],从而家长养育孩子面临的困难及挑战,以及家人为此付出的精力和时间都将增加,进而导致家庭成员生活的诸方面受到的影响也就越大。

(3)家庭生活质量在孩子年龄段上的差异

研究发现,家庭生活质量在孩子年龄段上的差异不大,仅在亲子养育上呈现差异性显著,表现为障碍孩子处于学龄前期的家庭得分显著低于障碍孩子处于学龄初期的家庭,障碍孩子处于学龄初期的家庭得分显著高于障碍孩子处于少年期的家庭,按照年龄增大的方向,得分呈现出"低—高—低"的趋势。可能原因在于,学龄前期的孩子面临着即将入学的准备,家长急于教育孩子以

---

① X.Hu,M.Wang,X.Fei,"Family quality of life of Chinese families of children with intellectual disabilities",*Journal of Intellectual Disability Research*,2012(1):30-44.

② 胡桂锬:《城镇居民和农村居民家庭生活质量比较研究》,华中农业大学硕士学位论文,2008年。

③ B.L.Baker,L.L.McIntyre,J.Blacher,et al.,"Pre-school children with and without developmental delay:behavior problems and parenting stress over time",*Journal of Intellectual Disability Research*,2003(4):217-230.

便为进入学校学习生活做准备,容易导致家长出现低落与着急心态,而当孩子进入学龄初期后,家长对于孩子的学校学习生活有了一个适应,低落与着急的心态得到一定的调整,因此亲子养育的焦虑情绪有所缓解,但当孩子进入少年期后,孩子的心理和行为出现了一些新的变化,导致家长又出现了教育上的不适应和茫然。

(4)家庭生活质量在家长年龄段上的差异

研究发现,不同年龄段家长的家庭生活质量差异不大,仅在专业支持上呈现差异性显著,表现为青年期家长在专业支持上的得分显著低于中年期和老年期家长得分,整体上表现对专业支持的满意度得分随着家长年龄的增加而增加。可能是因为,相比于年长家长,年轻的家长还没有从内心去接受孩子障碍这一事实,因此对于专业支持的需求显得更加强烈①②,急于希望通过专业支持让孩子恢复正常,也就容易表现出对专业支持的不满意。

(5)家庭生活质量在家庭结构上的差异

研究发现,家庭生活质量的经济状况维度得分呈现出差异性显著,表现为核心家庭和三代同堂家庭的得分显著高于单亲家庭。Acock 等的研究指出了单亲家庭的经济收入不足③,本研究与其能够保持一致。可能原因在于,单亲家庭家长为了照顾孩子,没有额外的时间参与工作,导致家庭的经济条件拮据。需要指出的是,本研究发现在家庭生活质量总体水平和其他多数维度上,单亲家庭的得分也低于其他家庭(核心、三代同堂、延伸家庭),但是并未达到显著差异,可能是因为本研究中单亲家庭的数量较少,导致差异不够显著。

(6)家庭生活质量在教育安置形式上的差异

研究发现,不同教育安置形式下的家庭生活质量差异较大,家庭生活质量总分、亲子养育、休闲活动、职业发展、经济状况维度在孩子就读学校上存在显著差异,表现为孩子就读于普通学校的家庭得分显著高于就读于特殊教育学

---

① R.I. Brown, I. Brown, M. Wang, "Conceptualizing and examining family quality of life: An international affair", *International Summit for the Alliance of Social Inclusion*, 2006.

② N.S. Jokinen, R.I. Brown, *Family quality of life and older-aged families of adults with an intellectual disability: Enhancing the quality of life of people with intellectual disabilities*, Springer Netherlands, 2010, pp. 279-303.

③ A.C. Acock, K.J. Kiecolt, "Is it family structure or socioeconomic status? Family structure during adolescence and adult adjustment", *Social Forces*, 1989(2):553-571.

校和民办机构的家庭。国外一些相关研究也支持了这一结论,发现那些孩子参与融合教育的特殊儿童家长会表现出更多的满意性情感(positive perceptions)。①② 出现这一情况的原因可能是:其一,较于特殊教育学校和机构,普通学校就读的智障儿童问题行为更少,家人生活受到的影响也更少。其二,就读于普校,孩子的社交进步更明显,更容易让家人看到希望。虽然目前关于特殊儿童普校就读和特校隔离式就读孰优孰劣,并没有一个统一的答案,但在社交进步方面,普校就读相比特校安置形式是更有利的,如融合教育的安置环境对于学生的社会性发展(social development)有积极的作用③④,在自信、社会行为、对家庭作业的态度等方面,就读于主流学校(普通学校)的特殊儿童均好于就读于特殊教育学校的孩子,融合教育安置环境有助于提升特殊儿童的社会适应⑤,这无疑能够让家长看到更多的希望,并进而带来更多的积极情感。其三,取样的因素。本研究中超过50%的家长均处于青年期,从主观意愿上,他们会倾向于选择让自己的孩子就读于普通学校,而不是特殊教育学校或者机构,因此不排除这种基于家长年龄差异的主观期望会影响到其幸福感。

(五)研究结论

重庆地区智力障碍儿童家庭生活质量调查表明:(1)家庭生活质量总体上处于一般水平,其中家人交往、亲子养育、身心健康得分较高,职业生涯发展、经济状况、专业支持得分一般,他人支持、休闲活动得分偏低。(2)家庭生活质量总分及休闲活动、职业发展、经济状况维度得分在家庭住址上存在显著差异。(3)家庭生活质量总分及亲子养育、休闲活动、家人交往、职业发展、身心健康维度在孩子障碍程度上存在显著差异。(4)亲子养育维度得分在孩子年龄段上存在显著差异;专业支持维度得分在家长年龄段上存在显著差异。

---

① D.L.Ryndak,J.E.Downing,L.R.Jacqueline,et al.,"Parents'perceptions after inclusion of their children with moderate or severe disabilities",*Journal of the Association for Persons with Severe Handicaps*,1995(2):147–157.

② M.F.Hanline,A.Halvorsen,"Parent perceptions of the integration transition process:Overcoming artificial barriers",*Exceptional Children*,1989(6):487–492.

③ E.T.Baker,"The effects of inclusion on learning",*Educational leadership*,1995(4):33–35.

④ D.K.Lipsky,A.Gartner,"Inclusion,school restructuring,and the remaking of American society",*Harvard Educational Review*,1996(4):762–797.

⑤ 申仁洪:《融合与创生:随班就读的效能实现》,《中国特殊教育》2014年第2期。

（5）经济状况维度得分在家庭结构上存在显著差异。（6）家庭生活质量总分及亲子养育、休闲互动、职业发展、经济状况维度得分在教育安置形式上存在显著差异。

今后的研究还需进一步关注如下方面：第一，关注家庭成员的全面评价。家庭生活质量作为一个较为主观的感受性变量，单独的一个家庭成员的感受往往并不能全面反映所有家庭成员对家庭生活质量的看法，本研究由于精力等因素的限制，只调查了智障儿童主要的照料者对家庭生活质量的评价，并未对其他家庭成员展开调查，因此后续的研究可以在本研究的基础上进一步关注到其他家庭成员对家庭生活质量的评价。第二，进一步扩大被试数量。被试的数量结构分布情况会对研究的结论产生一定的影响，由于受到研究时间及研究者掌握资源的限制，本研究中单亲家庭、孩子就读于普校的样本量较少，可能导致基于这些人口背景变量的差异分析结果的显著性受到影响，因此后续研究可进一步扩大被试数量，使得不同被试的结构分布更加合理。

三、听力障碍儿童家庭生活质量

（一）问题提出

通过第六次有关全国人口信息调查我国的人口总数与第二次全国残疾人抽样调查我国残疾人占总人口数的比例，以及各类障碍占总残疾人总数比例推算，2010 年我国有听力障碍者约 2054 万[①]。据统计，每年大约 3 万名听力障碍新生儿出生[②]，据此估算，我国 0—18 岁听力障碍儿童有 54 万左右。听力障碍儿童在听知觉、语言、认知、学业成就、社会适应等方面的发展有别于健听儿童。这种差异让听障儿童家庭在听障儿童康复成长过程中面临比健听儿童家庭更多的挑战。

学界对生活质量的相关研究由来已久，研究程度较深，范畴也较广。从家

---

① 赵燕潮：《中国残联发布我国最新残疾人口数据》，《残疾人研究》2012 年第 1 期。
② 李郁明、梁勇：《听障儿童听力语言康复效果的评价及其相关的影响因素》，《中国听力语言康复科学杂志》2012 年第 4 期。

庭生活质量的结构探索①②③到家庭生活质量的工具开发④⑤⑥,从家庭生活质量的现状调查到对影响家庭生活质量的因素探析,研究既包括对理论的诠释也包括对相关理论的佐证。针对特殊儿童家庭生活质量的研究多集中在发展性障碍儿童家庭。仅以听力障碍儿童家庭为研究单位对家庭生活质量进行研究的文献相对较少,有研究者通过语前聋青少年人工耳蜗植入前与植入后的生活质量进行比较研究发现语前聋青少年人工耳蜗植入后其家庭的生活质量和个人的生活质量均得到明显提高⑦。

　　国内关于听力障碍儿童家庭生活质量的研究大多出现在研究者们以全部特殊儿童家庭作为研究对象或某几类特殊儿童家庭作为研究对象进行家庭生活质量研究的文献里,如有研究者对北京地区特殊儿童家庭生活质量进行研究发现听力障碍儿童家庭生活质量显著高于脑瘫、自闭症等儿童的家庭生活质量⑧;有研究者对上海地区特殊儿童家庭家庭生活质量进行研究发现听力障碍儿童的家庭生活质量显著高于其他障碍类别⑨;还有研究者对西南地区

① D.Poston,A.Turnbull,J.Park,et al.,"Family Quality of Life:A Qualitative Inquiry",*Mental Retardation*,2003,41(5):313−328.

② B.J.Isaacs,I.Brown,R.I.Brown,et al.,"The International Family Quality of Life Project:Goals and Description of a Survey Tool",*Journal of Policy & Practice in Intellectual Disabilities*,2007,4(3):177−185.

③ J.Park,L.Hoffman,J.Marquis,et al.,"Toward assessing family outcomes of service delivery:validation of a family quality of life survey",*Journal of Intellectual Disability Research*,2010,47(4−5):367−384.

④ WHOQoL Group,"Study protocol for the World Health Organization project to develop a Quality of Life assessment instrument(WHOQOL)",*Quality of life Research*,1993,2(2):153−159.

⑤ L.A.Dardas,M.M.Ahmad,"Validation of the World Health Organization's quality of life questionnaire with parents of children with autistic disorder",*Journal of autism and developmental disorders*,2014,44(9):2257−2263.

⑥ 黄儒军、申仁洪等:《发展性障碍儿童家庭生活质量问卷结构及其编制》,《绥化学院学报》2017年第7期。

⑦ 张莉:《青少年语前聋患者人工耳蜗植入术后听力及生活质量评估》,安徽医科大学硕士学位论文,2017年。

⑧ 薛景科:《北京市残疾儿童家长生活质量的现况及影响因素研究》,山西医科大学硕士学位论文,2014年。

⑨ 韩央迪、黄晓华、周晶:《助残服务的充足性与家庭生活质量——基于对上海地区残障儿童的家庭照料者研究》,《社会建设》2016年第1期。

特殊儿童家庭生活质量进行研究发现听力障碍儿童的家庭生活质量处于中等水平①。

通过对特殊儿童及听力障碍儿童家庭生活质量现状研究文献的梳理不难发现。(1)特殊儿童生活质量参差不齐,但总体上低于正常儿童家庭生活质量;(2)不同的研究者对不同地区的研究得出的家庭生活质量结果不一,这或许是研究工具不一致导致的,也可能是地区性的差异导致的,具体原因需要更进一步的研究探索;(3)家庭生活质量研究的对象多为自闭症、智力障碍、发展性障碍等障碍类型儿童家庭,专门针对听力障碍儿童家庭生活质量的研究较少。

(二)研究方法

1. 研究对象

通过随即便利取样的方式从我国东、中、西部选取调查对象,具体包括广东、福建、浙江、江苏、重庆、四川、安徽、河南等省市的特殊教育学校、机构以及普通教育学校进行取样,选取0—18岁听力障碍儿童家长作为调查对象。

听障儿童选择具体标准:(1)儿童的生理年龄在0—18岁;(2)儿童被确诊为听力障碍或听力残疾。听力障碍儿童家长选择具体标准:(1)为听力障碍儿童的直系亲属;(2)无认知障碍;(3)可进行正常语言沟通。

共发放问卷600份,剔除有明显抄袭、大面积规律性作答以及漏答题超过总题数2/3的问卷,回收有效问卷为512份,有效回收率为85.3%。样本结构见表3.3.1。

表3.3.1　听力障碍儿童家长基本情况(N=512)

类别	内容	人数	百分比(%)
家长身份	爸爸	224	43.8
	妈妈	253	49.4
	其他	35	6.8

① 任春雷、申仁洪、马利、黄儒军、刘成益:《西南少数民族地区特殊儿童家庭生活质量的调查研究》,《西北人口》2018年第2期。

类别	内容	人数	百分比(%)
家长年龄	30 岁及以下	33	6.4
	31—40 岁	191	37.3
	41—50 岁	241	47.1
	51 岁及以上	47	9.2
家长受教育程度	小学及以下	149	29.1
	初中	252	49.2
	高中	66	12.9
	专科及以上	44	8.6
	缺失	1	0.2
家长职业状态	全职家庭主妇或主夫	175	34.2
	全职工作	148	28.9
	半职工作	182	35.5
	缺失	7	1.4
家长婚姻状况	正常婚姻	447	87.3
	其他(离异、丧偶)	63	12.3
	缺失	2	0.4
家庭月收入	3000 元以下	235	45.9
	3000—6000 元	234	45.7
	6000 元以上	39	7.6
	缺失	4	0.8
居住区域	城镇	169	33.0
	乡村	340	66.4
	缺失	3	0.6
家庭类型	核心家庭	206	40.2
	大家庭(三代同堂和延伸家庭)	252	49.2
	单亲家庭	52	10.2
	缺失	2	0.4

续表

类别	内容	人数	百分比（%）
子女数	独生子女	83	16.2
	多子女	427	83.4
	缺失	2	0.4
家长康复知识	完全不了解相关的知识	156	30.5
	听说过相关的知识	246	48.0
	专门学过相关的知识	104	20.3
	缺失	6	1.2
儿童年龄	0—6岁	53	10.4
	7—12岁	134	26.1
	13—15岁	116	22.7
	16—18岁	209	40.8
儿童性别	男	278	54.3
	女	232	45.3
	缺失	2	0.4
儿童教育安置	特殊教育环境	480	93.8
	普通学校	32	6.2
儿童障碍程度	极重度	402	78.5
	重度	68	13.3
	中度及以下	20	3.9
	不知道	22	4.3
儿童康复情况	接受过	262	51.2
	没接受过	245	47.8
	缺失	5	1.0
居家情况	每天都回家	152	29.7
	每周或两周回一次家	273	53.3
	每个月或超过一个月回一次家	87	17.0

注：特殊教育环境为特殊教育学校或中心以及残联依托的机构。

2. 研究工具

经过本土化处理的特殊儿童家庭生活质量问卷(《研究工具本土化探索》)。该问卷由身心健康、亲子养育、经济与休闲、家人交往、他人支持、专业支持、职业发展七个因子36个项目构成。该问卷采用五点记分法,5代表"非常符合",1代表"非常不符合",并将所有题项随机排列,量表采用家长自评方式。该问卷绝对适配指标 X^2/df 为2.25、SRMR为0.06、RMSEA为0.06;增值适配指标 TLI 为0.90、CFI 为0.90;简约适配指标 PNFI 为0.76、PCFI 为0.82。所有指标均符合测量学的统计要求,证明该问卷具有良好的结构效度。该问卷的总体信度 a 系数为0.89,七个因子 a 系数除职业发展为0.75之外,其他均在0.80以上,所有信度系数均符合测量学的统计要求,具有良好的信度。该问卷通过任春雷、申仁洪的检验表明该问卷同样适用于我国的听力障碍儿童家庭。[①]

(三)研究结果

1. 听力障碍儿童家庭生活质量整体情况

表3.3.2 听力障碍儿童家庭生活质量的各因子项目平均得分(N=512)

因子	M	SD
身心健康	3.937	0.855
亲子养育	4.012	0.724
经济与休闲	3.042	0.957
家人交往	4.202	0.742
他人支持	3.044	0.961
专业支持	3.207	1.030
职业发展	3.481	0.885
总问卷	3.552	0.649

听力障碍儿童家庭生活质量量表各维度得分在2.990—4.202之间,听力障碍儿童家庭生活质量量表总平均分是3.552。由于听力障碍儿童家庭生活

---

① 任春雷、申仁洪、马利、黄儒军、刘成益:《西南少数民族地区特殊儿童家庭生活质量的调查研究》,《西北人口》2018年第2期。

质量量表采用的是李克特5点计分,分值范围是1—5,中间值为3。根据各维度以及总量表的平均分和计分方法,总的来说,听力障碍儿童家庭生活质量处于中等以上水平。

2. 不同家长亲职角色的家庭生活质量差异

将家长在家庭中的角色作为自变量,听力障碍儿童家庭生活质量及其维度作为因变量,采用单因素方差分析的方法对听力障碍儿童家庭生活质量在家长家庭角色方面的差异进行比较,当F检验达到显著水平时采用LSD法对组别间的差异进行事后分析,结果见表3.3.3。

表3.3.3 不同家长角色在家庭生活质量上的差异(N=512)

项目	爸爸(N=224) M±SD	妈妈(N=253) M±SD	其他(N=35) M±SD	F	Post Hoc
身心健康	3.91±0.81	3.96±0.89	3.95±0.88	0.157	
亲子养育	3.92±0.72	4.07±0.73	4.14±0.66	3.271*	妈妈>爸爸
经济与休闲	2.99±0.98	2.99±0.97	3.28±0.90	2.017	
家人交往	4.19±0.69	4.19±0.79	4.35±0.76	0.794	
他人支持	2.99±0.95	3.05±0.96	3.37±1.01	2.379	
专业支持	3.14±1.06	3.22±1.01	3.54±0.97	2.381	
职业发展	3.41±0.88	3.52±0.88	3.67±0.95	1.694	
总问卷	3.50±0.64	3.57±0.64	3.75±0.72	2.357	

注:1. * $p<0.05$, ** $p<0.01$, *** $p<0.001$;

2. 其他组包括祖父、祖母、外祖父、外祖母等直系亲属。

家长角色在家庭生活质量亲子养育维度上存在显著性差异($p<0.05$),具体表现为母亲在亲子养育维度得分显著高于父亲。家庭生活质量总分以及身心健康、经济与休闲、家人交往、他人支持、专业支持、职业发展得分在不同家庭角色上差异均并不显著。

3. 家庭生活质量的家长年龄差异

将家长年龄作为自变量,听力障碍儿童家庭生活质量及其维度作为因变量,采用单因素方差分析的方法对听力障碍儿童家庭生活质量在家长年龄方面的差异进行比较,当F检验达到显著水平时采用LSD法对组别间的差异进行事后分析,结果见表3.3.4。

表 3.3.4　不同年龄在家庭生活质量上的差异(N=512)

项目	A(N=33) M±SD	B(N=191) M±SD	C(N=241) M±SD	D(N=47) M±SD	F	Post Hoc
身心健康	3.71±0.87	4.08±0.83	3.85±0.87	3.94±0.81	3.467*	B>A;B>C
亲子养育	3.89±0.87	4.09±0.71	3.96±0.74	4.03±0.58	1.514	
经济与休闲	2.95±0.92	3.17±0.99	2.91±0.95	3.00±0.93	2.436	
家人交往	4.02±0.94	4.25±0.72	4.17±0.74	4.27±0.65	1.275	
他人支持	3.13±0.96	3.09±1.01	3.04±0.93	2.81±0.90	1.150	
专业支持	3.26±0.93	3.18±1.04	3.22±1.02	3.21±1.14	0.096	
职业发展	3.42±0.95	3.51±0.90	3.47±0.88	3.47±0.79	0.122	
总问卷	3.47±0.70	3.63±0.66	3.51±0.64	3.53±0.61	1.462	

注:1. * p<0.05, ** p<0.01, *** p<0.001;
　　2. A"30岁及以下"组,B"31—40岁"组,C"41—50岁"组,D"51岁及以上"组。

　　家庭生活质量身心健康维度得分在不同年龄上存在显著性差异(p<0.05),具体表现在:身心健康维度得分"31—40岁"组家庭显著高于"30岁及以下"组家庭和"41—50岁"组家庭。同时,家庭生活质量总分以及亲子养育、经济与休闲、家人交往、他人支持、专业支持、职业发展得分在年龄上的差异并不显著。

　　4. 不同受教育程度的家庭生活质量差异

　　将家长受教育程度作为自变量,听力障碍儿童家庭生活质量及其维度作为因变量,采用单因素方差分析的方法对听力障碍儿童家庭生活质量在家长受教育程度方面的差异进行比较,当F检验达到显著水平时采用LSD法对组别间的差异进行事后分析,结果见表3.3.5。

表 3.3.5　不同受教育程度在家庭生活质量上的差异检验(N=511)

项目	A(N=149) M±SD	B(N=252) M±SD	C(N=66) M±SD	D(N=44) M±SD	F	Post Hoc
身心健康	3.75±0.90	3.93±0.82	4.17±0.81	4.27±0.80	6.504***	C>B>A; D>B>A
亲子养育	3.93±0.77	3.98±0.71	4.20±0.69	4.18±0.66	3.099*	C>A;D>A; C>B

续表

项目	A（N＝149） M±SD	B（N＝252） M±SD	C（N＝66） M±SD	D（N＝44） M±SD	F	Post Hoc
经济与休闲	2.83±0.85	3.01±0.93	3.42±1.02	3.44±0.95	8.932***	C>A;C>B; D>A;D>B
家人交往	4.00±0.79	4.25±0.68	4.33±0.81	4.42±0.70	6.387***	B>A;C>A; D>A
他人支持	2.90±0.96	3.07±0.94	3.24±0.96	3.09±1.07	2.079*	C>A
专业支持	3.21±1.00	3.18±1.00	3.35±1.14	3.13±1.13	0.582	
职业发展	3.35±0.81	3.45±0.89	3.64±0.96	3.90±0.84	5.364**	C>A;D>A; D>B
总问卷	3.41±0.63	3.54±0.64	3.77±0.66	3.79±0.65	7.032***	C>B>A; D>B>A

注:1. * p<0.05, ** p<0.01, *** p<0.001;

　　2. A 代表"小学及以下"组,B 代表"初中"组,C 代表"高中"组,D 代表"专科及以上"组。

由表3.3.5可知,家庭生活质量总分以及身心健康、亲子养育、经济与休闲、家人交往、他人支持、职业生涯发展、经济状况维度得分在受教育程度上存在显著性差异(p<0.05)。进一步检验显示:(1)在身心健康维度上的得分"初中"组、"高中"组以及"专科及以上"组家长显著高于"小学及以下"组家长,同时"高中"组和"专科及以上"组家长显著高于"初中"组家长;(2)在亲子养育维度上的得分"高中"组和"专科及以上"组家长显著高于"小学及以下"组家长,同时"高中"组家长显著高于"初中"组家长;(3)在经济与休闲生活上的得分"高中"组和"专科及以上"组家长显著高于"小学及以下"组家长,同时"高中"组和"专科及以上"组家长显著高于"初中"组家长;(4)在家人交往维度上的得分"初中"组、"高中"组和"专科及以上"组家长显著高于"小学及以下"组家长;(5)在他人支持维度上的得分"高中"组家长显著高于"小学及以下"组家长;(6)在职业发展维度上的得分"高中"组和"专科及以上"组家长显著高于"小学及以下"组家长,同时"专科及以上"组家长显著高于"初中"组家长;(7)在家庭生活质量总分上,"初中"组、"高中"组以及"专科及以上"组家长显著高于"小学及以下"组家长的得分,同时"高中"组和"专科及以上"组家长显著高于"初中"组家长的得分。

5. 家长不同职业状态的家庭生活质量差异

将家长职业状态作为自变量,听力障碍儿童家庭生活质量及其维度作为因变量,采用单因素方差分析的方法对听力障碍儿童家庭生活质量在家长职业状态方面的差异进行比较,当 F 检验达到显著水平时采用 LSD 法对组别间的差异进行事后分析,结果见表 3.3.6。

表 3.3.6　家长不同职业状态在家庭生活质量上的差异(N=505)

项目	A(N=175) M±SD	B(N=148) M±SD	C(N=182) M±SD	F	Post Hoc
身心健康	3.75±0.90	4.08±0.83	3.99±0.80	6.933**	B>A; C>A
亲子养育	3.99±0.72	3.99±0.80	4.05±0.66	0.394	
经济与休闲	2.73±0.92	3.29±0.95	3.01±0.93	11.489***	B>C>A
家人交往	4.11±0.76	4.20±0.78	4.29±0.69	2.700	
他人支持	2.99±0.94	3.20±1.00	2.95±0.94	3.159*	B>A; B>C
专业支持	3.18±1.04	3.25±1.03	3.18±1.02	0.272	
职业发展	3.32±0.87	3.67±0.86	3.47±0.88	6.602**	B>A; B>C
总问卷	3.43±0.64	3.67±0.67	3.56±0.61	5.317**	B>A

注:1. * p<0.05,** p<0.01,*** p<0.001;
　2. A 代表"全职家庭主妇或主男"组,B 代表"全职工作"组,C 代表"半职工作"组。

由表 3.3.6 可知,家庭生活质量总分以及身心健康、经济与休闲、他人支持、职业发展得分在职业状态上存在显著性差异(p<0.05)。进一步检验显示:(1)在身心健康维度,"全职工作"组家庭和"半职工作"组家庭得分显著高于"全职家庭主妇或主男"组家庭;(2)在经济与休闲生活维度,得分最高为"半职工作"组家庭,其次是"全职工作"组家庭,最后是"全职家庭主妇或主男"组家庭;(3)在他人支持维度,"半职工作"组家庭得分显著高于"全职工作"组家庭和"全职家庭主妇或主男"组家庭;(4)在职业发展维度,"半职工作"组家庭得分显著高于"全职工作"组家庭和"全职家庭主妇或主男"组家庭;(5)在家庭生活质量总分上,"半职工作"组家庭得分显著高于"全职家庭主妇或主男"组家庭。

6. 家长不同婚姻状况的家庭生活质量差异

将家长婚姻状态作为自变量,听力障碍儿童家庭生活质量及其维度作为因变量,采用独立样本 T 检验的方法对听力障碍儿童家庭生活质量在婚姻状况方面的差异进行比较,结果见表 3.3.7。

表 3.3.7　家长不同婚姻状况在家庭生活质量上的差异(N＝510)

项目	正常婚姻(N＝447) M±SD	其他(N＝63) M±SD	T 值
身心健康	3.94±0.85	3.95±0.91	-0.121
亲子养育	4.01±0.71	4.06±0.81	-0.587
经济与休闲	2.98±0.96	3.11±1.05	-1.121
家人交往	4.21±0.72	4.20±0.87	0.027
他人支持	3.00±0.93	3.40±1.09	-3.097**
专业支持	3.18±1.00	3.45±1.23	-1.681
职业发展	3.46±0.87	3.61±1.00	-1.240
总问卷	3.54±0.63	3.68±0.78	-1.360

注:1. * p<0.05, ** p<0.01, *** p<0.001;
　　2. "其他"组包含离异、丧偶等情况。

由表 3.3.7 可知,在他人支持维度,"正常婚姻"组家庭得分显著低于"其他"组家庭。此外,家庭生活质量总分以及身心健康、亲子养育、经济与休闲、家人交往、专业支持、职业发展维度得分在婚姻状态上差异并不显著。

7. 不同家庭收入水平的家庭生活质量差异

将家庭月收入作为自变量,听力障碍儿童家庭生活质量及其维度作为因变量,采用单因素方差分析的方法对听力障碍儿童家庭生活质量在家庭月收入方面的差异进行比较,当 F 检验达到显著水平时采用 LSD 法对组别间的差异进行事后分析,结果见表 3.3.8。

表 3.3.8　不同家庭月收入在家庭生活质量上的差异(N＝508)

项目	A(N＝235) M±SD	B(N＝234) M±SD	C(N＝39) M±SD	F	Post Hoc
身心健康	3.775±0.87	4.06±0.81	4.21±0.85	9.403***	B>A;C>A
亲子养育	3.97±0.74	4.05±0.69	4.05±0.85	0.683	
经济与休闲	2.78±0.93	3.16±0.89	3.61±0.93	15.636***	C>B>A
家人交往	4.081±0.804	4.305±0.662	4.318±0.738	5.955**	B>A

续表

项目	A(N=235) M±SD	B(N=234) M±SD	C(N=39) M±SD	F	Post Hoc
他人支持	3.010±0.923	3.087±0.993	3.021±1.029	0.395	
专业支持	3.223±1.125	3.189±0.938	3.192±1.012	0.063	
职业发展	3.332±0.887	3.576±0.830	3.859±1.027	8.458***	B>A;C>A
总问卷	3.443±0.668	3.631±0.601	3.760±0.718	7.229**	B>A;C>A

注:1. * p<0.05, ** p<0.01, *** p<0.001;

2. A 代表"3000 元以下"组,B 代表"3000—6000 元"组,C 代表"6000 元以上"组。

由表 3.3.8 可知,家庭生活质量总分以及身心健康、经济与休闲、家人交往、职业发展维度得分在家庭月收入上存在显著性差异(p<0.05)。进一步检验显示:(1)在身心健康维度,"3000—6000 元"组家庭和"6000 元以上"组家庭得分显著高于"3000 元以下"组家庭;(2)在经济与休闲维度,得分最高为"6000 元以上"组家庭,其次是"3000—6000 元"组家庭,最后是"3000 元以下"组家庭;(3)在家人交往维度,"3000—6000 元"组家庭得分显著高于"3000 元以下"组家庭;(4)在职业发展维度,"3000—6000 元"组家庭和"6000 元以上"组家庭得分显著高于"3000 元以下"组家庭;(5)在家庭生活质量总分上,"3000—6000 元"组家庭和"6000 元以上"组家庭得分显著高于"3000 元以下"组家庭。

8. 听力障碍儿童家庭生活质量的城乡差异

将家庭所在区域作为自变量,听力障碍儿童家庭生活质量及其维度作为因变量,采用独立样本 T 检验的方法对听力障碍儿童家庭生活质量城乡差异进行比较,结果见表 3.3.9。

表 3.3.9 家庭生活质量的城乡差异(N=509)

项目	城镇(N=169) M±SD	乡村(N=340) M±SD	T 值
身心健康	4.15±0.82	3.83±0.86	3.949***
亲子养育	4.08±0.79	3.98±0.69	1.541
经济与休闲	3.31±1.01	2.86±0.93	4.359***
家人交往	4.30±0.80	4.16±0.71	1.966

续表

项目	城镇（N=169）M±SD	乡村（N=340）M±SD	T 值
他人支持	3.17±0.99	2.99±0.95	1.992*
专业支持	3.32±1.02	3.16±1.03	1.617
职业发展	3.67±0.92	3.39±0.85	3.335**
总量表	3.71±0.67	3.48±0.62	3.862***

注：* $p<0.05$，** $p<0.01$，*** $p<0.001$。

由表3.3.9可知，家庭生活质量总分以及身心健康、经济与休闲、他人支持、职业发展维度得分在家庭所在区域上存在显著性差异（$p<0.05$）。进一步检验显示：（1）在身心健康维度，"城镇"组家庭得分显著高于"乡村"组家庭；（2）在经济与休闲维度，"城镇"组家庭得分显著高于"乡村"组家庭；（3）在他人支持维度，"城镇"组家庭得分显著高于"乡村"组家庭；（4）在职业发展维度，"城镇"组家庭得分显著高于"乡村"组家庭；（5）在家庭生活质量总分上，"城镇"组家庭得分显著高于"乡村"组家庭。

9. 不同类型家庭的家庭生活质量差异

将家庭类型作为自变量，听力障碍儿童家庭生活质量及其维度作为因变量，采用单因素方差分析的方法对听力障碍儿童家庭生活质量在家庭类型方面的差异进行比较，当F检验达到显著水平时采用LSD法对组别间的差异进行事后分析，结果见表3.3.10。

表3.3.10 不同家庭类型在家庭生活质量上的差异（N=510）

项目	核心家庭（N=206）M±SD	大家庭（N=252）M±SD	单亲家庭（N=52）M±SD	F	Post Hoc
身心健康	3.97±0.85	3.91±0.84	3.88±0.98	0.391	
亲子养育	3.99±0.71	4.03±0.71	4.04±0.87	0.206	
经济与休闲	3.03±0.97	2.96±0.92	3.15±0.96	2.109	
家人交往	4.18±0.74	4.24±0.71	4.15±0.88	0.508	
他人支持	2.98±0.95	3.03±0.96	3.37±0.99	3.445*	C>A；C>B
专业支持	3.28±0.97	3.10±1.05	3.48±1.12	3.750*	C>B

续表

项目	核心家庭 （N=206） M±SD	大家庭 （N=252） M±SD	单亲家庭 （N=52） M±SD	F	Post Hoc
职业发展	3.51±0.88	3.45±0.85	3.57±1.07	0.529	
总问卷	3.56±0.65	3.53±0.63	3.67±0.76	0.899	

注:1. * p<0.05, ** p<0.01, *** p<0.001。

由表 3.3.10 可知,家庭生活质量他人支持和专业支持维度在家庭类型上得分差异显著(p<0.05),具体表现在他人支持维度单亲家庭得分显著高于核心家庭和大家庭,专业支持维度单亲家庭得分显著高于大家庭。

10. 不同子女数量的家庭生活质量差异

将家庭子女数作为自变量,听力障碍儿童家庭生活质量及其维度作为因变量,采用独立样本 T 检验的方法对听力障碍儿童家庭生活质量在家庭子女数方面的差异进行比较,结果见表 3.3.11。

表 3.3.11 子女数量在家庭生活质量上的差异(N=510)

项目	独生子女（N=83） M±SD	多子女家庭（N=427） M±SD	T 值
身心健康	4.13±0.82	3.90±0.86	2.285 *
亲子养育	4.13±0.72	3.99±0.73	1.639
经济与休闲	3.50±0.91	2.96±0.95	4.461 ***
家人交往	4.29±0.63	4.18±0.76	1.357
他人支持	3.28±0.87	3.00±0.97	2.389 *
专业支持	3.35±1.04	3.19±1.03	1.295
职业发展	3.78±0.93	3.42±0.87	3.423 **
总问卷	3.78±0.65	3.51±0.64	3.503 **

注: * p<0.05, ** p<0.01, *** p<0.001。

由表 3.3.11 可知,家庭生活质量总分以及身心健康、经济与休闲、他人支持、职业发展维度得分在子女数上存在显著性差异。具体表现在:独生子女家庭在家庭生活质量总分以及身心健康、经济与休闲、他人支持、职业发展维度得分显著高于多子女家庭。

11. 家庭生活质量在家长康复知识水平上的差异

将康复知识作为自变量,听力障碍儿童家庭生活质量及其维度作为因变量,采用单因素方差分析的方法对听力障碍儿童家庭生活质量在家庭康复知识方面的差异进行比较,当 F 检验达到显著水平时采用 LSD 法对组别间的差异进行事后分析,结果见表 3.3.12。

表 3.3.12 家长不同康复知识水平在家庭生活质量上的差异(N=506)

项目	A(N=156) M±SD	B(N=246) M±SD	C(N=104) M±SD	F	Post Hoc
身心健康	3.71±0.85	3.95±0.87	4.25±0.74	13.051***	C>B>A
亲子养育	3.80±0.73	4.04±0.73	4.26±0.61	13.243***	C>B>A
经济与休闲	2.84±0.91	3.04±0.96	3.24±0.96	6.284***	C>B>A
家人交往	4.01±0.80	4.23±0.73	4.43±0.63	10.738***	C>B>A
他人支持	2.90±0.94	3.09±0.94	3.13±1.04	2.351	
专业支持	3.07±1.04	3.20±1.00	3.35±1.05	2.366	
职业发展	3.33±0.86	3.47±0.88	3.72±0.92	6.107**	B>A;C>A
总问卷	3.37±0.64	3.57±0.64	3.77±0.61	12.815***	C>B>A

注:1. * p<0.05, ** p<0.01, *** p<0.001;
2. A"完全不了解相关的知识"组,B"听说过相关的知识"组,C"专门学过相关的知识"组。

由表 3.3.12 可知,家庭生活质量总分以及各维度得分在对康复知识的了解程度上存在显著性差异(p<0.05)。进一步检验结果显示:身心健康、亲子养育、经济与休闲、家人交往等维度和问卷总分均与家长康复知识水平呈现显著正相关。三组被试之间的差异非常显著。"专门学过相关的知识"组家庭得分明显高于"听说过相关的知识"组家庭;"听说过相关的知识"组家庭得分明显高于"完全不了解相关的知识"组家庭;在职业发展维度,"听说过相关的知识"组和"专门学过相关的知识"组家庭得分均显著高于"完全不了解相关的知识"组家庭的得分。

12. 家庭生活质量在儿童障碍程度上的差异

将儿童障碍程度作为自变量,听力障碍儿童家庭生活质量及其维度作为因变量,采用单因素方差分析的方法对听力障碍儿童家庭生活质量在儿童障碍程度方面的差异进行比较,当 F 检验达到显著水平时采用 LSD 法对组别间的差异进行事后分析,结果见表 3.3.13。

表 3.3.13　不同障碍程度在家庭生活质量上的差异检验(N=512)

项目	A(N=402)M±SD	B(N=68)M±SD	C(N=20)M±SD	D(N=22)M±SD	F	Post Hoc
身心健康	3.95±0.87	4.03±0.77	3.86±0.63	3.54±1.03	1.981	
亲子养育	4.01±0.74	4.12±0.66	3.92±0.64	3.88±0.66	0.896	
经济与休闲	2.95±0.92	3.37±0.91	3.03±0.58	3.01±1.15	3.671*	B>A
家人交往	4.21±0.76	4.33±0.59	3.90±0.65	4.02±0.79	2.238	
他人支持	2.96±0.95	3.43±0.96	3.35±0.73	3.14±1.00	5.677**	B>A
专业支持	3.14±1.03	3.55±1.03	3.08±1.03	3.50±0.90	3.922**	B>A
职业发展	3.45±0.89	3.75±0.85	3.27±0.65	3.48±0.93	2.789*	B>A;B>C
总问卷	3.55±0.66	3.79±0.61	3.50±0.44	3.50±0.65	3.527*	B>A

注:1. * p<0.05, ** p<0.01, *** p<0.001;
2. "极重度"组,B"重度"组,C"中度及以下"组,D"不知道"组。

由表 3.3.13 可知,家庭生活质量总分以及各维度得分在儿童障碍程度上存在显著性差异(p<0.05)。进一步检验结果显示:(1)在经济与休闲维度,"重度"组家庭得分显著高于"极重度"组家庭;(2)在他人支持维度,"重度"组家庭得分显著高于"极重度"组家庭;(3)在专业支持维度,"重度"组家庭得分显著高于"极重度"组家庭;(4)在职业发展维度,"重度"组家庭得分显著高于"极重度"组和"中度及以下"组家庭;(5)在家庭生活质量总分上,"重度"组家庭得分显著高于"极重度"组家庭。

13. 儿童不同康复情况在家庭生活质量上的差异

将儿童接收康复情况作为自变量,听力障碍儿童家庭生活质量及其维度作为因变量,采用独立样本 T 检验的方法对听力障碍儿童家庭生活质量在儿童接收康复情况方面的差异进行比较,结果见表 3.3.14。

表 3.3.14　儿童不同康复情况在家庭生活质量上的差异(N=507)

项目	接受过(N=262)M±SD	没接受过(N=245)M±SD	T 值
身心健康	4.06±0.83	3.81±0.86	3.323**

项目	接受过（N=262）M±SD	没接受过（N=245）M±SD	T 值
亲子养育	4.07±0.73	3.95±0.71	1.803
经济与休闲	3.16±0.93	2.97±0.97	2.543 **
家人交往	4.27±0.73	4.13±0.75	2.118 *
他人支持	3.04±0.97	3.05±0.97	−0.109
专业支持	3.28±1.01	3.14±1.05	1.512
职业发展	3.57±0.90	3.40±0.87	2.172 *
总问卷	3.63±0.63	3.48±0.67	2.604 *

注：* $p<0.05$，** $p<0.01$，*** $p<0.001$。

由表 3.3.14 可知，在家庭生活质量总分以及身心健康、亲子养育、经济与休闲、家人交往、专业支持、职业发展各维度得分在儿童是否接受过康复上存在显著性差异。进一步检验结果显示：以上各维度和总问卷得分都是接受过康复的家庭显著高于没有接受过康复的家庭。尤其是在身心健康、经济与休闲维度，显著水平非常高。

14. 儿童居家方式在听力障碍儿童家庭生活质量上的差异

将儿童居家方式作为自变量，听力障碍儿童家庭生活质量及其维度作为因变量，采用单因素方差分析的方法对听力障碍儿童家庭生活质量在儿童就读形式方面的差异进行比较，当 F 检验达到显著水平时采用 LSD 法对组别间的差异进行事后分析，结果见表 3.3.15。

表 3.3.15 不同居家方式在家庭生活质量上的差异（N=512）

项目	A（N=152）M±SD	B（N=273）M±SD	C（N=87）M±SD	F	Post Hoc
身心健康	4.15±0.82	3.89±0.84	3.72±0.87	8.068 ***	A>B；A>C
亲子养育	4.07±0.69	4.02±0.71	3.88±0.82	1.929	
经济与休闲	3.17±0.97	2.99±0.97	2.88±0.93	5.312 **	A>B；A>C
家人交往	4.27±0.68	4.19±0.73	4.11±0.88	1.384	
他人支持	3.06±1.07	3.03±0.94	3.07±0.85	0.062	
专业支持	3.21±1.03	3.21±1.03	3.19±1.05	0.017	

续表

项目	A(N=152) M±SD	B(N=273) M±SD	C(N=87) M±SD	F	Post Hoc
职业发展	3.60±0.88	3.43±0.87	3.44±0.93	1.863	
总问卷	3.65±0.64	3.53±0.64	3.46±0.67	2.863	

注:1. * p<0.05, ** p<0.01, *** p<0.001;

2. A"每天都回家"组;B"每周或两周回一次家"组;C 为"每个月或超过一个月回一次家"组。

由表 3.3.15 可知,家庭生活质量身心健康、休闲活动维度得分在儿童就读形式上存在显著性差异(p<0.05)。进一步检验结果显示,两个维度都呈现出每天回家的儿童家庭组得分非常显著地高于其他两组家庭。

(四)分析与讨论

1. 听力障碍儿童家庭生活质量的总体特征

从研究结果可以看出,除经济状况维度得分(2.99±0.97)低于 3 分,处于中等偏下水平,家庭生活质量总量表及其他维度得分(平均值介于 3.04 与 4.20 之间)均高于 3 分,处于中等及中等偏上水平。说明听力障碍儿童家庭生活质量整体处于中等水平,但经济与休闲提升空间更大。儿童的听力障碍会对家庭原有的平衡状态造成影响,家庭经济压力增大是其中之一。听力障碍儿童的教育康复训练以及助听设备的配备都会造成家庭经济压力,此外,儿童的听力障碍使得家庭中需要有人专职照顾(尤其是在儿童年幼时期),这就导致了势必有一名家庭成员放弃工作的局面,家庭经济水平也因此受到影响。

2. 家长视角下听力障碍儿童家庭生活质量的特点

听力障碍儿童家庭生活质量亲子养育维度在家庭角色上存在显著差异(主要表现在母亲在亲子养育维度的得分显著高于父亲),但家庭生活质量总分及身心健康、经济与休闲、家人交往、他人支持、专业支持、职业发展维度得分在不同家庭角色上差异并不显著。这可能与中国的传统家庭模式"男主外,女主内"有关。父母亲在照顾听障儿童时的分工不同,一般情况下父亲是家中的"顶梁柱",通过外出工作作为家庭经济收入的主要来源;母亲在家照顾听障儿童和其他家庭成员,肩负着"相夫教子"的责任,因此母亲在亲子养育维度上的得分会显著高于父亲。虽然父母亲的分工不同,但是夫妻双方共同承担照顾听障儿童的责任是一样的,因此在总的生活质量上并无显著差异。

听力障碍儿童家庭生活质量的身心健康维度在家长年龄上存在显著性差异,具体表现为31—40岁组显著高于30岁及以下组和41—50岁组。出现这一结果的原因可能是:(1)与30岁及以下的听力障碍儿童家长相比,31—40岁组家长年纪稍长,生活阅历更丰富,生活更有规律,面对压力时可能情绪更稳定、对待生活更乐观,因此身心健康水平高于30岁及以下的听力障碍儿童家长;(2)与31—40岁组家长相比,41—50岁组家长更为年长,除了每天要照顾听障儿童之外,还有自己年迈的父母要赡养,所谓"上有老,下有小",一个家庭的重担都落在两个人的肩上。除此之外,听障儿童家长随着年龄的增长,自己身体的健康状况也日益变差,活动能力、免疫功能会逐渐减弱,患病概率也会上升,所以身心健康水平会低于31—40岁组家长。

听力障碍儿童家庭生活质量在家长受教育程度上差异显著,具体表现在:受教育程度较高的家长在家庭生活质量总分及身心健康、亲子养育、经济与休闲、家人交往、他人支持、职业发展维度得分较高。通常,个人的社会收入与其受教育的程度密切相关。一般来说,受教育程度越高的家长,在亲子养育、经济状况、职业发展等方面更具有自由度,在职业发展和经济收入上也越高,可供家庭调配的资金越充裕,越有时间和机会去发展更多的休闲活动。受教育程度较高的家长,也有能力去学习与听力障碍儿童相关的知识,通过接受康复人员的指导,更有效地进行听障儿童教育康复训练,为家庭成员减轻生活和心理的负担,提高其家庭生活质量。

听力障碍儿童家庭生活质量在家长职业状态上存在显著性差异,具体表现在:"全职工作"家庭在家庭生活质量总分及身心健康、经济与休闲、他人支持、职业发展维度得分显著高于"全职家庭主妇或主夫"家庭和"半职工作"家庭。出现这一结果可能的原因在于:首先,"全职工作"家庭相对于"全职家庭主妇或主夫"家庭和"半职工作"家庭而言,经济来源更稳定,家庭的生存压力较小。其次,全职职业状态的家长,因为工作的关系,社交圈更大、社交活动更多,社交功能受损程度更低。

听力障碍儿童家庭生活质量他人支持维度在婚姻状况上存在显著性差异,具体表现在已婚家长在他人支持维度得分显著低于其他婚姻状况(离异或丧偶)的家长。原因可能与离异、丧偶家庭的家长很难获取家庭系统内的支持,而会从家庭系统外寻求更多的资源有关系。社会支持理论认为:如果照顾者在受到家庭内部或外部带来的影响与冲击时，能够得到亲人、朋友、社会团体等周围人群的理解与支持，会觉得自己的生活是有价值和有意义的。①听障儿童家庭的完整性被破坏，造成家庭结构失衡，其主要照顾者会得到更多社会团体、组织在生活上和情感上的支持，最大限度上地减轻照顾者的生活压力和负担，这有助于帮助他们适应新的生活方式，从而提高家庭生活质量。

听力障碍儿童家庭生活质量总分及身心健康、经济与休闲、家人交往、职业发展维度在家庭月收入上存在显著性差异，具体表现在：家庭月收入较高家庭生活质量总分及身心健康、经济与休闲、家人交往、职业发展维度得分显著高于月收入较低的家庭。这说明，经济状况是影响听障儿童家庭生活质量的一个重要因素。有研究显示，一个家庭的生活质量与家长的社会经济地位和应对方式密切相关，家庭人均月收入越高的父母应对方式越积极，家庭生活质量越高。② 一个家庭的经济收入也是影响整个家庭成员情绪的重要因素，经济收入较低的家庭没有足够的金钱来应对家庭中遇到的困难，容易影响整个家庭成员的情绪，继而造成家庭生活质量下降的状况；经济收入较高的家庭有足够的金钱可以支配处理日常问题，家庭成员便有足够的精力来应对儿童的障碍给家庭带来的问题，家庭生活质量也相对较高。③ 这提示我们一方面听障儿童家庭应努力提高自身的经济条件，另一方面社会和政府也应为听障儿童家庭提供一定的经济支持，提高听障儿童家庭的生活质量。

听力障碍儿童家庭生活质量总量表及身心健康、经济与休闲、他人支持、职业发展在家庭居住区域上存在显著性差异，具体表现在：城镇家庭生活质量总分及身心健康、经济与休闲、他人支持、职业发展水平显著高于乡村家庭。这可能是由于城镇与农村的经济发展水平存在差异导致的。乡村家庭生活与城镇家庭生活相比较为单调，大众对听障儿童的认知程度不一样，听障儿童被周围人群接纳的程度也不同；同时，城镇家庭的听障儿童和家长能享受的福利政策和教育安置与乡村家庭相比也存在很大的差异。由此，不同居住地的听

① S.L.Hartley, E.T.Barker, M.M.Seltzer, et al.,"Marital satisfaction and parenting experiences of mothers and fathers of adolescents and adults with autism",*American Journal of Intellective Disability*,2011,116(1):81-95.
② 刘齐、陈京立:《慢性病儿童父母应对方式的调查研究》,《中华护理杂志》2009年第7期。
③ 秦秀群、彭碧秀、陈华丽:《孤独症儿童父母的社会支持调查研究》,《护理研究》2009年第19期。

障儿童主要照顾者的家庭生活质量也存在显著差异。这提示社会需要平均分配资源,政府需要加大力度扶助广大农村残疾儿童的家庭。

听力障碍儿童家庭生活质量他人支持维度和专业支持维度在家庭类型上存在显著性差异,具体表现在:单亲家庭在他人支持水平和专业支持水平显著高于核心家庭和大家庭。出现这一结果的原因可能是:首先,相较于核心家庭和大家庭而言,听障儿童单亲家长获得社会支持(物资、情感)会更多;其次,对于单亲家庭中的家长来说,听障儿童是他们家庭的核心,他们投入到听力障碍儿童身上的时间、精力会更多,因此获得的专业支持可能会更多。当获得更多的他人支持和专业支持时,单亲家长的自我效能感越高,越能够积极面对困难,灵活、有效运用各种社会支持资源去解决问题和改变现状,对生活更加充满信心。

听力障碍儿童家庭生活质量总量表及身心健康、经济与休闲、他人支持、职业发展在家庭子女数上存在显著性差异,具体表现为:独生子女家庭在家庭生活质量及身心健康、经济与休闲、他人支持、职业发展显著高于多子女家庭。孩子数量多意味着家长需要付出更多的关怀与爱,家庭经济和子女养育的负担也会加重,家庭生活质量因此受到多方面的影响。

听力障碍儿童家庭在生活质量总量表及各维度在家长康复知识掌握程度上存在显著性差异,具体表现在:对听力障碍教育康复相关知识了解越多的家庭的整体家庭生活质量及各部分水平越高。这说明家庭生活质量与家长掌握儿童康复知识的程度有关。父母是听障儿童的主要照顾者,家长对听力障碍知识的了解和对待听力障碍的态度对儿童的康复训练效果起着决定性的作用。[①] 家长掌握一定程度的听觉障碍康复知识,能够更加科学、客观的看待听力障碍儿童和儿童的听力障碍,对听力障碍儿童的教育康复以及生涯规划做出更合理安排的同时也对整体的家庭生活做出健康的规划,最终促进家庭生活质量的提升。

3. 儿童视角下听力障碍儿童家庭生活质量的特点

听力障碍儿童家庭生活质量在儿童障碍程度上存在显著性差异,具体表

---

① S.Williams,M.Sehgal,K.Falter,et.al.,"Effect of asthma on the quality of life among children and their caregivers in the Atlanta Empowerment zone",*J-Urban-Health*,2000,77(2):268–279.

现在:重度听力损失组家庭生活质量总分及经济与休闲、他人支持、专业支持、职业发展得分显著高于极重度听力损失组。这说明,听力损失程度越重其家庭生活质量整体水平及休闲活动、他人支持、专业支持、职业发展、经济状况水平越低,意味着儿童障碍程度越重家庭生活质量越低。不少学者均得出与此相似的结论①②。儿童的听力障碍程度对家庭生活质量有影响,儿童听力损失程度较轻的家庭,感受到的生活质量会更高;儿童听力损失程度较严重的家庭,家长及家人在养育孩子面临的困难及挑战会更大,为此付出的时间和精力也会更多,进而导致家庭成员生活的诸方面受到的局限也就越大,家庭生活质量整体水平及休闲活动、他人支持、专业支持、职业发展、经济状况水平更低。

听力障碍儿童家庭生活质量总量表以及身心健康、经济与休闲、家人交往、职业发展在儿童接受康复情况上存在显著性差异,具体表现在:儿童接受过康复的家庭在家庭生活质量总分以及身心健康、经济与休闲、家人交往、职业发展得分显著高于儿童没有接受过康复的家庭。出现这一结果的原因可能在于:首先,接受过康复训练的儿童生活适应能力更强,不用家长时刻陪护,听障儿童家长便有更多的时间和精力回归到正常的工作和生活的节奏当中;其次,在孩子康复训练过程中目睹了他们的点滴进步,增强其养育听力障碍儿童的效能感,亦提高家庭成员的个人幸福感和整体的家庭生活质量;再次,家长在儿童接收康复训练的过程中,对于听力障碍相关的知识和技能会有所增长,这使得他们面对儿童的听力障碍时更加游刃有余;最后,家长在儿童接受康复训练的过程中会认识更多的听力障碍儿童家长及教育康复专业人员,从而能够得到更多来自"同伴"和专业人员的支持。

听力障碍儿童家庭生活质量身心健康维度和经济与休闲维度在儿童的居家方式上存在显著性差异,具体表现在:儿童"每天都回家"组家庭身心健康和经济与休闲维度得分显著高于儿童"每周或两周回一次家"组以及"每月或超过一个月回一次家"组家庭。说明,儿童回家频率越高,听障儿童家庭的身

---

① B.L.Baker,L.L.McIntyre,J.Blacher,et al.,"Pre‐school children with and without developmental delay:behaviour problems and parenting stress over time",*Journal of Intellectual Disability Research*,2003,(4):217‐230.

② X.Hu,M.Wang,X.Fei,"Family quality of life of Chinese families of children with intellectual disabilities",*Journal of Intellectual Disability Research*,2012,56(1):30‐44.

心健康、休闲生活水平则越高。出现这一结果的原因可能在于：儿童每天都回家，家庭成员每天都能与听力障碍儿童互动。频繁的亲子互动既能增进亲子感情让家庭关系更为牢固，还能够增进家庭成员与听力障碍儿童的互相了解，从而导致家庭身心健康和休闲生活水平更高。

（五）研究结论

听力障碍儿童家庭生活质量整体处于中等水平。

听力障碍儿童家庭生活质量亲子养育维度母亲得分显著高于父亲。听力障碍儿童家庭生活质量的身心健康维度31—40岁组家长显著高于30岁及以下组和41—50岁组。受教育程度较高的家长在家庭生活质量总分及身心健康、亲子养育、经济与休闲、家人交往、他人支持、职业发展维度得分较高。"全职工作"组家庭在家庭生活质量总分及身心健康、经济与休闲、他人支持、职业发展维度得分显著高于"全职家庭主妇或主夫"的家庭和"半职工作"组家庭。家庭月收入较高家庭生活质量总分及身心健康、经济与休闲、家人交往、职业发展维度得分显著高于月收入较低的家庭。城镇家庭生活质量总分及身心健康、经济与休闲、他人支持、职业发展水平显著高于乡村家庭。单亲家庭在他人支持水平和专业支持水平上显著高于核心家庭和大家庭。听力障碍独生子女家庭在家庭生活质量及身心健康、经济与休闲、他人支持、职业发展上的得分显著高于多子女家庭。对听力障碍教育康复相关知识了解越多的家庭的整体家庭生活质量及各部分水平越高。

听力障碍儿童家庭生活质量在儿童障碍程度上存在显著性差异，重度听力损失组家庭生活质量总分及经济与休闲、他人支持、专业支持、职业发展上的得分显著高于极重度听力损失组。儿童接受过康复的家庭在家庭生活质量总分以及身心健康、经济与休闲、家人交往、职业发展得分显著高于儿童没有接受过康复的家庭。儿童"每天都回家"组家庭身心健康和经济与休闲维度得分显著高于儿童"每周或两周回一次家"组以及"每月或超过一个月回一次家"组家庭。

四、西南少数民族家庭生活现状研究

（一）问题提出

家庭是社会的细胞，也是个体生存发展的根本支持系统。通过深度展现完整的家庭情况来探索家庭生活对国家人口战略制定与政策出台具有重要参考意义;对个体而言,家庭生活通过支持个体早期成长,从而影响到个体未来社会适应与价值实现。对于残疾儿童来说,自主与独立是他们社会适应与价值实现的必经之路,这需要儿童自己的努力,即自我倡导(Self-Advocacy)[①],同时也需要家庭的支持。实际上,残疾儿童家庭也需要额外的支持来帮助儿童走向独立自主生活之路,所以对残疾儿童的支持建立在家庭赋权增能(Family Empowerment)的基础上,家庭赋权增能使家庭勇于直面挑战,同时促进家庭生活质量的提高。[②] 而对于家庭生活的探索也直观展现了残疾儿童家庭的生活难题,也为提出支持策略提供必要的准备。

　　作为我国一个较大的地理单元,西南地区是众多少数民族的聚居地。从人口规划到民族发展再到特殊教育的发展,对西南少数民族地区残疾儿童家庭生活的探索应时应势。2016 年,《国务院关于印发"十三五"促进民族地区和人口较少民族发展规划的通知》明确指出把加快少数民族和民族地区发展摆到更加突出的战略地位[③]。同年,政府将完善家庭发展支持体系和保障残疾人合法权益作为国家人口发展规划(2016—2030 年)的重要内容之一[④]。包括 2017 年《第二期特殊教育提升计划(2017—2020 年)》[⑤]也已经提出对中西部农村地区的关注,提出家庭落实责任,支持残疾儿童的思路。

(二)研究方法

本文拟采用量与质的方法结合获取研究数据。

1. 研究思路

家庭生活是一个生活化且内涵丰富的概念。本文参照加拿大学者大卫·切尔对家庭生活内涵的解释,即"谁是家庭成员,家庭是干什么的,家庭如何

---

① 申仁洪:《美国特殊儿童自我倡导的内涵与培养研究》,《比较教育研究》2017 年第 11 期。

② 申仁洪:《走向伙伴协作的残障儿童家庭参与——基于美国研究的考查》,《比较教育研究》2016 年第 4 期。

③ 《国务院关于印发"十三五"促进民族地区和人口较少民族发展规划的通知》,2016 年 12 月 24 日,http://www.gov.cn/zhengce/zhengceku/2017-01/24/content_5162950.htm。

④ 《国务院关于印发国家人口发展规划(2016—2030 年)的通知》,2016 年 12 月 30 日,http://www.gov.cn/zhengce/content/2017-01/25/content_5163309.htm。

⑤ 《教育部等七部门关于印发〈第二期特殊教育提升计划(2017—2020 年)〉的通知》,2017 年 7 月 28 日,http://www.gov.cn/xinwen/2017-07/28/content_5214071.htm。

与其他群体相互联系"这三点解释家庭生活,即家庭类型、家庭功能以及家庭与外界的联系①;本研究中的残疾儿童是广义上的残疾儿童,包括智力残疾、听力残疾、肢体残疾等,同时也包括当前讨论较多的自闭症儿童;西南少数民族地区则是国家意义上的重庆、四川、云南、贵州四地的民族自治区。本研究拟采用质与量的结合,量化主要是通过前期访谈教师获得多个家庭的基本情况,质性则是通过个案研究深入了解家庭生活情况。选择质与量结合的方法基于以下几个原因:一是该地区特殊学校大多是寄宿制,学生长时间生活在学校,班主任教师对各生的家庭基本情况均有了解,可以通过访谈教师大面积获取资料,整体把握家庭情况;二是"家庭生活"是一个较为生活化的概念,内涵丰富,采用质性研究可更自然、真实的反映家庭的生活情况;三是西南少数民族地区是多民族聚居地,其中家庭文化与民族文化相互交融,更具生态性,所以,适合用质性研究方法完成。所以质性中的个案研究实质上是对家庭基本情况调查的深入补充。研究者在常驻于特殊教育学校基础上,在得到家庭与学校的同意下,选择个案,或借助送教上门机会,进入儿童家庭中,在该家庭生活几日,体验他们的真实生活并与其进行深入沟通,以此获得真实的、自然的资料。

2. 研究对象

研究对象的选择是按照滚雪球的方式进行的,即按照地区—学校—儿童—家庭的层次逐步深入,同时参考不同残疾类别和性别。前期获悉,该地区残疾儿童大多进入特殊教育学校就读,学校也会根据实际情况为无法就读的儿童提供送教上门服务。在实地调研中也遇到了一个未接受任何教育服务的残疾儿童家庭。综合来看,个案包括残疾儿童就读特殊教育学校的家庭(4个)、接受送教上门服务的家庭(1个)以及未接受任何教育服务的家庭(1个)。为尊重与保护研究对象的隐私,我们隐去学校名字,只报告所属省、直辖市,同时残疾儿童个案的名字也以代码表示。具体研究对象及背景如表3.4.1所示。

---

① [加]大卫·切尔:《家庭生活的社会学》,彭钢旎译,中华书局2005年版,第1—10页。

表 3.4.1　研究对象背景特点

地区	学校	残疾儿童特点	残疾儿童家庭特点
云南	A 学校	个案一:ZQH,女,彝族,小学,智力残疾,寄宿学校。	农业家庭,核心家庭,家里有两个孩子,残疾儿童是老大。
	—	个案二:XX,男,彝族,先天小儿麻痹,未接受过正规教育。	农业家庭,核心家庭,妈妈是智力障碍,爸爸脑部动过手术,全家持有残疾证。家庭极其贫困。
	B 学校(获取 30 名儿童家庭情况)		
重庆	C 学校(获取 82 个家庭情况)	个案三:YZH,男,土家族,小学,脑瘫,接受送教上门,做过手术与康复。	农业家庭,父母离异,各自组建家庭,由爷爷奶奶抚养,在某种程度上说是孤儿。家庭贫困。
	D 学校(获取 57 个家庭情况)	个案四:SSL,男,苗族,初中,听力障碍,寄宿学校。	农业家庭,核心家庭,家里有四个孩子,残疾儿童是老二,还有一个听力障碍的女孩是老三。家庭贫困。
四川	E 学校(获取 70 个家庭情况)	个案五:YY,男,藏族,小学,脑瘫,走读,做过手术与康复。	城市家庭,核心家庭,家里有两个孩子,残疾儿童是老大,家长专门抚养老大,小的放在老家养。
		个案六:TL,男,藏族,小学,自闭症,走读,做过手术与康复。	城市家庭,扩展家庭,孩子的外婆和舅舅住在家里。家里有两个孩子,残疾儿童是老大。
贵州	F 学校(获取 59 名儿童家庭情况)		
总数	共走访 6 所学校;获取 298 户家庭情况	选取 6 名残疾儿童个案	到访 6 名残疾儿童家庭

注:地区、学校、残疾儿童家庭的排序按研究的时间顺序排列。其中云南地区第二个案,无所属学校,对方不愿留下儿童姓名,所以用"XX"代表;云南的"B"学校和贵州的"F"学校只有对教师的访谈。

3. 资料收集

研究者通过访问班主任老师,通过笔录与录音相结合方式记录 298 户残疾儿童的家庭基本情况;为深入收集资料,研究者进入残疾儿童家庭以拍照与录音的方式记录了家庭里的生活场景。为方便管理与引用,对研究资料采取以下编码标注方式:即关于访谈资料编码格式为"身份—学生姓氏首拼字母—访谈时间";其中,身份编码包括:T-教师,G-爷爷,F-父亲,M-母亲;访谈时间的格式为年月日顺序的八位数字,如 20171001(2017 年 10 月

1日）。举例："F-S-20170501"代表"对 S 学生的爸爸的访谈,发生在 2017年 5 月 1 日"。

4. 资料分析

为提高研究效率,将收集的访谈资料放入 Nvivo11 质性数据分析软件中进行储存与分析。将访谈资料中常出现的字样作为节点进行编码,如"放弃"、"留守"等。或根据访谈资料自己归纳节点,如可根据资料基本内容编码为"家庭结构"、"家庭功能"等;也可根据资料隐含的意义进行编码,如根据一段访谈资料,深入解读可以总结出家长为残疾儿童的康复与教育在努力争取支持,用自己的方法积极地去解决困难,这样就可以归纳为一种"赋权增能的家庭"。

5. 研究伦理

为保护研究对象的隐私信息,所有关于学校、家长、残疾儿童的名字全部隐去真实名字,并且用符号代替。同时研究者在进入个案家庭之前,经由学校向家长取得联系,并经过对方同意后才进行研究。

（三）研究结果

根据 David Cheal 对家庭生活内涵的解释,结合资料总结出以下几种典型的残疾儿童家庭类型,并试图通过家庭功能、家长的积极心理以及家庭支持的角度去分析家庭生活背后的原因机制。

1. 根据家庭结构划分的家庭类型

根据对资料的综合分析,家庭结构可以直观表现出家庭的生活特点。根据家庭结构可以分为核心家庭、直系家庭、扩展家庭与单亲家庭。（见表3.4.2)

（1）以核心家庭与直系家庭为主

根据访谈,这 298 户残疾儿童的家庭中约 51.01% 为核心家庭,约 22.15%为直系家庭,约 13.09% 为扩展家庭。并且家庭具有多子化的特点,这可能与少数民族地区政策以及地方文化有关,也与我国长久以来的农业文化有关。从家庭结构可见,该地区残疾儿童家庭类型趋向于现代化,即联合式的大家庭转向核心式的小家庭。对于直系家庭和扩展家庭来讲,家里年长的人可以抽出时间与精力全身心照顾残疾儿童,这解放了家庭的主要劳动力,可以帮助家庭投入家庭经济生产中,对维系家庭稳定有着重要的作用。而对于核心家庭来讲,很多这样的家庭会选择让家里的正常子女或请自己的父母来家里临时照顾残疾儿童。

表 3.4.2　根据家庭结构划分的家庭类型

家庭类型	核心家庭	直系家庭	扩展家庭	单亲家庭			
				父母离异	双方抛弃	一方亡故	父亲坐牢
数目（户）	152	66	39	26	7	5	3
百分比（%）	51.01	22.15	13.09	8.72	2.35	1.68	1

（2）单亲家庭的典型家庭类型

单亲家庭也是一个较为典型的家庭结构。这里的单亲家庭是传统意义上的离异家庭和丧偶家庭,即儿童父母离异、一方或双方意外亡故的情况,或者包括意外事故家庭成员无法负担家庭责任与履行家庭义务。根据访谈,这298户残疾儿童家庭中有约14%属于单亲家庭。儿童父母离异约为8.72%;父母双方抛弃儿童约为2.35%;儿童父母一方亡故约为1.68%;父亲坐牢约为1%。经济压力、突发意外、缺乏支持很容易使家长因无法承受巨大压力而丧失信心,最终产生单亲家庭。所以许多老师常用"妈妈跑了"、"妈妈改嫁了"或"爸爸走了就再也没回来"来形容。也有一个父亲因孩子诊断出自闭症后抑郁自杀。(T-B-20170316)文中YZH(个案三)的爷爷就表示,父母把孩子抛弃后就各自再成家,爸爸还会回来探望,但是妈妈再也没回来过(G-Y-20170422)。

2. 根据家庭赋权增能程度划分的家庭类型

家庭赋权增能的角度可以深入反映一个家庭在应对残疾儿童表现出的能力,根据家庭赋权程度可以分为无力的家庭、缄默的家庭、忍耐的家庭、增能的家庭。

（1）无力的家庭

无力的家庭指家中除有残疾儿童外,其他家庭成员也有残疾而导致家庭困难加重的情况。这样的家庭同样伴随着经济危机,并且家庭资源较为贫瘠。这种多家庭成员残疾情况势必影响家庭整体功能的发挥,更容易催生贫病交加。根据访谈,这 298 户家庭中约有 11% 为无力的家庭,在这 11% 的家庭中,约 57% 的家庭残疾儿童的父母一方或双方有残疾,仅残疾儿童的母亲有智力残疾的情况就达到了 38%,25% 的家庭中兄弟姐妹也有残疾。

这样的家庭多出现于偏远、封闭的小环境中,并且形成的原因在于欠发达的经济条件与局限的生育思想的双重制约。由于传统的"重男轻女"思想,容易导致短期内男女人口比例失调,而在"传宗接代"思想的影响下,很容易忽视优生优育问题。上文个案二的家庭如是。而个案一 ZQH 的爸爸,虽然她还上小学,但"只求嫁人"则是家长对她未来的唯一期望(F-Z-20170318)。虽然当前近亲结婚的现象已经很少了,但是参与送教上门的老师表示,现在在特别偏远的地方仍然发现有近亲结婚的现象而导致残疾儿童的发生(T-B-20170316)。

(2)缄默的家庭

缄默的家庭是指家庭长期对残疾儿童持有较低期望,忽视残疾儿童成长,实际上是一种对责任逃避的家庭。这样的家庭最常见的表现是将残疾儿童安置在特殊教育学校后却对儿童不再过问,实际上并没有完全尽到教养的责任与义务。在访谈中,许多老师都会用"不管"、"不顾"、"不关心"、"放养"、"甩包袱"来形容这类家庭,包括儿童生病了也不来看,从来不打电话关心儿童的生活,通知开家长会也不参加,放假也不愿接孩子回家等现象。

有的家庭受制于客观条件,资源有限、子女众多,从而无法担负残疾儿童的生活。最主要的原因是家长无法应对残疾儿童,缺乏责任意识,较低的信念与期望,担心社会的歧视使家庭对残疾儿童保持缄默。此外,借当前国家对残疾儿童提供生活与教育补助,许多残疾儿童寄宿在学校之便,不积极履行责任与义务。

(3)忍耐的家庭

忍耐的家庭是指家庭并没有放弃对孩子的关注,但是受制于家庭经济、文化等条件而无法解决残疾儿童需要的家庭,所以只能以"忍耐"的方式面对生活压力。这样的家庭本身并没有逃避责任,但却没有办法凭借自己的资源与能力支持残疾儿童的成长,所以也没有办法与学校教育形成合力。这样的家庭占据了多数。

区别于其他家庭,这一类家庭中的成员既没有放弃整个家庭,也没有放弃残疾儿童,他们还留有坚韧的品质与信念。由于缺乏支持和条件限制,他们的坚韧表现出来的是一种忍耐。如个案四的父亲,他只是一个老实的农民,供养四个儿女,其中两个是听力残疾,可他并没有因此放弃,虽然他不懂手语、不了解教育,也自认为没办法给孩子更好的生活,但他会时常锻炼他们的生活技能,促进他们的社会适应能力(F-S-20170501)。

(4)增能的家庭

增能的家庭表现出的是一方面具有一定经济与文化资源,另一方面通过自己的努力寻找各种支持,不抛弃残疾儿童,积极履行责任的家庭。这样的家庭自身禀赋良好,具备一定经济支持、有广泛的亲属给予帮助、拥有良好的文化素质,更重要的是对残疾儿童有着坚强的信念,能够在儿童的进步中发挥出正向心理。这样的家庭既会自己支持自己,同样也会寻找外界支持,并且在残疾儿童早期康复就做了许多努力,从而将家庭的教养功能发挥到最大化。

如个案五的妈妈,为了孩子的康复,能及时带儿童做手术、坚持去医院做康复,并且自己学习康复方法坚持每天晚上为孩子按摩,同时毫不犹豫购买仪器、保健品支持孩子的成长,在笔者对其家访时,对方还坚持让笔者推荐学习材料来自我学习。她还曾经尝试给市长写信的方式为残疾儿童争取资源。可见,这是一位非常积极的母亲(M-Y-20170519)。此外,个案六的妈妈,曾不惜花费几十万元带儿童到省城租房坚持做康复,并且家庭会创造各种康复条件来支持孩子的成长(M-T-20170520)。

3. 发挥不畅的家庭功能

家庭功能发挥不良势必影响整体的家庭生活,突出体现为家庭经济功能和家庭教养功能的发挥不畅。

(1)家庭经济功能的限制

家庭经济功能是家庭得以良好运行的基础条件,为家庭生存与发展提供保障。而该地区家庭经济功能受限有以下几个原因。较为封闭的地理条件,单一的生产方式与较低的家庭收入,众多的家庭人口与有限的家庭资源,意外事故给家庭带来的困难。调查中,笔者发现该地区特殊教育学校的大部分残疾儿童来自乡村家庭,且家庭住所与学校距离遥远。开学时,家长早早出发,下午才把儿童送到学校,当天没有办法回家就在儿童宿舍中暂住一宿第二天一早再忙着回去,接送一次非常不便。同时,有些家庭只能依靠传统的种植粮食作物,饲养牲畜及打零工换取收入,家庭收入微薄且不稳定。如遇子女众多的情况,很容易形成家庭资源分配不均。所以,家庭经济无法得到很好发挥,直接限制家庭功能的发挥。

（2）家庭教养功能的限制

家庭教养功能的限制直接影响残疾儿童成长与发展。一方面由于家长自身思想、文化水平的局限,家庭对残疾儿童的早期康复不够了解,也不够重视。当错过宝贵的康复期时,家长很容易因残疾儿童无法获得进步而降低期望。在有些民族特色较为浓厚,生活方式较为原始的地区,如藏牧民的无固定居所,用单一的方言进行沟通交流,这不利于家庭了解新的信息,也不利于家长与学校的沟通。与此同时,有的家长沿袭旧有生养观念,没有随时代更新,在某种程度上不利于家庭教养功能的实现。

4. 单一的家庭支持

家庭支持在一定程度上反映了家庭与外界联系的情况,家庭支持对家庭功能的发挥起到促进作用。而该地区的家庭支持的特点呈现单一化。

（1）以亲属支持为主

该地区残疾儿童的家庭支持主要来源于亲属。老师表示,由于家长工作原因,一般会由家中的老人来帮助看护残疾儿童。所以即使是核心家庭,也会有老人来到家中支援家庭帮助照顾残疾儿童的情况。而有些家庭由于学校距家庭比较远,所以在儿童放假时会托附近的亲属帮忙接送。可见,除了国家层面上的政策支持外,对于家庭内部支持大多是亲属给予的人力支持。本次调查的残疾儿童家庭背景多数来自乡村家庭,少数部分来自城市,其寻求支持的来源也与张翼的研究结果较为相似,即农民与工人的家庭中,支持的来源主要来自家人。[①]

（2）缺乏专业的支持

该地区残疾儿童的专业支持是比较匮乏的。国家层面的政策支持面向全体大众,很难做到对家庭提供"个性化"的精准支持。作为现今残疾儿童家庭支持的主体,特殊教育学校也只能解决特殊儿童的生活与学习问题。残疾儿童的早期康复是至关重要的,而学校教育却没有办法对残疾儿童的早期康复

---

① 张翼:《中国各阶级的家庭规模与家庭生活》,《社会科学研究》2015 年第 4 期。

起到效能。在大城市中,会有医院、私人的康复机构,有条件的会有专业化的组织如家长互助团体来解决家长在专业支持上的需要。但是该地区由于条件限制恰恰缺乏这些关键的专业支持。由于本次调查的对象中很多来源于乡村家庭,农村的特殊教育是从零开始的①。所以,对于这些家庭来说,寻求大城市的私人康复机构是比较昂贵的。而家长曾反映国家通过政府购买服务为家庭提供经费去为残疾儿童进行康复,但是钱却在很短的时间内就被用完了(M-Y-20170519)。可见在某些支持上还是流于形式。而残疾儿童家庭补助的长效机制是急需的。

5. 积极的精神力量

由增能的家庭可见,家长的精神力量对积极行为的产生有推动作用。这种精神力量可以视为一种积极的心理。家长的心理赋权增能(Psychology Empowerment)可以更好地解释这种精神力量,即家长在家庭生活中为促进残疾儿童发展而形成的一种对自身控制力与能力的态度和对自身技能和知识的评价以及直接和间接参与残疾儿童家长团体组织行为中产生的心理体验。② 这种积极力量不是凭空产生的,有人格差异的因素,当然最重要的是有现实支持的存在。此外,宗教会增强个体的信念,如藏传佛教中的"积德行善"观念是很有影响力的,这让信仰者坚信善待残疾儿童是善举。

6. 残疾儿童家庭教养功能支持模型

根据以上的家庭类型,发现残疾儿童家庭原本的客观条件、外部支持与家庭积极的精神力量可以促进残疾儿童家庭教养功能的发挥来影响残疾儿童家庭的生活。

家庭处在一个充满支持的环境中,包括已有的、可以感知的和通过努力而获得的。在一个相对完整的家庭中(第一层),家庭最基本的一些条件如家庭环境、经济条件、家长的文化等资源本身会构成一个支持系统(第二层)。外部系统提供支持(第三层)和家庭感受到这种支持(第四层)会促进家庭积极精神力量的生发,而这种生发性的积极心理会促使家庭进一步寻求支持,形成

---

① 杨广学:《需要对特殊儿童家庭提供专业服务》,《中国特殊教育》2009 年第 4 期。

② Thersea M.Akey,Janet G.Margaret,E.Ross,"Validation of Scores on the Psychological Empowerment Scale:A Measure of Empowerment for Parents of Children with a disability",*Educational and Measurement*,2003(3):419-438.

良性的扩展效果。

（四）研究反思

根据上文讨论的残疾儿童家庭教养功能支持模型，提供支持和让家长感受到获得支持是促进家庭教养功能发挥的两个关键环节。围绕这两个主题可以通过以下方法去提高家庭的教养功能。

1. 加快形成家庭需求评估的机制与团队

加快成立家庭需求评估的团队与机制可以更好地促进资源的合理配置。每个家庭对生活上、心理上、专业上的支持都会有不同程度的需要，找到合适的切入点比提供统一的支持更有实际意义。针对家庭资源不丰富的"无力的家庭"来讲，提供最基本的生活支持是紧迫的；对于"缄默的家庭"来讲，解决家长心理上的逃避是更重要的；对于"忍耐的家庭"来讲，提供专业的支持可能是更有效的。所以，加快残疾儿童家庭需要评估工具的开发，促进评估团队与机制的成立可以更好地满足残疾儿童家庭个性化的需求。

2. 探索地方的家庭支持政策与服务模式

探索西南少数民族地区残疾儿童家庭个性化的支持政策与模式支持是当务之急。美国对于特殊儿童家庭的支持更为广泛，如立法、贫困家庭临时援助计划、医疗补助、喘息计划等。① 欧洲许多发达国家也有很好的保障政策。但是由于国家的人口情况不同，所以我国家庭政策不能照搬照抄。当前我国对特殊儿童教育的实际支持主要以经费为主，同时配备辅具支持。应加强康复服务支持的长效机制，避免流于形式。关于地方残疾低保支持应该加强落实上的监督管理，避免形成严重的社会不公我国应该坚持预防性政策和支持性政策相互结合。家庭的早期干预应该得到大力支持②，亟待探索地区性的家庭早期干预的支持模式。

3. 充分运用地方资源来提高群众的意识

优生优育思想是提高我国人口质量的一个重要条件，尤其在部分偏远民族地区，更要做好优生优育的宣传工作。有许多残疾儿童的出现是家庭优生

---

① 陈静：《美国对特殊儿童家长的帮扶政策及对我国的启示》，《中国科技投资》2013年第11期。

② 满小欧、李月娥：《西方困境儿童家庭支持福利制度模式探析》，《北京社会科学》2015年第11期。

优育意识观念薄弱。同样也有许多家庭因为居住在山中,寻医问药不便或忽视儿童早年的感冒、发烧而导致后天残疾的产生。所以,充分运用地方资源尤为重要,如村医是一个值得关注的角色。因为在闭塞的地方,村医的专业理念和医疗资源对这些家庭可以起到一定的支持作用。通过培训村医而后对居民进行优生优育理念、卫生知识、康复知识的传播,可以在一定程度上提高居民的意识。

4. 加强民族地区专业人才培养与储备

加强民族地区专业人才培养与储备是保证专业支持的一个重要条件。本身我国特殊教育起步晚,长期没有得到快速的发展。而西南少数民族地区的特殊教育事业则更加需要支持。残疾儿童家长为寻求更好的康复与教育的条件不得不前往大城市,这会给家庭生活造成更大的压力。所以,国家需要通过政策鼓励保证该地区具有一定的特殊教育与康复的人才储备。同时也要将当地的医院与学校教育有机结合起来,保证地区特殊教育事业的专业性。

5. 地方特殊教育学校提高教育的效能

特殊教育学校提高对残疾儿童的教育效能对促进家长积极心理的生发具有推进作用。首先,特殊教育学校是该地区残疾儿童的一种主要安置方式,寄宿制的生活决定了残疾儿童成长的大部分时间都在学校中度过;其次,很多家长由于自身教养的低效能感而渐渐放弃儿童。学校教育对唤回家长自信与积极的心理具有重要作用。所以,特殊教育学校要多鼓励残疾儿童家长的参与,并将残疾儿童点滴的进步展示给家长,重构家长的信心。提高学校的效能意味着提高教师的效能,对专业师资的建设与教育监督体制的建设必不可少。

6. 激发残疾儿童家长的积极心理

国家政策的坚持落实,地方提供专业性的支持,学校提高教育效能对残疾儿童家长的积极心理都有促进作用。还要加强地方对特殊教育和关爱残疾儿童、理解残疾儿童家庭的宣传导向,努力创造一个包容与支持的环境。同时,教师、社会工作人士、医护工作者等应该充分让家长体验到被支持的感觉:一是明确让家长知道他已经获得支持的内容;二是可以通过家长工作坊、家长会议等形式将残疾儿童家长联合起来,增强他们之间的联系;三是让家长真实地感受到残疾儿童一点点的进步。

7. 家长自我意识提升与力量联合

为残疾儿童的康复发展争取机会归根结底要靠家庭的努力。美国的家长中心(Parent Centers)是帮助家长整合资源,提供服务的支持性、增能性平台,这样的组织是靠残疾儿童们自身的努力不断壮大的。① 对于我国,短时间内在少数民族地区成立一个这样的平台不切实际。但对家庭讲,社会网络的扩大对促进社会支持具有重要作用。② 家长可以通过拓宽自己的联系网络来寻求支持,可以通过依靠一些积极的家长牵头,运用现代化沟通方式如聊天群来互交信息、互相沟通、互相鼓励,以形成家长联合的力量,这对孤立无援的家长体验支持、寻找归属、提升信心是非常有帮助的。

五、西南少数民族地区特殊儿童家庭生活质量

(一)问题提出

对于特殊儿童家庭来说,特殊儿童的康复和教育服务于高水平的家庭生活质量,高质量的家庭生活也为特殊儿童发展创造有利条件。因为特殊儿童的康复与发展直接影响其自身成长和未来的独立,间接影响父母对特殊儿童的态度与投入,从而影响家庭生活的方方面面。功能良好的家庭预示着高质量的家庭生活,生育和教养是家庭功能之一,高生活质量的家庭也更容易将家庭的生养功能良好的发挥出来。③ 生活质量的研究源于20世纪20年代的美国,60年代后作为一个专门领域广受国际关注,早期研究注重指标构建及对民众的调查,在特殊教育领域内的视角转向是80年代后逐渐从特殊儿童父母个人生活质量的研究转而对整个家庭的关注。④ 家庭生活质量的提升正是家庭支持与包括伙伴协作在内的家庭赋权赠能的方向。⑤ 良好的家庭生活质量

① 任春雷、申仁洪:《美国家长中心:基于家庭赋权增能的资源整合》,《现代特殊教育》(高教版)2016年第24期。
② 孙薇薇:《亲人的力量:中国城市亲属关系与精神健康研究》,中国社会科学出版社2014年版,第38页。
③ 朱强:《家庭社会学》,华中科技大学出版社2012年版,第107—112页。
④ 罗玲:《成都地区自闭症儿童家庭生活质量研究》,硕士学位论文,四川师范大学,2014年。
⑤ 申仁洪:《走向伙伴协作的残障儿童家庭参与——基于美国研究的考察》,《比较教育研究》2016年第4期。

对于我国残疾人发展具有特殊的意义和价值。"早期干预"是特殊教育的基本原则之一,特殊儿童康复与发展的可能性与有效性有赖于家庭早期的重视及干预,这与良好的家庭生活质量密不可分;同时,家庭生活质量也可以作为描述我国残疾人事业发展的重要标准之一,指导政府与社会的工作开展。人口规划、民族繁荣及特殊教育的均衡发展要求要给予少数民族地区同样的关注。如 2016 年年末出台的《国家人口发展规划(2016—2030 年)》提到要完善家庭发展支持体系,建立完善的家庭发展政策,加大对残疾人、贫困等特殊家庭的帮扶力度。[①] 除此之外,少数民族地区有着丰富的民族文化资源,一方面对民族繁荣有积极的功能,另一方面也会制约着民族地区发展的现代化进程。西南少数民族地区不仅有着独特的地理环境,而且还保留着众多的少数民族,从文化客位和文化主位两个视角去探索该地区特殊儿童家庭生活质量具有特殊的意义。

(二)研究方法

1. 研究对象

由于西南少数民族地区和特殊儿童家长的双重特殊性,本研究采用方便取样方式,在重庆市酉阳土家族苗族自治县、重庆市秀山土家族苗族自治县、四川省阿坝藏族羌族自治州小金县、四川省阿坝藏族羌族自治州汶川县、云南省景东彝族自治县、云南省墨江哈尼族自治县、贵州省镇宁布依族苗族自治县、贵州省关岭布依族苗族自治县、黔东南苗族侗族自治州当地的共 9 所特殊教育学校向特殊儿童家长共发放 200 份问卷,其中回收 183 份,回收率为91.50%,有效问卷 162 份,有效率为 88.52%。具体信息见表 3.5.1。

表 3.5.1　被试样本基本信息表

	人口统计学资料	人数(N=162)	有效百分比(%)
家庭来源地	城镇	27	16.7
	农村	132	81.5
	缺失值	3	1.9

---

① 《国务院关于印发"十三五"促进民族地区和人口较少民族发展规划的通知》,2016 年 12 月 24 日,http://www.gov.cn/zhengce/zhengceku/2017-01/24/content_5162950.htm。

续表

	人口统计学资料	人数（N=162）	有效百分比（%）
特殊儿童性别	男	101	62.3
	女	58	35.8
	缺失值	3	1.9
儿童是否接受过干预训练	是	49	30.2
	否	99	61.1
	缺失值	14	8.6
家庭结构	核心家庭	35	21.6
	三代同堂	90	55.6
	延伸家庭	13	8.0
	单亲家庭	20	12.3
	缺失值	4	2.5
家长婚姻状况	夫妻关系良好	131	80.9
	夫妻关系冷淡	8	4.9
	离婚	15	9.3
	缺失值	8	4.9
家庭民族情况	汉族	50	30.9
	土家族	31	19.1
	藏族	21	13.0
	苗族	16	9.9
	哈尼族	12	7.4
	彝族	11	6.8
	布依族	6	3.7
	黎族	5	3.1
	羌族	5	3.1
	瑶族	2	1.2
	仡佬族	1	0.6
	回族	1	0.6
	缺失值	1	0.6

续表

	人口统计学资料	人数（N=162）	有效百分比（%）
特殊儿童障碍类别	智力障碍	100	61.7
	听力障碍	36	22.2
	肢体障碍	10	6.2
	自闭症	4	2.5
	其他（多重障碍、情绪与行为障碍、言语障碍）	12	7.4

2. 研究工具

经过本土化处理的特殊儿童家庭生活质量问卷（《研究工具本土化探索》）。该问卷由经济与休闲（经济状况和休闲活动）、身心健康、亲子养育、家人交往、他人支持、专业支持、职业发展七个因子 36 个项目构成。该问卷采用五点记分法,5 代表"非常符合",1 代表"非常不符合",并将所有题项随机排列,量表采用家长自评方式。该问卷绝对适配指标 X^2/df 为 2.25、SRMR 为 0.06、RMSEA 为 0.06;增值适配指标 TLI 为 0.90、CFI 为 0.90;简约适配指标 PNFI 为 0.76、PCFI 为 0.82。所有指标均符合测量学的统计要求,证明该问卷具有良好的结构效度。该问卷的总体信度 a 系数为 0.89,七个因子 a 系数除职业发展为 0.75 之外,其他均在 0.80 以上,所有信度系数均符合测量学的统计要求,具有良好的信度。

为进一步检测本问卷对听障儿童家庭的适用性,研究者选取了 158 位听障儿童家庭对模型进行适宜性检验,通过 AMOS 22.0 建模软件处理,结果显示 X^2/df 为 1.81,CFI、TLI、IFI 分别为 0.87、0.85、0.87,RMSEA 为 0.07,达到统计学要求,该问卷同样适合听障儿童家庭。

（三）研究结果

本研究采用 Harman 单因素检验对共同方法偏差进行检验[1],即对所有量表题目进行未旋转因子分析,结果表明,特征值大于 1 的因子共 7 个,第一因

---

[1] 周浩、龙立荣:《共同方法偏差的统计检验与控制方法》,《心理科学进展》2004 年第 6 期。

子的变异解释率为11.94%,小于40%的临界标准,表明本次调查共同方法偏差不显著。

1. 整体情况

由表3.5.2可知,少数民族地区特殊儿童家庭生活质量均分为3.25;身心健康维度得分为3.44;亲子养育得分为3.58;休闲活动得分为2.86;家人交往得分为3.82;他人支持得分为3.20;专业支持得分为2.80;职业发展得分为3.16;经济状况得分为2.74,即少数民族地区特殊儿童家庭生活质量中的身心健康、亲子养育、家人交往维度得分均高于家庭生活质量总体均分;休闲活动、他人支持、专业支持、职业发展、经济状况维度得分均低于家庭生活质量总体均分。

表 3.5.2　家庭生活质量得分情况(N=162)

	身心健康	亲子养育	经济状况	休闲活动	家人交往	他人支持	专业支持	职业发展	总问卷均分
M	3.44	3.58	2.74	2.86	3.82	3.20	2.80	3.16	3.25
SD	0.69	0.81	0.88	0.91	0.78	0.96	0.94	0.78	0.62

2. 特殊儿童个体特点与家庭生活质量

根据独立样本 T 检验和方差分析可知,家庭生活质量及其某些具体维度在特殊儿童个体中的性别、障碍类别、是否接受过干预训练上存在不同程度的差异。

由表3.5.3可知,不同性别的特殊儿童在亲子养育和休闲活动得分上差异显著(p<0.05),即在亲子养育和休闲活动上,男孩的家庭得分均高于女孩家庭。

表 3.5.3　特殊儿童性别在亲子养育、休闲活动维度上的差异检验(M±SD)

维度	男孩(N=72)	女孩(N=87)	T 值	p
亲子养育	3.69±0.80	3.38±0.80	2.335*	0.022
休闲活动	2.96±0.92	2.65±0.84	2.114*	0.032

注:* p<0.05,** p<0.01,*** p<0.001,下同。

由表 3.5.4 可知,不同障碍类别的特殊儿童在身心健康维度上差异显著 ($p<0.05$)、在家人交往上差异很显著($p<0.01$)、在他人支持上差异显著($p<0.05$)、在专业支持上差异很显著($p<0.01$)、在休闲活动上差异非常显著($p<0.001$)、在职业发展上差异很显著($p<0.01$)、在经济状况上差异很显著($p<0.01$)、在家庭生活质量上差异很显著($p<0.01$)。经 LSD 事后检验,不同障碍类别的特殊儿童在身心健康维度上得分情况为②>④>⑤>①>③,即听力障碍儿童家庭得分最高,肢体障碍儿童家庭得分最低;在家人交往维度上得分情况为⑤>②>①>④>③,即其他障碍儿童家庭得分最高,肢体障碍儿童家庭得分最低;在他人支持、工作发展、经济状况维度上得分情况为②>①>⑤>④>③,即听力障碍儿童家庭得分最高,肢体障碍儿童家庭得分最低;在专业支持上得分情况为②>①>⑤>③>④,即听力障碍儿童家庭得分最高,自闭症儿童家庭得分最低。

表 3.5.4　不同障碍类别儿童家庭生活质量的方差分析

维度	①(N=100)	②(N=36)	③(N=10)	④(N=14)	⑤(N=12)	F	Post Hoc
身心健康	3.37±0.70	3.72±0.70	3.00±0.40	3.63±0.57	3.44±0.54	2.91*	②>④>⑤>①>③
家人交往	3.82±0.77	3.96±0.78	3.02±0.89	3.80±0.59	4.08±0.45	3.48**	⑤>②>①>④>③
他人支持	3.18±1.00	3.57±0.80	2.62±0.43	2.65±0.34	2.88±1.09	3.08*	②>①>⑤>④>③
专业支持	2.78±0.92	3.21±0.66	2.33±0.80	2.13±0.60	2.42±1.47	3.61**	②>①>⑤>③>④
经济状况	2.69±0.85	3.18±0.82	2.00±0.82	2.42±0.88	2.64±0.82	4.63**	②>①>⑤>④>③
休闲活动	2.93±0.78	3.24±0.87	1.70±0.83	2.69±0.77	2.17±1.16	8.89***	②>①>④>⑤>③
职业发展	3.17±0.74	3.41±0.79	2.22±0.75	3.06±0.63	3.08±0.68	5.00**	②>①>⑤>④>③
总问卷	3.25±0.58	3.53±0.60	2.58±0.49	2.96±0.26	3.12±0.64	5.89***	②>①>⑤>④>③

注:* $p<0.05$,** $p<0.01$,*** $p<0.001$;①代表智力障碍,②代表听力障碍,③代表肢体障碍,④代表自闭症,⑤代表其他。

由表 3.5.5 可知,特殊儿童是否接受干预训练在亲子养育维度上差异非常显著($p<0.001$)、在休闲活动上差异很显著($p<0.01$)、在家人交往上差异很显著($p<0.01$)、在专业支持上差异显著($p<0.05$)、在家庭生活质量上差异

非常显著(p<0.001),即接受过干预训练的特殊儿童在亲子养育、家人交往、专业支持维度和家庭生活质量上的得分均高于未接受过干预训练的特殊儿童。

表 3.5.5　儿童接受干预训练家庭生活质量的差异

维度	是(N=49)	否(N=99)	T 值	p
亲子养育	3.90±0.77	3.42±0.78	3.579***	0.000
休闲活动	3.16±0.76	2.75±0.96	2.837**	0.005
家人交往	4.12±0.70	3.72±0.76	3.105**	0.002
专业支持	3.02±0.80	2.67±0.97	0.187*	0.032
家庭生活质量	3.44±0.51	3.18±0.65	2.696**	0.008

注:* p<0.05,** p<0.01,*** p<0.001。

3. 特殊儿童家庭背景与家庭生活质量

根据独立样本 T 检验和方差分析可知,家庭生活质量及其某些具体方面在特殊儿童家庭生活背景中的家庭婚姻状况、家庭结构和家庭民族情况上存在不同程度的差异。

由表 3.5.6 可知,家庭来源地在包括专业支持和经济状况等其他维度上差异不显著。

表 3.5.6　专业支持和经济状况的城乡差异

维度	城镇(N=27)	农村(N=132)	T 值	p
专业支持	2.89±0.96	2.78±0.94	0.534	0.594
经济状况	2.88±0.93	2.69±0.86	0.955	0.346

由表 3.5.7 可知,婚姻状况在亲子养育维度上差异显著(p<0.05)、在家人交往上差异非常显著(p<0.001)、在家庭生活质量上差异显著(p<0.05)。经 LSD 事后检验,婚姻状况在家庭交往维度和家庭生活质量上得分情况为①>③>②,即夫妻关系良好的得分最高,夫妻关系冷淡的得分最低;婚姻状况在亲子养育维度上得分情况为③>①>②,即离婚家庭得分最高,夫妻关系冷淡得分最低。

168

表 3.5.7　婚姻状况在家庭生活质量上的方差分析

维度	①（N=131）	②（N=8）	③（N=15）	F	Post Hoc
亲子养育	3.67±0.80	3.03±0.75	3.40±0.89	3.30*	③>①>②
家人交往	3.95±0.71	2.73±0.57	3.36±0.99	9.97***	①>③>②
总问卷	3.32±0.60	2.65±0.31	3.08±0.79	3.84*	①>③>②

注：* p<0.05, ** p<0.01, *** p<0.001；①夫妻关系良好，②夫妻关系冷淡，③离婚。

由表 3.5.8 可知，家庭结构在职业发展维度上差异显著（p<0.05）；在亲子养育、家人交往上差异很显著（p<0.001）。经 LSD 事后检验，不同家庭结构在亲子养育的得分情况为③>④>①>②，即延伸家庭得分最高，直系家庭得分最低；不同家庭结构在家人交往的得分情况为③>①>②>④，即延伸家庭得分最高，单亲家庭得分最低；不同家庭结构在工作发展的得分情况为核心家庭得分最高，单亲家庭得分最低。

表 3.5.8　家庭结构在家庭生活质量上的方差分析

维度	① 核心家庭（N=35）	② 直系家庭（N=90）	③ 延伸家庭（N=13）	④ 单亲家庭（N=20）	F	Post Hoc
亲子养育	3.65±0.80	3.49±0.78	4.25±0.73	3.59±0.77	3.43**	③>④>①>②
家人交往	3.98±0.72	3.78±0.77	4.38±0.68	3.50±0.76	3.59**	③>①>②>④
职业发展	3.41±0.68	3.10±0.78	3.06±0.66	2.88±0.84	2.53*	①>②>③>④

注：* p<0.05, ** p<0.01, *** p<0.001。

由表 3.5.9 可知，家庭生活质量总分在家庭民族上差异显著（p<0.05），即少数民族地区的少数民族家庭生活质量得分高于少数民族地区的汉族家庭。

表 3.5.9　家庭生活质量总分在家庭民族上的差异

维度	汉族家庭（N=50）	少数民族家庭（N=111）	T 值	p
家庭生活质量	3.10±0.63	3.33±0.60	−2.21*	0.03

注：* p<0.05, ** p<0.01, *** p<0.001。

4. 儿童干预训练、家长婚姻状况、家庭民族和家庭生活质量及各维度间的关系

表 3.5.10　儿童干预训练、家长婚姻状况、家庭民族和
家庭生活质量及各维度间的关系

	1	2	3	4	5	6	7	8	9	10	11	12
1												
2	0.169*											
3	−0.166*	0.009										
4	−0.068	−0.155	0.132									
5	−0.284**	−0.175*	0.075	0.305**								
6	−0.249**	−0.367**	0.133	0.488**	0.616**							
7	−0.035	−0.135	0.144	0.603**	0.409**	0.526**						
8	−0.177*	−0.043	0.158*	0.434**	0.215**	0.328**	0.504**					
9	−0.212*	−0.181*	0.136	0.543**	0.442**	0.472**	0.551**	0.387**				
10	−0.075	−0.179*	0.137	0.574**	0.428**	0.460**	0.457**	0.349**	0.632**			
11	−0.097	−0.045	0.096	0.613**	0.352**	0.455**	0.616**	0.414**	0.623**	0.710**		
12	−0.202*	−0.221**	0.173*	0.776**	0.647**	0.745**	0.810**	0.618**	0.779**	0.749**	0.778**	

注:1. $*\ p<0.05$, $**\ p<0.01$, $***\ p<0.001$;

2. 1 干预训练,2 家长婚姻,3 家庭民族,4 身心健康,5 亲子养育,6 家人交往,7 他人支持,8 专业支持,9 休闲活动,10 职业发展,11 经济状况,12 总问卷。

将背景变量与家庭生活质量及各维度之间做相关分析,结果得出某些背景变量与家庭生活质量有显著相关关系。如表 3.5.10 所示,特殊儿童是否接受过干预训练、家长婚姻状况、家庭民族背景与家庭生活质量及其部分维度有显著相关关系;同时,家庭生活质量各个维度之间与家庭生活质量均有显著的相关关系。所以,可以将特殊儿童是否接受过干预训练、家长婚姻和家庭民族这三个背景变量转换成虚拟变量作自变量纳入到回归方程中,以考察其对家庭生活质量的影响。

5. 儿童干预训练、家长婚姻状况、家庭民族对家庭生活质量的回归分析

为了解人口学变量对家庭生活质量的影响,可将人口学变量转换为虚拟变量进行回归分析。根据相关分析,选择与家庭生活质量有显著相关关系的三个人口学变量,即家庭民族、家长婚姻状况、儿童是否接受干预训练。后将

其转换成虚拟变量,每个分为两个水平,即家庭民族虚拟1(汉族/少数民族),家长婚姻虚拟1(夫妻关系良好/夫妻关系冷淡),干预训练虚拟1(是/否)。其中为扩大夫妻关系冷淡水平的个案数量,增强说服力,将家长婚姻中的离婚家庭和夫妻感情冷漠合并为不良夫妻关系。

　　由表3.5.11可知,部分回归方程达到了显著水平。家庭民族背景对身心健康、家人交往、他人支持、专业支持、职业发展维度和家庭生活质量预测显著,而且少数民族家庭的分数要高于汉族家庭的分数。家长婚姻状况对身心健康、亲子养育、家人交往、职业发展和家庭生活质量预测显著,而且夫妻关系良好家庭的分数要高于汉族家庭的分数。儿童是否接受干预训练仅对亲子养育和家人交往维度预测显著,而且儿童接受过干预训练的家庭的分数要高于儿童未接受过干预训练的家庭。

表 3.5.11　人口学变量对家庭生活质量的回归分析

	身心健康		亲子养育		家人交往		他人支持	
	β	t	β	t	β	t	β	t
家庭民族	-0.194	-2.310*	-0.055	-0.666	-0.180	-2.355*	-0.193	-2.282*
家长婚姻	0.188	2.240*	0.174	2.124*	0.368	4.809***	0.159	1.884
干预训练	0.007	0.087	0.250	3.006**	0.175	2.257*	-0.260	-0.302
R²	0.052		0.096		0.212		0.039	
F	3.564		5.893		13.488		2.857	

	专业支持		休闲活动		工作发展		经济状况		家庭生活质量	
	β	t	β	t	β	t	β	t	β	t
家庭民族	-0.190	-2.257*	-0.162	-1.960	-0.204	-2.462*	-0.133	-1.549	-0.222	-2.756**
家长婚姻	0.030	0.355	0.162	1.956	0.222	2.671**	0.060	0.696	0.235	2.908**
干预训练	0.138	1.613	0.160	1.903	0.017	0.196	0.070	0.802	0.131	1.595
R²	0.045		0.075		0.072		0.122		0.122	
F	3.204		4.770		4.613		7.423		7.423	

注:* p<0.05, ** p<0.01, *** p<0.001。

（四）分析与讨论

1. 文化客位下经济、支持的现状与家人的交往对家庭生活质量的作用

总体上，西南少数民族地区特殊儿童家庭生活质量呈一般水平。体现出西南少数民族地区特殊儿童家庭生活质量分数不是很高，但也没有预期的那样低。

（1）经济、支持的状况对特殊儿童家庭生活质量提升的制约作用

特殊儿童障碍类别的现实情况及家庭经济条件与社会支持等客观因素制约着家庭生活质量的提升。结果显示，许多家庭经济与支持情况的维度得分都低于家庭生活质量均分，如经济状况、专业支持、他人支持维度。

特殊儿童的现实情况可能影响其家庭生活质量。根据调查结果，第一，不同障碍类别的特殊儿童在家庭生活质量上差异很显著，这与薛景科①、申仁洪②的研究结果相同，体现出特殊儿童的障碍类别可能对家庭生活质量有影响。除家人交往维度外，听力障碍儿童家庭在其他维度得分均为最高；除专业支持上自闭症儿童家庭得分最低外，肢体障碍儿童家庭在其他所有维度得分均为最低。笔者在与特校老师和家长聊天时得知，鲜有家长掌握中国标准手语，只是在生活中与儿童长期交往产生了默契，所以在一定程度上影响家庭的沟通。而肢体障碍儿童由于其障碍较明显，其家长很容易因此承受外界异样眼光的压力，且生活自理上需要他人帮助，这也可能影响家庭生活质量。

家庭经济条件和社会支持会制约家庭生活质量的提高。结果显示，第一，家庭生活质量在家庭来源地上无显著差异，这与马善晶③的研究结果相同，但与韩央笛等人结果不同④，可能由于后者在上海地区范围内进行调查，而上海作为发达都市，城市的发展程度要好于农村地区。该结果说明在西南少数民族地区，特殊儿童家庭生活质量与其家庭来源地关系不大。第二，经济状况和专业支持在家庭来源地上无显著差异。由于本次调查的家庭多数来自农村地区，家长学历大多为初中及以下学历（访谈中发现有的家长虽上过小学、初中

① 薛景科：《北京市残疾儿童家长生活质量的现状及影响因素研究》，山西医科大学硕士学位论文，2014年。
② 申仁洪：《西南少数民族特殊儿童社会适应性研究》，重庆大学出版社2014年版，第288页。
③ 马善晶：《孤独症儿童父母生活质量及其影响因素的研究》，山东大学硕士学位论文，2014年。
④ 胡晓毅、王勉：《北京地区发展性障碍儿童家庭生活质量的研究》，《中国特殊教育》2012年第7期。

但并没毕业),学历层次较低,多数家长的职业为务农与打工,且家庭子女多,包括低分数的休闲活动,都说明无论城市抑或农村,特殊儿童家庭的经济情况并不乐观。而专业支持维度得分低可能有两方面原因:一方面,该地区特殊教育资源较匮乏。如上,自闭症儿童家庭专业支持得分最低,可能有社会的因素,笔者去以上部分学校实地考察发现,许多自闭症儿童与培智儿童共同上课,许多老师面临挑战,有的老师会说"教不了,我什么都教不了,教过又都忘了"、"我对他(她)一点办法也没有"[资料来源①:T-LJL-01(1)-13;T-LXT-02(1)-05],而老师在介绍一个特殊儿童时会倾向于说"他(她)在省(会城市)上做过训练"[资料来源:T-CM-01(1)-04],这说明当地特殊教育资源的匮乏。另一方面,家长不了解国家政策,不懂特殊教育。在访谈中,笔者发现有些家长只知道孩子去特殊学校花钱少,不知道国家对特殊儿童具体提供了哪些支持,如生均公用经费、贫困寄宿生生活补助、儿童营养餐等[资料来源:P-SBB-01(1)-05]。同时,在一些兴办特校较晚的地区,办学之初学校招生多由教师深入到乡镇家庭中进行实地宣传来开展的,可见,包括特殊儿童家长在内的该地区的社会大众对特殊教育是极为陌生的[资料来源:T-XYF-02(1)-20]。

　　国家在大力发展特殊教育事业要注重均衡发展,社会在关注特殊群体时要整体全面。虽然我国特殊教育起步晚,但更要关注少数民族地区的特殊儿童家庭。中央政府在积极出台特殊儿童家庭利好政策的同时要加强调动地方政府工作的积极性,加快促进当地特殊教育学校向区域性特殊教育资源中心的功能拓展,加强当地特殊教育学校对当地医疗保健如上至医院,下至村医、社会工作等资源的集结和对特殊儿童家庭的辐射作用;硬件设施配备与软件支持相结合,将政策引导、理论与实践支持相互结合,鼓励东部或局部区域发展成熟、先进的特殊教育学校或康复中心对刚刚起步的西南少数民族地区特殊教育学校给予"一对一、点对点或一对多、点对面"的深入技术支持。同时,

---

① 为保护受访者隐私,将受访者的基本信息做了模糊处理,其中代码意义举例解释,关于访谈资料如"H-BXM-01(1)-01"代表"校长—毕XX—第一次访谈(面谈)—原始资料第一段内容","H"为校长,"T"为教师,"S"为学生,"P"为家长;关于观察资料如"20170430-O-03-PSO-11"代表"2017年4月30日在其他地方开展的第三次观察,其中有家长、特殊学生和其他成员,在原始资料的第十一段","O"为其他地方,"F"为家庭。

将特殊儿童发展及其家庭功能完善紧密结合,积极引导社会力量通过特殊教育学校深入特殊儿童家庭提供多样化的帮助,积极引导在校大学生"以学分促实践,以实践助家庭"的方法为特殊儿童家庭提供帮助。

(2)家庭成员的交往对特殊儿童家庭生活质量提升的促进作用

良好的家庭关系及家长对儿童的重视对家庭生活质量有重要促进作用。根据调查结果,表现家庭成员交往的家庭生活质量维度均得分都高于家庭生活质量均分,如家人交往、亲子养育。可见家长对家庭关系比较满意,国内相关研究也得出类似结论①,体现出无论是少数民族地区还是我国其他地区,特殊儿童家庭中的家庭成员关系有积极的意义。

良好的家庭关系可以提高家庭生活质量,良好的家庭关系包括所有家庭成员的各种关系,主要体现在良好的夫妻关系和亲子关系。根据调查结果,婚姻状况在亲子养育维度上差异显著、在家人交往上差异非常显著、在家庭生活质量上差异显著,夫妻关系融洽的家庭生活质量分数最高,而勉强维持婚姻的冷淡夫妻关系生活质量分数最低,家长的婚姻状况直接影响家庭生活质量。家庭共育在一定程度上体现良好的家庭成员关系。根据调查结果,不同家庭结构在亲子养育维度和家人交往维度中有很显著差异,延伸家庭得分最高。可见,家庭中的儿童共育能够帮助特殊儿童父母缓解压力,有助于提升家庭生活质量。而单亲家庭在亲子养育中得分最高,可能是因为本次填卷人很大程度上是特殊儿童的最终抚养者,而在这本身已经不完整的家庭中最终得到抚养权的家长可能更重视亲子关系,更关注儿童的成长。

家长对特殊儿童的关注态度也会影响家庭生活质量。根据调查结果,特殊儿童是否接受干预训练在亲子养育、家庭休闲活动、家人交往、专业支持、家庭生活质量有不同程度的显著性差异,而且儿童是否接受干预训练直接影响亲子交往。接受过干预训练的特殊儿童在亲子养育、家人交往、专业支持维度和家庭生活质量上的得分均高于未接受过干预训练的特殊儿童,可能因为家长重视孩子就会更容易为孩子寻找各种资源,而家长也会更容易因为儿童接受额外的训练获得的进步与发展而高兴,这都有助于促进亲子关系。接受过

---

① 胡晓毅:《我国残疾儿童家庭生活质量与家庭支持现状》,《中国康复理论与实践》2016 年第10 期。

干预训练的特殊儿童在休闲活动上的得分低于未接受过干预训练的特殊儿童,可能因为接受干预训练要花更多的时间,如笔者曾访问特校的老师,由于本地资源有限,许多负责任的家长会带自己的孩子去其他更发达的地方做康复训练[资料来源:H-BXM-01(1)-16]。这样一来为特殊儿童做干预训练所花费的时间代价是比较大的。然而,儿童性别在亲子养育和休闲活动上有显著差异,并且都是男孩分数高于女孩分数,在一定程度上反映了男孩得到了更多的养育与关注。

特殊儿童家长要积极与学校沟通,看到特殊儿童进步的一面,同时要努力维护良好的家庭关系。家长对待特殊儿童的态度关系到家校合作的效果、家庭关系的好坏,更重要的是关乎特殊儿童的一生发展。所以在特殊儿童家庭功能不完善,家长教养无力的情况下,特殊儿童家长更要配合学校的工作。同时要处理好家庭关系,坚持良好融洽的婚姻、拒绝冷漠无效的婚姻;家长要提高自己的责任心,不能因其残障而过分溺爱或置之不理,积极学习与沟通,通过发现儿童的进步而提升自我的效能感。而教师应该经常开展家长工作,让家长真实看到孩子的进步变化,用积极的言辞鼓励家长,在可能的情况下开展家庭治疗工作。

2. 文化主位下少数民族特征对特殊儿童家庭生活质量的作用

本研究发现,少数民族地区少数民族背景对家庭有更为积极的影响。所以,应该从文化主位的视角考察少数民族背景对家庭生活质量的积极意义。虽然少数民族某些客观条件的限制比较多,但是少数民族特有的社会与文化资源及其主观感受对其家庭生活质量的提升有促进作用。这与同为研究少数民族地区的王曲元[1]的结果相同,但与罗鸣春等人[2]的结果不同,可能与两者对家庭生活质量的解释不同有关系,也可能由于工具选取的不同结果会有差异,如后者选用世界卫生组织生活质量测定简表(WHOQOL-BREF),该量表对客观的生活状态比较关注,如生理情况、心理情况、社会关系和环境质量。

---

[1]　王曲元:《中国少数民族地区居民生活质量与主观幸福感研究》,博士学位论文,中央民族大学,2009年。

[2]　罗鸣春、谷雨、倪晓昉:《云南少数民族居民心理和谐与生活质量关系研究》,《中国健康教育》2014年第1期。

（1）少数民族的社会与家庭

更强调人际关系的熟人社会模式和更强调人口数量的特殊儿童家庭。作者在一个该地区的乡村苗族家庭中发现，这里居民关系比较融洽。男主人表示："我们出去打工都是熟人告诉（介绍），或是别人告诉我，或是我告诉别人；我们这里人还是很好（相）处，不好处的我们也不和他处，每家都是这个样子。"［资料来源:P-SBB-01（1）-01］其间笔者也目睹家人与邻居共同干农活、共同吃饭的情况，所以在这里生活更依靠关系，更需要熟人（资料来源：20170430-O-03-PSO-11；20170430-F-03-PSO-12）。这种熟人社会最大的特征是依靠个人自觉来维系社会关系，讲求互惠，很少过分攀比，每个家庭的情况比较相似，即客观条件相似，增强了主观上的心理平衡。除此之外，相对于家庭人口质量，少数民族特殊儿童家庭更倾向于追求家庭人口数量。如这个苗族家庭里除父母，共四个孩子，大女儿已结婚生子，二女儿和三儿子都是听力障碍，分别在外地打工和在特殊学校读书，小儿子在外地实习［资料来源:P-SBB-01（1）-01］。关于生养动机，男主人说："家里要干活，还是要人的，我们这里家家都生得多，生了大女儿，二女儿是残疾，还可以再要（生），老三也是残疾就又要了一个。"［资料来源:P-SBB-01（1）-02］男主人表示不懂特殊教育，老二和老三去特殊学校上也是别人介绍的，他对老三的期望是："能在外面（城镇）干活就在，不能干就回来。"［资料来源:P-SBB-01（1）-03］在一个彝族家庭中，男主人也说："我们这里家家都有两个，生了这个女孩还想要一个。"家中的大女儿有智力障碍，小儿子正常，家中的男主人对她的期望只要能够嫁个人家就好，当我反问，如果他的这个儿子脑子也不清醒（当地人习惯对智力障碍的描述），对他有什么期望，男主人说："那还是要让他学着做事情，以后好成家。"［资料来源:P-ZBB-01（1）-08；P-ZBB-02（2）-22］从某种程度上，体现出这样家庭对不同性别孩子的期望不同。总体而言，相比家庭人口质量，他们更注重家庭人口的数量。

（2）少数民族身份的自我认同感

少数民族的人际关系和文化特性提升了个体的生活满意度和自我认同感。总体而言，我国西南少数民族自治地区分布零散，并且独特的地理环境形成了一个较为封闭的空间，很多是自治县或自治乡，当地人口虽少，但是少数民族人口比重大。一个墨江的老师说："我们这里虽然是小地方，但是熟人多,都是少数民族,而且人都很好,没有大城市人那么复杂……我们这里有双胞节,太阳节,都是少数民族的特色。"[资料来源:T-CSH-01(1)-01]此外,少数民族自身认同感起到了积极的作用。虽然有的人家已经不使用本民族的语言,但是说起自己是某一个少数民族,还是有一定的认同感、归属感。如上文那个彝族男主人说:"我们这里都是彝族嘛,心理还是(有)认同(感)的,也过火把节,春节我们也过"[资料来源:P-ZBB-02(1)-25];上文苗族家的女主人说:"我们过两天有斗牛(秀山苗族在农历四月初八是当地少数民族传统节日'苗王节',会举办很多活动如长街宴、篝火晚会、斗牛大赛等等),很好看"[资料来源:P-SMM-01(1)-02],她的大女儿表示自己也会穿民族服装,但平常不穿,都是有大事时穿。当他们谈到自己民族的特色,神情都带有一种自豪的表现[资料来源:O-SYF-0(1)-01]。可见,在多民族融合的过程中,许多稀疏平常的风土人情已转变为一种文化标签,更带有一种强烈的仪式感,在这文化繁荣的时代,毋庸置疑,这已经成为他们的名片,更强化了少数民族居民的文化认同与幸福感。

可以看出,由于独特的地理因素和特殊的社会关系,他们更重关系、讲合作,并且有独特的心理资源,这是积极的一面,但在某种程度上,这也很容易"蒙蔽"他们的双眼,即接受新的信息缓慢、与地域外的联系不紧密、受传统思想影响比较深、缺乏竞争与进步,所以就有一种"闭塞"的表现。在少数民族地区,少数民族人口比重大,关系紧密,这样更说明在同一地理环境下,民族资源可能对当地少数民族生活质量的主观感受上有很大的积极作用。当然,本次调查中,样本量数量偏少,少数民族和农村地区样本量偏多等因素在某种程度上会影响分析结果。在以后的研究可以扩大样本量,尤其是不同民族的样本量,增强代表性。

(五)研究结论

不同障碍类别特殊儿童的家庭生活质量差异显著;不同婚姻状况的特殊儿童家庭的家庭生活质量差异显著;有无接受过干预训练的特殊儿童其家庭的家庭生活质量差异显著;少数民族地区的汉族特殊儿童家庭与少数民族特殊儿童家庭的家庭生活质量差异显著;家庭民族背景、家长婚姻状况可以显著预测家庭生活质量,少数民族家庭的家庭生活质量高于汉族家庭,夫妻关系良好的家庭生活质量要高于夫妻关系不良的家庭。

第四章　特殊儿童家庭赋权
增能的现状研究

一、发展性障碍儿童家庭赋权增能现状

家庭在特殊儿童的发展中无疑占据着非常核心的地位。家庭不仅为儿童的发展、养育、康复、教育和工作提供重要的物质、情感和精神支持,而且家庭本身也是特殊儿童的皈依之地。因此,对特殊儿童家庭的相关研究和支持性实践也就成为一个重要前沿课题。

(一)问题提出

在世界范围内,发展性障碍儿童发生率和绝对数量的增长是一个共同的趋势。在所有的特殊儿童之中,以智力障碍儿童、自闭症谱系障碍儿童、学习障碍儿童、脑瘫儿童、情绪行为障碍儿童为基本构成的发展性障碍儿童正成为最大的一个群体。美国 2016 年 3—5 岁特殊儿童中,自闭症儿童占 10.1%,发育迟滞儿童 37.6%,语言言语障碍 42.6%,三者之和达到 90.3%;6—21 岁的特殊儿童中,自闭症儿童占 9.6%,智力障碍 6.9%,语言言语障碍 16.8%,情绪障碍 5.5%,特殊学习障碍 38.6%,五者之和达到 77.4%。① 这还不算为数不少的多重发展性障碍儿童。在日本,发展性障碍儿童的数量持续增长,有 6.3%的孩子有非智力障碍的发展性障碍引起的明显学习与行为困难②。单

---

① Office of Special Education and Rehabilitative Services & U.S.Department of Education:40th Annual Report to Congress on the Implementation of theIndividuals with Disabilities Education Act, 2019 年 7 月 31 日,http://www.ed.gov/about/reports/annual/osep.

② Ministry of Education,Culture,Sports,Science and Technology:Report on national survey on school children with special educational needs in a regular class,2003 年 3 月 1 日,http://www.mext.go. jp/b_menu/shingi/chousa/shotou/018/toushin/030301i.htm.

东京都市区,自闭症的流行率就达到每 10000 人中有 27.2 人①,而非智力障碍的发展性障碍发生率是自闭症的 3 倍②。

在我国,到 2010 年底,处于义务教育及其以前阶段的 0—14 岁(从出生到完成义务教育年龄)的残疾儿童人口为 387 万人,占 4.66%③。由 2006 年残疾人抽样调查的结果推算,6—14 岁(义务教育阶段)智力残疾儿童 76 万人,是所有残疾儿童类别中最大的群体,占所有这一年龄段 246 万残疾儿童的 30.89%,言语障碍儿童 17 万人占 6.91%,两者共占所有残疾儿童的 37.8%④。按照这一比例计算,2010 年底我国 0—14 岁智力残疾儿童绝对数量为 146.286 万。这还没有纳入数量极其庞大且发生率持续增长的自闭症儿童(近来发生比率不断攀升,美国最新统计发生率为所有儿童的 1/68)和特殊学习障碍儿童(没有纳入我国法律意义上特殊儿童的范畴,发生率为 5%—8%)。正因如此,我国的特殊教育学校生源结构正在发生重大变化,传统的听力障碍儿童和视力障碍儿童的数量正在急剧减少,发展性障碍儿童的数量持续增加,传统的聋校和盲校也纷纷转型为综合性的特殊教育学校和区域性的特殊教育资源中心。⑤ 对发展性障碍儿童及其家庭的关注和研究已经成为特殊教育领域中的基本趋势。

自 20 世纪 70 年代以来,在残疾人权利运动的推动下,家庭参与就成为世界残疾人事业发展和特殊教育的基本原则之一被加以确立。凡涉及特殊儿童的评估、医疗、康复、教育、转衔、就业等几乎所有事项,家长的权利必须得到保障。家长权利的保障和家庭参与原则的落实是要有前提条件的:参与意愿和参与能力。1987 年,Turnbull 和 Summers 提出让家庭成为残疾人研究和支持

① H.Honda,Y.Shimizu,M.Imai & Y.Nitto "Cumulative incidence of childhood autism:a total population study of better accuracy and precision",*Child Neurol*,2005,47:10-18.
② J.G.Williams,J.P.Higgins & C.E.Brayne,"Systematic review of prevalence studies of autism spectrum disorders",*Arch.Dis.Child*,2006,91:8-15.
③ 中国残疾人联合会:《2010 年末全国残疾人总数及各类、不同残疾等级人数》,2019 年 8 月 1 日,http://www.cdpf.org.cn/sjzx/cjrgk/201206/t20120626_387581.shtml.
④ 国家统计局:《2006 年第二次全国残疾人抽样调查主要数据公报(第二号)》,2007 年 11 月 27 日,http://www.cdpf.org.cn/sjzx/cjrgk/200711/t20071121_387540.shtml.2007-11-27.
⑤ 申仁洪:《融合教育背景下的特殊教育学校转型发展:方向与路径》,《现代特殊教育》2017 年第 10 期。

的中心①,这一新的观点强调着重于家庭整体的需求和服务,这就是家庭中心模式的核心,使得我们的目光从强调家长参与转向对家庭的支持。因此,家庭整体成为干预和支持对象、家庭能力的提升也就成为一个重大课题。在以家庭为中心的服务理念中,如果认为家庭有能力做出决策,能够提升家庭整体功能,促进家庭的自我成长(增强效能感和学习技巧等),就更能为家庭寻找到适当的资源和支持。② 这就迫切需要我们转变当前特殊教育针对特殊儿童而去的服务模式,建立以特殊儿童家庭为中心的服务路径,构建家长—专业人员之间的伙伴关系,发挥家庭在特殊教育中的先天优势。当前以家庭为中心的服务已被证实是提升家庭赋权增能的有效路径,特殊儿童家庭赋权增能成为特殊领域研究的新趋势。

(二)研究方法

1. 研究对象

本研究依据我国各省份经济发展和地域分布特点,采取方便取样的方式,抽取在东部地区的江苏、广东、浙江,西部地区的四川、广西、重庆,中部地区的黑龙江、安徽、河南等地0—18岁发展性障碍儿童的家长进行施测。共计发放问卷524份,删除有明显抄袭和规律性作答问卷及遗漏超过3题的问卷,回收有效问卷480份,回收有效率91.6%。在实际调查中家长类别爷爷或者外公一项数据较少,未达到统计学标准,故与家长类别奶奶及外婆合并为祖父母及外祖父母。

表 4.1.1 被试样本情况一览表

背景变量	类型	人数	百分比(%)
家长身份角色	爸爸	83	17.3
	妈妈	332	69.2
	祖父母(外祖父母)	61	12.7
	缺失	4	0.8

① A.P.Turnbull & J.A.Summers,"From parent involvement to family support:Evolutionto revolution",in *New perspectives on DownSyndrome:Proceedings of the state-of-the-art conference*,S. M.Pueschel,C.Tingey,J.E.Rynders,A.C.Crocker & D.M.Crutcher(Eds.),1987,pp.289-306.
② Ian Dempsey,Carl.Dunst,"Helpgiving Styles and Parent Empowerment in Families with a Young Child with a Disability",*Journal of Intellectual and Developmental Disability*,2014,29(1):40-51.

续表

背景变量	类型	人数	百分比（%）
教育水平	高中及以下 大专 本科及以上 缺失	352 57 68 3	73.3 11.9 14.2 0.6
家庭月收入	3000元以下 3000—6000元 6000元以上 缺失	275 135 62 8	57.3 28.1 12.9 1.7
居住地域	城镇 乡村 缺失	295 180 5	61.5 37.5 1.0
家中子女数	独生 非独生	176 304	36.7 63.4
是否具备康复知识	完全不知道 听说过 专门学习过 缺失	86 285 108 1	17.9 59.4 22.5 0.2
孩子类型	自闭症 智力障碍 脑瘫 多重障碍及其他障碍	176 175 77 52	36.7 36.5 16.0 10.8
障碍程度	轻度 中度 重度 缺失	77 176 181 46	16.0 36.7 37.8 9.5

2. 研究工具

经过本土化处理的《特殊儿童家庭赋权增能问卷》（见本土化研究工具开发）。该问卷分为效能感、互动性、影响力、主动性四个因子，共21个项目。问卷采用里克特5点记分，从"完全不符合"到"完全符合"按1—5分分为五个等级。效能感是家长对于自己能否有能力解决问题、取得预期结果的一种信念或者信心，包括解决孩子发生的问题及参与改善孩子的服务。互动性指家庭与服务系统的互动包括家长对专业人员与机构提供给儿童的服务的决策与和专业人员的沟通。影响力是指家长能够与为孩子服务的专业人员和其他家庭合作，影响其思想和行动的能力，改变其工作的策略和操作成果，包含对于服务系统的改善及对其他家庭的正向影响。主动性是家长为了孩子的需求愿意主动去了解和参与孩子的服务,在家长主体意识支配下而不依赖外力推动而进行的积极活动,包含主动了解与孩子有关的教育和康复知识及方法、主动寻求外界帮助及采取行动。

问卷抽取 777 个有效的发展性障碍儿童家庭样本进行验证性因素分析,结果显示,绝对拟合指数 CMIN/DF(自由度)为 2.556,SRMR(均方根残差)值为 0.054,RMSEA(近似误差均方根)值为 0.063;相对拟合指数 GFI(拟合优度指数)值为 0.894、TLI(非规范拟合指数)值为 0.889,CFI 值为 0.903,NFI 值为 0.860,IFI 值为 0.904;简约拟合指数 PGFI 值为 0.709,PNFI 值为 0.742,PCFI 值为 0.787。所有统计指标均符合测量学的统计要求。表明该问卷具有良好的结构效度。

问卷以 777 个有效的发展性障碍儿童家庭样本进行信度分析,整个问卷的信度系数 α 值为 0.92,效能感、互动性、影响力、主动性四个因子的信度系数 α 值分别为 0.80、0.85、0.75、0.82。均达到了测量学的统计要求。表明该问卷具有良好的信度。

(三)研究结果

1. 发展性障碍儿童家庭赋权增能整体表现

本研究结果显示,对发展性障碍儿童样本家庭而言,在家庭赋权增能问卷得分的总分处于 30—110 分范围内,区间范围非常大,最高分和最低分差距达到 80 分,说明我国发展性障碍儿童家庭赋权增能水平差异较大。样本群体总分平均数为 71.45,每个项目的平均得分为 3.35,处于一般和较符合等级之间,落在中等较为正向的区间,说明发展性障碍儿童家庭赋权增能处于中等稍微偏上水平。进一步分析四个因子的得分,结果显示,样本群体家庭赋权增能在主动性因子的项目平均得分最高,为 3.73,其次为效能感、互动性、影响力,每个项目平均得分依次为 3.38、3.28、2.90。其中在影响力因子上的得分小于 3,处于负向得分区间。具体得分情形如表 4.1.2 所示。

表 4.1.2 发展性障碍儿童家庭赋权增能整体得分情况(N=480)

因子	平均数	标准差	题数	单题平均数	序位
效能感	16.73	3.59	5	3.28	3
互动性	23.84	5.60	7	3.38	2

因子	平均数	标准差	题数	单题平均数	序位
影响力	11.96	3.21	5	2.90	4
主动性	18.90	3.67	5	3.73	1
总问卷	71.45	13.22	21	3.35	—

2. 不同身份家长的家庭赋权增能差异

采用单因素方差分析,不同身份(父亲、母亲和祖父母)家长在家庭赋权增能问卷上的得分差异。研究结果表明,家庭赋权增能总问卷及各因子均未达到显著差异。具体如表4.1.3所示。

表4.1.3　不同身份家长在家庭赋权增能得分差异

因子	①爸爸(N=83)M±SD	②妈妈(N=332)M±SD	③(外)祖父母(N=52)M±SD	F	Post Hoc
效能感	3.39±0.70	3.37±0.70	3.14±0.83	2.87	—
互动性	3.30±0.85	3.45±0.78	3.28±0.88	1.83	—
影响力	2.87±0.83	3.01±0.79	2.97±0.83	1.09	—
主动性	3.75±0.78	3.80±0.71	3.65±0.83	1.09	—
总问卷	3.35±0.64	3.43±0.61	3.27±0.73	1.84	—

注: * p<0.05, ** p<0.01, *** p<0.001。

3. 不同受教育程度家长的家庭赋权增能差异

采用单因素方差分析,比较不同受教育程度家长在家庭赋权增能问卷上的得分差异。研究结果表明,家庭赋权增能总问卷及因子在家长受教育水平上差异均没有达到显著水平,具体如表4.1.4所示。

表4.1.4　不同受教育程度家长在家庭赋权增能问卷得分差异

因子	①高中及以下(N=352)M±SD	②大专(N=57)M±SD	③本科及以上(N=68)M±SD	F	Post Hoc
效能感	3.32±0.75	3.45±0.64	3.42±0.63	1.24	—
互动性	3.38±0.82	3.46±0.78	3.49±0.72	0.63	—

因子	①高中及以下 （N＝352） M±SD	②大专 （N＝57） M±SD	③本科及以上 （N＝68） M±SD	F	Post Hoc
影响力	2.95±0.85	3.08±0.72	3.15±0.58	2.26	—
主动性	3.73±0.78	3.90±0.59	3.91±0.58	2.57	—
总问卷	3.37±0.66	3.49±0.56	3.40±0.63	2.06	—

注：* $p<0.05$，** $p<0.01$，*** $p<0.001$。

4. 不同康复知识水平家长的家庭赋权增能差异

采用单因素方差分析，比较不同康复知识水平在家庭赋权增能问卷上的得分差异。研究结果表明，不同康复知识水平家长在家庭赋权增能总问卷及各因子得分差异均达到非常显著水平，其中效能感、互动性、主动性和总问卷得分差异达到0.001的显著水平，影响力也在0.01达到显著差异。进一步的事后检验结果显示，在家庭赋权增能总问卷及各因子的得分均表现出：专门学过康复知识的家长得分最高，显著高于知道部分康复知识的家长得分，而知道部分康复知识的家长得分又显著高于完全不知道康复知识的家长，具体见表4.1.5。

表4.1.5　家长康复知识水平在家庭赋权增能问卷得分表现的差异

因子	①完全不知道 （N＝86） M±SD	②部分知道 （N＝285） M±SD	③专门学习 （N＝108） M±SD	F	Post Hoc
效能感	3.12±0.74	3.32±0.72	3.58±0.66	10.55***	1<2<3
互动性	3.11±0.91	3.41±0.78	3.63±0.68	10.42***	1<2<3
影响力	2.80±0.87	2.97±0.81	3.20±0.67	6.49**	1<2<3
主动性	3.54±0.90	3.76±0.69	4.02±0.63	10.84***	1<2<3
总问卷	3.16±0.71	3.40±0.61	3.63±0.534	14.44***	1<2<3

注：* $p<0.05$，** $p<0.01$，*** $p<0.001$。

5. 不同收入水平家庭赋权增能的差异

采用单因素方差分析，以月收入作为基本指标，比较不同收入水平家庭在家庭赋权增能问卷上的得分差异。研究结果表明，不同收入水平家庭在效能感、主动性、家庭赋权增能总问卷得分差异达到显著水平。进一步事后检验结果显示,在效能感因子得分上,月收入3000元以下收入的家庭得分显著低于月收入6000元以上的家庭得分;主动性、家庭赋权增能总问卷得分上,月收入3000元以下的家庭得分显著低于月收入3000—6000元的家庭得分,具体见表4.1.6。

表4.1.6 家庭月收入在家庭赋权增能问卷得分表现的差异

因子	①3000元以下 (N=275) M±SD	②3000—6000元 (N=135) M±SD	③6000元以上 (N=62) M±SD	F	Post Hoc
效能感	3.27±0.80	3.44±0.59	3.51±0.62	4.10*	1<3
互动性	3.35±0.87	3.49±0.67	3.46±0.77	1.64	—
影响力	2.95±0.90	3.07±0.64	3.04±0.69	1.21	—
主动性	3.69±0.84	3.91±0.58	3.86±0.48	4.59*	1<2
总问卷	3.34±0.72	3.50±0.47	3.48±0.51	3.71*	1<2

注:* $p<0.05$, ** $p<0.01$, *** $p<0.001$。

6. 家庭赋权增能的城乡差异

采用独立样本T检验,比较居住在城镇和农村的家庭在家庭赋权增能问卷上的得分差异。研究结果表明,在效能感、互动性、影响力、主动性等因子和家庭赋权增能总问卷得分上,城乡差异均达到非常显著(0.01及0.001)的水平,具体见表4.1.7。

表4.1.7 家庭居住地在家庭赋权增能问卷得分表现的差异

因子	城镇(N=295) M±SD	农村(N=180) M±SD	T值
效能感	3.43±0.69	3.21±0.75	3.23**
互动性	3.50±0.71	3.24±0.90	4.01**
影响力	3.07±0.74	2.86±0.88	2.42**
主动性	3.85±0.66	3.65±0.83	2.45**
总问卷	3.48±0.57	3.26±0.70	3.66***

注:* $p<0.05$, ** $p<0.01$, *** $p<0.001$。

7. 不同子女数量家庭的家庭赋权增能差异

采用独立样本 T 检验,以是否是独生子女家庭作为基本依据,比较不同子女数量在家庭赋权增能问卷得分上的差异。研究结果表明,独生子女家庭和非独生子女家庭在总分及各因子得分上的差异均不显著,具体见表4.1.8。

表 4.1.8　是否独生在家庭赋权增能问卷得分表现的差异

内容	是(N=176)M±SD	否(N=304)M±SD	T 值
效能感	3.33±0.68	3.35±0.74	−0.29
互动性	3.41±0.75	3.40±0.83	0.11
影响力	2.99±0.74	2.99±0.84	−0.70
主动性	3.77±0.69	3.78±0.76	−0.11
总问卷	3.40±0.57	3.40±0.66	−0.08

注:* p<0.05,** p<0.01,*** p<0.001。

8. 儿童不同障碍类型的家庭赋权增能差异

采用单因素方差分析,比较儿童不同障碍类型(自闭症儿童、智力障碍儿童、脑瘫儿童、多重障碍儿童)家庭在家庭赋权增能问卷上的得分差异。研究结果表明,在效能感、主动性、家庭赋权增能问卷总分上,不同儿童不同障碍类型家庭得分差异达到显著水平。进一步事后检验,结果显示,家庭赋权增能总问卷、效能感、主动性的得分中,自闭症儿童家庭显著高于智力障碍儿童家庭,具体见表4.1.9。

表 4.1.9　儿童障碍类别在家庭赋权增能问卷得分表现差异

因子	①自闭症(N=176)M±SD	②智障(N=175)M±SD	③脑瘫(N=77)M±SD	④多重障碍(N=52)M±SD	F	Post Hoc
效能感	3.47±0.73	3.21±0.69	3.36±0.69	3.36±0.77	3.73*	1>2
互动性	3.47±0.77	3.31±0.81	3.49±0.73	3.38±0.93	1.49	—
影响力	3.10±0.77	2.97±0.79	3.05±0.81	2.97±0.88	2.55	—
主动性	3.88±0.69	3.65±0.74	3.89±0.75	3.70±0.80	3.94**	1>2
总问卷	3.50±0.59	3.29±0.62	3.47±0.61	3.37±0.73	3.78*	1>2

注:* p<0.05,** p<0.01,*** p<0.001。

9. 儿童不同障碍程度家庭的家庭赋权增能差异

采用单因素方差分析,比较孩子不同障碍程度家庭在家庭赋权增能问卷上的得分差异。研究结果表明,除主动性外,在效能感、互动性、影响力和问卷总分上,儿童不同障碍程度家庭的得分差异都达到显著水平。进一步事后检验,结果显示,家庭赋权增能问卷总分及效能感、互动性得分上,均表现出轻度障碍儿童家庭得分显著高于重度障碍儿童家庭得分,中度障碍儿童家庭得分也显著高于重度障碍儿童家庭得分;在影响力方面,轻度障碍儿童家庭得分显著高于重度障碍儿童家庭得分,具体见表4.1.10。

表 4.1.10　儿童不同障碍程度在家庭赋权增能问卷得分差异

因子	①轻度 （N＝77） M±SD	②中度 （N＝176） M±SD	③重度 （N＝180） M±SD	F	Post Hoc
效能感	3.57±0.67	3.39±0.73	3.20±0.78	6.91**	1>3,2>3
互动性	3.35±0.74	3.57±0.78	3.24±0.83	4.47*	1>3,2>3
影响力	3.19±0.83	3.38±0.81	2.97±0.89	4.27**	1>3
主动性	3.01±0.80	3.16±0.75	3.66±0.82	2.68	——
总问卷	3.57±0.55	3.52±0.60	3.32±0.71	6.35**	1>3,2>3

注: $p<0.05$, ** $p<0.01$, *** $p<0.001$。

（四）分析与讨论

1. 发展性障碍儿童家庭赋权增能总体表现

本研究结果显示,对发展性障碍儿童样本家庭而言,在家庭赋权增能问卷上,项目平均得分为3.35,处于一般和较符合等级之间,落在中等较为正向的区间,说明发展性障碍儿童家庭赋权增能处于中等稍微偏上水平。尽管这一结果类似加拿大一项研究的结果,在那个研究中发现多数加拿大特殊儿童父母都拥有适当的赋权增能水平[1],但是整个问卷所有项目的平均得分仅仅比中间选项的3分高一点点。深入分析本研究所采集的样本构成,月收入3000

---

[1] J.S.Nachshen, *Empowerment and the school system:A comparison of parent of children with and without developmental disabilities*, Unpublished Doctor's Dissertation, Canada: University of Queen's, Kingston, 2004.

元以下的家庭占 57.3%。通常,家庭收入水平与家庭赋权增能水平存在着正相关关系,后面的研究也证明了这一点。这就意味着我国发展性障碍儿童家庭赋权增能水平提升还有相当长的道路要走,这也意味着我国发展性障碍儿童家庭赋权增能工作有很大的发展空间。

在本土家庭赋权增能问卷的四大因子中,效能感、互动性、影响力,项目平均得分均在 3 分左右,依次为 3.38、3.28、2.90,进一步说明我国发展性障碍儿童家庭赋权增能水平更多处于中性水平。其中影响力因子的项目均分仅为 2.90,低于 3 分,说明我国发展性障碍儿童家庭还处在单打独斗的阶段,还不习惯通过自我宣导,用自己的努力和专业知识能力帮助他人和影响他人形成团队合力,对国家和地方政策、社区、正常儿童家庭和其他特殊儿童家庭形成影响力,获取更多的资源、情感和道义上的支持。

有研究表明,当父母参与时,他们开始有赋权增能的感觉,因为他们知道做什么才能帮助自己的家庭及儿童。[①] 因此,促进发展性障碍儿童家庭赋权增能的有效途径就是创造机会和提供条件吸纳家长实质性地参与到与孩子相关的事务中去。赋权增能不仅仅是教育父母,也提供机会来协助及发展需要的技巧和专业效能感,使家庭明了什么对他们最好,允许他们变成主动支持服务的消费者。

2. 家长身份和受教育水平的影响

本研究结果显示,发展性障碍儿童家长的身份和受教育水平在家庭赋权增能问卷的得分上,无论是问卷总分还是四个因子的得分都没有呈现出显著性差异。这说明在本研究中,父母的角色和受教育程度并不对家庭赋权增能水平形成影响。国外有研究针对发展性障碍儿童家庭及正常儿童家庭两组父母团体的调查发现,教育、社经地位、年龄背景变量可显著预测儿童的行为和父母的幸福感,而在家庭赋权增能的知觉未达到显著差异。[②] Dempsey 与 Dunst 对美国、澳洲两个参与早期干预项目团体的特殊儿童家庭进行研究,结

[①] M.C.Camara, *Parent education in family-centered practice withfamilies of children with special needs: A partnership towards familyempowerment*, *Unpublished master's thesis*, Canada: University of Manitoba, Winnipeg, 2002.

[②] J.S.Nachshen, *Empowerment and the school system: A comparison ofparent of children with and without developmental disabilities*, Unpublished Doctor's Dissertation, Canada: University of Queen's, Kingston, 2004.

果也发现,父母年龄、就业/教育状况、儿童年龄、父母与学校的接触频率并不能预测赋权增能。[1] 也有研究表明家庭功能、父母的压力、就业和教育水平能够显著预测赋权的得分,且累计解释变异数为 46%。[2]

对本研究结果的可能解释是:第一,家庭赋权增能是对家庭作为一个整体的权能状况的衡量,单个家长的角色和受教育程度可能会对其产生影响,但是家庭成员之间的整体合力不单单是家庭个体成员权能水平的算术相加和物理之和,通常更多可能是一种化学变化而达成整体之能大于部分之和的效果,也可能是整体之能小于部分之和。第二,家庭赋权增能水平与整个家庭参与孩子相关事务甚至是整个事业的积极性和主动性有关,这在相当大的程度上不取决于家长的身份和以学历为代表的受教育水平。第三,尽管研究结果在统计学上没有达到显著差异,但从得分上仍可发现母亲的得分较高,高教育水平家长的家庭赋权增能分数高于其他水平。在中国传统文化中,男主外女主内是一种基本的家庭成员分工合作模式。这种家庭运作模式在当今依然有强大的生命力,在本研究中就表现为母亲作为障碍儿童的最主要照顾者。孩子的主要照顾者通常也是与专业人员和教师的主要沟通者与协作者。在与专业人员的沟通、协作过程中或多或少都会改变自己的观念,发展自己的专业能力,优化自己在孩子发展进程中的角色定位。同时,尽管在当下实际状况显示有一部分障碍儿童的主要照顾者是祖父母或外祖父母,但是由于年龄、身体状况、受教育情形、教育观念等的制约,其与专业人员的配合、交流也相对较少,所以在家庭赋权增能的得分上也会相对较低。

3. 家庭收入水平对家庭赋权增能的影响

本研究结果显示,不同月收入水平的发展性障碍儿童家庭在家庭赋权增能问卷的得分上差异显著。具体到每个因子的得分上,在效能感和主动性因子得分上的差异显著,而在互动性和影响力因子上的得分差异不显著。进一步的事后检验表明,收入越高,赋权增能水平的可能性就越大。尤其是当收入

① Dempsey, Ian, Dunst, Carl, "Helpgiving Styles and Parent Empowerment in Families with a Young Child with a Disability", *Journal of Intellectual and Developmental Disability*, 2004, 29(1): 40-51.

② M.J.Scheel & T.Rieckmann, "An empirically derived description ofself-efficacy and empowerment for parents of children identified aspsychologically disordere", *The American Journal of Family Therapy*, 1998, 26: 15-27.

水平在一个临界值以下,家庭赋权增能水平相对较低。例如在效能感因子得分上,月收入3000元以下收入的家庭得分显著低于月收入6000元以上的家庭得分;主动性、家庭赋权增能总问卷得分上,月收入3000元以下的家庭得分显著低于月收入3000—6000元的家庭得分。

对于这种状况的可能解释是,当家庭收入水平低于某个临界值的时候,整个家庭为生存而战。维持家庭的基本运行成为家庭的首要任务,即提高收入水平,解决生存问题占据至关重要的地位。至于家庭专业能力提升、与专业人员和专业机构、学校的协作配合与协调统筹要让位于养家糊口。在此情况下,经济危机乃是家庭所有危机中的首要危机。家庭对危机应对和处理的成功经验不一定会提升自我的权能水平,但是对危机应对和处理的失败经验却很有可能降低自我的赋权增能水平,至少无助于权能水平的发展。我国台湾张美云的研究结果也发现经济收入在家庭赋权增能上存在显著差异,高收入家庭的赋权增能感受较高。[1] 当家庭收入达到一定水平,超过临界值以后,家庭可以自由支配的资源相对较为宽裕,用于自身专业能力提升和孩子康复教育课程的资金相对更加充分,家长可以自由控制的时间和精力更为富足、家长的交际活动空间更为宽阔,所有这些都会显性或隐性提升整个家庭的效能感、互动性、主动性和影响力。正是在这意义上,对残障儿童家庭提供最为基本的保障和创造机会尽可能增加收入水平是提升家庭和家长赋权增能水平的基础。

4. 发展性障碍儿童家庭赋权增能的城乡差距

本研究结果显示,发展性障碍儿童家庭赋权增能问卷总体得分上,居住在城镇和农村的家庭差异极其显著,达到0.001的显著水平。而在效能感、互动性、影响力、主动性四个因子的得分上,城乡差异也达到了0.01的显著水平。这种情况与我国近几十年发展的城市中心取向有很大的关系。我国近几十年的发展过程就是一个城市化的发展过程。农村人口向城镇转移,城镇向县城转移,县城向区域中心城市转移,区域中心城市向大城市转移成为一个显性潮流。人口转移的基本逻辑就是家庭所拥有的资源(智力资源、物质资源和收入资源)。在这个单向流动的过程中,资源向城镇和城市富集,残疾人事业和

---

[1] 张美云:《发展迟缓儿童家庭社会支持、亲职压力与赋权增能之相关研究》,台湾彰化师范大学特殊教育学系博士班研究所,2007年。

特殊教育发展资源的城乡差距越来越大,乡村塌陷与衰落不可避免。处于乡村地区的医疗、康复、教育资源贫乏,医疗、康复、教育机构力量薄弱,农村家长对于特殊教育的认识和对资源的获取内在动力较之城镇家长仍然存在着差距。反映在本研究中就呈现出居住在农村地区的发展性障碍儿童家庭赋权增能水平明显低于居住在城镇的发展性障碍儿童家庭。国家的乡村振兴战略和以"两不愁三保障"为硬性指标的精准扶贫和精准脱贫攻坚为改变这种状况提供了可能。但是这种可能性要变为现实却是一个曲折而漫长的过程。

5. 家长成长对家庭赋权增能的影响

本研究结果发现,家长的康复知识水平与家庭赋权增能水平存在密切的关系,不同康复知识水平的家长在家庭赋权增能问卷总体得分和各因子得分上都存在异常显著的差异。而且康复知识越多,赋权增能水平就越高。家长学习康复知识本身就是家长积极参与儿童教育和康复的表现,而家长康复知识水平的提升又能促进家长与专业人员间的合作,能够有效地增强家长的自我效能感和主动性。这个结果非常清晰地显示,采取各种措施和方法,提升家长与专业人员和专业机构建立专业伙伴关系的能力,增长其关于孩子成长的各类知识和帮助孩子发展的各种能力,可以有效地提升赋权增能水平。

国外从 20 世纪 90 年代开始的相关研究也证明了这一点。这些研究的一个关键性变量就是通过家长参与提升其与专业人员的合作意识与协作能力,建立专业伙伴关系,提升其赋权增能水平。Singer 等评估了残疾儿童父母互助项目的效果,发现参与残疾儿童父母协助项目家庭成员均认为自己获得了成长,在面对困难时能够以积极态度对待;定量的数据显示,参与这个项目的家庭在对障碍接纳度和满足最基本需求的能力方面,参与前后差异达到显著水平①。Koegel 等人通过考察 8 名使用关键反应训练(PRT)的父母和专业人员之间的合作伙伴关系,探索儿童的行为改善和家长授权之间的关系。结果发现,父母参与孩子的康复治疗,可以有效增加他们与孩子交流和互动的动机

---

① G.H.S.Singer,J.Marquis,L.K.Powers,L.Blanchard,N.Divenere & B.Santelli,et al."A multisite e-valuation of parent to parentprograms for parents of children with disability",*Journal of Early Intervention*,1999,22(3):217−229.

和经验;同时那些孩子取得显著成绩时,家长自身效能感水平也得到提升。[1]
Farber 和 Maharaj 针对残障儿童高危家庭赋权增能的研究表明,为发展迟缓儿
童家庭提供为期十三周的相关课程介入,课程结束后,参与者赋权增能分数得
到显著提升,绝大部分参与者获得了更多接触社区资源、维持学校联系、解决
家庭危机的知识。[2] 所有这些研究和本研究结果都表明,为发展性障碍儿童
家庭提供整体支持,与专业人员建立专业伙伴关系,帮助他们参与到孩子的医
疗、康复、教育、服务等领域,家庭可以获得很大程度的成长和发展,儿童最终
会从中受益。

6. 独生子女和非独生子女家庭赋权增能表现

日本学者 RieWakimizu 等在一项关于重度动机和智力障碍儿童家庭功能
与家庭赋权增能的研究中发现,家中子女数量、社会支持的意识等与家庭赋权
增能呈显著相关,并且日本家庭赋权增能水平低于美国、澳大利亚。[3] 但是本
研究对比独生子女家庭和非独生子女家庭赋权增能差异的结果却没有显示出
两者之间存在着显著差异。两个研究的差异可能在于近几十年中国和日本的
生育文化的差异。20 世纪 70 年代末中国实行计划生育政策以来,独生子女
家庭成为主流。但是依据我国相关政策,如果第一个孩子出现残障等问题,则
可以生第二胎。这就是为什么本研究 524 个有效样本家庭中,非独生子女家
庭有 304 个,占 63.4%。这意味着:第一,在中国,并不是所有的残障儿童家庭
都愿意利用国家政策,多生一个孩子,许多家庭愿意将全部身心都投放在残障
孩子的帮助和发展上;第二,即便有相当多的残障儿童家庭出于各种原因,愿
意多生一个孩子,孩子的数量通常不会超过两个,而且这部分家庭一般都是有
比较强大的心理准备和资源准备,多一个孩子也不会对残障孩子产生很大的
实质性影响。因此,本研究所得到的数据显示,尽管独生子女家庭赋权增能得

① P.G.Morrison,*Empowerment:Parent of Children with Developmental Disabilities*,Long Beach:California State University,2001.

② M.L.Z.Farber,R.Maharaj,"Empowering High-Risk Families ofChildren with Disabilities",*Research on Social Work Practice*,2005,15(6):501-515.

③ RieWakimizu,Keiko Yamaguchi,Hiroshi Fujioka,Chieko Numaguchi,Kaori Nishigaki,Naho Sato,Miyuki Kishino,Hiroshi Ozawa,Nobuhiro Iwasaki,"Assessment of Quality of Life,Family Function and Family Empowerment for Families Who Provide Home Care for a Child with Severe Motor and Intellectual Disabilities in Japan",Scientific Research Publishing,2016,8:304-317.

分略高于非独生子女家庭得分,但是二者并没有达到显著水平。当家庭只有一个孩子时,所有的家庭资源和关注重点都在这一个孩子的身上,会花费更多的时间和精力在孩子的教育康复上。家庭是非独生子女时,资源可能分散,但是家庭结构、亲子关系尤其是兄弟姐妹同胞关系也可能带来正向的影响。

7. 儿童特征对家庭赋权增能的影响

本研究发现,儿童特征在相当程度上影响着家庭赋权增能水平。这些特征主要集中在儿童障碍类型和障碍程度两个方面,尤其是障碍程度方面。

在儿童障碍类型中,自闭症儿童家庭在家庭赋权增能问卷总分以及效能感、主动性得分要显著高于智力障碍儿童。近年来,自闭症儿童康复和教育是我国特殊儿童早期干预、早期康复和特殊教育中的兴奋点,大量的机构、相关研究和教育实践迅速发展起来,各种技术都被探索、实践和应用。虽然自闭症儿童相较于其他障碍儿童有着更多行为问题,但是家长的康复需求和教育需求更大。研究者对本研究有效样本的进一步分析发现,自闭症儿童家长样本大多来源于民办机构,家长主动需求更多的支持和教育,其本身就显示出了家长对于儿童康复的期望和参与。

在儿童障碍程度方面,不同儿童不同障碍程度的家庭在家庭赋权增能总分及各因子得分上均存在显著差异。在家庭赋权增能总分及效能感、互动性维度上都显示轻度>重度,中度>重度,在影响力维度得分上轻度>重度。孩子障碍程度的加深,可能存在生活无法自理、情绪行为问题增多等情况,家长的照料和养育负担加重,成效可能也会更加缓慢,这种情况下家长可能会陷入一种无力感,家庭感受到的赋权增能水平自然会较低。

(五)研究结论

发展性障碍儿童家庭在家庭赋权增能总体上处于中等水平。家庭赋权增能总分及各因子在家长教育水平、是否独生、儿童性别、家长身份类别上不存在显著差异。居住城镇的家庭在家庭赋权增能总分及四个因子得分要高于居住于农村的家庭。

低收入家庭在效能感因子的得分要低于高收入家庭;在主动性、家庭赋权增能总体得分上低收入要低于高收入家庭。完全不知道康复知识的家庭在家庭赋权增能总体及各因子得分要低于知道部分康复知识且低于专门学习过康复知识的家庭。养育有自闭症儿童的家庭在家庭赋权增能总体、效能感、主动性因子的得分上要高于养育有智力障碍儿童家庭。养育有轻度或者中度发展性障碍儿童的家庭在家庭赋权增能总体、效能感及互动性因子得分都显示要高于重度,养育有轻度发展性障碍儿童的家庭在影响力因子得分显示要高于中度重度。

二、听力障碍儿童赋权增能现状

第二次全国残疾人抽样调查我国残疾人占总人口数的比例以及各类障碍占总残疾人总数比例推算,2010 年我国有听力障碍者约 2054 万。[①] 据统计估计,每年有 3 万余名听力障碍新生儿出生[②],据此估算,我国 0—18 岁听力障碍儿童至少有 54 万。听力障碍儿童在听知觉、语言、认知、学业成就、社会适应等方面的发展有别于健听儿童,与发展性障碍儿童相比也有很大的差异。这种差异让听障儿童家庭在听障儿童康复成长过程中面临自身独特的挑战和问题。

(一)问题的提出

听力障碍儿童的第一任和终身老师——听力障碍儿童家长,及听力障碍儿童成长发展的第一场所和主场所——家庭,在听力障碍儿童的成长、发展过程中都起着举足轻重的作用。2006 年,联合国通过的《残疾人权利公约》要求缔约国向残障儿童及其家庭提供信息、服务、支持。听力障碍儿童家庭获取这些信息、服务、支持的能力,以及运用这些信息、服务、支持的能力影响家庭生活质量。因此听力障碍儿童家庭赋权增能就显得十分必要。

如今以特殊儿童家庭为中心的研究如火如荼,家庭赋权增能在国外的研究比较多,但是主要是对发展性障碍儿童的相关研究。国内的研究大多探讨教师、农民工、老年人等群体的赋权增能,关于听障儿童家庭赋权增能的研究少之又少,且为数不多的研究通常集中在发展性障碍儿童家庭方面。听障儿童家庭赋权增能的研究仍是凤毛麟角。

本研究主要从听力障碍儿童家庭的角度出发,通过探索听力障碍儿童家

---

① 赵燕潮:《中国残联发布我国最新残疾人口数据》,《残疾人研究》2012 年第 1 期。
② 李郁明、梁勇:《听障儿童听力语言康复效果的评价及其相关的影响因》,《中国听力语言康复科学杂志》2012 年第 4 期。

庭在听力障碍儿童出生成长过程中的赋权增能水平,为进一步探索家庭应对策略以及家庭生活质量的状况,探讨听力障碍儿童家庭赋权增能、应对方式、生活质量三者之间的关系奠定基础。因此,本研究可以丰富特殊儿童家庭赋权增能相关理论内容,为后续研究提供理论借鉴和参考。

（二）研究方法

1. 研究对象

通过随机便利取样的方式从我国东、中、西部选取调查对象,具体包括广东、福建、浙江、江苏、重庆、四川、安徽、河南等省市的特殊教育学校、机构以及普通教育学校进行取样,选取0—18岁听力障碍儿童家长作为调查对象。

听障儿童选择具体标准如下:①儿童的生理年龄在0—18岁;②儿童被确诊为听力障碍或听力残疾。听力障碍儿童家长选择具体标准:①为听力障碍儿童的直系亲属;②无认知障碍;③可进行正常语言沟通。

共发放问卷600份,剔除有明显抄袭、大面积规律性作答以及漏答题超过总题数2/3的问卷,回收有效问卷为512份,有效回收率为85.3%。样本结构见表4.2.1。

表 4.2.1　听力障碍儿童家长基本情况（N＝512）

类别	内容	人数	百分比（%）
家长身份	爸爸	224	43.8
	妈妈	253	49.4
	其他	35	6.8
家长年龄	30 岁及以下	33	6.4
	31—40 岁	191	37.3
	41—50 岁	241	47.1
	51 岁及以上	47	9.2
家长受教育程度	小学及以下	149	29.1
	初中	252	49.2
	高中	66	12.9
	专科及以上	44	8.6
	缺失	1	0.2

类别	内容	人数	百分比（%）
家长职业状态	全职家庭主妇或主男	175	34.2
	全职工作	148	28.9
	半职工作	182	35.5
	缺失	7	1.4
家长婚姻状况	正常婚姻	447	87.3
	其他（离异、丧偶）	63	12.3
	缺失	2	0.4
家庭月收入	3000 元以下	235	45.9
	3000—6000 元	234	45.7
	6000 元及以上	39	7.6
	缺失	4	0.8
居住区域	城镇	169	33.0
	乡村	340	66.4
	缺失	3	0.6
家庭类型	核心家庭	206	40.2
	大家庭（三代同堂和延伸家庭）	252	49.2
	单亲家庭	52	10.2
	缺失	2	0.4
子女数	独生子女	83	16.2
	多子女	427	83.4
	缺失	2	0.4
家长康复知识	完全不了解相关知识	156	30.5
	听说过相关的知识	246	48.0
	专门学过相关的知识	104	20.3
	缺失	6	1.3

续表

类别	内容	人数	百分比（%）
儿童年龄	0—6 岁	53	10.4
	7—12 岁	134	26.1
	13—15 岁	116	22.7
	16—18 岁	209	40.8
儿童性别	男	278	54.3
	女	232	45.3
	缺失	2	0.4
儿童教育安置	特殊教育环境	480	93.8
	普通学校	32	6.2
儿童障碍程度	极重度	402	78.5
	重度	68	13.3
	中度及以下	20	3.9
	不知道	22	4.3
儿童康复情况	接受过	262	51.2
	没接受过	245	47.8
	缺失	5	1.0
居家情况	每天都回家	152	29.7
	每周或两周回一次家	273	53.3
	每个月或超过一个月回一次家	87	17.0

注:特殊教育环境为特殊教育学校或中心以及残联依托的机构。

2. 研究工具

经过本土化处理的《特殊儿童家庭赋权增能问卷》（见本土化研究工具开发）。该问卷分为效能感、互动性、影响力、主动性四个因子,共 21 个项目。问卷采用李克特 5 点记分,从"完全不符合"到"完全符合"按 1—5 分分为五个等级。

问卷抽取 777 个有效的发展性障碍儿童家庭样本进行验证性因素分析,结果显示,绝对拟合指数 CMIN/DF（自由度）为 2.556,SRMR（均方根残差）值为 0.054,RMSEA(近似误差均方根)值为 0.063;相对拟合指数 GFI(拟合优度指数)值为 0.894、TLI(非规范拟合指数)值为 0.889,CFI 值为 0.903,NFI 值为 0.860,IFI 值为 0.904;简约拟合指数 PGFI 值为 0.709,PNFI 值为 0.742,PCFI 值为 0.787。所有统计指标均符合测量学的统计要求。表明该问卷具有良好的结构效度。

问卷以 777 个有效的发展性障碍儿童家庭样本进行信度分析,整个问卷的信度系数 α 值为 0.92,效能感、互动性、影响力、主动性四个因子的信度系数 α 值分别为 0.80、0.85、0.75、0.82。均达到了测量学的统计要求。表明该问卷具有良好的信度。

为进一步检测该问卷对听障儿童家庭的适用性,研究者在本研究的有效样本中随机选取了 253 名听障儿童家长对其进行检验,通过 AMOS 22.0 建模软件处理,结果显示,x^2/df 为 1.99,CFI 为 0.93,TLI 为 0.91,IFI 为 0.93,RMSEA 为 0.06,均符合统计学标准,说明该问卷同样可用于听障儿童家庭。

(三)研究结果

1. 听力障碍儿童家庭赋权增能总体情况

本研究结果显示,对听力障碍儿童样本家庭而言,在家庭赋权增能问卷项目平均得分为 3.684,处于一般和较符合等级之间,落在中等较为正向的区间,由于听力障碍儿童家庭赋权增能量表采用的是李克特 5 点计分,分值范围是从 1 到 5,中间值为 3。说明听力障碍儿童家庭赋权增能处于中等稍微偏上水平。进一步分析四个因子的得分,结果显示,样本群体家庭赋权增能在主动性因子的项目平均得分最高,为 4.101,处于比较符合与完全符合之间,非常正向。其次为效能感、互动性、影响力,项目平均得分依次为 3.640、3.596、3.370,具体得分情形见表 4.2.2。

表 4.2.2 听力障碍儿童家庭赋权增能的描述性统计结果(N=512)

因子	效能感	互动性	影响力	主动性	总问卷
M	3.640	3.596	3.370	4.101	3.684
SD	0.750	0.800	0.840	0.740	0.660

2. 不同角色家长的家庭赋权增能差异

将家长在家庭中的角色作为自变量,将听力障碍儿童家庭赋权增能及其因子作为因变量,采用单因素方差分析的方法对听力障碍儿童家庭赋权增能在家长家庭角色方面的差异进行比较,当 F 检验达到显著水平时采用 LSD 法对组别间的差异进行事后分析。结果显示,对于样本家庭而言,听力障碍儿童家庭赋权增能总分及各因子得分在家庭角色上的差异并不显著,结果见表 4.2.3。

表 4.2.3　不同角色家长在家庭赋权增能问卷得分差异(N=512)

因子	爸爸(N=224) M±SD	妈妈(N=253) M±SD	其他(N=35) M±SD	F
效能感	3.602±0.749	3.662±0.722	3.726±0.944	0.627
互动性	3.531±0.800	3.653±0.780	3.596±0.927	1.373
影响力	3.280±0.873	3.440±0.790	3.429±0.944	2.232
主动性	4.035±0.775	4.157±0.695	4.120±0.803	1.624
总问卷	3.620±0.672	3.734±0.622	3.720±0.818	1.842

注:1. * p<0.05, ** P<0.01, *** P<0.001;
　　2. 其他组包括祖父、祖母、外祖父、外祖母等直系亲属。
　　3. 不同年龄家长的家庭赋权增能差异

将家长年龄作为自变量,将听力障碍儿童家庭赋权增能及其因子作为因变量,采用单因素方差分析的方法,对听力障碍儿童家庭赋权增能在家长年龄方面的差异进行比较,结果见表 4.2.4。

表 4.2.4　不同年龄在家庭赋权增能差异检验(N=512)

因子	A(N=33) M±SD	B(N=191) M±SD	C(N=241) M±SD	D(N=47) M±SD	F	Post Hoc
效能感	3.658±0.789	3.700±0.770	3.616±0.746	3.518±0.654	0.875	—
互动性	3.727±0.775	3.695±0.791	3.549±0.814	3.341±0.724	3.176*	A>D;B>D
影响力	3.303±0.755	3.452±0.823	3.336±0.877	3.251±0.765	1.116	—
主动性	4.152±0.725	4.174±0.687	4.047±0.788	4.047±0.697	1.191	—
总问卷	3.731±0.648	3.763±0.644	3.643±0.686	3.534±0.561	2.108	—

注:1. * p<0.05, ** P<0.01, *** P<0.001;
　　2. A 代表"30 岁及以下"组,B 代表"31—40 岁"组,C 代表"41—50 岁"组,D 代表"51 岁及以上"组。

由表4.2.4可知,家庭赋权增能量表互动性因子得分上,不同年龄段的家长组群存在显著差异(P<0.05)。进一步采用LSD法对组别间的差异进行事后分析,结果显示,"30岁及以下"组家长和"31—40岁"组家长在互动性维度的得分显著高于"51岁及以上"组家长。家庭赋权增能总分以及效能感、影响力、主动性三个维度得分在家长年龄段上并不存在显著差异。

4. 不同受教育程度家长的家庭赋权增能差异

将家长受教育程度作为自变量,将听力障碍儿童家庭赋权增能作为因变量,采用单因素方差分析的方法,对听力障碍儿童家庭赋权增能在家长受教育程度方面的差异进行比较,结果见表4.2.5。

表4.2.5 不同受教育程度在家庭赋权增能差异(N=511)

因子	A(N=149)M±SD	B(N=252)M±SD	C(N=66)M±SD	D(N=44)M±SD	F	Post Hoc
效能感	3.491±0.776	3.652±0.727	3.744±0.731	3.927±0.735	4.660**	D>B>A;C>A
互动性	3.507±0.813	3.622±0.765	3.657±0.821	3.685±0.896	1.023	—
影响力	3.236±0.846	3.389±0.821	3.501±0.766	3.557±0.932	2.606	
主动性	3.968±0.828	4.156±0.689	4.124±0.700	4.236±0.693	2.612	—
总问卷	3.561±0.691	3.712±0.616	3.759±0.652	3.850±0.735	3.135*	B>A;C>A;D>A

注:1. * p<0.05, ** P<0.01, *** P<0.001;
2. A代表"小学及以下"组,B代表"初中"组,C代表"高中"组,D代表"专科及以上"组。

由表4.2.5可知,不同受教育程度家长在家庭赋权增能总分及效能感因子得分上存在显著差异(P<0.05)。家庭赋权增能问卷互动性、影响力、主动性因子得分在家长受教育程度上并不存在显著性差异。进一步采用LSD法对组别间的差异进行事后分析,具体情况如下:(1)家庭赋权增能总量表,"专科及以上"组、"高中"组、"初中"组家庭均显著高于"小学及以下"组家长;(2)效能感因子,"专科及以上"组、"高中"组、"初中"组家庭均显著高于"小学及以下"组家长,同时"专科及以上"组家长高于"初中"组家长。

5. 家长不同职业状态的家庭赋权增能差异

将家长的职业状态作为自变量,将听力障碍儿童家庭赋权增能及其因子作为因变量,采用单因素方差分析的方法,对听力障碍儿童家庭赋权增能在家长职业状态方面的差异进行比较,结果见表4.2.6。

表 4.2.6　不同职业状态家庭赋权增能差异(N=505)

因子	A(N=175) M±SD	B(N=148) M±SD	C(N=182) M±SD	F
效能感	3.597±0.754	3.622±0.795	3.712±0.715	1.140
互动性	3.551±0.749	3.612±0.863	3.636±0.803	0.523
影响力	3.269±0.821	3.402±0.882	3.454±0.821	2.283
主动性	4.113±0.723	4.082±0.798	4.125±0.704	0.147
总问卷	3.642±0.624	3.686±0.719	3.736±0.647	0.899

注:A代表"全职家庭主妇或主男"组,B代表"全职工作"组,C代表"半职工作"组。

由表4.2.6可知,家庭赋权增能总量表得分及效能感、互动性、影响力、主动性四个因子得分在家长职业状态上并不存在显著差异。

6. 家长不同婚姻状况的家庭赋权增能差异

将婚姻状态作为自变量,将听力障碍儿童家庭赋权增能及其因子作为因变量,采用独立样本 T 检验的方法,对听力障碍儿童家庭赋权增能在婚姻状况方面的差异进行比较,结果见表4.2.7。

表 4.2.7　不同婚姻状况在家庭赋权增能差异(N=510)

因子	正常婚姻(N=447) M±SD	其他(N=63) M±SD	T 值
效能感	3.615±0.739	3.819±0.813	−2.026*
互动性	3.565±0.799	3.819±0.778	−2.369*
影响力	3.345±0.828	3.568±0.899	−1.977*
主动性	4.084±0.734	4.266±0.742	−1.845
总问卷	3.658±0.647	3.876±0.713	−2.482*

注:1. * $p<0.05$, ** $P<0.01$, *** $P<0.001$;
2. "其他"组包含离异、丧偶等情况。

由表4.2.7可知,家庭赋权增能总分及效能感、互动性、影响力因子得分在家长的婚姻状况上存在显著差异($P<0.05$),表现为正常婚姻家长在家庭赋权增能总分及效能感、互动性、影响力因子得分显著低于离异、丧偶家庭。家

庭赋权增能的主动性因子得分在家长婚姻状况上并不存在显著性差异。

7. 不同收入家庭的家庭赋权增能差异

将家庭月收入作为自变量,将听力障碍儿童家庭赋权增能及其因子作为因变量,采用单因素方差分析的方法,对听力障碍儿童家庭赋权增能在家庭月收入方面的差异进行比较,结果见表4.2.8。

由表4.2.8可知,家庭赋权增能总分及效能感、互动性因子得分在家庭月收入上存在显著差异($P<0.05$),进一步采用LSD法对组别间的差异进行事后分析,结果显示,"3000—6000元"组家庭在家庭赋权增能总分及效能感、互动性因子得分均高于"3000元以下"组家庭。家庭赋权增能影响力因子和主动性因子得分在家庭月收入上并不存在显著性差异。

表4.2.8　不同家庭月收入在家庭赋权增能差异(N=508)

因子	A(N=235) M±SD	B(N=234) M±SD	C(N=39) M±SD	F	Post Hoc
效能感	3.527±0.761	3.750±0.702	3.674±0.888	5.278**	B>A
互动性	3.492±0.842	3.712±0.713	3.571±0.922	4.514*	B>A
影响力	3.370±0.843	3.382±0.804	3.404±0.950	0.031	—
主动性	4.023±0.807	4.181±0.639	4.175±0.791	2.880	—
总问卷	3.604±0.695	3.769±0.579	3.707±0.802	3.787*	B>A

注:1. * p<0.05, ** P<0.01, *** P<0.001;
　　2. A代表"3000元以下"组,B代表"3000—6000元"组,C代表"6000元以上"组。

8. 听力障碍儿童家庭赋权增能的城乡差异

将家庭所在区域作为自变量,将听力障碍儿童家庭赋权增能及其维度作为因变量,采用独立样本T检验的方法,对听力障碍儿童家庭赋权增能在居住区域(城镇和乡村)的差异进行比较,结果见表4.2.9。

表4.2.9　不同居住区域在家庭赋权增能差异检验(N=509)

因子	城镇(N=169) M±SD	乡村(N=340) M±SD	T值
效能感	3.757±0.727	3.585±0.757	2.453*
互动性	3.674±0.821	3.554±0.790	1.598

续表

因子	城镇（N=169） M±SD	乡村（N=340） M±SD	T 值
影响力	3.525±0.829	3.295±0.839	2.925**
主动性	4.232±0.693	4.042±0.754	2.747**
总问卷	3.798±0.656	3.628±0.657	2.754**

注：* $p<0.05$，** $p<0.01$，*** $p<0.001$。

由表4.2.9可知，家庭赋权增能总分及效能感、影响力、主动性因子得分在家庭所在区域上存在显著差异（$P<0.05$），表现为城镇家庭在家庭赋权增能总分及效能感、影响力、主动性因子得分显著高于乡村家庭。互动性因子得分在家庭所在区域上不存在显著差异。

9. 不同家庭类型的家庭赋权增能差异

表4.2.10　不同家庭类型在家庭赋权增能差异检验（N=510）

因子	A（N=206） M±SD	B（N=252） M±SD	C（N=52） M±SD	F
效能感	3.603±0.750	3.651±0.735	3.737±0.836	0.704
互动性	3.592±0.829	3.603±0.765	3.618±0.848	0.024
影响力	3.328±0.837	3.391±0.817	3.481±0.925	0.790
主动性	4.053±0.724	4.151±0.719	4.080±0.875	1.037
总问卷	3.654±0.662	3.705±0.632	3.730±0.768	0.454

注：A 代表"核心家庭"组，B 代表"大家庭"组，C 代表"单亲家庭"组。

将家庭类型作为自变量，将听力障碍儿童家庭赋权增能及其因子作为因变量，采用单因素方差分析的方法，对听力障碍儿童家庭赋权增能在核心家庭、大家庭和单亲家庭等不同类型家庭的得分差异进行比较。当 F 检验达到显著水平时采用 LSD 法对组别间的差异进行事后分析，结果见表4.2.10。

由表4.2.10可知，家庭赋权增能总分及各因子上得分在家庭类型上并不存在显著性差异。

10. 不同子女数家庭的家庭赋权增能差异

将家庭子女数（独生子女和非独生子女家庭）作为自变量，将听力障碍儿童家庭赋权增能及其维度作为因变量,采用独立样本 T 检验的方法,对听力障碍儿童家庭赋权增能在不同子女数家庭的差异进行比较,结果见表 4.2.11。

表 4.2.11　不同子女数在家庭赋权增能差异检验(N=510)

因子	独生子女(N=83) M±SD	多子女家庭(N=427) M±SD	T 值
效能感	3.783±0.7	3.614±0.742	1.884
互动性	3.686±0.859	3.581±0.789	1.094
影响力	3.582±0.870	3.333±0.828	2.493*
主动性	4.184±0.762	4.083±0.736	1.132
总问卷	3.808±0.742	3.661±0.642	1.858

注:* $p<0.05$,** $p<0.01$,*** $p<0.001$。

由表 4.2.11 可知,家庭赋权增能影响力因子得分在子女数上存在显著差异($P<0.05$),表现为独生子女家庭在家庭赋权增能影响力因子得分显著高于多子女家庭。家庭赋权增能总分及效能感、互动性、主动性因子得分在家庭子女数上不存在显著差异。

11. 不同康复知识水平家长的家庭赋权增能差异

将家长的康复知识水平作为自变量,将听力障碍儿童家庭赋权增能及其因子作为因变量,采用单因素方差分析的方法,对听力障碍儿童家庭赋权增能在家长康复知识方面的差异进行比较,当 F 检验达到显著水平时采用 LSD 法对组别间的差异进行事后分析,结果见表 4.2.12。

表 4.2.12　不同康复知识在家庭赋权增能差异(N=506)

因子	A(N=156) M±SD	B(N=246) M±SD	C(N=104) M±SD	F	Post Hoc
效能感	3.425±0.757	3.659±0.724	3.931±0.707	15.111***	C>B>A
互动性	3.329±0.831	3.649±0.759	3.888±0.714	17.313***	C>B>A
影响力	3.215±0.934	3.393±0.778	3.539±0.796	4.929**	B>A;C>A
主动性	3.885±0.889	4.158±0.661	4.306±0.587	11.825***	C>B>A
总问卷	3.462±0.715	3.724±0.614	3.931±0.572	17.657***	C>B>A

注:1. * p<0.05, ** P<0.01, *** P<0.001;

　　2. A 代表"完全不了解与听障儿童教育康复相关知识"组,B 代表"听说过与听障儿童教育康复相关的知识"组,C 代表"专门学过一些与听障儿童教育康复相关的知识"组。

　　由表4. 2. 12 可知,家庭赋权增能及各维度在家长的康复知识上存在显著差异(P<0.05)。进一步的事后检验,具体结果如下:(1)家庭赋权增能问卷,得分最高的为"专门学过一些与听障儿童教育康复相关的知识"组家庭,其次是"听说过与听障儿童教育康复相关的知识"组家庭,最后是"完全不了解与听障儿童教育康复相关知识"组家庭,三者之间差异极其显著;(2)效能感因子,得分最高的为"专门学过一些与听障儿童教育康复相关的知识"组家庭,其次是"听说过与听障儿童教育康复相关的知识"组家庭,最后是"完全不了解与听障儿童教育康复相关知识"组家庭;(3)互动性维度,得分最高的为"专门学过一些与听障儿童教育康复相关的知识"组家庭,其次是"听说过与听障儿童教育康复相关的知识"组家庭,最后是"完全不了解与听障儿童教育康复相关知识"组家庭;(4)影响力维度,"听说过与听障儿童教育康复相关的知识"组和"专门学过一些与听障儿童教育康复相关的知识"组家庭得分均显著高于"完全不了解与听障儿童教育康复相关知识"组家庭的得分;(5)主动性维度,得分最高的为"专门学过一些与听障儿童教育康复相关的知识"组家庭,其次是"听说过与听障儿童教育康复相关的知识"组家庭,最后是"完全不了解与听障儿童教育康复相关知识"组家庭。

　　12. 障碍儿童人口统计特征家庭赋权增能差异

　　(1)儿童年龄不同在听力障碍儿童家庭赋权增能问卷得分的差异

　　将儿童年龄作为自变量,将听力障碍儿童家庭赋权增能及其因子作为因变量,采用单因素方差分析的方法,对听力障碍儿童家庭赋权增能在儿童年龄方面的差异进行比较,当 F 检验达到显著水平时采用 LSD 法对组别间的差异进行事后分析,结果见表4. 2. 13。

表4. 2. 13　不同年龄在家庭赋权增能差异(N=512)

因子	A(N=53) M±SD	B(N=134) M±SD	C(N=116) M±SD	D(N=209) M±SD	F
效能感	3. 506±0. 811	3. 742±0. 740	3. 593±0. 763	3. 636±0. 730	1. 555

续表

因子	A（N＝53） M±SD	B（N＝134） M±SD	C（N＝116） M±SD	D（N＝209） M±SD	F
互动性	3.408±0.843	3.642±0.803	3.613±0.803	3.604±0.784	1.147
影响力	3.401±0.954	3.384±0.844	3.405±0.773	3.332±0.847	0.246
主动性	4.069±0.771	4.180±0.722	4.007±0.781	4.111±0.718	1.180
总问卷	3.587±0.722	3.745±0.658	3.662±0.666	3.680±0.641	0.803

注：A 代表"0—6 岁"组，B 代表"7—12 岁"组，C 代表"13—15 岁"组，D 代表"16—18 岁"组。

由表 4.2.13 可知，家庭赋权增能总分及各维度得分在儿童的年龄上不存在显著性差异。

（2）儿童性别不同在听力障碍儿童家庭赋权增能问卷得分差异

将儿童性别作为自变量，将听力障碍儿童家庭赋权增能及其因子作为因变量，采用独立样本 T 检验的方法，对听力障碍儿童家庭赋权增能在儿童性别方面的差异进行比较，结果见表 4.2.14。

表 4.2.14　不同性别在家庭赋权增能差异（N＝510）

因子	男（N＝278） M±SD	女（N＝232） M±SD	T 值
效能感	3.611±0.707	3.677±0.801	-0.969
互动性	3.605±0.769	3.581±0.840	0.340
影响力	3.395±0.810	3.337±0.875	0.780
主动性	4.130±0.683	4.068±0.800	0.946
总问卷	3.692±0.621	3.673±0.705	0.313

由表 4.2.14 可知，家庭赋权增能总分及各维度上得分在儿童性别上差异并不显著。

13. 孩子不同教育安置方式的家庭赋权增能差异

将儿童的教育安置环境作为自变量，将听力障碍儿童家庭赋权增能及其因子作为因变量，采用独立样本 T 检验的方法，对听力障碍儿童家庭赋权增能在儿童的教育安置环境方面的差异进行比较，结果见表 4.2.15。

表 4.2.15　不同教育安置情况在家庭赋权增能差异(N=512)

因子	特殊教育环境(N=480) M±SD	融合教育环境(N=32) M±SD	T 值
效能感	3.632±0.749	3.763±0.763	-0.951
互动性	3.602±0.790	3.500±0.951	0.701
影响力	3.357±0.839	3.562±0.845	-1.339
主动性	4.093±0.734	4.225±0.819	-0.979
总问卷	3.679±0.655	3.747±0.737	-0.559

注:特殊教育环境包括特殊教育学校及机构,融合环境包括普通学校随班就读及辅读班。

由表 4.2.15 可知,家庭赋权增能总分及各因子得分在教育安置情况上差异并不显著。

14. 不同障碍程度儿童的家庭赋权增能差异

将儿童障碍程度作为自变量,将听力障碍儿童家庭赋权增能及其因子作为因变量,采用单因素方差分析的方法,对听力障碍儿童家庭赋权增能在儿童障碍程度方面的差异进行比较,当 F 检验达到显著水平时采用 LSD 法对组别间的差异进行事后分析,结果见表 4.2.16。

表 4.2.16　不同障碍程度在家庭赋权增能差异(N=512)

因子	A(N=402) M±SD	B(N=68) M±SD	C(N=20) M±SD	D(N=22) M±SD	F
效能感	3.643±0.745	3.728±0.757	3.447±0.635	3.500±0.898	1.009
互动性	3.588±0.789	3.723±0.890	3.443±0.550	3.474±0.893	0.994
影响力	3.353±0.828	3.471±0.924	3.504±0.684	3.237±0.927	0.729
主动性	4.101±0.738	4.221±0.675	3.972±0.554	3.856±1.034	1.606
总问卷	3.678±0.649	3.794±0.707	3.582±0.475	3.526±0.818	1.226

注:A 代表"儿童听力损失极重度"组,B 代表"儿童听力损失重度"组,C 代表"儿童听力损失中度及以下"组,D 代表"不知道儿童听力损失程度"组。

由表 4.2.16 可知,家庭赋权增能总分及各维度得分在儿童听力损失程度上并不存在显著性差异。

15. 接受康复与否的家庭赋权增能差异

将儿童接受康复情况作为自变量,将听力障碍儿童家庭赋权增能及其维度作为因变量,采用独立样本 T 检验的方法,对听力障碍儿童家庭赋权增能在儿童接受康复情况方面的差异进行比较,结果见表4.2.17。

表 4.2.17　接收康复情况在家庭赋权增能差异(N=507)

因子	接受过(N=262) M±SD	没接受过(N=245) M±SD	T 值
效能感	3.728±0.765	3.552±0.730	2.654**
互动性	3.686±0.813	3.501±0.782	2.615**
影响力	3.427±0.807	3.313±0.876	1.518
主动性	4.166±0.694	4.033±0.781	2.031*
总问卷	3.761±0.654	3.604±0.661	2.690**

注: * $p<0.05$, ** $p<0.01$, *** $p<0.001$。

由表4.2.17可知,家庭赋权增能总分及效能感、互动性、主动性因子得分在儿童接受康复情况上均存在显著性差异($P<0.05$),具体表现为:儿童接受过康复的家庭在家庭赋权增能总分及效能感、互动性、主动性因子得分均显著高于儿童没有接受过康复的家庭。儿童接受康复的情况在家庭赋权增能影响力因子得分上并无显著性差异。

16. 学习期间不同居家方式的家庭赋权增能差异

将儿童学习期间居家方式作为自变量,将听力障碍儿童家庭赋权增能及其维度作为因变量,采用单因素方差分析的方法,对听力障碍儿童家庭赋权增能在儿童就读形式方面的差异进行比较,当 F 检验达到显著水平时采用 LSD 法对组别间的差异进行事后分析,结果见表4.2.18。

表 4.2.18　不同就读形式在家庭赋权增能差异检验(N=512)

因子	A(N=152) M±SD	B(N=273) M±SD	C(N=87) M±SD	F
效能感	3.659±0.755	3.645±0.757	3.592±0.725	0.231
互动性	3.591±0.830	3.611±0.798	3.555±0.759	0.166
影响力	3.442±0.810	3.340±0.884	3.333±0.744	0.817
主动性	4.130±0.675	4.091±0.776	4.083±0.738	0.169
总问卷	3.707±0.651	3.682±0.677	3.645±0.621	0.231

注:A 为"每天都回家"组,B 为"每周或两周回一次家"组,C 为"每个月或超过一个月回一次家"组。

由表 4.2.18 可知,家庭赋权增能总分及各维度得分在就读形式上并无显著性差异。

（四）分析与讨论

1. 听力障碍儿童家庭赋权增能总体特征

本研究结果显示,听力障碍儿童样本家庭在家庭赋权增能总量表项目平均得分为（3.684±0.660）,表明听力障碍儿童家庭的赋权增能水平属于中等偏上。对家庭赋权增能量表各因子得分比较发现,得分最高的为主动性（4.10±0.74）,其次是效能感（3.64±0.75）、互动性（3.60±0.80）,最低的是影响力（3.37±0.84）。说明听力障碍儿童家庭在处理听力障碍儿童相关的一应事务时能比较主动地与家人、社区以及社会相关资源互动,且在这个过程中存在比较积极的效能感。影响力得分低于其他维度和总量表得分,这可能与我国传统的"内敛"文化有关,即在为人处世上的含蓄、谦逊、隐忍等。

表 4.2.19　发展性障碍儿童与听力障碍儿童家庭赋权增能差异

因子	发展性障碍 儿童家庭 （N=480） M±SD	听力障碍儿童家庭 （N=512） M±SD	T 值
效能感	3.28±3.59	3.64±0.75	-6.61***
互动性	3.38±5.60	3.60±0.80	-3.44***
影响力	2.90±3.21	3.37±0.84	-17.87***
主动性	3.37±3.67	4.10±0.74	-24.39***
总问卷	3.35±13.22	3.68±0.66	-2.37**

注：* p<0.05, ** p<0.01, *** p<0.001。

在整体上,听力障碍儿童家庭赋权增能水平与我国发展性障碍家庭赋权增能水平表现一致（见本部分的研究一）,但是比发展性障碍儿童家庭权能水平更加正向（发展性障碍儿童家庭赋权增能问卷项目平均得分 3.35）。从绝对值来看,听力障碍儿童家庭赋权增能问卷各因子得分也比发展性障碍儿童家庭得分高。我国发展性障碍儿童家庭赋权增能问卷得分也是主动性最高,为 3.73,其次为效能感、互动性、影响力,每个项目平均得分依次为 3.38、3.28、2.90。对二者之间的差异进行独立样本双侧 T 检验（见表 4.2.19）,结果显示,总体上听力障碍儿童家庭赋权增能水平显著高于发展性障碍儿童家庭,各因子得分上,二者之间的差异极其显著(0.001)水平。结果说明,听力障碍儿童家庭赋权增能水平明显高于发展性障碍儿童家庭。

在发展性障碍儿童和听力障碍儿童家庭之间之所以呈现出这种结果,可能的原因是:听力障碍儿童所面临的问题相对比较单一,现代医学和科学技术尤其是人工智能发展使得解决听力障碍儿童问题的技术和方案也比较成熟,一旦语言和沟通问题解决了,通常能够很好地融入主流社会和日常社区中。相反,发展性障碍儿童的问题相当复杂,种类比较繁多,成因也多种多样,甚至许多问题的成因目前还无法确认,个别差异异常显著,问题解决技术和方案可重复性、对不同对象的适应性和有效性都远不如听力障碍儿童。这就导致了听力障碍儿童家长和家庭面对孩子障碍和问题的确定性远远高于发展性障碍儿童家长和家庭。而且随着人们对手语语言学地位的确认和聋人文化的认可与尊重,许多国家已经将听力障碍排除在残疾人范畴之外,而作为一个具有某种特殊需求的正常群体对待。

2. 不同年龄段家长家庭赋权增能表现

日本有相关研究结果显示,对于严重动力和智力障碍儿童家庭而言,家长年龄越大其赋权增能水平越高。[①] 本研究的结果却发现,在我国听力障碍儿童家庭赋权增能的互动性因子在家长年龄上存在显著性差异,具体表现为40岁及以下年龄家长互动性得分显著高于51岁及以上年龄的家长,即40岁以下家长比51岁以上家长互动性水平更高。可能是因为:(1)日本是一个发达国家,我国则是一个发展中国家。发达国家相对比较成熟,年龄的增长意味着经验和资源的丰富,因此赋权增能水平就越高。在我国,由于经济、社会和文化的快速发展,年轻人更具优势。相较于51岁组家长,40岁及以下组的家长精力更旺盛,有更多的渠道获取相关的知识、技能以及资源,从而在与专业人士、社区以及社会的互动过程中更加游刃有余;(2)40岁及以下组家长的孩子年龄可能会比51岁及以上家长的孩子更小,这种境况增加了40岁及以下组家长与专业人士、社区以及社会的互动必要性;(3)本研究的研究对象仅是听

---

① R.Wakimizu,H.Fujioka,K.Nishigaki,et al.,"Family empowerment and associated factors in Japanese families raising a child with severe motor and intellectual disabilities",*International Journal of Nursing Sciences*,2018,5(4):370-376.

力障碍儿童家庭,听力障碍儿童有别于其他障碍儿童的个性使得结果与之前的结果不一样。

3. 家长文化程度对家庭赋权增能的影响

本研究结果显示,听力障碍儿童家庭赋权增能总问卷和效能感因子得分在家长文化程度上存在显著差异,具体表现为:效能感上,专科及以上文化家长显著高于初中文化家长,初中及以上文化家长显著高于小学及以下文化家长;赋权增能总问卷上初中及以上文化家长显著高于小学及以下文化家长。关于家长文化程度对家庭赋权增能的影响,国外对听力障碍儿童的研究报告较少,对发展性障碍的儿童研究报告结论出现一些分歧。如有研究显示,家长文化程度越高家长的赋权增能水平越高[1],但也有研究发现文化程度较高的家长其赋权增能的水平比文化程度较低的家长低[2]。我们在本部分的研究中所得出的结果显示,对于我国发展性障碍儿童家庭而言,家庭赋权增能问卷得分在不同文化程度家长之间没有显著性差异。这可能是因为听力障碍儿童的病因、临床表现、辅助技术支持、问题解决方案、语言康复训练、教育教学等都比较成熟,文化程度较高的家长,接受新的教育观念和教育方式以及主动掌握听障儿童康复知识的速度更快,与专业人员、社区乃至社会互动更积极,在处理听障儿童一应事务时效能感更强。并且受教育程度较高的家长能正确、理性地面对自己孩子的问题,也更有条件获取更多的社会支持。有研究发现,家庭获得的社会支持越多家庭赋权增能水平越高[3],获得的专业支持越多的家庭赋权增能水平越高[4]。

[1] R.Wakimizu,H.Fujioka,K.Nishigaki,et al.,"Family empowerment and associated factors in Japanese families raising a child with severe motor and intellectual disabilities",*International Journal of Nursing Sciences*,2018,5(4):370-376.

[2] W.J.Curtis,N.N.Singh,"Family involvement and empowerment in mental health service provision for children with emotional and behavioral disorders",*Journal of Child and Family Studies*,1996,5(4):503-517.

[3] R.Wakimizu, H. Fujioka, A. Yoneyama, et al., "Factors associated with the empowerment of Japanese families raising a child with developmental disorders",*Research in Developmental Disabilities*,2011,32(3):1030-1037.

[4] R.Wakimizu,K.Yamaguchi,H.Fujioka,"Family empowerment and quality of life of parents raising children with developmental disabilities in 78 Japanese families",*International Journal of Nursing Sciences*,2017,4(1):38-45.

4. 家长婚姻状况对家庭赋权增能的影响

本研究结果显示,听力障碍儿童家庭赋权增能总量表及效能感、互动性、影响力因子得分在家长婚姻状况上存在显著差异,具体表现在正常婚姻家庭赋权增能总水平及效能感、互动性、影响力水平显著低于离异或丧偶家庭。乍一看,这一结果似乎有悖于我们的直觉期望,即已婚家庭在效能感、互动性、影响力及总的赋权增能上应该比未婚的更高。然而,未婚(离异或丧偶)家长的心理韧性高于已婚家长,已婚家长可能有更高的期望,因此当他们的期望得不到满足时,他们的效能感、互动性、影响力乃至整个赋权增能水平则有可能会下降。

5. 家庭收入对家庭赋权增能的影响

本研究发现,听力障碍儿童家庭赋权增能总量表及效能感、互动性因子得分在家庭月收入上存在显著差异,具体表现在:月收入3000—6000元家庭显著高于月收入3000元以下的家庭。许多研究都证明了这一点。有研究表明家庭经济状况越好,家庭赋权增能水平越高[1][2][3]。月收入较高的家庭来自经济方面的负担相对较轻,除了可以满足家庭生活的日常开销,还有更多的经济能力投入到听力障碍儿童成长发展中,这有利于提升家庭的互动性、效能感以及整体的赋权增能水平。同时,经济收入与对孩子的养育负担密切联系在一起,养育负担是一个相对概念,从经济负担来说,经济收入越多,负担感觉相对就比较轻,这也会促进家庭赋权增能水平的提升。

6. 听力障碍儿童家庭赋权增能的城乡差异

本研究结果显示,听力障碍儿童家庭赋权增能整体水平及效能感、影响力、主动性水平在家庭居住区域上存在显著差异,主要表现在城镇家庭显著高于乡村家庭。我们在发展性障碍儿童家庭赋权增能的研究中也得到类似的结

[1] M.Y.L.Chiu,X.Yang,F.H.T.Wong,et al.,"Caregiving of children with intellectual disabilities in China-an examination of affiliate stigma and the cultural thesis", *Journal of Intellectual Disability Research*,2013,57(12):1117-1129.

[2] M.Vuorenmaa,M.L.Perälä,N.H.alme,et al.,"Associations between family characteristics and parental empowerment in the family,family service situations and the family service system", *Child: care,health and development*,2016,42(1):25-35.

[3] J.A.Weiss,Y.Lunsky ,"The brief family distress scale:A measure of crisis in caregivers of individuals with autism spectrum disorders", *Journal of Child and Family Studies*,2011,20(4):521-528.

果。原因可能是,乡村家庭对于特殊教育的认识和对社会资源的获取较城镇家庭仍然存在差距①。生活在城镇的家庭的家长接收信息的手段和渠道更为广泛,比农村家庭接收听力障碍儿童以及听力障碍儿童相关服务的相关咨询会更快捷、更全面。如他们了解到可以通过教学机构接受正规的康复训练、学习手语、佩戴人工耳蜗等方式,使家中的听力障碍儿童缩小与正常儿童之间的差距,最终能正常融入社会。但是,由于我国经济发展的不平衡,家长文化程度普遍较低,听力障碍以及听力障碍相关服务资讯在农村地区的传播速度相对较慢,从而导致农村家庭赋权增能水平、效能感、影响力、主动性显著低于城镇家庭。

7. 听力障碍儿童家庭赋权增能的子女数量影响

本研究结果显示,听力障碍儿童家庭赋权增能影响力维度在家庭子女数上存在显著差异,主要表现在独生子女家庭在家庭赋权增能影响力维度显著高于多子女家庭。其他针对发展性障碍儿童的相关研究也发现,家庭的子女数、得知诊断结果的时间、照顾者对社会支持和自我效能意识对家庭赋权增能也存在一定的影响②。相较于多子女家庭,独生子女家庭将所有的资源和焦点都放在听力障碍儿童上,有更多的精力和能力参与到与听力障碍儿童相关的事务中,因此他们的家庭赋权增能影响力水平便显著提升。此外,独生子女家庭中听力障碍儿童的需求增强了家庭关系,这种关系随着处理听力障碍儿童相关的一切事变得更加牢固,家庭内更强的情感纽带可能是家庭赋权增能水平高的原因之一。

8. 家长专业知识对家庭赋权增能的影响

听力障碍儿童家庭赋权增能总水平以及各维度在家长对听障儿童教育康复知识的掌握程度上存在显著差异,主要表现对听障儿童教育康复相关知识了解越多其家庭赋权增能、效能感、互动性、影响力、主动性水平越高。Torre认为赋权增能是"人们变得足够强大,能够参与其中,分享控制和影响他们生活的事件和机构的过程",在某种程度上"赋权增能需要人们获得特定的技

① 陈连琴:《农村特殊教育现状的调查与思考》,《考试周刊》2017年第37期。
② R.Wakimizu, H. Fujioka, A. Yoneyama, et al., "Factors associated with the empowerment of Japanese families raising a child with developmental disorders",*Research in Developmental Disabilities*,2011,32(3):1030-1037.

能、知识和足够的力量来影响他们的生活和他们关心的人的生活"①。当听力障碍儿童家长对听力障碍教育康复知识掌握越多,他们参与听力障碍儿童教育康复活动就越主动,且在这个过程中与相关服务人员的互动水平更高,效能感更强,影响力更大,整体的赋权增能水平也较高。

9. 儿童变量对家庭赋权增能的影响

儿童接受过康复训练的家庭在家庭赋权增能总分及效能感、互动性、主动性维度均显著高于儿童没有接受过康复训练的家庭。这可能是因为康复训练可以缓解部分听力障碍给儿童带来的影响,这使得接受过康复训练的儿童家庭的效能感有所提高,从而能更加主动地参与相关服务体系中。此外,听力障碍儿童康复训练大多在儿童低龄段进行,家长的参与比较多。家长在参与听力障碍儿童康复训练过程中能获取一些与听障儿童相关的专业知识或资讯,这也对赋权增能水平起到促进作用。

同时本研究的结果显示,儿童的性别、年龄特征、障碍程度、安置形式、学习期间的居家方式等在家庭赋权增能上都没有呈现出显著差异。即对听力障碍儿童家庭而言,儿童这些基本特征似乎对家庭赋权增能的影响不大。这与发展性障碍儿童家庭赋权增能的情况有很大的不同。

（五）研究结论

听力障碍儿童家庭整体赋权增能为中等偏上水平。家长年龄、家庭子女、家长文化程度、家长婚姻状态、家庭收入、家庭所在区域、家长掌握教育康复相关知识程度、儿童接受康复教育的情况对家庭赋权增能存在不同程度的影响。

---

① D.Torre, *Empowerment: Structured Conceptualization and Instrument Development*, Doctoral Dissertation, New York: Cornell University, 1985.

第五章　特殊儿童家庭赋权增能关系

一、发展性障碍儿童亲职压力、家庭
赋权增能与生活质量关系

前面我们研究了发展性障碍儿童家庭生活质量和家庭赋权增能的现状，并描述了这个变量在家长人口统计特征和障碍儿童人口统计特征上的差异状况。本研究致力于在此基础上探索发展性障碍儿童家庭亲职压力、家庭赋权增能和家庭生活质量的关系。

(一)问题提出

自 20 世纪 70 年代以来，家庭在发展性障碍儿童的养育、康复、教育、生活和工作中的作用越来越被人们所认可，家长和家庭的参与作为一个基本原则被确定下来。人们相信特殊儿童家庭有能力在提供必要的支持下应对残疾问题，即相信家庭具有弹性。[①] 对残疾人家庭的研究范式从心理治疗模式发展到家长教育模式，再转化为生活质量和赋权增能模式。因此，家庭本位的特殊儿童早期干预、早期康复与相关服务模式逐渐得到推广。在以家庭为中心的服务理念中，如果认为家庭有能力作出决策，能够提升家庭整体功能，促进家庭的自我成长(增强效能感和学习技巧等)，就更能为家庭寻找到适当的资源和支持。[②]

近年来的研究从特殊儿童病因探寻、医疗救治、教育康复等研究问题逐渐

---

① A.P. Turnbull, H. R. Turnbull, "From the old to the new paradigm of disability and families: Research to enhance family quality of life outcomes", *Rethinking Professional Issues in Special Education*, 2002:83-119.

② Dempsey, Ian, Dunst, Carl, "Helpgiving Styles and Parent Empowerment in Families with a Young Child with a Disability", *Journal of Intellectual and Developmental Disability*, 2014, 29(1):40-51.

转向对特殊儿童的主要照顾者和其家庭的关注。特殊儿童的出现带给照顾者乃至整个家庭沉重的负担,特殊儿童照顾者和家庭的压力又会反作用于儿童的干预效果。因此,学者越来越重视加强对特殊儿童的主要照顾者和家庭的关注与支持,通过帮助他们有效应对亲职压力,全面承担起其亲职职责,从而达到其家庭生活质量的提升。这就迫切需要我们转变当前特殊教育针对特殊儿童而去的服务模式,建立以特殊儿童家庭为中心的服务路径,构建家长—专业人员之间的伙伴关系,发挥家庭在特殊教育中的先天优势。当前以家庭为中心的服务已被证实是提升家庭赋权增能的有效路径,特殊儿童家庭赋权增能成为特殊领域研究的新趋势。

通过对国内文献的查阅发现我国对特殊儿童家庭亲职压力和生活质量的研究逐渐增多,但很少有研究家庭赋权增能的相关理论和实践问题。研究的热点仍然是进行以特殊儿童教育、康复为核心的教师教学技能的研究,很少有文献从特殊儿童家庭的视角论述特殊儿童家庭赋权增能的研究,更没有人将其与亲职压力、家庭生活质量三者进行联系进而探讨三者之间的关系。因此,本研究围绕此三者的研究,不仅可以丰富亲职压力、家庭赋权增能、家庭生活质量的相关理论内容,并对三者关系中尚未明晰的部分进行探索,而且可以在未来降低家庭亲职压力水平、提升家庭赋权增能、提高生活质量满意度等方面奠定基础、提供理论依据。对于如何使得特殊教育工作者在提升特殊儿童家庭赋权增能、降低亲职压力等问题上更具针对性,以期为未来制订特殊儿童家庭服务计划提升家庭生活质量提供工具支持。

(二)研究方法

发展性障碍是 20 世纪末提出的一个新概念,虽然在发病机理、定义上仍然存在很多争议,但可以确定的是发展性障碍是发生在出生或者 18 岁之前,由于生理或者心理的损伤(常由神经发育障碍引起),而显示的在语言、社交、学习等领域显著且长期的发展迟缓,包括如智力障碍、学习障碍、情绪行为障碍、语言障碍、脑瘫或自闭症谱系障碍等。[①] 本研究参考我国残疾人障碍类别的划分标准和研究中常涉及的特殊儿童类别,将其划定为自闭症、智力障碍、

---

① B.Butterworth & Y.Kovas,"Understanding neurocognitive developmental disorders can improve education for all", *Science*, 2013, 340(6130):300-305.

脑瘫、多重障碍四个类别。

1. 研究对象

根据东中西部地区分别抽取样本,其中东部地区选取浙江省和广东省,西部地区选取重庆市、四川省和广西壮族自治区,中部地区选取黑龙江省、安徽省和河南省。共计发放问卷 524 份,删除有明显抄袭和规律性作答问卷及遗漏超过 3 题的问卷,回收有效问卷 480 份,回收有效率 91.6%。在实际调查中家长类别爷爷或者外公一项数据较少,未达到统计学标准,故与家长类别奶奶及外婆合并为祖父母(外祖父母)。

表 5.1.1　被试结构一览表

背景变量	类型	人数	百分比(%)
家长角色	爸爸 妈妈 祖父母(外祖父母) 缺失	83 332 61 4	17.3 69.2 12.7 0.8
教育水平	高中及以下 大专 本科及以上 缺失	352 57 68 3	73.3 11.9 14.2 0.6
家庭月收入	3000 元以下 3000—6000 元 6000 元以上 缺失	275 135 62 8	57.3 28.1 12.9 1.7
居住地域	城镇 乡村 缺失	295 180 5	61.5 37.5 1.0
家中子女数	独生 非独生	176 304	36.7 63.4
是否具备康复知识	完全不知道 听说过 专门学习过 缺失	86 285 108 1	17.9 59.4 22.5 0.2
孩子障碍类型	自闭症 智力障碍 脑瘫 多重障碍及其他障碍	176 175 77 52	36.7 36.5 16.0 10.8

背景变量	类型	人数	百分比（%）
障碍程度	轻度	77	16.0
	中度	176	36.7
	重度	181	37.8
	缺失（部分家长不知道孩子的障碍程度）	46	9.5

2. 研究工具

亲职压力问卷。经过本土化处理的特殊儿童家庭亲职压力问卷（见《研究工具本土化探索》）。该问卷选取 781 个发展性障碍儿童家庭样本作为被试，对 Abidin 的短式亲职压力量表（Parenting Stress Index/Short Form, PSI/SF）进行本土化处理。处理之后的问卷包括亲子愁苦、亲子互动失调和困难儿童三个因子，共 24 个项目。问卷采用五点记分法，5 代表"非常符合"，1 代表"非常不符合"，并将所有题项随机排列，量表采用家长自评方式。该问卷绝对适配指标 X^2/df 为 644.227、SRMR 为 0.0526、RMSEA 为 0.068；相对适配指标 GFI 为 0.873、TLI 为 0.899、CFI 为 0.909、NFI 为 0.867、IFI 为 0.910；简约适配指标 PGFI 为 0.718、PNFI 为 0.778、PCFI 为 0.816。所有指标均符合测量学的统计要求，证明该问卷具有良好的结构效度。该问卷的总体信度 a 系数为 0.93，三个因子亲子愁苦、亲子互动失调和困难儿童的 a 系数分别为 0.90、0.87、0.89，所有信度系数均符合测量学的统计要求，具有良好的信度。

家庭赋权增能问卷。经过本土化处理的《特殊儿童家庭赋权增能问卷》（见本土化研究工具开发）。该问卷分为效能感、互动性、影响力、主动性四个因子，共 21 个项目。问卷采用李克特 5 点记分，从"完全不符合"到"完全符合"按 1—5 分分为五个等级。问卷抽取 777 个有效的发展性障碍儿童家庭样本进行验证性因素分析，结果显示，绝对拟合指数 CMIN/DF（自由度）为 2.556，SRMR（均方根残差）值为 0.054，RMSEA（近似误差均方根）值为 0.063；相对拟合指数 GFI（拟合优度指数）值为 0.894、TLI（非规范拟合指数）值为 0.889，CFI 值为 0.903，NFI 值为 0.860，IFI 值为 0.904；简约拟合指数 PGFI 值为 0.709，PNFI 值为 0.742，PCFI 值为 0.787。所有统计指标均符合测量学的统计要求，表明该问卷具有良好的结构效度。问卷对 777 个有效的发展性障碍儿童家庭样本进行信度分析,整个问卷的信度系数 α 值为 0.92,效能感、互动性、影响力、主动性四个因子的信度系数 α 值分别为 0.80、0.85、0.75、0.82。均达到了测量学的统计要求。表明该问卷具有良好的信度。

家庭生活质量问卷。经过本土化处理的特殊儿童家庭生活质量问卷(见《研究工具本土化探索》)。本土化处理后的问卷由经济与休闲(经济状况、休闲活动)、身心健康、亲子养育、家人交往、他人支持、专业支持、职业发展七个因子 36 个项目构成。该问卷采用五点记分法,5 代表"非常符合",1 代表"非常不符合",并将所有题项随机排列,量表采用家长自评方式。该问卷绝对适配指标 X^2/df 为 2.25、SRMR 为 0.06、RMSEA 为 0.06;增值适配指标 TLI 为 0.90、CFI 为 0.90;简约适配指标 PNFI 为 0.76,PCFI 为 0.82。所有指标均符合测量学的统计要求,证明该问卷具有良好的结构效度。该问卷的总体信度 a 系数为 0.89,七个因子 a 系数除职业发展为 0.75 之外,其他均在 0.80 以上,所有信度系数均符合测量学的统计要求,具有良好的信度。

(三)研究结果

1. 发展性障碍儿童家庭亲职压力与家庭赋权增能的相关关系

表 5.1.2　发展性障碍儿童家庭亲职压力与家庭赋权增能的相关关系

	亲职愁苦	亲子互动失调	困难儿童	亲职压力总分
效能感	-0.387^{**}	-0.346^{**}	-0.385^{**}	-0.444^{**}
互动性	-0.229^{**}	-0.198^{**}	-0.201^{**}	-0.248^{**}
影响力	-0.415^{**}	-0.235^{**}	-0.268^{**}	-0.366^{**}
主动性	-0.211^{**}	-0.274^{**}	-0.134^{**}	-0.233^{**}
家庭赋权增能	-0.372^{**}	-0.322^{**}	-0.303^{**}	-0.392^{**}

注: * $p<0.05$, ** $p<0.01$, *** $p<0.001$。

由表 5.1.2 得知,研究结果显示,针对本研究样本群体而言,发展性障碍儿童家庭亲职压力与家庭赋权增能问卷得分呈现负相关,并且在总问卷和各因子上相关性都达到 0.01 的显著水平。说明发展性障碍儿童家庭亲职压力越大,家庭赋权增能水平就越低;家庭亲职压力越小,家庭赋权增能水平就越高。

2. 发展性障碍儿童家庭赋权增能与家庭生活质量的相关关系

由表5.1.3得知,研究结果显示,针对本研究的发展性障碍儿童家庭样本群体,发展性障碍儿童家庭赋权增能与家庭生活质量问卷总体得分在0.01水平上呈现显著正相关。进一步检验,结果显示效能感、互动性、影响力、主动性、家庭赋权增能总体与家庭生活质量总体及各因子相关性均达到0.01的显著水平。说明发展性障碍儿童家庭赋权增能水平越高,家庭生活质量就越高;家庭赋权增能水平越低,家庭生活质量就越低。

表5.1.3　发展性障碍儿童家庭赋权增能与家庭生活质量的相关关系

	效能感	互动性	影响力	主动性	家庭赋权增能
身心健康	0.433**	0.359**	0.572**	0.399**	0.536**
亲子养育	0.398**	0.369**	0.814**	0.358**	0.578**
经济状况	0.397**	0.322**	0.714**	0.352**	0.531**
休闲活动	0.399**	0.359**	0.520**	0.424**	0.521**
家人交往	0.303**	0.304**	0.624**	0.273**	0.451**
他人支持	0.198**	0.286**	0.552**	0.239**	0.386**
专业支持	0.407**	0.374**	0.621**	0.457**	0.564**
职业发展	0.404**	0.419**	0.732**	0.412**	0.597**
家庭生活质量	0.483**	0.459**	0.835**	0.480**	0.682**

资料来源:* p<0.05,** p<0.01,*** p<0.001。

3. 发展性障碍儿童家庭亲职压力与家庭生活质量的相关关系

表5.1.4　发展性障碍儿童家庭亲职压力与家庭生活质量的相关关系

	亲职愁苦	亲子互动失调	困难儿童	亲职压力
身心健康	-0.365**	-0.276**	-0.247**	-0.349**
亲子养育	-0.414**	-0.259**	-0.306**	-0.391**
经济状况	-0.433**	-0.309**	-0.269**	-0.396**
休闲活动	-0.312**	-0.272**	-0.184**	-0.296**
家人交往	-0.262**	-0.130**	-0.140**	-0.212**

续表

	亲职愁苦	亲子互动失调	困难儿童	亲职压力
他人支持	-0.108**	-0.005	0.010	-0.041**
专业支持	-0.336**	-0.281**	-0.190**	-0.312**
职业发展	-0.399**	-0.265**	-0.252**	-0.361**
家庭生活质量	-0.425**	-0.292**	-0.255**	-0.382**

注：* $p<0.05$，** $p<0.01$，*** $p<0.001$。

由表 5.1.4 得知，研究结果显示，针对本研究的发展性障碍儿童家庭样本，发展性障碍儿童家庭亲职压力与家庭生活质量问卷总体得分在 0.01 水平上呈现显著负相关。进一步检验结果表明，发展性障碍儿童家庭亲职压力总分、困难儿童、亲职愁苦、亲子互动失调与身心健康因子与家庭生活质量总分、家人交往、专业支持、亲子养育、休闲活动、经济状况各因子得分均在 0.01 水平上呈显著负相关，只有在他人支持维度上与亲子互动失调、困难儿童分维度未达到显著差异。说明发展性障碍儿童家庭亲职压力越高，家庭生活质量就越低；家庭亲职压力越低，家庭生活质量就越高。

4. 发展性障碍儿童家庭亲职压力对家庭生活质量的回归分析

以发展性障碍儿童家庭亲职压力作为自变量，以发展性障碍儿童家庭生活质量作为因变量，进行逐步回归分析，探索发展性障碍儿童家庭亲职压力对家庭生活质量的影响模型，详细结果见表 5.1.5 和图 5.1.1。

表 5.1.5　发展性障碍儿童家庭亲职压力对家庭生活质量的回归分析

因变量	进入变量	R	R^2	R 改变量	Beta	F	T 值
家庭生活质量	亲职愁苦	0.425	0.811	0.179	-0.425	105.536	-10.273***
身心健康	亲职愁苦	0.365	0.138	0.131	-0.304	73.441	-6.605***
—	亲子互动	0.378	0.143	0.139	-0.114	39.647	-2.282*
经济状况	亲职愁苦	0.433	0.187	0.185	-0.374	110.004	-7.709***
—	亲子互动	0.442	0.196	0.192	-0.109	58.007	-2.252*
休闲活动	亲职愁苦	0.414	0.171	0.170	-0.352	98.878	-7.115***
—	困难儿童	0.425	0.181	0.177	-0.115	52.588	-2.231*

续表

因变量	进入变量	R	R²	R 改变量	Beta	F	T 值
家人交往	亲职愁苦	0.312	0.097	0.095	−0.233	51.398	−4.567***
—	亲子互动	0.336	0.113	0.109	−0.148	30.289	−2.896**
他人支持	亲职愁苦	0.262	0.069	0.067	−0.262	35.223	−5.935***
专业支持	亲职愁苦	0.108	0.012	0.010	−0.108	5.646	−2.376*
亲子养育	亲职愁苦	0.336	0.113	0.111	−0.260	60.858	−5.142***
—	亲子互动	0.357	0.128	0.124	−0.143	34.856	−2.822**
职业发展	亲职愁苦	0.399	0.159	0.158	−0.399	90.677	−9.522***

注: * $p < 0.05$, ** $p < 0.01$, *** $p < 0.001$。

对于家庭生活质量总体而言,亲职愁苦对其有负向的预测作用,其多元相关系数为 0.425,可解释的全部变异量为 0.179,即表示亲职愁苦可以在家庭生活质量中共同解释 17.9% 的变异量,标准化回归方程为:家庭生活质量 = −0.425 × 亲职愁苦。

对于身心健康维度而言,亲职愁苦、亲子互动失调对其有负向的预测作用,其多元相关系数为 0.365,可解释的全部变异量为 0.131,即表示亲职愁苦、亲子互动失调可以在身心健康中共同解释 13.1% 的变异量,标准化回归方程为:身心健康 = −0.304 × 亲职愁苦−0.114 × 亲子互动失调。

对于休闲活动维度而言,亲职愁苦、困难儿童对其有负向的预测作用,其多元相关系数为 0.425,可解释的全部变异量为 0.181,即表示亲职愁苦、困难儿童可以在休闲活动中共同解释 18.1% 的变异量,标准化回归方程为:休闲活动 = −0.352 × 亲职愁苦−0.115 × 困难儿童。

对于家人交往维度而言,亲职愁苦、亲子互动失调对其有负向的预测作用,其多元相关系数为 0.336,可解释的全部变异量为 0.109,即表示亲职愁苦、亲子互动失调可以在家人交往中共同解释 10.9% 的变异量,标准化回归方程为:家人交往 = −0.233 × 亲职愁苦−0.148 × 亲子互动失调。

对于他人支持维度而言,亲职愁苦对其有负向的预测作用,其多元相关系数为 0.262,可解释的全部变异量为 0.069,即表示亲职愁苦可以在他人支持中共同解释 6.9% 的变异量,标准化回归方程为:他人支持 = −0.262 × 亲职愁苦。

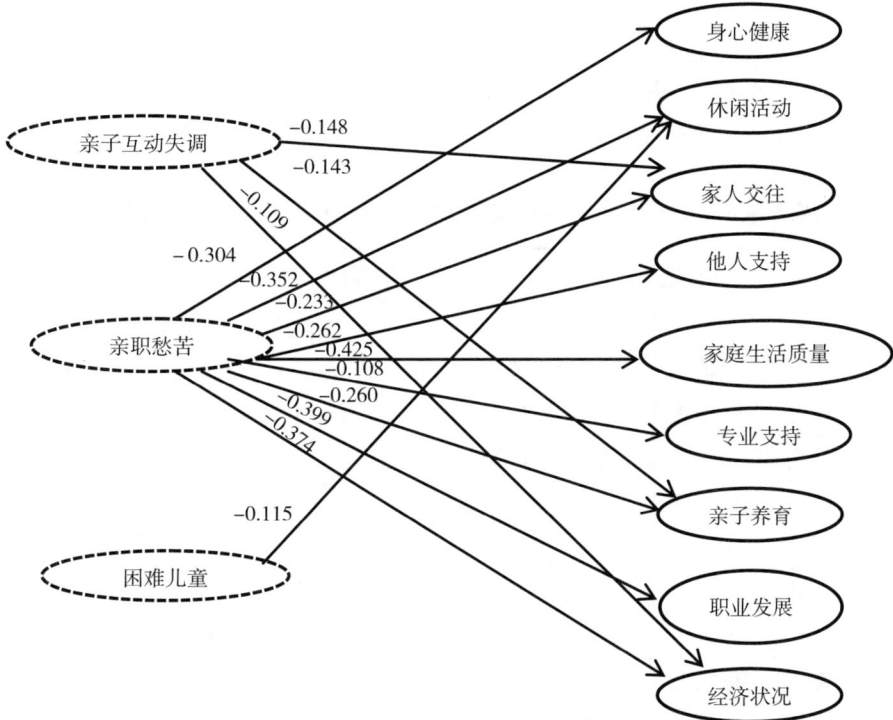

图 5.1.1　亲职压力各维度对家庭生活质量总体影响模型图

对于专业支持维度而言,亲职愁苦对其有负向的预测作用,其多元相关系数为 0.108,可解释的全部变异量为 0.010,即表示亲职愁苦可以在专业支持中共同解释 1.0% 的变异量,标准化回归方程为:专业支持 = −0.108 × 亲职愁苦。

对于亲子养育维度而言,亲职愁苦、亲子互动失调对其有负向的预测作用,其多元相关系数为 0.357,可解释的全部变异量为 0.124,即表示亲职愁苦、亲子互动失调可以在亲子养育中共同解释 12.4% 的变异量,标准化回归方程为:亲子养育 = −0.260 × 亲职愁苦 − 0.143 × 亲子互动失调。

对于职业发展维度而言,亲职愁苦对其有负向的预测作用,其多元相关系数为 0.399,可解释的全部变异量为 0.158,即表示亲职愁苦可以在职业生涯发展中共同解释 15.8% 的变异量,标准化回归方程为:职业生涯发展 = −0.399 × 亲职愁苦。

对于经济状况维度而言,亲职愁苦、亲子互动失调对其有负向的预测作用,其多元相关系数为 0.442,可解释的全部变异量为 0.192,即表示亲职愁苦、亲子互动失调可以在经济状况中共同解释 19.2% 的变异量,标准化回归方程为:经济状况=-0.374 × 亲职愁苦-0.109 × 亲子互动失调。

5. 发展性障碍儿童家庭赋权增能对家庭生活质量的回归分析

表 5.1.6　发展性障碍儿童家庭赋权增能对家庭生活质量的回归分析

因变量	进入变量	R	R^2	R 改变量	β	F	T 值
家庭生活质量	影响力	0.835	0.697	0.696	0.736	1098.867	27.308***
	主动性	0.852	0.725	0.724	0.146	629.629	5.236***
	效能感	0.856	0.732	0.730	0.099	433.789	3.506***
身心健康	影响力	0.572	0.327	0.325	0.441	231.980	10.810***
	效能感	0.609	0.370	0.368	0.176	140.329	4.089***
	主动性	0.621	0.385	0.381	0.143	99.433	3.388**
休闲活动	影响力	0.814	0.662	0.662	0.787	938.195	26.901***
	效能感	0.816	0.666	0.664	0.063	474.974	2.152*
家人交往	影响力	0.520	0.271	0.269	0.381	177.575	9.019***
	主动性	0.573	0.329	0.326	0.210	116.771	4.819***
	效能感	0.584	0.342	0.337	0.135	82.291	3.046**
他人支持	影响力	0.624	0.389	0.388	0.624	340.220	17.442***
专业支持	影响力	0.552	0.305	0.303	0.552	209.456	14.473***
亲子养育	影响力	0.621	0.386	0.384	0.497	300.055	12.836***
	主动性	0.664	0.440	0.438	0.221	187.723	5.519***
	效能感	0.668	0.446	0.442	0.088	127.683	2.167*
职业生涯	影响力	0.732	0.536	0.535	0.654	551.670	19.261***
	主动性	0.745	0.555	0.553	0.103	297.465	2.693**
	互动性	0.749	0.561	0.558	0.095	202.407	2.454*
经济	影响力	0.714	0.510	0.509	0.666	498.296	19.015***
	效能感	0.722	0.521	0.519	0.114	259.377	3.244**

注: * $p<0.05$, ** $p<0.01$, *** $p<0.001$。

为了了解家庭赋权增能对家庭生活质量的影响,以家庭赋权增能各维度作为自变量,家庭生活质量各维度作为因变量,进行逐步回归分析,详细结果见表 5.1.6 和图 5.1.2。

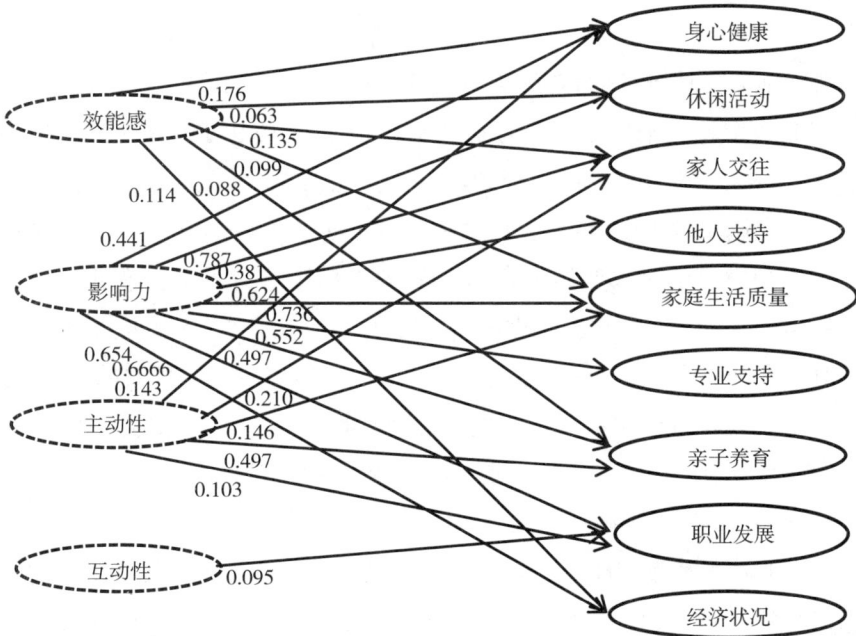

图 5.1.2　家庭赋权增能各维度对家庭生活质量总体影响模型图

对于家庭生活质量总体而言,影响力、主动性、效能感对其有正向的预测作用,其多元相关系数为 0.856,可解释的全部变异量为 0.730,即表示主动性、效能感、影响力可以在家庭生活质量中共同解释 73% 的变异量,标准化回归方程为:家庭生活质量=0.736 × 影响力+0.146 × 主动性+0.099 × 效能感。

对于身心健康维度而言,影响力、效能感、主动性对其有正向的预测作用,其多元相关系数为 0.621,可解释的全部变异量为 0.381,即表示影响力、效能感、主动性可以在身心健康中共同解释 38.1% 的变异量,标准化回归方程为:身心健康=0.441 × 影响力+0.176 × 效能感+0.143 × 主动性。

对于休闲活动维度而言,影响力、效能感对其有正向的预测作用,其多元相关系数为 0.816,可解释的全部变异量为 0.664,即表示影响力、效能感可以在休闲活动中共同解释 66.4% 的变异量,标准化回归方程为:休闲活动=0.787 × 影响力+0.063 × 效能感。

对于家人交往维度而言,影响力、主动性、效能感对其有正向的预测作用,其多元相关系数为 0.584,可解释的全部变异量为 0.337,即表示影响力、主动性、效能感可以在家人交往中共同解释 33.7% 的变异量,标准化回归方程为:家人交往=0.381 × 主动性+0.210 × 主动性+0.135 × 效能感。

对于他人支持维度而言,影响力对其有正向的预测作用,其多元相关系数为 0.624,可解释的全部变异量为 0.338,即表示影响力可以在他人支持中共同解释 33.8% 的变异量,标准化回归方程为:他人支持=0.624 × 影响力。

对于专业支持维度而言,影响力对其有正向的预测作用,其多元相关系数为 0.552,可解释的全部变异量为 0.303,即表示影响力可以在专业支持中共同解释 30.3% 的变异量,标准化回归方程为:专业支持=0.552 × 影响力。

对于亲子养育维度而言,影响力、主动性、效能感对其有正向的预测作用,其多元相关系数为 0.668,可解释的全部变异量为 0.442,即表示主动性、效能感、影响力可以在亲子养育中共同解释 44.2% 的变异量,标准化回归方程为:亲子养育=0.497 × 影响力+0.221 × 主动性+0.008 × 效能感。

对于职业生涯发展维度而言,影响力、主动性、互动性对其有正向的预测作用,其多元相关系数为 0.749,可解释的全部变异量为 0.558,即表示影响力、主动性、效能感可以在职业生涯发展中共同解释 55.8% 的变异量,标准化回归方程为:职业生涯发展=0.654 × 影响力+0.103 × 主动性+0.095 × 效能感。

对于经济状况维度而言,影响力、效能感对其有正向的预测作用,其多元相关系数为 0.722,可解释的全部变异量为 0.519,即表示影响力、效能感可以在经济状况中共同解释 51.9% 的变异量,标准化回归方程为:经济状况=0.666 × 影响力+0.114 × 效能感。

6. 发展性障碍儿童家庭亲职压力对家庭赋权增能的回归分析

为了了解亲职压力对家庭赋权增能的影响,以亲职压力各维度作为自变量,家庭赋权增能总体及各维度作为因变量,进行逐步回归分析,详细结果见表 5.1.7 和图 5.1.3。

对于家庭赋权增能总体而言,亲职愁苦、亲子互动失调对其有负向的预测作用,其多元相关系数为 0.332,可解释的全部变异量为 0.106,即表示亲职愁苦、亲子互动失调可以在家庭赋权增能中共同解释 10.6% 的变异量,标准化回归方程为:家庭赋权增能=−0.220 × 亲职愁苦−0.158[*] × 亲子互动失调。

对于效能感维度而言,困难儿童、亲子互动失调对其有负向的预测作用,其多元相关系数为 0.426,可解释的全部变异量为 0.178,即表示困难儿童、亲子互动失调可以在效能感中共同解释 17.8%的变异量,标准化回归方程为:效能感=-0.247 × 困难儿童-0.239 × 亲子互动失调。

表 5.1.7　发展性障碍儿童家庭亲职压力对家庭赋权增能的回归

因变量	进入变量	R	R²	R 改变量	β	F	T 值
家庭赋权增能	亲职愁苦	0.304	0.092	0.090	-0.220	48.235	-4.304***
—	亲子互动失调	0.332	0.110	0.106	-0.158	29.347	-3.096**
效能感	困难儿童	0.376	0.141	0.139	-0.247	78.025	-5.010***
—	亲子互动失调	0.426	0.182	0.178	-0.239	52.607	-4.847***
互动性	亲职愁苦	0.214	0.046	0.044	-0.157	22.714	-2.953**
—	困难儿童	0.232	0.054	0.050	-0.106	13.428	-2.000*
影响力	亲职愁苦	0.237	0.056	0.054	-0.237	28.246	-5.315***
主动性	亲子互动失调	0.261	0.068	0.062	-0.261	34.735	-5.894***

注: * p<0.05, ** p<0.01, *** p<0.001。

对于互动性维度而言,亲职愁苦、困难儿童对其有负向的预测作用,其多元相关系数为 0.232,可解释的全部变异量为 0.050,即表示亲职愁苦、困难儿童可以在互动性中共同解释 5%的变异量,标准化回归方程为:互动性 = -0.157 × 亲职愁苦-0.106 × 困难儿童。

对于影响力维度而言,亲职愁苦对其有负向的预测作用,其多元相关系数为 0.237,可解释的全部变异量为 0.054,即表示亲职愁苦可以在影响力中共同解释 5.4%的变异量,标准化回归方程为:影响力=-0.237 × 亲职愁苦。

对于主动性维度而言,亲子互动失调对其有负向的预测作用,其多元相关系数为 0.261,可解释的全部变异量为 0.062,即表示亲子互动失调可以在主动性中共同解释 6.2%的变异量,标准化回归方程为:主动性 = 0.250 × 影响力+0.171×效能感。

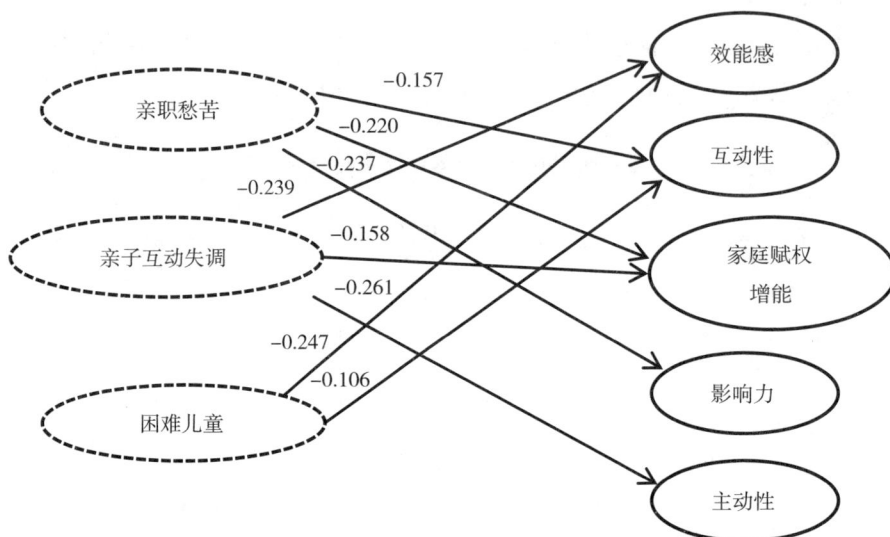

图 5.1.3　亲职愁苦、亲子互动失调对家庭赋权增能总体影响模型图

7. 家庭赋权增能作为家庭亲职压力和生活质量的中介效应

表 5.1.8　家庭赋权增能的中介效应检验结果

	标准化回归方程	回归系数检验
第一步	$Y = -0.382X$	$SE = 0.062, t = -9.028$***
第二步	$M = -0.392X$	$SE = 0.032, t = -9.326$***
第三步	$Y = -0.135X$ $+0.629M$	$SE = 0.052, t = -3.759$*** $SE = 0.069, t = 17.529$***

注: * $p < 0.05$, ** $p < 0.01$, *** $p < 0.001$。

为了检验家庭赋权增能在亲职压力和家庭生活质量之间的中介作用,本研究拟采用温忠麟(2005)提出的中介效应检验的方法进行检验,在对各变量进行去中心化的处理后,分为三步。

第一步,以亲职压力为自变量,家庭生活质量为因变量作回归分析。研究结果显示回归系数均显著,亲职压力与家庭赋权增能存在显著的负向关系。第二步,以亲职压力为自变量,家庭赋权增能为因变量作回归分析。研究结果显示回归系数显著,亲职压力和家庭赋权增能间存在显著的负向关系。第三

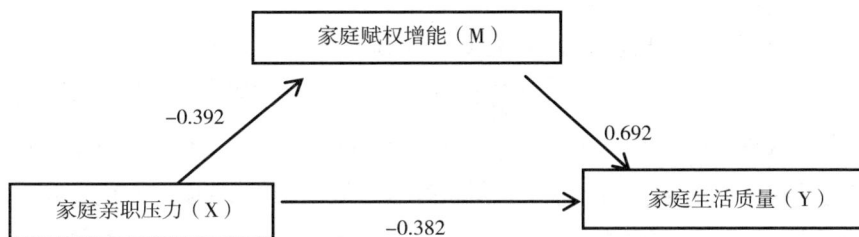

图 5.1.4　家庭赋权增能中介效应分析图

步,以亲职压力和家庭赋权增能为自变量,对家庭生活质量作回归分析。研究结果显示,亲职压力的系数显著,且与第一步的回归系数相比,有所降低。说明家庭赋权增能、家庭生活质量间有显著的正向关系,且家庭赋权增能在亲职压力对家庭生活质量之间的关系中,起部分中介作用。进一步计算中介效应对总效应的比值为：Effect M = ab/c = −0.392x0.629/−0.382 = (64.5%)。详细结果见表 5.1.8 和图 5.1.4。

（四）分析与讨论

1. 发展性障碍儿童家庭亲职压力与家庭赋权增能的关系

发展性障碍儿童家庭赋权增能是一个儿童和家庭成长的非常重要的领域。本研究结果发现,我国发展性障碍儿童家庭亲职压力及各因子与家庭赋权增能及各因子存在着显著的负相关。进一步的回归分析结果显示,发展性障碍儿童家庭亲职压力水平可以预测家庭赋权增能水平。国外相关研究也得出了家庭的压力可以有效地预测家庭赋权增能的结论[1]。在本研究中,(1)家庭亲职压力中的亲职愁苦和亲子互动失调因子可以预测家庭赋权增能的总体情况,亲职愁苦、亲子互动失调可以在家庭赋权增能中共同解释 10.6%的变异量,即家长越感到自己无法胜任亲职角色,在亲子互动失调上感觉越强烈,其家庭赋权增能问卷的得分就越低。(2)对于家庭赋权增能效能感因子而言,困难儿童、亲子互动失调对其有负向的预测作用。孩子的特质与在亲子互动上的不良体验,让家长在内心世界形成冲突,体验到苦恼和焦躁,以致形成

① M.J.Scheel & T.Rieckmann,"An empirically derived description of self-efficacy andempowerment for parents of children identified as psychologically disordered",*The American Journal of Family Therapy*,1998,26:15−27.

无所适从、无法抉择的心态,而难以形成积极的信念。(3)对于家庭赋权增能互动性因子而言,亲职愁苦、困难儿童对其有负向的预测作用。家长对自身亲职角色履行的负面评价和孩子的种种行为表现,让家长疲于应付,家长虽然可能想要与服务人员进行沟通,但是又受限于自己的时间和精力不足。(4)对于家庭赋权增能影响力因子而言,亲职愁苦对其有负向的预测作用。家长在照料特殊儿童时的亲职感受越低,情绪就越沮丧而越容易产生自我批判和贬低,这种强度可能不至于让家长崩溃,但是仍会影响家长的行动和决策表现。(5)对于家庭赋权增能主动性因子而言,亲子互动失调对其有负向的预测作用。特殊儿童的异常状况可能致使对于家长互动的回馈不足,家长难以体验到与孩子良好互动的愉悦感受,而导致主动性降低。

进一步,亲职压力本身并不导致家庭能力的增强或减弱。真正导致家庭权能增减的是人们对亲职压力的认知和应对方式。已有研究证明,家庭更大的赋权与更好的家庭功能和减轻父母的压力有关①。特殊儿童家庭压力是否产生危机以及危机的强度取决于家庭对压力的解释和基于家庭资源的应对方式。特殊儿童出现之后,家庭虽然经历压力事件,但家庭在适应过程中能够积累许多资源,只要家庭没有崩溃,那么这些适应压力的经验和调整策略,能够帮助家长应对后面的压力,有效的压力应对策略可以增强家庭能力②。如果家庭恰当而有效地应用他们自身的资源,压力并不必然导致危机,而是以更加积极的方式接受压力,并在这个过程中作为一个整体变得更加强大。反之,通过家长教育计划让家长掌握基本的家庭干预技术,能够提升母亲与特殊儿童的亲子互动水平,降低母亲的亲职压力。③ 同时,家庭功能越稳定,家长承受较少亲职压力,其更有效能感掌控自己的生活。

---

① M.J.Scheel & T.Rieckmann,"An empirically derived description of self-efficacy and empowerment for parents of children identified as psychologically disordered", *The American Journal of Family Therapy*, 1998, 26: 15-27.

② H. I. McCubbin & J. M. Patterson, "The family stress process: The Double ABCX Model of adjustment and adaptation", in *Family Stress, Coping, and Social Support*, H.I.McCubbin, A.E.Cauble & J.M.Patterson(Eds.), Springfield, IL: Haworth Press, Inc, 1982, pp. 169-188.

③ 朱晓晨:《发展迟缓儿童社会技能的家长执行干预案例研究》,华东师范大学硕士学位论文,2013年。

2. 发展性障碍儿童家庭赋权增能与家庭生活质量的关系

发展性障碍儿童家庭生活质量的提升与儿童个体生活质量一样,越来越成为残疾服务和特殊教育追求的目标,在我国尤其如此。影响发展性障碍儿童家庭生活质量的因素很多,其中家庭赋权增能就是一个非常重要的变量。本研究结果显示,发展性障碍儿童家庭赋权增能能够显著地预测其家庭生活质量。进一步的回归分析发现:(1)总体上,家庭赋权增能中的效能感、主动性和影响力因子可以解释家庭生活质量中 73.0%的变异量,即家长越是积极主动寻求帮助、发展自身能力、积极主动参与儿童成长和发展、提升自己的效能感和信念,在孩子相关事务中影响力越强,其整体的家庭生活质量的得分会越高。(2)家庭赋权增能影响力对于家庭生活质量各因子均有显著的预测作用,即家长的影响力越大,其在身心健康、经济状况、休闲活动、家人交往、他人支持、专业支持、亲子养育、职业发展的主观满意度越高。当家长感受到其能正向地影响周遭的支持系统时,也代表家长对于家庭和自身生活的掌控能力更强,能够更多地获得来自于专业人员、家庭成员等的认可,其会更有动力为家庭成员及孩子花费更多的时间和努力。(3)家庭赋权增能效能感对于家庭生活质量、身心健康、经济状况、休闲活动、家人交往、亲子养育、职业发展有显著的正向预测作用。当家长有自信能够参与孩子的服务和解决孩子的问题时,其会更倾向于采用积极的应对方式去处理生活中的问题,在自主知情的前提下做决策,自然各维度的满意度相对提高。(4)家庭赋权增能主动性对于身心健康、家人交往、亲子养育、职业发展有显著的正向预测作用。自觉充实自己的知识和提升能力,而非依赖外力的推动,充当积极的参与者,对自己的身心健康、职业生涯发展都能够产生正向的影响,而在家人交往和亲子养育上给予正面的回馈。(5)家庭赋权增能互动性对于职业发展也有显著的正向预测作用。在家长本身有本职工作的情况下,工作的时间要求与照料孩子的角色需求相违背,家长更希望寻求服务系统的支持。借由与专业人员的交往沟通中了解孩子的发展状况,学习更有效的亲职技巧,接受更适宜家庭需求的服务,弥补由于工作而对孩子照料上的缺失。

本研究结果证明,提升发展性障碍儿童家庭赋权增能水平,能够有效提升家庭生活质量。许多研究也证明了这一点。一项以发展障碍儿童母亲为对象的研究发现,家长的幸福感直接正向地连接到正式与非正式资源、家庭赋权增能。① Peralta 和 Arellano 对过去 10 年有关特殊儿童家庭文献进行了梳理和对特殊儿童家庭的质性访谈,总结出实现家庭生活质量的关键因素是:专业人士和父母之间的合作关系,确定家庭的优势,或发展父母技能的控制和自决的观念。② 对于特殊儿童及其家庭而言,其生活质量来源于家庭内部的全部力量,赋权增能强调扩大知识和效能感,以便更好地实现康复目标、获得权利和福利,即赋权增能能够有效帮助残疾儿童和他的家人提升生活质量,而家庭赋权增能是一条通过家庭与专业人员的伙伴协作提升家庭控制力、增强家长效能感的路径。③ 所有这些研究都表明对家庭提供有效的支持和教育,家庭的潜能势必会得到加强,能有效提高家庭生活的质量,达成整个家庭功能的正向提升。

3. 发展性障碍儿童家庭亲职压力对家庭生活质量的影响

大量的研究证明,发展性障碍儿童家庭亲职压力可以预测家庭生活质量。有研究通过文献分析自闭症儿童家长亲职压力研究,发现父母的亲职压力越低,整体的生活质量则越高。④ 人们对脑瘫儿童的研究也发现,亲职压力会让脑瘫儿童家长在幸福感、自由、身体健康、经济稳定等方面体验到较多负面情绪。⑤ 关文军等对 5 种残疾类型儿童家长的调查也证实了智力残疾、听力残疾、视力残疾以及脑瘫儿童家长亲职压力各维度与生活质量各维度均呈显著负相关⑥。本研究结果也显示,发展性障碍儿童家长亲职压力是家庭生活质

---

① J.S.Nachshen,"Empowerment and the school system:A comparison of parent of children with and without developmental disabilities",*Canada:University of Queen's Kingston*,2004.

② F.Peralta & A.Arellano,"Family and disability:A theoretical perspective on the family-centered approach for promoting self-determination",*Electronic Journal of Research in Educational Psychology*,2010,8(3):1339-1362.

③ 申仁洪:《家庭本位实践:特殊儿童早期干预的最佳实践》,《学前教育研究》2017 年第 9 期。

④ J.Wang,Y.Hu,Y.Wang,X.Qin,C.Xia,C.Sun & J.Wang,"Parenting stress in Chinese mothers of children with autism spectrum disorders",*Social psychiatry and psychiatric epidemiology*,2013,48(4):575-582.

⑤ E.Davis,A.Shelly,E.Waters,R.Boyd,K.Cook & M.Davern,"The impact of caring for a child with cerebral palsy:quality of life for mothers and fathers",*Child:Care,Health and Development*,2010,36(1):63-73.

⑥ 关文军、颜廷睿、邓猛:《残疾儿童家长亲职压力的特点及其与生活质量的关系:社会支持的中介作用》,《心理发展与教育》2015 年第 4 期。

量的一个重要预测因子。亲职压力水平越高时其家庭生活质量越差,其中亲职愁苦在家庭生活质量及其各因子都具有显著的负向预测作用。由于家长在个人因素上的限制,如胜任感不足、与配偶的冲突、抑郁等,更容易产生负面的情绪,而长期处于这种负面的情绪下,其主观感受的得分会降低。亲子互动失调在身心健康、家人交往、亲子养育、经济状况维度上有显著的负向预测作用。父母面临生活中的种种压力和在与孩子不良互动的压力的叠加,让家长难以很快地适应,而家庭是家长生活环境中的最小群体,所以这种不适应在与家庭相关方面的影响更为显著。困难儿童在休闲活动维度上有显著的负向预测作用。特殊孩子的某些特质(情绪、问题行为等)使得家长需要花费更多的时间照料自己的孩子,又由于这些特质很多家长不太愿意带着孩子去公共场所,所以其参与休闲活动的时间和机会被进一步压缩。

4. 发展性障碍儿童家庭赋权增能作为家庭亲职压力和家庭生活质量的中介变量

本研究检验了发展性障碍儿童家庭赋权增能在家庭亲职压力和家庭生活质量关系中的中介效应。检验结果显示,发展性障碍儿童家庭亲职压力对家庭生活质量的影响通过两个途径加以实现:一是家庭亲职压力直接影响家庭生活质量,直接效应占总效应的比值为35.5%;二是家庭亲职压力通过家庭赋权增能的部分中介作用对家庭生活质量产生作用,中介效应占总效应的比值为64.5%。结果表明,发展性障碍儿童家庭赋权增能在亲职压力和家庭生活质量的关系中,中介效应超越了直接效应,起部分中介作用。

家长对亲职压力负面感受使得其在亲职角色、亲子互动、儿童养育上会有更多负向行为表现。如羞于或者不愿意寻求资源、情感、专业等方面的支持,对日常琐事更加敏感。在心态影响下对于家庭生活质量的评定自然得分也会较低。如果家长主动地参与孩子评估、医疗、康复、教育及其他相关服务,积极参与服务方案完善与改进,对相关服务机构、服务系统、服务提供者和其他类似家庭给予正面影响,能积极、大胆地连接外界的支持系统、感知与外界的支持互动(包括专业人员、其他家庭等),对自身效能感充满自信,有效帮助孩子成长和参与各种倡导活动,往往可以提升其对生活的满意度或者主观幸福感。正是通过家庭赋权增能这一中介变量,降低家长的亲职履行过程的负面感受,表现出对生活更多的正面评价。因此,如何提升发展性障碍儿童的赋权增能水平,也就是有效缓解亲职压力,有效提升家庭生活质量需要认真考虑的问题了。

（五）研究结论

发展性障碍儿童家庭的亲职压力与家庭赋权增能之间存在显著负相关,亲职压力与家庭生活质量之间存在显著负相关,家庭赋权增能与家庭生活质量之间存在显著正相关。

从亲职压力来看,亲职压力中的亲职愁苦、亲子互动失调对家庭赋权增能有负向的预测作用,亲职愁苦对家庭生活质量有负向的预测作用。从家庭赋权增能来看,影响力、主动性、效能感对其有正向的预测作用。在亲职压力对家庭生活质量的关系中发现家庭赋权增能起部分中介作用,中介效应占总效应的比值为 64.5%。

二、听力障碍儿童家庭赋权增能、应对
方式及生活质量相关研究

儿童的听力障碍对家长乃至家庭的影响不言而喻,听力障碍儿童家长以及听力障碍儿童的家庭对听力障碍儿童的成长发展至关重要。研究家庭赋权增能如何促进听力障碍儿童家庭应对儿童听力障碍这一应激源、提升其家庭生活质量具有重要的理论意义和实践意义。

（一）问题提出

家庭赋权增能、家庭应对方式、家庭生活质量看似无关的三个变量,已有研究证明三者两两之间存在着直接或间接的相关关系。根据家庭压力理论,家庭危机的产生及其程度大小取决于家庭对压力的认知程度和基于家庭资源的应对方式,当家庭原有的状态被威胁或破坏时,家庭成员会感受到压力产生危机感,为了消除或降低危机,家庭会调动起原有的个人认知及相关资源（来自家人、他人或者社会）来应对压力以维持家庭内部平衡。[①] 由此可知,听力障碍儿童的出现势必使得其家庭原有的稳定状态被打破,家长/家庭成员感受到"威胁",为了消除或降低"威胁",听力障碍儿童家庭会以原有的个人认知及社会资源来应对压力和危机,以维持家庭内成员的结构、互动方式及内部平衡。当

---

① R.Hill, *Families Under Stress*, New York: Harper & Row, 1949.

听力障碍儿童家庭以合理的方式应对压力事件,有效地调配相关的知识、技能以及资源对儿童听力障碍这一应激源进行控制或缓解这一应激源产生的情绪困扰时,家庭内部平衡得以复原,那么家庭生活成员的生活质量则会更高。

已有研究表明家庭赋权增能与家庭生活质量为显著正相关,即家庭赋权增能水平越高相应的家庭生活质量也越高。证实这一论点的研究既包含理论构想也包含现状调查还包含干预研究。理论构想上,有研究者认为家庭赋权增能能够帮助家庭获得力量感、增进家庭的正向功能从而提升家庭生活质量[1];现状调查上,有研究者以发展性障碍儿童家庭为对象进行研究,最后发现家庭赋权增能能够显著正向预测家庭生活质量,即赋权增能水平越高相应的家庭生活质量也越高;[2]在干预研究上,有研究者发现,通过进行以赋权增能理论为指导的健康教育,癫痫患者的生活质量得到了显著提高。[3]

家庭应对方式与家庭生活质量互为因果。一方面,有研究证明家庭应对方式与家庭生活质量之间,家庭生活质量为结果变量,如徐晓燕、常艳玲等人的研究表明积极的应对方式(解决问题、求助等)与其生活质量呈正相关、消极应对方式越多其生活质量越低的结论[4][5],蒋娜娜的研究也表明消极应对方式与父母婚姻质量呈显著负相关[6];另一方面,也有研究证明家庭应对方式与家庭生活质量之间,家庭应对方式是结果变量,如车文婷等研究表明家庭生活质量水平越低更倾向采取消极的应对方式(如幻想、退却、自责等)[7]。此

---

① 申仁洪:《走向伙伴协作的残障儿童家庭参与——基于美国研究的考察》,《比较教育研究》2016 年第 4 期。

② R.Wakimizu,K.Yamaguchi,H.Fujioka,"Family empowerment and quality of life of parents raising children with developmental disabilities in 78 Japanese families",*International Journal of Nursing Sciences*,2017,4(1):38-45.

③ 陈鸿梅、兰鸿、王艳红、倪艳桃:《赋权增能理论在癫痫患者健康教育中的应用效果》,《中国健康教育杂志》2014 年第 10 期。

④ 徐晓燕、黄澎、刘亮、周德祥、张都:《脑瘫患儿父母的应对方式对生活质量的影响》,《中国健康心理学杂志》2013 第 1 期。

⑤ 常艳玲、南华、彭宇阁、谢晓明:《脑瘫患儿父母的应对方式对生活质量的影响》,《中国医院药学》2016 年第 36 期。

⑥ 蒋娜娜:《特殊儿童父母亲职压力、应对方式与婚姻质量的现状及关系研究》,重庆师范大学硕士学位论文,2018 年。

⑦ 车文婷、雷秀雅:《自闭症儿童家长心理压力及其影响因素的研究》,《山西农业大学学报》(社会科学版)2013 年第 6 期。

外,还有部分研究中涉及家庭应对方式和家庭生活质量,但对于二者间的因果关系并未进行进一步直接的论述,如王新刚等人①的研究发现自闭症儿童父母生活质量较差,对生活应激事件易采取消极应对方式,但并没有明确提出家庭生活质量与应对方式之间的因果。邱丽②研究发现残疾儿童家长心理压力与其生活质量有着密切的关系,在面临心理压力时多采取自责、退避等消极的应对方式,但并未对家庭生活质量与应对方式之间的因果做进一步的说明。

家庭赋权增能与家庭应对之间的关系。目前尚未检索到直接讨论家庭赋权增能与应对方式有关的实证研究文献,但可从一些学者的研究里找到家庭赋权增能与应对方式关系的蛛丝马迹。在理论构想层面,任春雷等人③对美国家长中心的考察研究后提出了特殊儿童家庭的赋权增能能够提高家长应对残障儿童的能力从而提升家庭生活质量的设想;申仁洪等人也认为通过压力应对、团队协作、家长参与等路径能够促进家庭赋权增能发展最终实现家庭生活质量的提高④。在实证研究层面,(1)已有研究表明家庭应对方式与家庭压力存在相关关系⑤⑥⑦⑧⑨⑩以及亲职压力与家庭赋权增能的相关关系,我们可以在此基础上推测家庭应对方式与赋权增能之间的关系;(2)Wakimizu 等

---

① 王新刚、王俊凤、于东岭:《孤独症儿童父母生活质量和应对方式的调查研究》,《中国健康心理学杂志》2012 年第 7 期。

② 邱丽:《残疾儿童家长生活质量及其影响因素的研究》,山东大学硕士学位论文,2011 年。

③ 任春雷、申仁洪:《美国家长中心:基于家庭赋权增能的资源整合》,《现代特殊教育》2016 年第 24 期。

④ 申仁洪:《家庭本位实践:特殊儿童早期干预的最佳实践》,《学前教育研究》2017 年第 9 期。

⑤ V. Harris, "Family life problems, daily caregiving activities, and psychological well-being of mothers of mentally retard children", *American Journal of Mental Retardation Ajmr*, 1989, 94(3):231.

⑥ 彭虹、陈淑云、程悦、熊汉忠、周海燕:《北京市学前残疾儿童家长心理压力问卷调查》,《中国特殊教育》2010 年第 5 期。

⑦ 李琨、尤黎明、颜君:《脑瘫患儿父母心理压力及其应对方式的相关性研究》,《现代临床护理》2008 年第 4 期。

⑧ 张福娟、蒋骊:《弱智儿童家长的心理压力及相关因素研究》,《心理科学》2005 年第 2 期。

⑨ R. Hassall, J. Rose, J. Mcdonald, "Parenting stress in mothers of children with an intellectual disability: the effects of parental cognitions in relation to child characteristics and family support", *Journal of Intellectual Disability Research*, 2010, 49(6):405–418.

⑩ J. S. Nachshen, L. Woodford, P. Minnes, "The Family Stress and Coping Interview for families of individuals with developmental disabilities: a lifespan perspective on family adjustment", *Journal of Intellectual Disability Research*, 2003, 47(4–5):6.

人研究发现家庭赋权增能与问题解决功能互为因果①,而应对方式则是个体为控制应激事件或缓解应激事件带来的情绪困扰而采取的一系列措施、手段以及策略,从这一点出发我们亦可以推测家庭赋权增能与家庭应对方式间的关系;(3)陈敏榕等人研究发现消极应对方式与自我效能感呈负相关②,而效能感是家庭赋权增能的重要组成部分,我们可以在此基础上推测家庭应对方式与赋权增能之间的关系。

综上所述,家庭赋权增能与家庭生活质量存在相关关系,家庭生活质量与应对方式存在相关关系,家庭赋权增能与家庭应对方式之间的关系以及家庭赋权增能、应对方式、家庭生活质量三者之间的关系需要进一步研究。经过对已有的文献进行梳理发现,国内外关于家庭赋权增能、家庭应对方式、家庭生活质量的研究还存在部分局限。国内关于"应对方式"和"家庭生活质量"多集中在智力障碍、自闭症等领域,较少关注听力障碍群体。关于听障儿童家庭赋权增能的研究少之又少。截至目前直接探讨听障儿童家庭赋权增能、应对方式以及生活质量三者之间关系的研究还没有。本研究主要从听力障碍儿童家庭的角度出发,通过了解听力障碍儿童家庭在听力障碍儿童出生成长过程中的赋权增能水平、采取的应对策略以及家庭生活质量的状况,探讨听力障碍儿童家庭赋权增能、应对方式、生活质量三者之间的关系。因此本研究丰富听力障碍儿童家庭赋权增能、应对方式、生活质量的相关理论内容,有利于揭示我国听障儿童家庭力量提升的变化规律和文化特性;有利于深入以家庭赋权增能为基础、以提高家庭生活质量为目的的技术方法体系的开发;有利于为听力障碍儿童相关服务人员向听力障碍儿童及其家庭服务提供理论依据与支持。

(二)研究方法

1. 研究对象

通过随即便利取样的方式从我国东、中、西部选取调查对象,具体包括广

---

① R. Wakimizu, K. Yamaguchi, H. Fujioka, "Family empowerment and quality of life of parents raising children with developmental disabilities in 78 Japanese families", *International Journal of Nursing Sciences*, 2017, 4(1): 38-45.

② 陈敏榕、陈燕惠、薛漳:《ASD 儿童父母的亲职压力及心理影响因素研究》,《中国妇幼健康研究》2016 年第 12 期。

东、福建、浙江、江苏、重庆、四川、安徽、河南等省市的特殊教育学校、机构以及普通教育学校进行取样,选取 0—18 岁听力障碍儿童家长作为调查对象。

听障儿童选择具体标准:(1)儿童的生理年龄在 0—18 岁;(2)儿童被确诊为听力障碍或听力残疾。听力障碍儿童家长选择具体标准:(1)为听力障碍儿童的直系亲属;(2)无认知障碍;(3)可进行正常语言沟通。

共发放问卷 600 份,剔除有明显抄袭、大面积规律性作答以及漏答题超过总题数 2/3 的问卷,回收有效问卷为 512 份,有效回收率为 85.3%。样本结构见表 5.2.1。

表 5.2.1　听力障碍儿童家长基本情况(N=512)

类别	内容	人数	百分比(%)
家长身份	爸爸	224	43.8
	妈妈	253	49.4
	其他	35	6.8
家长年龄	30 岁及以下	33	6.4
	31—40 岁	191	37.3
	41—50 岁	241	47.1
	51 岁及以上	47	9.2
家长受教育程度	小学及以下	149	29.1
	初中	252	49.2
	高中	66	12.9
	专科及以上	44	8.6
	缺失	1	0.2
家长职业状态	全职家庭主妇或主男	175	34.2
	全职工作	148	28.9
	半职工作	182	35.5
	缺失	7	1.4
家长婚姻状况	正常婚姻	447	87.3
	其他(离异、丧偶)	63	12.3
	缺失	2	0.4

续表

类别	内容	人数	百分比（%）
家庭月收入	3000 元以下	235	45.9
	3000—6000 元	234	45.7
	6000 元及以上	39	7.6
	缺失	4	0.8
居住区域	城镇	169	33.0
	乡村	340	66.4
	缺失	3	0.6
家庭类型	核心家庭	206	40.2
	大家庭(三代同堂和延伸家庭)	252	49.2
	单亲家庭	52	10.2
	缺失	2	0.4
子女数	独生子女	83	16.2
	多子女	427	83.4
	缺失	2	0.4
家长康复知识	完全不了解相关知识	156	30.5
	听说过相关的知识	246	48.0
	专门学过相关的知识	104	20.3
	缺失	6	1.3
儿童年龄	0—6 岁	53	10.4
	7—12 岁	134	26.1
	13—15 岁	116	22.7
	16—18 岁	209	40.8
儿童性别	男	278	54.3
	女	232	45.3
	缺失	2	0.4
儿童教育安置	特殊教育环境	480	93.8
	普通学校	32	6.2

类别	内容	人数	百分比（%）
儿童障碍程度	极重度	402	78.5
	重度	68	13.3
	中度及以下	20	3.9
	不知道	22	4.3
儿童康复情况	接受过	262	51.2
	没接受过	245	47.8
	缺失	5	1.0
居家情况	每天都回家	152	29.7
	每周或两周回一次家	273	53.3
	每个月或超过一个月回一次家	87	17.0

注:特殊教育环境为特殊教育学校或中心以及残联依托的机构。

2. 研究工具

家庭赋权增能问卷。经过本土化处理的《特殊儿童家庭赋权增能问卷》（见本土化研究工具开发）。该问卷分为效能感、互动性、影响力、主动性四个因子,共21个项目。问卷采用李克特5点记分,从"完全不符合"到"完全符合"按1—5分分为五个等级。问卷抽取777个有效的发展性障碍儿童家庭样本进行验证性因素分析,结果显示,绝对拟合指数 CMIN/DF（自由度）为2.556,SRMR（均方根残差）值为 0.054,RMSEA（近似误差均方根）值为0.063;相对拟合指数 GFI（拟合优度指数）值为 0.894、TLI（非规范拟合指数）值为 0.889,CFI 值为 0.903,NFI 值为 0.860,IFI 值为 0.904;简约拟合指数PGFI 值为 0.709,PNFI 值为 0.742,PCFI 值为 0.787。所有统计指标均符合测量学的统计要求。表明该问卷具有良好的结构效度。问卷以 777 个有效的发展性障碍儿童家庭样本进行信度分析,整个问卷的信度系数 α 值为 0.92,效能感、互动性、影响力、主动性四个因子的信度系数 α 值分别为 0.80、0.85、0.75、0.82。均达到了测量学的统计要求。表明该问卷具有良好的信度。

为进一步检测该问卷对听障儿童家庭的适用性,研究者在本研究的有效样本中随机选取了 253 名听障儿童家长对其进行检验,通过 AMOS 22.0 建模软件处理,结果显示 x^2/df 为 1.99,CFI 为 0.93,TLI 为 0.91,IFI 为 0.93,RM-SEA 为 0.06,均符合统计学标准,说明该问卷同样可用于听障儿童家庭。

家庭生活质量问卷。经过本土化处理的特殊儿童家庭生活质量问卷(《研究工具本土化探索》)。本土化处理后的问卷由经济与休闲(经济状况、休闲活动)、身心健康、亲子养育、家人交往、他人支持、专业支持、职业发展七个因子 36 个项目构成。该问卷采用五点记分法,5 代表"非常符合",1 代表"非常不符合",并将所有题项随机排列,量表采用家长自评方式。该问卷绝对适配指标 X^2/df 为 2.25、SRMR 为 0.06、RMSEA 为 0.06;增值适配指标 TLI 为 0.90、CFI 为 0.90;简约适配指标 PNFI 为 0.76,PCFI 为 0.82。所有指标均符合测量学的统计要求,证明该问卷具有良好的结构效度。该问卷的总体信度 a 系数为 0.89,七个因子 a 系数除职业发展为 0.75 之外,其他均在 0.80 以上,所有信度系数均符合测量学的统计要求,具有良好的信度。该问卷通过任春雷、申仁洪检验,同样适用于我国听力障碍儿童家庭[①]。

家庭应对方式问卷。《应对方式问卷》(Simplified Coping Style Question-naire,SCSQ)[②]是由我国学者结合我国人群的特点编制而成。问卷由积极应对方式和消极应对方式两个维度、20 个项目组成。其中项目 1—12 属于积极应对方式,项目 13—20 属于消极应对方式。问卷克伦巴赫 α 系数为 0.90。问卷采用 0—3 四点计分,积极应对得分越高,应对方式越趋向积极;消极应对得分越高,应对方式越趋向消极。

(三)研究结果

1. 听力障碍儿童家庭赋权增能、应对方式和生活质量的相关性

家庭赋权增能量表包括效能感、互动性、影响力、主动性四个维度,(简易)应对方式量表包括积极应对方式、消极应对方式两个维度,家庭生活质量量表包括身心健康、亲子养育、经济活动、休闲生活、家人交往、他人支持、专业支持、职业发展等因子。

为了解听力障碍儿童家庭应对方式、赋权增能、生活质量的相关关系,对家庭应对方式、赋权增能、生活质量中的各个主要变量进行描述统计和皮尔逊

---

① 任春雷、申仁洪:《西南少数民族地区特殊儿童家庭生活质量的调查研究》,《西北人口》2018年第 2 期。
② 汪向东:《心理卫生评定量表手册》,《中国心理卫生杂志》1999 年增刊。

相关分析,结果见表5.2.2。

(1)家庭赋权增能与应对方式之间的相关性明显。家庭赋权增能总量表及互动性、主动性与积极应对方式相关系数分别为0.475、0.423、0.434,P<0.001,表明家庭赋权增能总量表及互动性、主动性与积极应对方式为显著中度正相关关系;家庭赋权增能效能感、影响力与积极应对方式相关系数分别为0.346、0.389,P<0.001,表明家庭赋权增能效能感、影响力与积极应对方式为显著低度正相关关系;听力障碍儿童家庭赋权增能总量表及互动性、影响力与消极应对方式相关系数分别为0.093、0.098、0.148,P<0.05,表明听力障碍儿童家庭赋权增能及互动性、影响力与消极应对方式为显著弱度正相关关系;听力障碍儿童家庭赋权增能效能感和主动性与消极应对方式之间相关系数不显著。

(2)听力障碍儿童家庭赋权增能及各因子与家庭生活质量及各因子之间呈正相关,且相关十分显著(P<0.001)。家庭赋权增能总问卷得分及各因子与家庭生活质量总问卷得分之间的相关系数在0.424—0.548之间(P<0.001),表明家庭赋权增能总问卷及各因子与家庭生活质量总问卷为显著中度正相关关系;听力障碍儿童家庭生活质量及各因子与家庭赋权增能总问卷得分相关系数在0.345—0.548之间(P<0.001),表明听力障碍儿童家庭生活质量及各因子与家庭赋权增能总问卷得分为显著中低度正相关关系;听力障碍儿童家庭赋权增能各因子与家庭生活质量各因子之间相关系数在0.222—0.500之间(P<0.001),表明听力障碍儿童家庭生活质量各因子与家庭赋权增能各因子之间为显著中低度正相关关系。

(3)家庭生活质量及各因子与应对方式之间呈正相关。家庭生活质量总问卷得分与积极应对方式之间的相关系数为0.470(P<0.001),说明家庭生活质量各因子与积极应对方式之间的相关系数在0.276—0.382之间(P<0.001),说明家庭生活质量总问卷得分与积极应对方式之间为显著中度正相关关系,但家庭生活质量各因子与积极应对方式之间为显著低中度相关关系;家庭生活质量总问卷得分以及休闲生活、他人支持、专业支持、职业发展、经济状况与消极应对方式之间的相关系数在0.145—0.222之间(P<0.001),说明家庭生活质量总问卷得分以及休闲生活、他人支持、专业支持、职业发展、经济状况与消极应对方式之间为显著低度正相关关系。此外,家庭生活质量身心健康、亲子养育、家人交往三个因子与消极应对方式之间相关性不显著。

表 5.2.2　各个主要变量间的相关关系矩阵

变量	M±SD	效能感	互动性	影响力	主动性	身心健康	亲子养育	休闲生活	家人交往	他人支持	专业支持	职业发展	经济状况	积极应对	消极应对	赋权增能	生活质量
效能感	18.202±3.750	1	—	—	—	—	—	—	—	—	—	—	—	—	—	—	—
互动性	25.169±5.600	0.640***	1	—	—	—	—	—	—	—	—	—	—	—	—	—	—
影响力	13.477±3.360	0.506***	0.687***	1	—	—	—	—	—	—	—	—	—	—	—	—	—
主动性	20.505±3.698	0.497***	0.670***	0.582***	1	—	—	—	—	—	—	—	—	—	—	—	—
身心健康	23.625±5.128	0.319***	0.285***	0.300***	0.374***	1	—	—	—	—	—	—	—	—	—	—	—
亲子养育	20.059±3.621	0.395***	0.448***	0.388***	0.500***	0.561***	1	—	—	—	—	—	—	—	—	—	—
休闲生活	12.257±3.922	0.317***	0.340***	0.443***	0.270***	0.549***	0.476***	1	—	—	—	—	—	—	—	—	—
家人交往	21.008±3.711	0.359***	0.362***	0.320***	0.479***	0.614***	0.672***	0.439***	1	—	—	—	—	—	—	—	—
他人支持	15.218±4.807	0.244***	0.303***	0.360***	0.259***	0.322***	0.390***	0.549***	0.313***	1	—	—	—	—	—	—	—
专业支持	12.827±4.120	0.256***	0.364***	0.401***	0.270***	0.294***	0.369***	0.466***	0.269***	0.515***	1	—	—	—	—	—	—
职业发展	13.922±3.540	0.340***	0.367***	0.387***	0.334***	0.605***	0.540***	0.722***	0.526***	0.481***	0.477***	1	—	—	—	—	—

续表

变量	M±SD	效能感	互动性	影响力	主动性	身心健康	亲子养育	休闲生活	家人交往	他人支持	专业支持	职业发展	经济状况	积极应对	消极应对	赋权增能	生活质量
经济状况	8.967±2.901	0.288***	0.327***	0.339***	0.222***	0.473***	0.362***	0.615***	0.322***	0.400***	0.394***	0.666***	1	—	—	—	—
积极应对	23.925±6.749	0.346***	0.423***	0.389***	0.434***	0.332***	0.359***	0.366***	0.374***	0.382***	0.298***	0.365***	0.276***	1	—	—	—
消极应对	9.072±4.938	0.019	0.098*	0.148**	0.048	0.065	0.036	0.182**	-0.015	0.183***	0.222***	0.145**	0.147**	0.370***	1	—	—
赋权增能	77.354±13.852	0.785***	0.923***	0.813***	0.814***	0.374***	0.516***	0.403***	0.449***	0.345***	0.386***	0.423***	0.352***	0.475***	0.093*	1	—
生活质量	127.882±23.356	0.424***	0.469***	0.497***	0.460***	0.765***	0.737***	0.813***	0.703***	0.692***	0.646***	0.839***	0.692***	0.470***	0.165***	0.548***	1

注：* $p<0.05$，** $p<0.01$，*** $p<0.001$。

2. 听力障碍儿童家庭赋权增能在应对方式与家庭生活质量之间的中介效应

Baron 和 Kenny 以为变量起中介作用必须具备三个条件：第一，自变量水平的变化能够显著的解释假设的中介变量的变化（即路径 a 显著）；第二，中介变量的变化能够显著的解释因变量的变化（即路径 b 显著）；第三，当路径 a 和路径 b 被控制时，自变量和因变量之间之前的显著关系不再显著，当路径 c 为零时，中介作用表现最明显。① Sobel 则认为，尽管路径 a 和路径 b 显著，但 a×b（即间接效应）不一定显著，因此检验中介效应需要在路径 a 和路径 b 均显著的基础上进一步检验 a×b 的显著性。② 间接效应抽样分布往往是非对称的③④，然而，Sobel 检验（Sobel test）要求假设间接效应抽样为常态⑤。研究者们通过模拟研究发现，Bootstrapping 是比因果法及 Sobel 检验更强大的用于检测中介效应的方法⑥⑦。因果法（causal steps）和系数差异法（differences in co-efficients）比较适合用于单一中介分析，更复杂的模型（多重中介）需要用 SEM 处理⑧。因此，本研究拟使用建模软件 AMOS 中的 Bootstrapping 方法进行中介效应检验。

由于积极应对方式和消极应对方式均是单维结构，为提高共同度、减少随

---

① R.M.Baron，D.A.Kenny，"The moderator-mediator variable distinction in social psychological research：Conceptual，strategic，and statistical considerations"，*Journal of Personality and Social Psychology*，1986，51（6）：1173.

② M.E.Sobel，"Asymptotic confidence intervals for indirect effects in structural equation models"，*Sociological Methodology*，1982，13：290-312.

③ K.A.Bollen，R.Stine，"Direct and indirect effects：Classical and bootstrap estimates of variability"，*Sociological Methodology*，1990：115-140.

④ C.A.Stone，M.E.Sobel，"The robustness of estimates of total indirect effects in covariance structure models estimated by maximum"，*Psychometrika*，1990，55（2）：337-352.

⑤ A.F.Hayes，"Beyond Baron and Kenny：Statistical mediation analysis in the new millennium"，*Communication Monographs*，2009，76（4）：408-420.

⑥ D.P.MacKinnon，C.M.Lockwood，J.Williams，"Confidence limits for the indirect effect：Distribution of the product and resampling methods"，*Multivariate Behavioral Research*，2004，39（1）：99-128.

⑦ J.Williams，D.P.MacKinnon，"Resampling and distribution of the product methods for testing indirect effects in complex models"，*Structural Equation Modeling：A Multidisciplinary Journal*，2008，15（1）：23-51.

⑧ R.L.Holbert，M.T.Stephenson，"The importance of indirect effects in media effects research：Testing for mediation in structural equation modeling"，*Journal of Broadcasting & Electronic Media*，2003，47（4）：556-572.

机误差,因此采用平衡法分别对积极应对方式和消极应对方式的题项进行打包。① 积极应对方式题项具体打包步骤为:(1)对积极应对方式进行验证性因子分析,把题项按因子负荷的大小由高到低排列(因子负荷量最大是 0.72,最小是 0.43)依次为:9、8、10、11、5、3、12、7、2、1、4、6;(2)根据小组数将题目轮流由高到低、再反过来依次排列,第一组包含题项 9、3、12、6;第二组包含题项 8、5、7、4;第三组包含题项 10、11、2、1。消极应对方式题项具体打包步骤为:(1)对消极应对方式进行验证性因子分析,把题项按因子负荷的大小由高到低排列(因子负荷量最大是 0.77,最小是 0.39)依次为:17、18、16、13、14、15、19、20;(2)根据小组数将题目轮流由高到低、再反过来依次排列,第一组包含题项 17、20;第二组包含题项 18、19;第三组包含题项 16、15;第四组包含题项 13、14。

(1)积极应对方式对家庭生活质量的直接预测作用。

根据温忠麟提出的中介效应检验程序:首先验证积极应对方式是否显著预测家庭生活质量。如果显著,则为中介效应立论;反之,则以遮掩效应立论。因此,在 AMOS 21.0 中以积极应对方式为自变量,以家庭生活质量为因变量,建立模型(见图 5.2.1,积均 1—3 为积极应对方式题项打包数据组),检验积极应对方式对家庭生活质量的直接预测作用,模型拟合指数见表 5.2.3。

表 5.2.3　积极应对方式与生活质量的模型拟合指数表

拟合指标	X^2/df	GFI	CFI	TLI	IFI	NFI	RMSEA	SRMR
拟合指数	4.207	0.944	0.954	0.937	0.954	0.941	0.079	0.053

由表 5.2.3 可知,模型 $X^2/df = 4.207$ 小于 5,RMSEA = 0.079 小于 0.08,SRMR = 0.053 小于 0.08,GFI、CFI、TLI、IFI、NFI 均大于 0.90,各项拟合指标符合统计学标准,模型拟合良好。

(2)家庭赋权增能在积极应对方式与家庭生活质量间的中介作用。

在积极应对方式预测家庭生活质量模型拟合良好的基础上,加入中介变量家庭赋权增能,使用 AMOS 21.0 建立结构方程模型(见图 5.2.2)验证模型的拟合情况。结果显示各项拟合指标均在合理范围(见表 5.2.4)。

---

① 吴艳、温忠麟:《结构方程建模中的题目打包策略》,《心理科学进展》2011 年第 12 期。

表 5.2.4　家庭赋权增能中介模型拟合指数表

拟合指标	X²/df	GFI	CFI	TLI	IFI	NFI	RMSEA	SRMR
拟合指数	4.014	0.918	0.939	0.922	0.939	0.920	0.077	0.065

由表 5.2.4 可知,模型 $X^2/df = 4.014$ 小于 5,RMSEA = 0.077 小于 0.08,SRMR = 0.065 小于 0.08,GFI、CFI、TLI、IFI、NFI 均大于 0.90,各项拟合指标符合统计学标准,模型拟合良好。

在模型拟合结果合理的基础上,采用系数乘积(Product of Coefficients)、Bootstrap 偏差校正的非参数百分位(Bias-Corrected)和百分位(Percentile)三种方法联合对家庭赋权增能在家庭积极应对方式与家庭生活质量间的中介效应进行检验,结果见表 5.2.5。

表 5.2.5　家庭赋权增能在积极应对与生活质量间的中介效应检验结果表

路径	Point Estimate	Product of Coefficients		Bootstrapping	
		S. E	Z	Bias-Corrected 95% CI	Percentile 95% CI
Total Effects					
积极应对→生活质量	0.590	0.069	8.551	0.463—0.735	0.459—0.729
Direct Effects					
积极应对→生活质量	0.332	0.069	4.812	0.202—0.475	0.197—0.471
Indirect Effects					
积极应对→生活质量	0.258	0.043	6.000	0.185—0.356	0.180—0.348

由表 5.2.5 可知,加入家庭赋权增能变量后,积极应对方式通过家庭赋权增能作用于家庭生活质量的间接路径效应值为 0.258,Z = 6.000(大于 1.96);Bias-Corrected 95%的置信区间为(0.185,0.356),Percentile 95%的置信区间为(0.180,0.348),均不包含 0,P < 0.001。系数乘积法(Product of Coefficients)、Bootstrap 偏差校正的非参数百分位(Bias-Corrected)和百分位法(Percentile)检验结果均表明中介效应存在。

积极应对方式作用于家庭生活质量的直接路径效应值为 0.332,Z = 4.812(大于 1.96);Bias-Corrected 95% 的置信区间为(0.202,0.475),Percentile 95% 的置信区间为(0.197,0.471),均不包含 0,P<0.001。系数乘积法(Product of Coefficients)、Bootstrap 偏差校正的非参数百分位(Bias-Corrected)和百分位法(Percentile)检验结果均表明家庭赋权增能在积极应对方式和家庭生活质量之间起部分中介作用。总效应值为 0.590,中介效应占总效应的比值为(0.258/0.590 =)43.73%。

(3)消极应对方式对家庭生活质量的直接预测作用。

根据温忠麟提出的中介效应检验程序:首先验证积极应对方式是否显著预测家庭生活质量。如果显著,则为中介效应立论,反之,则以遮掩效应立论。以消极应对方式为自变量,家庭生活质量为因变量,使用 AMOS 21.0 建立模型检验应对方式对家庭生活质量的直接预测作用,拟合指数见表 5.2.6,模型见图 5.2.3(消极 1—4 为消极应对方式题项打包数据组)。

表 5.2.6　消极应对方式与生活质量的模型拟合指数表

拟合指标	X^2/df	GFI	CFI	TLI	IFI	NFI	RMSEA	SRMR
拟合指数	3.593	0.944	0.951	0.934	0.952	0.934	0.071	0.065

由表 5.2.6 可知,模型 X^2/df = 3.593 小于 5,RMSEA = 0.071 小于 0.08,SRMR = 0.065 小于 0.08,GFI、CFI、TLI、IFI、NFI 均大于 0.90,各项拟合指标符合统计学标准,模型拟合良好。

(4)家庭赋权增能在消极应对方式与家庭生活质量间的中介作用。

在消极应对方式预测家庭生活质量模型拟合良好的基础上,加入中介变量家庭赋权增能,使用 AMOS 21.0 建立结构方程模型验证模型的拟合情况。结果显示各项拟合指标均在合理范围(见表 5.2.7)。

表 5.2.7　家庭赋权增能中介模型拟合指数表

拟合指标	X^2/df	GFI	CFI	TLI	IFI	NFI	RMSEA	SRMR
拟合指数	4.049	0.907	0.923	0.905	0.923	0.901	0.077	0.075

由表5.2.7可知,模型 $X^2/df=4.049$ 小于5,RMSEA=0.077小于0.08,SRMR=0.075小于0.08,GFI、CFI、TLI、IFI均大于0.90,各项拟合指标符合统计学标准,模型拟合良好。

在模型拟合结果合理的基础上,采用系数乘积(Product of Coefficients)、Bootstrap偏差校正的非参数百分位(Bias-Corrected)和百分位(Percentile)三种方法联合对家庭赋权增能在家庭消极应对方式与家庭生活质量间的中介效应进行检验,结果见表5.2.8。

表5.2.8　家庭赋权增能在家庭消极应对方式与生活质量间的中介效应检验结果表

Path	Point Estimate	Product of Coefficients		Bootstrapping	
		S. E	Z	Bias-Corrected 95% CI	Percentile 95% CI
Total Effects					
消极应对→生活质量	0.171	0.060	2.850	0.052—0.289	0.050—0.288
Direct Effects					
消极应对→生活质量	0.129	0.050	2.580	0.033—0.231	0.032—0.230
Indirect Effects					
消极应对→生活质量	0.042	0.031	1.355	-0.020—0.100	-0.022—0.098

由表5.2.8可知,加入家庭赋权增能变量后,家庭消极应对方式通过家庭赋权增能作用于家庭生活质量的间接路径效应值为0.042,Z=1.355(小于1.96);Bias-Corrected 95%的置信区间为(-0.020,0.100),Percentile 95%的置信区间为(-0.022,0.098),均包含0,P>0.001。系数乘积法(Product of Coefficients)、Bootstrap偏差校正的非参数百分位(Bias-Corrected)和百分位法(Percentile)检验结果均表明家庭赋权增能在消极应对方式和家庭生活质量之间不起中介作用。

回顾皮尔逊相关分析,家庭消极应对方式和家庭赋权增能存在显著弱相关关系,但在本模型中家庭消极应对方式无法显著预测家庭赋权增能,说明家庭消极应对方式与家庭赋权增能之间不是简单的线性关系。基于此,再次对

家庭消极应对方式、家庭积极应对方式、家庭赋权增能以及家庭生活质量的关系进行探索发现:

消极应对方式对积极应对方式的直接预测作用。在 AMOS 21.0 中以消极应对方式为自变量,以积极应对方式为因变量,建立模型),检验消极应对方式对积极应对方式的直接预测作用,模型拟合指数见表5.2.9。

表5.2.9 消极应对方式对积极应对方式直接预测检验模型拟合指数表

拟合指标	X^2/df	GFI	CFI	TLI	IFI	NFI	RMSEA	SRMR
拟合指数	2.457	0.986	0.989	0.977	0.989	0.982	0.053	0.032

由表5.2.9可知,模型 $X^2/df = 2.457$ 小于 5,RMSEA = 0.053 小于 0.08,SRMR = 0.032 小于 0.08,GFI、CFI、TLI、IFI、NFI 均大于 0.90,各项拟合指标符合统计学标准,模型拟合良好。结合图5.2.9可知,消极应对方式能够显著正向预测积极应对方式($\beta = 0.190$,P<0.001)

家庭积极应对方式在家庭消极应对方式与家庭赋权增能之间起中介作用。以家庭消极应对方式为自变量、家庭赋权增能为因变量、家庭积极应对方式为中介变量在 AMOS 21.0 建立结构方程模型(见图5.2.6)验证模型的拟合情况。结果显示各项拟合指标均在合理范围(见表5.2.10)。

表5.2.10 积极应对方式在消极应对与家庭赋权增能间的中介模型指数表

拟合指标	X^2/df	GFI	CFI	TLI	IFI	NFI	RMSEA	SRMR
拟合指数	3.522	0.951	0.958	0.942	0.958	0.943	0.070	0.055

由表5.2.10可知,模型 $X^2/df = 3.522$ 小于 5,RMSEA = 0.070 小于 0.08,SRMR = 0.055 小于 0.08,GFI、CFI、TLI、IFI 均大于 0.90,各项拟合指标符合统计学标准,模型拟合良好。在模型拟合结果合理的基础上,采用系数乘积(Product of Coefficients)、Bootstrap 偏差校正的非参数百分位(Bias-Corrected)和百分位(Percentile)三种方法联合对家庭积极应对方式在家庭消极应对方式与家庭赋权增能之间的中介效应进行检验,结果见表5.2.11。

表 5.2.11　家庭积极应对方式在家庭消极应对方式与家庭赋权增能间的中介效应检验结果表

Path	Point Estimate	Product of Coefficients		Bootstrapping	
		S. E	Z	Bias-Corrected 95% CI	Percentile 95% CI
Total Effects					
消极应对→赋权增能	0.036	0.052	0.692	−0.071—0.134	−0.071—0.134
Direct Effects					
消极应对→赋权增能	−0.088	0.050	−1.760	−0.192—0.007	−0.191—0.008
Indirect Effects					
消极应对→赋权增能	0.124	0.031	4.000	0.071—0.200	0.067—0.190

由表 5.2.11 可知,家庭消极应对方式通过家庭积极应对方式作用于家庭赋权增能间接路径效应值为 0.124,$Z=4.000$(大于 1.96);Bias-Corrected 95% 的置信区间为(0.071,0.200),Percentile 95% 的置信区间为(0.067,0.190),均不包含 0,$P<0.001$。系数乘积法(Product of Coefficients)、Bootstrap 偏差校正的非参数百分位(Bias-Corrected)和百分位法(Percentile)检验结果均表明中介效应存在。

家庭消极应对方式作用于家庭赋权增能的直接路径效应值为−0.088,$Z=-1.760$(小于 1.96);Bias-Corrected 95% 的置信区间为(−0.192,0.007),Percentile 95% 的置信区间为(−0.191,0.008),均包含 0,$P>0.05$。系数乘积法(Product of Coefficients)、Bootstrap 偏差校正的非参数百分位(Bias-Corrected)和百分位法(Percentile)检验结果均表明家庭积极应对方式在家庭消极应对方式与家庭赋权增能之间起完全中介作用。

(5)家庭积极应对方式在家庭消极应对方式与家庭生活质量之间起中介作用。

以家庭消极应对方式为自变量、家庭生活质量为因变量、家庭积极应对方式为中介变量在 AMOS 21.0 建立结构方程模型验证模型的拟合情况。结果显示,各项拟合指标均在合理范围(见表 5.2.12)。

表 5.2.12　积极应对在消极应对与生活质量间的中介模型拟合指数表

拟合指标	X^2/df	GFI	CFI	TLI	IFI	NFI	RMSEA	SRMR
拟合指数	4.040	0.914	0.927	0.909	0.928	0.906	0.077	0.065

由表 5.2.12 可知,模型 $X^2/df = 4.040$ 小于 5,RMSEA $= 0.077$ 小于 0.08,SRMR $= 0.065$ 小于 0.08,GFI、CFI、TLI、IFI 均大于 0.90,各项拟合指标符合统计学标准,模型拟合良好。在模型拟合结果合理的基础上,采用系数乘积(Product of Coefficients)、Bootstrap 偏差校正的非参数百分位(Bias-Corrected)和百分位(Percentile)三种方法联合对家庭积极应对方式在家庭消极应对方式与家庭生活质量之间的中介效应进行检验,结果见表 5.2.13。

表 5.2.13　积极应对在消极应对与生活质量间的中介效应检验结果表

Path	Point Estimate	Product of Coefficients		Bootstrapping	
		S.E	Z	Bias-Corrected 95% CI	Percentile 95% CI
Total Effects					
消极应对→生活质量	0.127	0.062	2.048	0.001—0.249	0.000—0.248
Direct Effects					
消极应对→生活质量	0.001	0.059	0.017	-0.123—0.116	-0.122—0.117
Indirect Effects					
消极应对→生活质量	0.126	0.029	4.345	0.074—0.194	0.070—0.186

注:5000 bootstrap samples。

由表 5.2.13 可知,家庭消极应对方式通过家庭积极应对方式作用于家庭生活质量的间接路径效应值为 0.126,Z $= 4.345$(大于 1.96);Bias-Corrected 95%的置信区间为(0.074,0.194),Percentile 95% 的置信区间为(0.070,0.186),均不包含 0,P<0.001。系数乘积法(Product of Coefficients)、Bootstrap 偏差校正的非参数百分位(Bias-Corrected)和百分位法(Percentile)检验结果均表明中介效应存在。家庭消极应对方式作用于家庭生活质量的直接路径效

应值为 0.001,Z = 0.017(小于 1.96);Bias-Corrected 95% 的置信区间为(-0.123,0.116),Percentile95% 的置信区间为(-0.122,0.117),均包含 0,P>0.05。系数乘积法(Product of Coefficients)、Bootstrap 偏差校正的非参数百分位(Bias-Corrected)和百分位法(Percentile)检验结果均表明家庭积极应对方式在家庭消极应对方式与家庭生活质量之间起完全中介作用。

(6)积极应对方式和家庭赋权增能的中介效应。

使用 AMOS 21.0 建构以家庭消极应对方式为自变量、家庭生活质量为因变量、家庭积极应对方式和家庭赋权增能为中介变量的链式中介模型,模型拟合指标见表 5.2.14。

表 5.2.14 积极应对在消极应对与生活质量间的中介模型拟合指数表

拟合指标	X^2/df	GFI	CFI	TLI	IFI	NFI	RMSEA	SRMR
拟合指数	4.191	0.875	0.904	0.886	0.904	0.878	0.079	0.069

由表 5.2.14 可知,模型 X^2/df=4.191 小于 5,RMSEA = 0.079 小于 0.08,SRMR = 0.069 小于 0.08,CFI、IFI 均大于 0.90,GFI、TLI、NFI 也在可接受范围,说明模型拟合结果可接受。结合图 5.2.8,家庭消极应对方式能显著预测家庭积极应对方式(β = 0.200,P<0.001),家庭积极应对方式能显著预测家庭赋权增能(β = 0.567,P<0.001),家庭积极应对方式能显著预测家庭生活质量(β = 0.334,P<0.001),家庭赋权增能能显著预测家庭生活质量(β = 0.480,P<0.001),家庭消极应对方式对家庭生活质量的直接作用不显著(β = 0.044,P = 0.355 大于 0.05)。

首先,在模型拟合结果合理的基础上,使用 bootstrap 检验自变量消极应对方式与因变量家庭生活质量之间的总间接效果是否存在。经检验,消极应对方式与家庭生活质量间的总间接效果点估计值(即总间接效果)为 0.086,标准误差为 0.037,相应的 Z 值为 2.324 大于 1.96;Bootstrapping Bias-Corrected 置信区间为(0.015,0.159),P = 0.018 小于 0.05;Bootstrapping Percentile 置信区间为(0.011,0.156),P = 0.023 小于 0.05。三种方法检验结果一致,说明消极应对方式与家庭生活质量之间有可能存在中介效果,即模型中三条特定的间接路径至少有一条是显著存在的。

其次,检查每个单独的间接效果是否存在。链式中介模型中,AMOS 能够直接通过运算呈现的是总间接效果值。但是如果通过将链式中介模型拆解为若干个简单中介模型的方法计算每一条间接效果,则无法考虑各个间接效果两两之间互相影响的情况[162]。启用 AMOS 贝叶斯语法(见附录 B)对积极应对方式与家庭赋权增能的链式中介效应进行检验,结果见表 5.2.15。

表 5.2.15　积极应对方式与家庭赋权增能的中介效应检验结果表

Path	Point Estimate	Product of Coefficients		Bootstrapping	
		S. E	Z	Bias-Corrected 95% CI	Percentile 95% CI
Indirect Effects					
路径 1:消极→积极→赋权→质量	0.080	0.019		4.211	0.047—0.124	0.045—0.122
路径 2:消极→积极→质量	0.095	0.026		3.654	0.055—0.162	0.049—0.153
总间接效果	0.175	0.036		4.861	0.114—0.259	0.109—0.250
Contrasts					
路径 1vs 路径 2	−0.016	0.028		−0.571	−0.072—0.060	−0.067—0.062
Direct Effects					
消极→质量	0.019	0.055		0.345	−0.093—0.124	−0.091—0.127
Total Effects					
消极→质量	0.194	0.059			0.079—0.314	0.076—0.312

注:"消极"指"消极应对方式","积极"指"积极应对方式","赋权"指"家庭赋权增能","质量"指"家庭生活质量"。

由表 5.2.15 可知,中介路径 1(中介变量为积极应对方式和家庭赋权增能)和路径 2(中介变量为积极应对方式)的 Z 值分别为 4.221 和 3.654(均大于 1.96),对应的 Bias-Corrected 置信区间和 Percentile 置信区间均不包含 0,

三种方法检验结果相同,说明中介路径 1 和路径 2 显著存在。

总的间接效果点估计值为 0.175,对应的 Z 值为 4.861,对应的 Bias-Corrected 置信区间和 Percentile 置信区间均不包含 0,三种方法检验结果相同,说明总的中介效果显著存在。

通过计算得知,路径 1 占总间接效果的 45.714%,路径 2 占总间接效果的 54.285%,说明消极应对方式主要通过积极应对方式对家庭生活质量起作用。对路径 1(中介变量为积极应对方式和家庭赋权增能)和路径 2(中介变量为积极应对方式)进行比较,Bias-Corrected 置信区间和 Percentile 置信区间均包含 0,说明两条间接路径差异不显著。

消极应对方式与家庭生活质量间的直接路径点估计值为 0.019,对应的 Z 值为 0.345(小于 1.96),Bias-Corrected 置信区间和 Percentile 置信区间均包含 0,三种方法检验结果相同,说明为完全中介。

(四)分析与讨论

综观国内现有的关于家庭赋权增能、家庭应对方式以及家庭生活质量的研究文献可知,在特殊儿童这一群体中,家庭赋权增能、家庭应对方式和家庭生活质量的研究对象涉及发展性障碍儿童的较多,专门针对对听力障碍儿童家庭的研究相对较少。随着残疾人事业的不断发展,听力障碍儿童得到了越来越多来自社会各界的关注,但听力障碍儿童家庭却很少被注意到。人们想当然地以为,相比发展性障碍儿童而言,听力障碍儿童在成长发展过程中障碍更少,家庭面临的困境更少。事实并非全然如此,听力障碍儿童家庭更容易被正常儿童家庭群体与特殊儿童家庭群体边缘化。他们在处理随着儿童听力障碍出现的一应事务时遇到的壁垒可能会更多,因此探讨听力障碍儿童家庭赋权增能、家庭应对方式、家庭生活质量之间的相互关系及作用机制,有助于帮助听力障碍儿童家庭生活质量的提升。

1. 听力障碍儿童家庭赋权增能、应对方式及家庭生活质量相关性

(1)家庭赋权增能与家庭应对方式的相关性。

听障儿童家庭赋权增能总量表及各维度与应对方式的积极应对方式维度呈中等正相关关系(r 处于 0.346—0.475 之间,p <0.001),这说明家庭赋权增能水平越高,越容易采取积极的应对方式处理与听力障碍儿童相关的一应事务。Singh 认为,家庭赋权增能会让家庭获得使他们能够积极控制自己的生

活、提高生活质量的知识、技能以及资源①。因此,产生这一结果的原因可能是,家庭赋权增能水平越高,家庭所获得的可以让他们积极控制自己的生活、提高生活质量的知识、技能以及资源就越多,他们就会更多地采取积极方式处理与听力障碍儿童相关的一应事务。

同时,听障儿童家庭赋权增能总量表和影响力、互动性维度与应对方式的消极应对方式维度为弱度相关(r=0.093,p <0.001),这说明家庭赋权增能水平越高,听障儿童家庭也有采取消极的应对方式处理与听力障碍儿童相关的一应事务的可能性。乍一看,这似乎很不合常理,其实也在情理之中。

首先,应对是个体与环境互动过程中产生超出个体预期的负担时采取用来降低内、外压力以便更好适应环境的行为模式②③④。应对方式有积极与消极之分,但并无好坏之分。应对方式具有调节情绪和解决问题的功能⑤,其目的是让身心重新达到平衡。⑥ 消极的应对方式侧重于调节和控制应激时的情绪反应,从而降低烦恼并维持一个适当的内部状态,以便更好地处理各种信息。⑦ 当听力障碍儿童家庭赋权增能水平越高、更具影响力和互动性时遇到的问题解决起来更棘手的可能性也越大,此时也较容易通过消极的应对方式来调节情绪,从而以更好的状态来处理各种信息。

其次,计划行为理论认为个体态度(attitude towards the behavior)、主观规范(subjective norm)、认知行为控制(perceived behavioral control)影响行为意图,最终影响个体行为。⑧ 换言之,即个人的想法、环境对个体的影响、个体对事件的控制能力通过行为意图最终影响行为表现形式。当听力障碍儿童家庭

---

① Y.Hasenfeld,"Power in social work practice",*Social Service Review*,1987,61(3):469-483.

② R.Bailey,M.Clarke,*Stress and Coping in Nursing*,Capman and Hall,1989.

③ A.M.LaGreca, L. J. Siegel, J. L. Wallander, et al, *Stress and Coping in Child Health*, London:The Guilford Press,1992.

④ Meinrad Perez, Michael Reicherts, *Stress, Coping and Health: A Situation-behavior Approach Theory, Methods, Applications*, Seattle, Toronto, Bern, Gottingen: Hogrefe and Huber Publishers, 1992.

⑤ R S Lazarus,S Folkman,*Stress,Appraisal and Coping*,New York:Bantam Books,1984,p. 141.

⑥ 梁宝勇:《精神压力、应对与健康应激的临床心理学研究》,教育科学出版社 2006 年版,第 12 页。

⑦ 戴晓阳:《护理心理学》,人民卫生出版社 1998 年版,第 45—55 页。

⑧ I Ajzen,"The theory of planned behavior",*OrganizationalBehavior and Human Decision Processes*,1991,50(2):179-211.

想要解决与随着儿童的听力障碍出现的问题(即行为态度)、利用自己已有的知识、技能以及资源对问题进行审核(即主观规范)和对自己能处理问题的能力的评估(认知的行为控制)最终决定是否将解决问题付诸行动。由此,听力障碍儿童家长在面对随着儿童的听力障碍出现的问题时,尽管具备一定的积极控制生活、提高生活质量的知识、技能以及资源,但遇到的问题超出自身的能力,所以无法立即采取积极的应对方式解决问题,而采用消极的应对方式调节情绪,从而以更好的状态来处理各种信息。

(2)家庭赋权增能与家庭生活质量的关系。

听力障碍儿童家庭赋权增能总量表及各维度和家庭生活质量总量表及各维度都为显著正相关(r 值在 0.222—0.548 之间,$p < 0.001$)。这说明,在听力障碍儿童这一群体中,家庭赋权增能的水平越高相应的家庭生活质量就越好,即"家庭赋权增能是能帮助家庭获得力量感、增进家庭的正向功能,最终提升家庭生活质量的"[1]。当听力障碍儿童家庭在获得权能的过程中,以及最终整个家庭充满权能的状态都有利于增强他们对自身权利、听力障碍儿童及其发展、相关服务支持和资源获取、家庭功能实现的感受与信念、认知与判断、最终的行动,从而提高听力障碍儿童家庭成员需求被满足的程度、家庭成员共享生活的程度以及家庭成员能够从事对自身重要事情的程度。

(3)家庭生活质量与家庭应对方式的关系。

听障儿童家庭生活质量总量表及各维度与应对方式的积极应对方式维度呈中等显著正相关关系(r 处于 0.276—0.470 之间,$p < 0.001$)。这说明,听力障碍儿童家庭处理与听力障碍儿童相关的一应事务时采取的积极方式越多,其生活质量越高。家庭生活质量指的是家庭成员需求被满足的程度、家庭成员集体享受生活的程度以及参与家庭成员认为重要事情的程度[2],积极的应对方式是个体寻求解决已觉察到的问题时采取的积极努力的手段。听力障碍儿童家庭在面对儿童的听力障碍产生的问题时,通过积极的应对方式(如

---

[1] 申仁洪:《走向伙伴协作的残障儿童家庭参与——基于美国研究的考察》,《比较教育研究》2016 年第 4 期。

[2] J.Park,L.Hoffman,J.Marquis,et al.,"Toward assessing family outcomes of service delivery:Validation of a family quality of life survey",*Journal of Intellectual Disability Research*,2003,47(4-5):367-384.

"向家人、亲戚朋友或同学寻求建议""借鉴他人处理类似困难情境的办法"等)解决问题,相应的家庭生活质量得到了提高。

听障儿童家庭生活质量总量表及休闲活动、他人支持、专业支持、职业生涯发展、经济状况维度与家庭应对的消极应对方式之间呈低度显著正相关关系(r 处于 0.145—0.222 之间,p < 0.001)。乍一看,这一结果似乎与我们的日常生活有些相悖。其实不然。应对方式有积极与消极之分,但产生的结果并不是一一对应的,即应对方式越积极产生的结果并非就越积极,应对的方式越消极其产生的结果并非就越消极①。比如"试图休息或休假,暂时把问题(烦恼)抛开"尽管被纳入消极应对方式维度,但起到可以调节控制情绪、缓解压力的作用。

3. 家庭赋权增能在家庭应对方式与家庭生活质量间的中介作用

(1)家庭赋权增能在积极应对方式和家庭生活质量之间的中介效应。

研究检验了听力障碍儿童家庭赋权增能在家庭积极应对方式和家庭生活质量之间的中介效应。结果发现,听力障碍儿童家庭赋权增能在家庭积极应对方式和家庭生活质量之间起部分中介作用。即,听力障碍儿童家庭积极应对方式通过两种方式影响家庭生活质量:第一种方式是积极应对方式直接影响家庭生活质量,直接效应占总效应的比值为 56.27%;第二种方式是积极应对方式通过家庭赋权增能的部分中介作用影响家庭生活质量,中介效应占总效应的比值为 43.73%。

一方面,听力障碍儿童家庭在面对儿童的听力障碍产生的问题时,通过积极的应对方式(如"向家人、亲戚朋友或同学寻求建议""借鉴他人处理类似困难情境的办法"等)解决问题,缓解儿童听力障碍这一应激源产生的压力,从而使得家庭生活质量得到了提高;另一方面,家庭生活质量受家庭功能的影响②,家庭赋权增能可以帮助家庭获得力量感、增进家庭的正向功能。当听力障碍儿童家庭面对儿童听力障碍这一应激源时采取积极的应对方式解决问题,在这个过程中,家庭获得的可以让他们积极控制自己的生活、提高生活质

---

① 解亚宁:《简易应对方式量表信度和效度的初步研究》,《中国临床心理学杂志》1998 年第 2 期。

② 吉彬彬、易容芳、孙玫等:《孤独症儿童照顾者健康相关生活质量与家庭功能的相关性》,《广东医学》2012 年第 15 期。

量的知识、技能以及资源得到了提升,即家庭赋权增能水平升高。听力障碍儿童家庭赋权增能水平越高,获得的力量感就越强,从而更好地增进正向的家庭功能,最终达到提升家庭生活质量的结果。

(2)积极应对方式与家庭赋权增能在消极应对方式和家庭生活质量之间的中介效应。

研究检验了听力障碍儿童家庭赋权增能在家庭消极应对方式和家庭生活质量之间的中介效应。结果发现,听力障碍儿童家庭赋权增能在家庭消极应对方式和家庭生活质量之间的中介作用不存在。原因在于,家庭消极应对方式无法显著性预测家庭赋权增能。进一步分析发现,积极应对方式在消极应对方式与家庭赋权增能之间起完全中介的作用,积极应对方式在消极应对方式与家庭生活质量之间起完全中介的作用,积极应对方式与家庭赋权增能在消极应对方式与家庭生活质量之间起完全中介的作用。

应对方式是个体对应激事件及应激事件导致的个体内部不平衡状态采取的一系列认知或行为措施[1]。不同的学者将应对方式分为不同的类别[2],大多数的应对方式对维持个体内部平衡具有重要意义[3]。积极应对方式偏重于解决问题,消极的应对则偏重于缓解、调整情绪。积极和消极是相对的,但并非消极的应对方式就会产生消极的结果。应对过程理论(transactional theory of coping)认为应对方式是个体评估内在或者外在的要求超过自身的资源后采取的控制内在或外在要求的认知和行为努力[4]。由此,不难推断,当儿童的听力障碍出现时,首先,家长会在主观认知层面对儿童听力障碍这一应激事件作预判,即评估儿童听力障碍这一应激事件对自身以及家庭产生何种潜在的影响以及是否有能力调动资源去阻止、克服这一应激事件带给自身及家庭的不利影响。随后,家长会根据对应激事件的主观认知和自身拥有的资源采取相应的行动,即具体的应对行为。若经过预判,家长在主观认知上觉得自己有

① 刘晓秋、解亚宁、白志军等:《驻高原武装警察部队官兵心理应激状况及其影响因素》,《中国组织工程研究》2006年第30期。

② G.Parker,L.Brown,I.Blignault,"Coping behaviors as predictors of the course of clinical depression",*Archives of General Psychiatry*,1986,43(6):561-565.

③ 梁宝勇:《应对研究的成果、问题与解决办法》,《心理学报》2002年第6期。

④ R.S.Lazarus,"Coping theory and research:Past,present,and future",*Psychosomatic Medicine*,1993,55:234-247.

能力控制儿童听力障碍这一应激事件,那么家长会积极地发掘、调动知识、技能或资源解决问题提升家庭生活质量,或在解决问题的过程中通过家庭赋权增能提升家庭生活质量;若经过预判,家长在主观认知上觉得儿童听力障碍这一应激事件已经超出自己的可控范围,那么面对该应激事件,个体会自动地产生心理防御。自我心理学模式(ego psychology model)认为个体的防御机制即为个体对应激事件的应对方式①。应对过程理论认为应对方式具有动态、可变性,强调个体的应对方式受情境和个体认知的影响②。换句话说,同一个应激事件的不同的阶段个体的应对方式是不同的。当家长在主观认知上觉得儿童听力障碍这一应激事件已经超出自己的可控范围,家长通过消极的应对方式调节情绪、缓解压力,随着时间的推移,家长对应激事件的重新认知(或者家长的心理韧性、自我效能感等心理特质得到增强,或者外部给予的支持、亦或者家长潜在资源的发掘)使得家长获得了新的可控制儿童听力障碍这一应激事件及其带来的情绪困扰的能力,从而提升家庭生活质量,或在解决问题的过程中通过家庭赋权增能提升家庭生活质量。换言之,即听力障碍儿童家庭根据自己对所面临应激事件的认知预判,决定选择何种应对方式,根据其选择应对方式进而对应激事件产生影响,个体会重新评估应激事件然后调整应对方式。

(五)研究结论

听力障碍儿童家庭积极应对方式与家庭赋权增能及各维度呈显著正相关,消极应对方式与家庭赋权增能及互动性、影响力因子呈显著正相关;积极应对方式与家庭生活质量及各因子呈显著正相关,消极应对方式与家庭生活质量及休闲活动、他人支持、专业支持、职业发展、经济状况因子呈显著正相关。家庭赋权增能及各因子与家庭生活质量及各因子呈显著正相关。

在家庭积极应对方式和家庭生活质量之间,家庭赋权增能起部分中介作用,中介效应占总效应比为43.73%。在家庭消极应对方式与家庭生活质量之间,家庭积极应对方式与家庭赋权增能起完全中介的作用。

---

① 梁宝勇、刘畅:《关于应付的一些思考与实证研究:应付的要领模式与效果估价》,《中国临床心理学杂志》1999年第3期。

② R.S.Lazarus,"Coping theory and research:Past,present,and future",*Psychosomatic Medicine*,1993,55:234-247.

第六章　家庭心理赋权和家庭积极贡献

一、发展性障碍儿童家长心理赋权增能及其与社会支持的关系

社会急剧变迁会对每个社会成员带来强大压力,心理健康成为个体健康的重要构成。特殊儿童的家长除了大众所面临的共同压力之外,孩子问题、障碍和特殊需求以及公众的态度是一个更加复杂和强大的压力源泉。面对重重压力的家长,积极的心理体验不但对自身心理健康有重要意义,更对家庭互动中亲子关系与儿童成长具有潜在影响。

(一)问题提出

特殊教育的进步需要群众的努力,特殊儿童的进步需要教师和家长的合作。近几年,我国大力兴办特殊教育,在一定程度上缓解了家庭压力,解决了家庭困难。但是,这并不意味着特殊儿童康复与教养的任务就完全落在国家、学校的肩膀上。在教养方面,家长与教师间是相互帮助的伙伴关系。特殊儿童的良好发展是建立在家庭、学校、社会三方共同协作的基础之上,缺失哪一方面的努力都不利于特殊儿童的发展。特殊儿童家长作为特殊儿童的法律监护人、生活抚养者、成长支持者,对特殊儿童的康复与发展负有直接责任,也有潜力支持儿童的成长。家长有必要且需要参与到特殊儿童的康复与教育中。家长参与可以和社会形成有效的合力,促进特殊儿童的进步。

但是,家长的参与支持却面临巨大的挑战。特殊儿童的出现更容易触发家庭危机,进而引发家长更多的消极情绪体验。一方面,基于家长自身成长以及相关经验,特殊儿童的特殊性会使家长在儿童的教养问题上产生无力感;另一方面,家长会对特殊儿童未来的生活发展产生长久的忧虑;更重要的是,抚养特殊儿童需要更多的经济、时间等多方面资源。再加上生活在节奏快速的

现代社会中,许多家长会感受到来自各个方面的压力,亟须心理方面的辅导与帮助。

在学术领域之中,心理学研究领域悄然开始着一种目光转变,即由注重消极心理状态的研究转向积极心理品质的研究,积极心理学应运而生。积极心理学注重积极品质与积极心理力量的研究,并以蓬勃的态势影响包括社会学、教育学、经济学和管理学等多个领域。① 与之密切相关,心理赋权增能是近30年来在管理学领域兴起的热门话题。在社区心理学和积极心理学领域中,心理赋权增能作为一种积极的心理体验和过程为众学者推崇,研究的对象群体也不断扩大,有公司职员、学校教师、社区居民等。特殊儿童作为社会中一个较为特殊的群体,对其家长的赋权增能就是对特殊儿童的帮助,所以特殊儿童家长是一个值得研究的群体。

国外兴起了对特殊儿童家庭赋权增能的研究。特殊儿童家庭赋权增能强调的是家庭自身系统由压力的应对走向生活质量的提升,在这个过程中,提倡在家庭支持和伙伴协作的基础上帮助家庭获得应对能力,而家庭通过自我的决策与努力来解决家庭问题。② 所以,社会支持只是推动家庭繁荣的外因,家庭本身才是真正的内因,外因要通过内因才能发挥作用。所以,单纯的社会支持并不能解决家庭的问题,要充分挖掘家庭的潜力和帮助家庭获得自身应对的能力才是关键。

（二）研究设计

赋权增能有两条基本路径:关系路径(relational approach)中的结构赋权增能(structural empowerment)和动机路径(motivational approach)中的心理赋权增能(psychological empowerment),相比于给予另一方自主权力的结构赋权增能,心理赋权增能则注重对方获得权力与能力的心理体验。③ 西方最早进行研究的学者 Conger 与 Kanungo(1988)认为心理赋权增能就是自我效能

---

① 任俊:《积极心理学》,开明出版社 2012 年版,第 7 页。
② 申仁洪:《走向伙伴协作的残障儿童家庭参与——基于美国研究的考查》,《比较教育研究》2016 年第 4 期。
③ 刘云、石金涛:《授权理论的研究逻辑——心理授权的概念发展》,《上海交通大学学报(哲学社会科学版)》2010 年第 1 期。

感①；后来 Thomas 与 Velthouse(1990)提出心理赋权增能的认知模型，将心理赋权增能认为是个体对工作环境的主观评估及他人对相同环境的看法，从而产生对工作的自我评价，进而影响工作行为的过程的一种综合体验，包括四个认知维度，即意义(meaning)、能力(competence)、自我决定(self determination)和影响(impact)。Spretizer(1995)也提出了与 Thomas 和 Velthouse 较为类似的关于心理赋权增能的维度，即工作意义(meaning)、自主性(self determination)、自我效能(competence)和影响力(impact)。工作意义(meaning)是个体评价自身工作与自身价值观的一致程度产生的对工作的关心程度；自主性(self determination)指个体自身对工作的控制及选择完成方式的程度；自我效能(competence)是个体对自己拥有完成工作能力的认识；影响力(impact)指个体所做的工作对组织中环境、成员以及工作的影响程度。② Akey(2000)等人提出特殊儿童父母心理赋权增能的四个维度，并开发出一个信效度良好的量表，具有重要的参考价值。这四个维度是：对自身控制与能力的态度(attitudes of control and competence)、对自身技能和知识的评价(cognitive appraisals of critical skills and knowledge)、直接参与组织的行为(formal participation in organizations)和间接参与组织的行为(informal participation in social systems and relationships)。③

综上所述，心理赋权增能着眼于被赋权个体层面中的心理体验，并且可以成为一种动机影响赋权个体的行为。强调"事后"的心理体验，即赋权后的能力获得，是有关个体行为结果产生的一种积极地体验，这种体验涵盖了控制感、意义感、自主性、效能感、影响力等积极感受，这种积极体验会促进行为的再次产生，可以并通过自我决定展现。

（三）研究方法

本研究旨在了解我国发展性障碍儿童家长心理赋权增能的基本状况和一

① J. A. Conger, R. N. Kanungo, "The Empowerment Process: Integrating Theory and Practice", *Academy of Management Review*, 1988, 13(13): 471-482.

② G. M. Spreitzer, "Psychological empowerment in the workplace: Dimensions, measurement, and validation", *Academy of Management Journal*, 1995, 38(5): 1442-1465.

③ M. Therresa Akey, G. Janet Marquis & E. Margret Ross, "Validation of Scores on the Psychological Empowerment Scale: A Measure of Empowerment for Parents of Children with a Disability", *Educational and Psychological Measurement*, 2000(3): 419-438.

些人口学变量因素对心理赋权增能的影响。同时,在调查我国发展性障碍儿童家庭的社会支持的基础上来了解家长心理赋权增能和社会支持间的关系特点。最后,通过个案研究来深入了解发展性障碍儿童家长的性格和生活特点及可能的影响因素,提出一些提升家长心理赋权增能水平的策略。

1. 研究对象

本研究所选取的对象主要有两大方面:第一,前期的量化研究问卷调查的对象是发展性障碍儿童的亲生父母或者收养关系中的儿童法律意义上的任意一个监护人,或者是儿童的生活照顾者;第二,后期的个案研究则是在前期问卷调查基础上选择的一部分家长。

本研究抽取的对象是 18 岁及以下特殊儿童的家长,在全国范围内中根据特殊儿童的年级(学前及小学,初中—18 岁)抽取 300 人进行调查。考虑当前特殊儿童照顾者的特点,本研究的对象为发展性障碍儿童的家长,包括父母以及儿童的直系亲属、祖父祖母、外祖父外祖母。其中,发展性障碍儿童包括智力障碍儿童、自闭症儿童、肢体障碍儿童以及生活上同样需要特殊照顾的多重障碍儿童。本研究采用便利取样方式。在北京市、天津市、辽宁省、黑龙江省、江苏省、浙江省、四川省、重庆市、云南省、广东省等地区发放问卷 300 份,回收问卷 266 份,剔除无关障碍类型和规律作答等无效问卷,剩余 242 份,回收率为 88.67%,有效率为 90.98%。正式测量样本的人口学资料如表 6.1.1 所示。

表 6.1.1　正式测量样本的人口学资料

背景变量	类型	人数	百分比(%)
家长身份	父亲	67	27.7
	母亲	152	62.8
	祖父祖母或外祖父外祖母	23	9.5
家长职业	无业	118	48.8
	全职	84	34.7
	半职	40	16.5
家长婚姻	已婚	218	90.1
	离婚、丧偶	24	9.9

续表

背景变量	类型	人数	百分比（%）
家长学历	高中及以下	145	59.9
	专科及以上	97	40.1
儿童性别	男孩	155	64.0
	女孩	87	36.0
是否住校	不是	209	86.4
	是	33	13.6
儿童障碍类型	自闭症	68	28.1
	智力障碍	118	48.8
	肢体障碍	32	13.2
	多重障碍	24	9.9
家庭类型	核心家庭	113	46.7
	三代家庭	99	40.9
	联合家庭	15	6.2
	单亲家庭	15	6.2
主动学习教育康复知识	完全不知道	40	16.5
	知道一点	136	56.2
	专门学习过	66	27.3
儿童是否接受过特定康复训练	接受过	168	69.4
	未接受过	74	30.6

2. 研究工具

《特殊儿童家长心理赋权增能问卷》经过本土化修订为《特殊儿童家长赋权增能问卷》（见工具本土化探索部分）。该问卷包括决策能力、与其他家庭交往、参与家长互助团体和积极态度四个维度共16个项目组成。问卷采用5点计分，1—5分分别代表非常不符合、有点不符合、不知道、有点符合、非常符合。本土化修订的验证性因素分析绝对拟合指数 SRMR 为0.069、RMSEA 为0.076、GFI 为0.901；相对拟合指数 TLI 为0.863、CFI 为8.874、NFI 为0.829、IFI 为0.875；简约拟合指数 PGFI 为0.728、PNFI 为0.760、PCFI 为0.801，均达到测量学的基本统计指标要求,具有良好的效度。问卷总信度 α 系数为 0.82,决策能力、与其他家庭交往、参与家长互助团队、积极态度 α 系数分别为 0.78、0.64、0.84、0.70,都达到了基本要求,信度较好。

社会支持量表。选用肖水源学者(1986)编修的社会支持量表,该量表包括三个维度即客观支持、主观支持和对社会支持的利用度三个维度。分数越高,社会支持度越高,(国内常用模型 34.63±3.73)一般认为总分低于 24 分,为获得的社会支持较低;总分为 24—34 分,为具有一般的社会支持度;总分大于 34 分为较为满意的社会支持度。本量表 2 个月重测信度为 0.92(P< 0.01),各条目的重测信度在 0.89—0.94。① 本量表在 1986 年编制以来,为广大学者使用,其中也有针对特殊儿童家长的研究,具有良好的效度。为了更好地适应发展性障碍儿童家长,考虑将第 6、7 题选项中的"党团公会组织"、"宗教、社会团体等非官方组织"更改为"学习或康复机构"、"家长资源中心、家长委员会";同时将第 10 题中的团体相关表述由"团体(如单位组织的活动、党团组织、宗教组织、工会、学生会等)组织活动"改为"团体(如单位组织的活动、家长会、家长委员会)组织活动"。

(四)研究结果

1. 发展性障碍儿童家长心理赋权增能现状

(1)总体状况。由表 6.1.2 可知,样本中发展性障碍儿童家长心理赋权增能均分为 3.27±0.54;决策能力维度:3.69±0.70;与其他家庭交往:3.51± 0.85;参与家长互助团体:1.71±0.91;积极态度:4.26±0.71。其中,决策能力、与其他家庭交往、积极态度维度均分高于心理赋权增能的维度均分,参与家长互助团体维度均分低于心理赋权增能的维度均分。Akey 等人曾对美国的 293 名家长进行调查,得到的结果为 3.64±0.59;其中亚裔家长得分为 3.47±0.58 这与本研究结果差异不大。② 可见,国外环境下家长心理赋权增能水平略高,不同文化间虽有差异,但具有一定的稳定性。

---

① 戴晓阳:《常用心理评估量表手册》,人民军医出版社 2010 年版,第 91 页。
② M.Therresa Akey,G.Janet Marquis & E.Margret Ross,"Validation of Scores on the Psychological Empowerment Scale:A Measure of Empowerment for Parents of Children with a Disability",*Educational and Psychological Measurement*,2000(3):419-438.

表6.1.2　心理赋权增能得分情况（N=242）

心理赋权及各维度均分	决策能力	与其他家庭交往	参与家长互助团体	积极态度	心理赋权增能得分情况
M	3.69	3.51	1.71	4.26	3.27
SD	0.70	0.85	0.91	0.71	0.54

（2）家长变量在心理赋权增能上的差异。根据独立样本 t 检验和单因素方差分析，心理赋权增能或其某些维度在家长特点中的工作性质与主动学习教育康复知识中有不同程度的显著情况；在家长身份中没有显著差异。

第一，根据表6.1.3可知，家长的身份在心理赋权增能及各维度上没有显著情况。可见，在客观的儿童障碍现实面前，无论是父亲还是母亲其主观的心理赋权增能水平都是相似。

6.1.3　家长身份在心理赋权增能的差异分析（M±SD）

维度	父亲（N=67）	母亲（N=152）	t	p
参与家长互助团体	1.63±0.82	1.76±0.96	−0.91	0.37
决策能力	3.80±0.65	3.64±0.72	1.58	—
与其他家庭交往	3.38±0.86	3.54±0.87	−1.23	0.72
积极态度	4.24±0.66	4.30±0.72	−0.59	0.56
心理赋权增能	3.27±0.50	3.80±0.65	−0.14	0.89

注：* $p<0.05$，** $p<0.01$，*** $p<0.001$。

第二，根据表6.1.4可知，家长是否主动学习教育康复知识在心理赋权增能上差异极其显著（$p<0.001$）；在参与家长互助团体维度、积极态度维度上差异很显著（$p<0.01$）；在决策能力维度上差异显著（$p<0.05$）；在与其他家庭交往维度上没有显著差异。经 LSD 事后检验，家长具备不同的教育康复知识在心理赋权增能、决策能力维度、参与家长互助团体维度、积极态度维度上得分皆为：③专门学习>②知道一点>①完全不知道。对于特殊儿童的教养需要一定的专业知识作支撑，显然，拥有较好专业知识的家长在应对儿童需要面前要更得心应手，收获的心理赋权增能也越高。

表 6.1.4　家长主动学习教育康复知识在心理赋权增能的方差分析（M±SD）

维度	①完全不知道（N=40）	②知道一点（N=136）	③专门学习（N=66）	F	Post Hoc
决策能力	3.51±0.72	3.66±0.69	3.85±0.69	3.32*	③>②>①
参与家长互助团体	1.44±0.54	1.65±0.85	2.01±0.14	5.85**	③>②>①
与其他家庭交往	3.46±1.02	3.45±0.86	3.67±0.71	1.17	—
积极态度	4.00±0.68	4.22±0.79	4.49±0.59	6.62**	③>②>①
心理赋权增能	3.07±0.46	3.22±0.54	3.48±0.64	8.77***	③>②>①

注：* p<0.05，** p<0.01，*** p<0.001。

第三，根据表6.1.5可知，不同工作性质的家长在决策能力维度上差异很显著（p<0.01）；在参与家长互助团体维度、与其他家庭交往维度、积极态度维度和心理赋权增能上没有显著差异。经LSD事后检验，不同工作性质家长在决策能力维度上的得分为：②全职>①未就业>③半职。经济地位不仅昭示着社会地位，在家庭中，经济地位与家庭权威也具有一定的关系，所以经济独立的家长其决策上有更高的水平。但是，对于养育特殊儿童来讲，经济只是一定的基础，还需要人力、时间去照顾。所以研究中许多未就业的家长并不是没有工作机会和能力，只是放弃工作来专心照顾儿童，所以关于儿童生活的决策更多是他们进行的，而半职家长更多的有一种分身乏术的感觉。

表 6.1.5　不同工作性质家长在家长心理赋权增能的方差分析（M±SD）

维度	①未就业（N=118）	②全职（N=84）	③半职（N=40）	F	Post Hoc
决策能力	3.62±0.72	—3.89±0.67	3.47±0.62	6.14**	②>①>③
参与家长互助团体	1.78±0.95	1.63±0.85	1.69±0.94	0.72	—
与其他家庭交往	3.64±0.83	3.36±0.91	3.49±0.75	2.59	—
积极态度	4.30±0.65	4.30±0.65	4.10±0.79	1.20	—

续表

维度	①未就业 （N＝118）	②全职 （N＝84）	③半职 （N＝40）	F	Post Hoc
心理赋权增能	3.29±0.54	3.30±0.53	3.15±0.54	1.27	—

注：* p<0.05, ** p<0.01, *** p<0.001。

第四，根据表6.1.6可知，不同学历层次的家长在参与家长互助团体维度上差异显著（p<0.05）；在决策能力、与其他家庭交往维度、积极态度和心理赋权增能上没有显著情况。并且，专科及以上学历层次家长参与家长互助团体的分数高于高中及以下学历层次家长的分数。实际上，由于我国这样的互助组织非常稀少，鲜有家长参与过家长互助团体，即使有差异也代表学历高的家长可能对这样的模式有所耳闻。

表6.1.6 不同学历层次家长在家长心理赋权增能的差异分析（M±SD）

维度	高中及以下 （N＝145）	专科及以上 （N＝97）	t	p
心理赋权增能	3.23±0.57	3.32±0.57	−1.22	0.22
决策能力	3.64±3.76	3.57±3.44	−1.36	0.17
与其他家庭交往	3.57±0.92	3.44±0.74	1.25	0.21
参与家长 互助团体	1.59±0.78	1.89±1.07	−2.35 *	0.02
积极态度	4.28±0.74	4.22±0.68	0.57	0.57

注：* p<0.05, ** p<0.01, *** p<0.001。

（3）儿童变量在心理赋权增能上的差异分析。根据独立样本t检验和单因素方差分析，参与家长互助团体维度在特殊儿童的一些背景变量中有不同的显著情况，如特殊儿童是否寄宿于学校、儿童是否接受干预训练、儿童障碍类别等内容；但在儿童性别和智力障碍儿童障碍程度中差异不显著。

第一，根据表6.1.7可知，特殊儿童是否寄宿于特殊教育学校在参与家长互助团体上差异很显著（p<0.01）；在决策能力维度、与其他家庭交往维度、积极态度维度和心理赋权增能上差异不显著。并且，不寄宿于特校的儿童均分高于寄宿于特校儿童的均分。虽然有差异，但不代表家长参与过这样的互助

团体,只是侧面反映出未将儿童寄宿在学校的家长更倾向于积极履行家长的责任。

表6.1.7　特殊儿童是否寄宿于特殊教育学校在家长心理赋权增能的差异分析(M±SD)

维度	寄宿于特校 (N=33)	不寄宿于特校 (N=209)	t	p
参与家长 互助团体	1.38±0.54	1.76±0.95	3.37**	0.001
决策能力	3.60±0.79	3.70±0.70	0.74	0.46
与其他 家庭交往	3.45±0.97	3.53±0.84	0.45	0.66
积极态度	4.18±0.60	4.27±0.73	0.67	0.50
心理 赋权增能	3.13±0.46	3.29±0.55	1.63	0.11

注:* $p<0.05$,** $p<0.01$,*** $p<0.001$。

第二,根据表6.1.8可知,特殊儿童是否接受干预训练在参与家长互助团体上差异很显著($p<0.01$);在决策能力维度、与其他家庭交往维度、积极态度维度和心理赋权增能上差异不显著。并且,接受过干预训练的儿童均分高于未接受过干预训练儿童的均分。虽然有差异,但不代表家长就参与过这样的互助团体,只是侧面反映出带领儿童积极进行早期干预的家长更关注儿童的成长,所以回答问卷时也更积极。

表6.1.8　特殊儿童是否接受干预训练在家长心理赋权增能的差异分析(M±SD)

维度	接受过训练 (N=168)	未接受过训练 (N=74)	t	p
参与家长 互助团体	1.82±0.95	1.47±0.77	3.053**	0.003
决策能力	3.71±0.73	3.62±0.65	0.94	0.35
与其他 家庭交往	4.28±0.74	4.21±0.65	-1.05	0.30
积极态度	4.28±0.74	4.21±0.65	0.68	0.50
心理 赋权增能	3.30±0.57	3.19±0.46	1.50	0.13

注:* $p<0.05$,** $p<0.01$,*** $p<0.001$。

第三,根据表6.1.9可知,特殊儿童的障碍类型在参与家长互助团体上差异显著(p<0.05);在决策能力维度、与其他家庭交往维度、积极态度维度和心理赋权增能上差异不显著。经过 LSD 事后检验发现,③肢体障碍儿童>①自闭症儿童>④多重障碍儿童>②智力障碍儿童。同样,具有差异不代表家长都参加了团体,但肢体障碍,如脑瘫儿童和自闭症儿童更多地在机构中接受训练,家长参与程度明显好于培智儿童家长。由于培智儿童多寄宿在学校,家长参与程度不是很高。

表 6.1.9　特殊儿童障碍类型在家长心理赋赋权增能上的方差分析(M±SD)

维度	①自闭症 (N=68)	②智力障碍 (N=118)	③肢体障碍 (N=32)	④多重障碍 (N=24)	F	Post Hoc
参与家长 互助团体	1.90±0.94	1.55±0.80	1.98±1.15	1.71±0.91	3.20*	③>①> ④>②
决策能力	3.75±0.66	3.69±0.72	3.66±0.77	3.56±0.67	0.46	—
与其他 家庭交往	4.13±0.75	4.33±0.63	4.32±0.66	4.18±0.96	0.70	—
积极态度	4.13±0.75	4.33±0.63	4.32±0.66	4.18±0.96	1.39	—
心理 赋权增能	3.30±0.53	3.24±0.53	3.33±0.58	3.22±0.57	0.37	—

注:* $p<0.05$,** $p<0.01$,*** $p<0.001$。

第四,根据表6.1.10可知,特殊儿童的性别在家长心理赋权增能及各个维度上差异不显著。同样,相较于性别差异对待的传统模式,新时期的家长更多关注儿童未来的成长空间。不论男孩女孩,儿童的客观现实情况是家长更关注的问题,所以性别差异不显著。

表 6.1.10　特殊儿童性别在家长心理赋权增能上的差异分析(M±SD)

维度	男孩 (N=155)	女孩 (N=87)	t	p
心理赋权增能	3.27±0.52	3.27±0.56	-0.29	0.98
决策能力	3.70±0.70	3.67±0.72	0.32	0.75
与其他 家庭交往	3.50±0.84	3.56±0.87	-0.64	0.53

维度	男孩 （N＝155）	女孩 （N＝87）	t	p
参与家长 互助团体	1.70±0.89	1.73±0.96	−0.27	0.80
积极态度	4.28±0.70	4.23±0.74	0.47	0.64

注：* $p<0.05$，** $p<0.01$，*** $p<0.001$。

第五，根据表6.1.11可知，智力障碍儿童障碍程度在家长心理赋权增能及各维度上差异不显著。对于培智儿童来讲，其智力康复的可能性是微乎其微的，对于未来的生活独立方面令家长担心，所以家长的心理赋权增能水平差异不显著。但总体上，轻度障碍儿童家长的心理赋权增能水平要更高一点。

表6.1.11 智力障碍儿童障碍程度在家长心理赋权增能上的差异分析（M±SD）

维度	①轻度 （N＝28）	②中度 （N＝51）	③重度极重度 （N＝42）	F
决策能力	3.86±0.72	3.58±0.77	3.70±0.62	1.43
与其他家庭交往	3.58±1.00	3.53±0.88	3.44±0.90	0.21
参与家长互助团体	1.59±0.86	1.46±0.65	1.75±0.98	1.47
积极态度	4.37±0.71	4.28±0.60	4.33±0.64	0.18
心理赋权增能	3.34±0.57	3.17±0.50	3.28±0.53	1.02

注：* $p<0.05$，** $p<0.01$，*** $p<0.001$。

（4）家长主动学习教育康复知识与心理赋权增能各维度的关系。为进一步确定背景变量对家长心理赋权增能的预测关系，需要将背景变量与家长心理赋权增能做相关分析。考虑将人口学变量转换为虚拟变量。为扩大个案数量，增强说服力，考虑将家长教育康复知识前两个水平，即"完全不知道"和"听说过一点"，合并为"未主动学习教育康复知识"。如将家长教育康复知识水平转换为虚拟变量，即教育康复知识—虚拟1（主动 & 未主动）。根据表6.1.12，家长主动学习教育康复知识与心理赋权增能及部分维度有显著相关关系。所以可以考虑将家长主动学习教育康复知识转换为虚拟变量纳入到回归方程中,以考察其对家长心理赋权增能的预测作用。

表 6.1.12　家长主动学习教育康复知识与家长心理赋权增能及各维度的相关关系

	1	2	3	4	5
1. 教育康复知识	—	—	—	—	—
2. 心理赋权增能	0.256**	—	—	—	—
3. 决策能力	0.164*	0.794**	—	—	—
4. 家庭交往	0.098	0.667**	0.393**	—	—
5. 参与家长互助团体	0.211**	0.608**	0.183**	0.212**	—
6. 积极态度	0.228**	0.617**	0.438**	0.347**	0.118

注:* p<0.05, ** p<0.01, *** p<0.001。

(5)家长主动学习教育康复知识对家长心理赋权增能的回归分析

根据表 6.1.13,家长主动学习教育康复知识可以显著影响家长的心理赋权增能,模型解释量为 0.059,即家长主动学习教育康复知识可以解释心理赋权增能的 5.9%,表明家长主动学习教育康复知识可以显著预测家长心理赋权增能,且主动学习教育康复知识与心理赋权增能呈正相关。

家长主动学习教育康复知识可以显著影响家长的决策能力,模型解释量为 0.021,即家长主动学习教育康复知识可以解释决策能力的 2.1%,表明家长主动学习教育康复知识可以显著预测家长决策能力,且主动学习教育康复知识与决策能力呈正相关。

家长主动学习教育康复知识可以显著影响家长与家长互助团体的交往,模型解释量为 0.040,即家长主动学习教育康复知识可以解释与家长互助团体的交往的 4.0%,表明家长主动学习教育康复知识可以显著预测家长与家长互助团体的交往,且主动学习教育康复知识与家长互助团体的交往呈正相关。

家长主动学习教育康复知识可以显著影响家长积极态度,模型解释量为 0.041,即家长主动学习教育康复知识可以解释积极态度的 4.1%,表明家长主动学习教育康复知识可以显著预测家长积极态度,且主动学习教育康复知识与积极态度呈正相关。

表 6.1.13　家长主动学习教育康复知识对心理赋权增能的回归分析

	心理赋权增能	决策能力	与其他家庭交往	与家长互助团体的交往	积极态度
	β	β	β	β	β
主动学习教育康复知识	0.293	0.230	0.227	0.412	0.324
	t	t	t	t	t
	3.882***	2.289*	1.853	3.179**	3.218**
△R²	0.059	0.021	0.014	0.040	0.041
F	15.073	5.243	3.434	10.106	10.353

注：* p<0.05，** p<0.01，*** p<0.001。

2. 发展性障碍儿童家庭社会支持现状

（1）社会支持总体情况。由表 6.1.14 可知，样本中发展性障碍儿童家长社会支持总分均分：36.16±8.64；主观支持总分均分：20.56±5.23；客观支持总分均分：8.25±3.45；支持利用度总分均分：7.34±1.97。根据研究结果，样本中的家长心理赋权增能总体的平均值为 3.27±0.54。可见，样本中的家长获得社会支持的水平与我国测验常模（34.63±3.73）的水平相近，且高于常模水平。

表 6.1.14　发展性障碍儿童家长社会支持得分情况（N=242）

	主观支持总分均分	客观支持总分均分	支持利用度总分均分	社会支持总分均分
M	20.56	8.25	7.34	36.16
SD	5.23	3.45	1.97	8.64

（2）家长变量在社会支持上的差异。根据独立样本 t 检验和单因素方差分析，社会支持及某些维度在家长的一些背景变量中有不同的显著情况，如家长婚姻状况、所在的家庭类型、家长的教育康复知识、家长的学历。但是在家长身份中差异情况不显著。

第一,根据表6.1.15可知,家长的教育康复知识水平在社会支持、客观支持维度、支持利用度维度上差异很显著(p<0.01)。经过LSD事后检验,家长在社会支持、客观支持维度、支持利用度维度上的得分为③专门学习>②知道一点>①完全不知道。可见家长的知识水平越高、思路越广泛,社会网络也越丰富,社会支持也越多。

表6.1.15　家长教育康复知识水平在社会支持的方差分析(M±SD)

维度	①完全不知道 (N=40)	②知道一点 (N=136)	③专门学习 (N=66)	F	Post Hoc
主观支持	18.95±3.66	20.82±5.63	21.00±5.07	2.32	③>②>①
客观支持	6.98±2.44	8.09±3.38	9.36±3.82	7.00**	③>②>①
支持利用度	6.38±1.72	7.46±1.95	7.70±1.98	6.41**	——
社会支持	32.30±5.40	36.37±9.00	38.06±8.85	5.85**	③>②>①

注: * p<0.05, ** p<0.01, *** p<0.001。

第二,根据表6.1.16可知,家长所在的家庭类型在社会支持上差异很显著(p<0.01)。在主观支持维度上差异显著(p<0.05),在客观支持上差异极其显著(p<0.001),在支持利用度上差异不显著。经过LSD事后检验,家长在社会支持、主观支持维度、支持利用度维度上的得分为③联合家庭>②三代家庭>①核心家庭>④单亲家庭。社会支持与社会网络息息相关,联合家庭的家庭成员多,社会网络也较为丰富。本社会支持量表较为重视家庭成员的相互支持,而单亲家庭在此项目上自然不如其他类型家庭。

表6.1.16　家庭类型在社会支持的方差分析(M±SD)

维度	①核心家庭 (N=113)	②三代家庭 (N=99)	③联合家庭 (N=15)	④单亲家庭 (N=15)	F	Post Hoc
主观支持	20.42±5.08	21.19±5.12	21.20±5.51	16.87±5.77	3.16*	③>②> ①>④
客观支持	8.20±3.10	8.70±3.68	9.13±3.68	4.80±2.31	6.29***	③>②> ①>④
支持利用度	7.30±1.98	7.41±1.92	8.13±2.29	6.40±1.55	2.04	——

续表

维度	①核心家庭（N＝113）	②三代家庭（N＝99）	③联合家庭（N＝15）	④单亲家庭（N＝15）	F	Post Hoc
社会支持	35.91±7.90	37.31±8.83	38.47±9.93	28.07±7.46	5.67**	③>②>①>④

注：* $p<0.05$，** $p<0.01$，*** $p<0.001$。

第三，根据表6.1.17可知，家长学历水平在社会支持和客观支持维度上差异很显著（$p<0.01$）。在主观支持维度上差异显著（$p<0.05$），在支持利用度上差异不显著。并且，在主观支持维度、客观支持维度和社会支持上，专科学历及以上的家长分数高于高中学历及以下的家长。学历越高的家长在思考、解决问题的思路与策略上要更为丰富，且社会网络也更为丰富，获得的支持也越多。

表6.1.17　家长学历水平在社会支持的差异的分析（M±SD）

维度	高中及以下（N＝145）	专科及以上（N＝97）	t	p
主观支持	19.94±5.18	21.49±5.19	−2.29*	0.02
客观支持	7.66±3.23	9.14±3.59	−3.36**	0.001
支持利用度	7.23±2.03	7.51±1.86	−1.12	0.27
社会支持	34.82±8.46	38.15±8.57	−2.99**	0.003

注：* $p<0.05$，** $p<0.01$，*** $p<0.001$。

第四，根据表6.1.18可知，家长婚姻状态在社会支持上差异极其显著（$p<0.001$），在主观支持维度、客观支持维度上差异很显著（$p<0.01$），在支持利用度上差异不显著。并且，在主观支持维度、客观支持维度和社会支持上，已婚的家长分数高于离婚、丧偶家庭。

表6.1.18　家长婚姻状态在社会支持的差异分析（M±SD）

维度	已婚（N＝218）	离婚、丧偶（N＝24）	t	p
主观支持	20.91±5.13	17.38±5.22	3.20**	0.002
客观支持	8.50±3.37	6.00±3.45	3.44**	0.001

维度	已婚（N=218）	离婚、丧偶（N=24）	t	p
支持利用度	7.41±1.98	6.71±1.76	1.67	0.10
社会支持	36.83±8.45	30.08±8.16	3.72***	0.000

注：* p<0.05，** p<0.01，*** p<0.001。

第五，根据表6.1.19可知，家长身份在社会支持及各维度上差异不显著。随着女性走出家庭、进入职业，家庭中男性主导家庭经济与人际交往的情况慢慢转变，所以在性别面前，社会支持是相似的。但传统男性角色更习惯不寻求援助，女性则更善于运用支持，所以客观支持与利用度上女性的分数更高。

表6.1.19　家长身份在社会支持上的差异分析（M±SD）

维度	父亲（N=67）	母亲（N=152）	t	p
主观支持	21.37±4.59	20.53±5.30	1.12	0.26
客观支持	8.34±3.65	8.40±3.40	−1.27	0.90
支持利用度	7.07±2.13	7.50±1.87	−1.51	0.13
社会支持	36.76±7.94	36.45±8.75	0.28	0.78

注：* p<0.05，** p<0.01，*** p<0.001。

（3）儿童特点在社会支持上的差异。根据独立样本t检验和单因素方差分析，社会支持及某些维度在儿童的一些背景变量中有不同的显著情况，如特殊儿童是否接受过干预训练、儿童的性别。但是在发展性障碍儿童障碍类型中差异情况不显著。

第一，根据表6.1.20，儿童性别在社会支持上差异显著（p<0.05），在客观支持维度上差异很显著（p<0.01），在主观支持和支持利用度上差异不显著。并且在客观支持和社会支持上，女孩的分数高于男孩。这体现出新时期子女教养观念的变化，传统极端重男轻女的思想有了一定的削弱，即使是女孩，家庭也会给予足够的支持。另外，不排除取样偏差，即选取样本中的女孩家庭获得的客观支持更丰富。

表 6.1.20　儿童性别在社会支持上的差异分析（M±SD）

	男孩（N=155）	女孩（N=87）	t	p
主观支持	20.23±5.02	21.15±5.58	-1.31	0.19
客观支持	7.73±3.20	9.18±3.69	-3.20**	0.002
支持利用度	7.32±1.97	7.38±1.97	-0.21	0.83
社会支持	35.28±8.05	37.71±9.45	-2.02*	0.04

注：* p<0.05，** p<0.01，*** p<0.001。

第二，根据表 6.1.21，儿童是否接受干预训练在主观支持维度、社会支持上差异极其显著（p<0.001），在客观支持、支持利用度上差异很显著（p<0.01）。并且，在社会支持及各维度上，儿童接受过干预训练的分数比儿童未接受过干预训练的分数高。家长在为儿童进行康复训练一方面说明家长对儿童的关心，同样也预示家庭能够寻找到支持以帮助儿童进行早期干预。

表 6.1.21　儿童是否接受干预训练在社会支持上的差异分析（M±SD）

	接受干预训练（N=168）	未接受干预训练（N=74）	t	p
主观支持	21.44±5.26	18.57±4.63	4.06***	0.000
客观支持	8.73±3.55	7.59±1.89	3.51**	0.001
支持利用度	7.59±1.89	6.78±2.04	2.98**	0.003
社会支持	37.76±8.70	32.53±7.35	4.50***	0.000

注：* p<0.05，** p<0.01，*** p<0.001。

第三，根据表 6.1.22，智力障碍儿童障碍类别在社会支持及各个维度上差异没有显著情况。可见社会支持在发展性障碍儿童家庭中具有一定稳定性，不会因为残障类别有一定的差异，也可能因为本社会支持量表对专业支持区别并不明显。

表 6.1.22　儿童障碍类别在社会支持上的方差分析（M±SD）

	①自闭症（N=68）	②智力障碍（N=118）	③肢体障碍（N=32）	④多重障碍（N=24）	F	Post Hoc
主观支持	20.56±4.68	20.81±5.33	18.97±5.62	20.56±5.23	1.34	—

续表

	①自闭症（N=68）	②智力障碍（N=118）	③肢体障碍（N=32）	④多重障碍（N=24）	F	Post Hoc
客观支持	8.29±3.31	8.38±3.38	7.12±3.60	9.00±3.87	1.58	—
支持利用度	7.22±2.00	7.24±1.96	7.72±2.02	7.71±1.85	0.87	—
社会支持	36.07±8.02	36.42±8.73	33.81±9.30	38.21±8.83	1.28	—

注：* p<0.05，** p<0.01，*** p<0.001。

第四，根据表6.1.23，智力障碍儿童障碍程度在社会支持及各个维度上差异没有显著情况。可见社会支持在智力障碍儿童家庭中具有一定稳定性，不会因为残障程度有一定的差异，也可能因为社会支持量表对专业支持的区别并不明显。

表6.1.23　智力障碍儿童障碍程度在社会支持上的方差分析（M±SD）

	①轻度（N=28）	②中度（N=51）	③重度极重度（N=42）	F	Post Hoc
主观支持	21.61±5.14	20.73±5.62	20.17±5.08	0.61	—
客观支持	8.57±2.81	8.53±3.83	8.14±3.04	0.20	—
支持利用度	7.46±2.15	7.00±1.73	7.33±2.07	0.61	—
社会支持	37.64±8.15	36.25±9.20	35.64±8.35	0.45	—

注：* p<0.05，** p<0.01，*** p<0.001。

（4）人口学变量对家长社会支持的回归分析

根据表6.1.24，家长的婚姻状态、儿童性别和特殊儿童是否接受过干预训练对社会支持预测显著。婚姻完整家长的分数高于婚姻不完整家长的分数；特殊儿童为女孩的家长的分数高于儿童为男孩的家长的分数；特殊儿童接受过干预训练的家长分数高于特殊儿童未接受过干预训练的家长的分数。

家长的婚姻状态、儿童性别、儿童是否接受干预训练可以显著影响家长的社会支持，模型解释量为0.144，即家长的婚姻状态、儿童性别、儿童是否接受干预训练可以解释家长社会支持的14.4%，表明家长的婚姻状态、儿童性别、儿童是否接受干预训练可以显著预测家长积极态度。

家长的婚姻状态、儿童是否接受干预训练可以显著影响家长的主观支持，模型解释量为0.100,即家长的婚姻状态、儿童是否接受干预训练可以解释家长主观支持的10.0%,表明家长的婚姻状态、儿童是否接受干预训练可以显著预测家长主观支持。

家长的教育康复知识、婚姻状态、学历层次、儿童性别、儿童是否接受干预训练可以显著影响家长的客观支持,模型解释量为0.152,即家长的教育康复知识、婚姻状态、学历层次、儿童性别、儿童是否接受干预训练可以解释家长客观支持的15.2%,表明家长的教育康复知识、婚姻状态、学历层次、儿童性别、儿童是否接受干预训练可以显著预测家长客观支持。

儿童是否接受干预训练可以显著影响家长的支持利用度,模型解释量为0.026,即儿童是否接受干预训练可以解释家长支持利用度的2.6%,儿童是否接受干预训练可以显著预测家长支持利用度。

表6.1.24 人口学变量对社会支持的回归分析

	社会支持		主观支持		客观支持		支持利用度	
	β	t	β	t	β	t	β	t
教康知识	0.778	0.631	-0.493	-0.644	1.052	2.146*	0.218	0.728
全职&半职	-0.814	-0.731	-0.726	-1.051	-0.183	-0.414	0.096	0.355
学历层次	1.811	1.584	0.709	-0.999	1.023	-2.248*	0.079	0.283
婚姻状态	-6.301	-3.638***	-3.485	-3.241**	-2.182	-3.165*	-0.634	-1.507
干预训练	-4.265	-3.490**	-2.588	-3.419**	-0.934	-1.924	-0.744	-2.512*
儿童性别	2.544	2.339*	0.845	1.251	0.973	3.680***	0.106	0.400
$\triangle R^2$	0.144		0.100		0.152		0.026	
F	7.782		5.487		8.181		2.058	

注:* p<0.05, ** p<0.01, *** p<0.001。

3. 发展性障碍儿童家长心理赋权增能与社会支持的关系

(1)发展性障碍儿童家长心理赋权增能与社会支持的相关性

将发展性障碍儿童家长心理赋权增能及各维度与社会支持及各维度做相关分析,结果得出心理赋权增能与社会支持的相关关系结果。根据表

6.1.25,除心理赋权增能中家庭交往维度与社会支持中客观支持维度以及心理赋权增能中家长团体维度与积极态度维度的相关关系没有达到显著水平,其余各维度均达到不同程度的显著水平。

表 6.1.25　心理赋权增能与社会支持的相关关系

	1	2	3	4	5	6	7	8	9
1. 主观支持	1	—	—	—	—	—	—	—	—
2. 客观支持	0.554**	1	—	—	—	—	—	—	—
3. 支持利用度	0.358**	0.301**	1	—	—	—	—	—	—
4. 社会支持	0.908**	0.804**	0.565**	1	—	—	—	—	—
5. 心理赋权	0.395**	0.313**	0.377**	0.451**	1	—	—	—	—
6. 积极态度	0.241**	0.221**	0.258**	0.293**	0.617**	1	—	—	—
7. 决策能力	0.340**	0.215**	0.288**	0.357**	0.794**	0.438**	1	—	—
8. 家庭交往	0.220**	0.124	0.203**	0.229**	0.667**	0.347**	0.393**	1	—
9. 家长团体	0.242**	0.272**	0.263**	0.315**	0.608**	0.118	0.183**	0.212**	1

注：* $p<0.05$, ** $p<0.01$, *** $p<0.001$。

（2）发展性障碍儿童家长心理赋权增能与社会支持的回归分析

相关分析表明发展性障碍儿童家长心理赋权增能与社会支持在多个维度上相关显著,为了进一步揭示发展性障碍儿童家长心理赋权增能与社会支持间的定量关系,可以将发展性障碍儿童家长心理赋权增能各维度作为预测变量,社会支持总分及各维度作为因变量;然后将发展性障碍儿童家长社会支持各维度作为预测变量,心理赋权增能总分及各维度作为因变量,采用逐步进入法进行多元回归。

第一,社会支持对家庭心理赋权增能的回归分析。根据表 6.1.26 可知,对于发展性障碍儿童家长心理赋权增能总分来说,进入回归方程显著的变量有主观支持和支持利用度,模型解释量为 0.214,即主观支持和支持利用度可以解释心理赋权增能总分的 21.4%,标准化回归方程是:心理赋权增能 = 0.491 × 主观支持+1.183 × 支持利用度。表明社会支持中的主观支持维度和支持利用度维度对家长心理赋权增能有显著的预测作用,且主观支持、支持利用度和家长心理赋权增能为正相关。可见,社会支持可以影响心理赋权增能。

社会支持中,家长主观体验到的支持,与自我感受对支持的利用程度可以影响到家长心理赋权增能的水平。家长成功地应对与解决困难终究需要一定的支持,这种支持可以成为一种动力来促进家长对问题的解决。

表 6.1.26　社会支持各维度对家长心理赋权增能的回归分析

因变量	进入变量	R^2	$\triangle R^2$	β	t	F
心理赋权增能	主观支持	0.220	0.214	0.491	4.884 ***	33.753
	支持利用度			1.183	4.423 ***	

注:* p<0.05,** p<0.01,*** p<0.001

第二,心理赋权增能对社会支持的回归分析。根据表 6.1.27 可知,对于社会支持来说,进入回归方程显著的变量有决策能力、参与家长互助团体、积极态度,模型解释量为 0.202,即决策能力、参与家长互助团体、积极态度可以解释家长社会支持的 20.2%,标准化回归方程是:社会支持=0.496 × 决策能力+0.595 × 参与家长互助团体+0.637 × 积极态度。表明心理赋权增能中的决策能力、参与家长互助团体、积极态度对社会支持有显著的预测作用,且决策能力、参与家长互助团体、积极态度与社会支持为正相关。可见,心理赋权增能同样会作用于社会支持,家长在体验心理赋权增能的过程实际是一种效能感、意义感、控制感的提升,家长会认可自己的能力与意义,并且成为一种行为的动力。但是,家长无法凭借自己的力量解决任何问题,在体验到支持的力量后,再次遇到更加困难的问题时,可能会通过自身能力并继续寻找和充分利用社会支持来进行应对。

表 6.1.27　心理赋权增能各维度对家长社会支持的回归分析

因变量	进入变量	R^2	$\triangle R^2$	β	t	F
社会支持	决策能力	0.212	0.202	0.496	3.744 ***	21.376
	参与家长互助团体			0.595	4.303 ***	
	积极态度			0.637	2.460 *	

注:* p<0.05,** p<0.01,*** p<0.001

（五）分析与讨论

1. 发展性障碍儿童家长心理赋权增能

（1）家长心理赋权增能在同质群体中的稳定性。Akey 等人的研究表明，家长心理赋权增能在家长性别、种族上差异不显著①；不同性别的先天性心脏患儿父母心理赋权增能上差异也不显著，结果相似②。本研究结果显示，家长是父亲或母亲的身份、发展性障碍儿童的性别、发展性障碍儿童的障碍类别、智力障碍儿童的障碍程度在家长心理赋权增能上差异不显著。由此可见，家长心理赋权增能在家长的性别、儿童的性别、障碍类别等因素中保持一定的稳定性，体现出心理赋权增能这种心理资源的普遍性与在同质群体中的稳定性。

（2）家长知识能力与心理赋权增能。家长的知识能力作为一种重要的个体资源是家长自我心理赋权增能提升的重要保证。根据研究结果，家长主动学习教育康复知识在心理赋权增能上差异显著，且专门学习教育康复知识的家长高于知道一点和完全不知道的家长；家长的学历层次在参与家长互助团体上差异显著，学历越高分数越高。可见，家长的自身知识水平的储备对心理赋权增能具有重要的作用。由于发展性障碍儿童多是需要生活上持续的帮助，更需要早期的康复干预，所以家长需要掌握一定的特殊儿童康复与教养知识以应对儿童成长的需要。家长越是能够满足儿童的发展需要，自我的效能感及作为家长的意义感就会提升，这对心理赋权增能的提升有着积极的促进作用。

（3）家长时间精力与心理赋权增能。家长自我知识与能力的发挥与运用的最基本条件就是具有一定的时间资源，也就是家长有充足的精力去照顾特殊儿童。根据研究结果，决策能力维度在家长的工作状态中差异显著，全职工作的家长分数高于未就业家长，未就业家长分数高于半职工作家长。一方面，家庭的决策与家庭主要经济生产者的身份有很大的关系，一般家庭经济生产的主力成员具有充分做决定的话语权。据了解，样本中未就业的家长大多是放弃工作，专职负责特殊儿童的生活与教养。所以，在他们看来，他们更了解

---

① M.TherresaAkey, G.Janet Marquis & E.Margret Ross, "Validation of Scores on the Psychological Empowerment Scale：A Measure of Empowerment for Parents of Children with a Disability", *Educational and Psychological Measurement*, 2000（3）：419–438.

② 奉华艳：《先天性心脏病患儿父母赋能心理护理调查研究》，《当代护士》2015 年第 9 期。

儿童的方方面面,对儿童的教养上具有足够的决策话语权。家庭生活有很多方面,也使家庭具有多种功能。这需要家庭成员互相协调与合作,将家庭功能发挥到最大化。可见,无论是全职工作还是专职教养儿童,两者都将自身精力在很大程度上投入到一项事情中,所以决策能力分数更高。而半职工作的家长难以专心负责一项事情,精力容易分散,顾此失彼。可见,充足的时间与精力可以保证成就达成,并成为心理赋权增能提升的必要条件。

（4）家长关注投入与心理赋权增能。家长的知识与能力的储备以及充足的时间与精力是心理赋权增能提升的基础性条件,而将这些个体资源充分投入到特殊儿童中成为家长心理赋权增能提升的关键。根据研究结果,家长主动学习教育康复知识可以预测心理赋权增能水平,且主动的家长心理赋权增能水平越高;家长参与互助团体在儿童是否寄宿学校和儿童是否接受过康复训练上差异显著,且走读的儿童与接受过干预训练的儿童分数更高。在有些家长的认识中,家长互助团体就是一种家长间的信息交互过程,即家长可以互相帮助对方,给予信息上、情感上的支持。在当前特殊教育资源有限的情况下,这种信息交互对家长支持特殊儿童成长有重要的意义。家长主动学习知识、带领特殊儿童做干预训练体现了家长对特殊儿童的重视与积极关注。同时,走读的特殊儿童势必比寄宿在特殊学校中的儿童接触家长的机会更多,家长给予的关注与投入也更多。

2. 发展性障碍儿童家庭社会支持

（1）发展性障碍儿童家庭社会支持概况。发展性障碍儿童家长的社会支持得分为 36.16 ± 8.64,在有关学者得出的我国常模 34.63 ± 3.73 的范围内。一般认为总分为 24—34 分,为具有一般社会支持;总分大于 34 分为较为满意的社会支持度[1]。根据研究结果,单亲家庭（28.07 ± 7.46）、离婚、丧偶（30.08 ± 8.16）、不懂教育康复知识（32.30 ± 5.40）、儿童没有接受干预训练（32.3 ± 5.40）、肢体障碍儿童（33.81 ± 9.30）的家长社会支持的均分处于 24—34 分,即这些家庭获得的支持处于一般的水平。

（2）儿童变量与家庭社会支持

发展性障碍儿童的性别在社会支持及客观支持上差异显著,女孩好于男

---

[1] 戴晓阳:《常用心理评估量表手册》,人民军医出版社 2010 年版,第 91 页。

孩。这与江琴娣、朱楠关于儿童性别在社会支持上无显著差异结果不同。[1][2]
这个结果可能与取样偏差有关系,即选取了有更多支持条件的城市女孩家庭。
但与传统家庭更加重视男孩结果不同,可能因为独生子女政策使得父母在没
有多个孩子的情况下,将关注投入这一个孩子身上,并且在纷繁复杂的社会环
境下,障碍女童的身心安全是备受家长关注的。

发展性障碍儿童的障碍类别在社会支持上差异无显著情况,这与刘佩
佩无显著差异的结果相同[3],但与江琴娣的不同障碍儿童家长在社会支持上
差异显著[4]和李方方的不同障碍儿童照顾者在信息支持上差异显著结果[5]
不同。本研究和刘佩佩都选取了相同的研究工具。与后两者结果不同的原因
可能在与研究对象选取的研究工具不同,后者包含了听力、视力障碍儿童的家
长,而相对于发展性障碍儿童,他们的生活独立程度较好,给家长带来的负担
也相对少。可见,在发展性障碍儿童中,家长获得社会支持的程度较为相似。

儿童是否接受干预训练在家长获得社会支持上差异显著,且儿童接受干
预训练的家长分数高于儿童未接受干预训练的家长。接受干预训练不仅意味
着家长能通过自己的条件与能力为儿童寻找康复治疗的方法,也体现了家长
的社会关系与社会支持情况。能够为儿童解决问题的家长也更有可能具有丰
富的社会关系与社会资源,从而获得社会支持。

(3)家长变量与家庭社会支持

家长的身份在获得社会支持上的差异没有显著情况。这与吉彬彬[6]、李

① 江琴娣:《培智学校学生父母自我效能、教养方式、接纳态度和社会支持的现状及其关系研究》,华东师范大学博士学位论文,2014年。
② 朱楠、彭盼盼、邹容:《特殊儿童家庭社会经济地位、社会支持对亲子关系的影响》,《中国特殊教育》2015年第9期。
③ 刘佩佩:《残疾儿童家长社会支持、应对方式、心理压力与生活满意度的关系研究》,中南民族大学硕士学位论文,2013年。
④ 江琴娣:《培智学校学生父母自我效能、教养方式、接纳态度和社会支持的现状及其关系研究》,华东师范大学博士学位论文,2014年。
⑤ 李方方:《特殊儿童家庭照顾者的照顾倦怠与照顾负荷、社会支持的关系研究》,西南大学硕士学位论文,2016年。
⑥ 吉彬彬等:《孤独症儿童父母社会支持和应对方式及家庭功能的研究》,《广东医学》2013年第10期。

晓峰①等人无显著的结果相同。由于在我国,家庭具有整体性力量,家庭成员间的社会资源是共享的,所以无论是儿童的父亲还是母亲,其拥有及获得的社会支持都是较为相似的。

家长的学历情况在社会支持上差异显著,并且学历高的家长分数高于学历低的家长。本研究与其他学者结果不同②,原因可能在于选用的工具以及研究对象不同。对于发展性障碍儿童的家长来讲,解决发展性障碍儿童的生活需要更多专业知识,而专业知识的获得和个体的学习能力与学习水平有着很大的关系,所以学历高的家长更有条件获得更多的专业知识。

家长学习教育康复知识的情况在社会支持上差异显著,并且主动学习教育康复知识的家长社会支持分数更高。康复训练在发展性障碍儿童的早期成长中非常重要。对于大部分家长来说,康复训练是较为专业的,家长要通过额外的学习才能应用。所以能够主动学习教育康复知识的家长最基本的前提就是自身有较为充足的资源去支持学习。

家长所属不同的家庭类型和婚姻情况在社会支持上差异显著,且所属家庭成员类型更丰富的家长社会支持分数更高,单亲家庭社会支持相对较少;婚姻完整的家长社会支持分数高于离婚、丧偶的家长。在我国环境下,家庭对于每一名成员来说都是一个可以归属的集体,并且家庭成员之间的资源是共享的,最基本的就是人力资源和心理资源。对于负担发展性障碍儿童的家庭来讲,有更多的帮手对于家庭生活的运行非常重要,也对于家庭成员互相分担心理压力具有重要意义。

3. 发展性障碍儿童家庭社会支持和家长心理赋权增能的关系

最积极直观的表现在于心理的扩建与行为倾向的增强。心理赋权增能是一种积极的心理体验,个体在获得支持的前提下会促进这种积极心理体验感受;此外,心理赋权增能反之也可以强化个体寻求社会支持的一系列行为。

对于发展性障碍儿童家长来讲,社会支持对于他们应对家庭困难具有重要的意义,他们在获得社会支持的过程中也会得到成长,其中包括积极心理体

---

① 李晓峰:《自闭症儿童主要照料者的社会支持与其心理压力》,西南大学硕士学位论文,2016年。

② 黄平:《父母社会支持、父母自我效能与智力障碍儿童社会适应的关系》,上海师范大学硕士学位论文,2017年。

验。当家长在感受到社会支持带来的有利结果时,家长的态度可能会因此改变,其中最直观的表现就是从消极变为积极,在这个过程中生发出的积极心理会促进家长寻求和利用社会支持的行为。所以有必要验证发展性障碍儿童家长心理赋权增能与社会支持的相关关系。

发展性障碍儿童家长心理赋权增能与社会支持具有显著的相关关系,其中心理赋权增能大部分维度与社会支持的大部分维度有显著的相关关系。有研究者发现,社会支持如社会支持的质量、来自丈夫的支持、情绪支持、陪伴支持等可以显著预测幼儿母亲的自我效能感。[1] 黄平发现,父母社会支持、父母自我效能与智力障碍儿童的社会适应存在显著正相关关系,且父母社会支持可以通过父母自我效能影响智力障碍儿童的社会适应,可见社会支持对父母自我效能具有一定积极作用。[2] 有学者在农民工群体的研究中发现,社会支持中的主观支持与同事支持显著影响农民工的心理授权。[3]

心理赋权增能与社会支持的相关意味社会支持和心理赋权增能是相互影响的。当前学者更关注社会支持对心理赋权增能或相近的效能感等积极心理体验的影响研究上,而心理赋权增能也可以对社会支持具有一定的作用。首先,心理赋权增能是一种积极的心理体验。根据积极情绪的扩建功能与心理压力消减功能。积极情绪的扩建功能指积极情绪扩大了个体在特定情境下瞬间的思想和行为指令系统,即可以促使人冲破限制产生更多思想(思维)、出现更多行为(倾向)。[4] 对于社会支持来说,这种积极心理体验可以使家长在广泛社会支持存在的前提下更加积极主动寻求支持。

(六)研究结论

(1)总体上,样本中发展性障碍儿童家长心理赋权增能呈一般水平,社会支持呈一般水平。社会支持总体高于常模,可见当前环境下发展性障碍儿童家长自身获得也感受到了一定程度的支持。

---

① 方学娇:《幼儿母亲社会支持与教养效能感关系研究》,硕士学位论文,天津师范大学,2015 年。
② 黄平:《父母社会支持、父母自我效能与智力障碍儿童社会适应的关系》,硕士学位论文,上海师范大学,2017 年。
③ 王开庆、王毅杰:《组织公平、社会支持与农民工心理授权研究——基于 10 省的问卷调查》,《西北人口》2012 年第 6 期。
④ 任俊:《积极心理学》,开明出版社 2012 年版,第 69 页。

（2）对于家长的心理赋权增能来讲，家长自身的知识与能力、家长的时间与精力、家长的关注与投入都是提升家长心理赋权增能的重要条件。样本中，家长是否主动学习教育康复知识在心理赋权增能上差异极其显著；在参与家长互助团体、积极态度上差异很显著；在决策能力上差异显著。并且在心理赋权增能上、决策能力、参与家长互助团体、积极态度行为上得分最高的皆为专门学习过教育康复知识的家长，知道一点的家长分数稍低，完全不知道的家长分数最低。家长主动学习教育康复知识与心理赋权增能及决策能力、参与家长互助团体、积极态度有显著相关关系。家长主动学习教育康复知识对家长心理赋权增能预测显著。主动学习教育康复知识的家长分数高于未主动学习教育康复知识的家长。不同工作性质家长在决策能力上差异很显著，且不同工作性质家长在决策能力上的得分为全职工作家长最高，其次是未就业家长，半职工作家长分数最低。

（3）虽然家长很少有机会参与到真正意义上的家长团体，但是家长对家长团体的认识以及对自身参与的评价在某种程度上对家长态度的展现具有参考意义。如不同学历层次的家长在参与家长互助团体上差异显著，并且，专科及以上学历层次家长在参与家长互助团体的分数高于高中及以下学历层次家长的分数。

（4）特殊儿童是否寄宿于特殊教育学校在参与家长互助团体上差异很显著。并且，儿童不寄宿于特校的家长分数高于儿童寄宿于特校家长的分数。特殊儿童是否接受干预训练在参与家长互助团体上差异很显著，并且儿童接受过干预训练的家长分数高于儿童未接受过干预训练家长的分数。特殊儿童的障碍类型在参与家长互助团体上差异显著。并且，肢体障碍儿童家长分数大于自闭症儿童家长、大于多重障碍儿童家长，智力障碍儿童家长分数最低。

（5）对于家长的社会支持来讲，儿童的现实状况、家长自身的条件以及家庭的条件都可以成为影响家长获得社会支持的因素。如在儿童的角度中，儿童性别在社会支持上差异显著，在客观支持上差异很显著，在主观支持和支持利用度上差异不显著。并且，在客观支持和社会支持上，女孩的分数高于男孩。儿童是否接受干预训练在主观支持、社会支持上差异极其显著，在客观支持、支持利用度上差异很显著。并且，在社会支持上，儿童接受过干预训练的分数比儿童未接受过干预训练的分数高。在家长的角度中，家长的教育康复知识水平在社会支持、客观支持、支持利用度上差异很显著。并且,家长在社会支持、客观支持、支持利用度上的得分为专门学习的家长分数最高,知道一点的家长分数其次,完全不知道的家长分数最低。家长学历水平在社会支持和客观支持上差异很显著,在主观支持上差异显著,在支持利用度上差异不显著。并且,在主观支持、客观支持和社会支持上,专科学历以上的家长分数高于高中学历及以下的家长。家长婚姻状态在社会支持上差异极其显著,在主观支持、客观支持上差异很显著,在支持利用度上差异不显著。并且,在主观支持、客观支持和社会支持上,已婚的家长分数高于离婚、丧偶家庭。在家庭角度中,家长所在的家庭类型在社会支持上差异很显著,在主观支持上差异显著,在客观支持上差异极其显著。并且,家长在社会支持、主观支持、支持利用度上的得分为联合家庭的家长分数最高,其次为三代家庭的家长,最后为核心家庭的家长,单亲家庭家长的分数最低。

(6)家长主动学习教育康复知识、家长的学历层次、婚姻状态、儿童性别、儿童接受干预训练与社会支持及大部分有显著相关关系。家长的婚姻状态、儿童性别和特殊儿童是否接受过干预训练对社会支持预测显著。婚姻完整家长的分数高于婚姻不完整的家长的分数;特殊儿童为女孩的家长的分数高于特殊儿童为男孩的家长的分数;特殊儿童接受过干预训练的家长的分数高于特殊儿童未接受过干预训练的家长的分数。

(7)社会支持与心理赋权增能之间可以相互影响。社会支持中的主观支持和支持利用度对家长心理赋权增能有显著的预测作用,且主观支持、支持利用度和家长心理赋权增能为正相关;心理赋权增能中的决策能力、参与家长互助团体、积极态度对社会支持有显著的预测作用,且决策能力、参与家长互助团体、积极态度与社会支持为正相关。

二、发展性障碍儿童家长心理赋权增能的个案研究

本部分研究对于发展性障碍儿童家长心理赋权增能的量化研究在一定程度上能够揭示家长心理的总体特点和与社会支持的基本关系状态。但由于量化研究中的变量已经是经过限定的,其代表的意义也会具有一定局限。所以,对于生活中发展性障碍儿童家长心理赋权增能的一系列内容包括生发条件、

演进过程、影响结果及其与社会支持关系的具体表现则需要实质性的内容去给予深入地解释与说明。

（一）研究目的

发展性障碍儿童家长心理赋权增能的研究不仅是对量化研究的补充更是对研究结果的深入解释。本研究主要目的是通过个案研究去深入挖掘发展性障碍儿童家长心理赋权增能的生发条件、演进过程、影响结果及其与社会支持关系的具体表现。探索出一条心理赋权增能产生与作用的线索。

（二）研究方法

参照前文综述内容和量化结果发现特殊儿童家长心理赋权增能还未形成一个完全认可的结构与内容。所以考虑将心理赋权增能内容的内涵扩大与丰富。在家庭生活中，家长心理赋权增能更多的是家长在面对儿童需要和家庭需要时所采取行为表现背后的一些心理感受，尤其是成功应对后的一些积极心理感受，包括决策、参与、应对后的意义感、效能感、控制感等心理感受。总之，在真实情况下，从家长与外界的互动包括与自己的互动中去挖掘其心理赋权增能的具体表现。

1. 研究对象

个案研究是解释与说明取样的质性研究方法，意图通过丰富、完整的资料深入解释与说明某一事物，自然难以兼顾所有或者大样本量的发展性障碍儿童家长。为避免选取对象过于单一造成的偏差，本研究还要考虑选取对象的代表性。研究者在选取个案时参考的内容有：(1)尽可能兼顾所有类别的发展性障碍儿童家长，即自闭症儿童、智力障碍儿童、脑瘫儿童的家长；(2)尽可能兼顾不同性别儿童的家长，即男孩和女孩；(3)尽可能兼顾到不同性别的家长，即父亲和母亲；(4)尽可能兼顾不同家庭所在地的家长，即城市和乡村；(5)为保证资料的翔实可靠，选取与研究者具有信赖关系的家长。

这些家长全部来源于前文中量化研究的样本范围，具体是在研究者外出调研和实习过程中选取的。其中，A家长、B家长、C家长是研究者去外地调研中所遇到的家长，研究者曾进入其家庭与其家庭成员共同生活几日，目睹了其家庭生活的状态，与家长有充足的交流，而后也保持一定的联系。D家长是研究者在实习过程中接触的家长，由于研究者长期为儿童提供一些心理康复服务所以取得了家长的信任，也与家长保持着长期的联系。其中，家长的基本信息见表6.2.1。

表 6.2.1　个案研究对象特点

个案	基本情况
A 母亲	大专学历,事业单位工作,城市家庭,育有两子,年长的男孩 8 岁,脑瘫。其子从公立特殊学校后转入普校,曾长期接受康复训练。
B 母亲	初中学历,兼职打工,城市家庭,育有两子,年长的男孩 7 岁,自闭症。其子目前在公立特殊教育学校接受教育,曾长期接受康复训练。
C 父亲	小学学历,务农打工,乡村家庭,育有一子一女,年长的女孩 9 岁,智力障碍。其女目前在公立特殊教育学校接受教育。
D 母亲	研究生学历,自主创业,城市家庭,育有一女,女孩 5 岁,自闭症。其女上午在私立幼儿园接受融合教育,下午去高校附属康复中心进行康复。

2. 研究过程

研究者在调研和实习的过程中,选取有代表性的家长,经学校教师的帮助后与对方取得联系。在告知研究对象具体研究内容与过程,征得对方同意后开始研究。在此过程中,主要运用观察法和访谈法这两种方法。根据前期拟定的《家庭生活观察记录项目》,研究者观察的主要内容为家庭生活,具体包括家庭环境、家庭结构、家庭互动、家庭功能、家庭与外界的联系等内容。根据《家长访谈提纲》,研究者主要询问的内容有家庭背景、家庭支持与需要、家长心理赋权增能等内容。记录资料的方式主要以录音为主,在生活中不便录音的情况下,研究者也通过及时回忆记录在转录稿中。观察与访谈结束后进行访谈资料的分析。为保证编码方式的简洁、明确,资料来源与引用的编码方式选择"身份+访谈方式+时间+地点+原文段落"的方式。访谈方式的代码包括:"1"-"当面访谈";"2"-"电话访谈"。时间代码的格式为八位年月日的数字。地点的代码包括:"H"-"受访者的家庭";"S"-"儿童就读的学校或接受服务的机构"。内容举例:"A 家长-1-20170501-H-01"代表"在 2017 年 5 月 1 日在家中对 A 家庭进行当面访谈,内容在原文转录稿的第一段"。(电话访谈不标注访谈地点)而后对资料进行归纳总结。

3. 研究伦理

为保护研究对象的个人权利与隐私。一方面,访谈研究的开展是在研究对象知情并同意的前提下开展的;另一方面,研究对象的个人信息和资料来源都进行了模糊处理。

4. 研究信度与效度

无论研究者还是研究对象,都处在变化的社会时代中,每个人都会随时间推移有不同程度的改变,所以相较于苛求完美的信度效度,不如思考如何促进信度与效度的提升。

(1)研究信度。研究信度一方面体现在研究资料与结果的真实可靠,另一方面研究结果的稳定性,即是否可以重复。首先,为保证研究资料的真实可靠,研究者在接近个案时通过学校相关老师的介绍取得了家长的许可;同时,研究者凭借已有条件也为家庭提供了相关资讯和康复服务,以此获得家长的信任;在与家长互动的过程中研究者本着平等交流与积极关注的方式也获得了家长的接纳,以此来提升资料的真实性。其次,研究者在尽可能兼顾不同类型个案的前提下来提高结果的稳定性。

(2)研究效度。研究的内部效度是针对此研究本身是否可以达到研究目的;研究的外部效度指研究是否可以适用于其他的个案。首先,为提高内部效度,研究者通过设定研究计划和记录备忘等方式促进自身保持"中立"态度;此外,研究者在研究过程中也积极地与指导教师进行交流以此对自己和研究进行监督和反思。其次,在个案研究实施之前,研究者也积极地从包括文章著作、新闻媒体、学校教师、调研与实习中接触的家长等不同角度对家长这一角色有了一定的认识,所以以此作为参考,提升个案选择的代表性。同时也希望至少对有相似经历的家长有一定的解释意义与启示作用。

(三)研究结果

1. 家长心理赋权增能的生发条件

通过个案研究发现,家长的心理弹性作用、现有的社会支持条件、家长对儿童的期待以及在生活中儿童取得的进步都可以成为促进家长心理赋权增能生发的条件。

(1)积极的心理因素。根据观察与访谈,研究者发现这些家长自身的共性特点就是家长自身具有积极的情感态度。其实,早期在得知自己的孩子是一个特殊儿童时,每一名家长都经历了怀疑、沮丧、怨恨与愧疚等负面的、消极的心理过程。但是,他们最终能够自己调节自己的心理,能够慢慢接受现实,有些家长也会转而用积极的态度面对自己的孩子,给予孩子同样的关注、关爱与支持。在这个过程中充分体现了"心理弹性"的作用。此外,这些家长另一个特点就是能够肩负起家庭的重任,不会因为自己的孩子是残障儿童就自暴自弃,反而勇敢地承担起家庭的责任,承担起教养子女的责任。这一点是非常重要的,相比那些放弃、忽视,甚至排斥自己孩子的家长,他们这种责任感可以更好地帮助家长应对困难,找到生活的出路。再者,有些家长具有一定的宗教背景,这种宗教信仰慢慢地会形成一种信念,成为一种支持家长保持积极的力量。

第一,心理弹性。当家长得知自己的小孩是特殊儿童时,一时是难以接受的,但是心理弹性可以使家长慢慢变得积极。

例如,对于 A 家长来说,其心理变化表现是:"半岁时感觉(孩子的)颈子是软的,抬头也不行,然后又弄到 XX 妇儿医院,(医生)先说的不是脑瘫,说的是发育运动迟缓,然后让我们开始做康复。一段时间后医生(才确认)说是小儿脑瘫。当我知道这些的时候简直是心灰意冷,但是还是坚持做了 1 年康复,就在 XX 妇儿医院"(A 家长-1-20170518-H-04)。家长现在的态度:"希望他一天一天好起来,恢复成这样还是很欣慰,因为有的孩子还瘫在床上,走也走不了。我一个同事的孩子就瘫在床上走也走不了,所以我现在也释怀了吧,有些事情放在心里确实挺压抑的,应该要给自己解压。还是自己主观因素,不能把什么事情都压在心里面,只要自己努力,孩子还是会一天一天好起来。因为之前不了解什么是脑瘫孩子,所以自己的期望值也不是很高"(A 家长-1-20170518-H-15)。

在访谈过程中,研究者打算利用开放式的访谈让家长自由倾诉,而 B 家长仍旧控制不住,流下了眼泪。"其实每次说到娃儿心里很无奈也很无助,有的时候真的很无力,有的时候真的不敢往后头想,一说到娃就控制不住自己的情绪。有时感觉自己尽力了,有时又感觉(孩子)没的进步了,有时心里真的很纠结、很纠结"(B 家长-1-20170520-H-03)。研究者能感受到这位家长心理的压力也很大,但是家长自身也在不断调整自己的心态,慢慢接受事实。"现在我们该做的努力都做了,带他去医院,又去做康复、做治疗,也吃了药,在家里还买了这些康复的设备,在上面安了个秋千,医生说可以让他玩这个。所以家里面都习惯(他)了,但是还是希望娃儿能进步、能变好,起码能跟别人正常交流"(B家长-1-20170520-H-10)。

第二,教养责任感。家长的教养责任感对家长直面困难具有重要的意义,也正是家长的责任感才使得家长在应对困难的过程中不断提升自己的心理赋权增能。

刚开始访谈D家长时,就感受到了她的责任感。"我们这些孩子的状况,其实就只能靠我们家长自己了。我们正常的孩子可以靠着自己的成长,但是我们自闭症的孩子确实需要靠父母亲提供帮助。真的就是父母亲决定他们的命运。不管用什么样的方法,都要对他们有耐心、有爱心来支持他们的成长"(D家长-1-20170606-S-02)。

第三,信念与信仰。并不是每一个家长都有宗教信仰,但是宗教信仰可以给家长一个强烈的信念和心理力量。可见,民族背景也是一个重要的因素。例如,A家庭就是一个完全的藏族家庭,虽然他们也过着现代化的生活,但是家庭中还能看见民族特征。例如,研究者在进行家访时,过夜所用的床就是传统的藏床,他们的家庭成员除有汉名外还有自己的藏族名字,他们提到他们民族的人不吃鱼等等。她们所信奉的是藏传佛教,藏传佛教讲究因果与积德行善。"我们民族还是要信佛教,不杀生,要做善事。所以经常给他说不要杀生,有不好的行为我也会跟他(儿童)说。我们也比较相信因果,所以这个孩子来到世界上,我们还是要善待他。但可能对于我来说还是出于母亲的责任"(A家长-1-20170518-H-17)。

(2)现有的社会支持。根据观察与访谈,研究者发现家长赋权增能心理的产生离不开社会支持对其产生的作用。家长获得社会支持的来源包括政府层面、家庭成员、朋友、同质性群体。其中,政府层面的支持具有统一性,多是制度与金钱支持;家庭成员给予的支持具有全面性,家庭成员不仅可以共享资源还可以提供诸如人力、心理、金钱多方面的帮助,但在专业支持上较为贫乏;家长的社会网络支持则体现出补充性的特点,对家长提供了一定的补充性支持,带有偶然,并不稳定。其中最有包容性的支持当属发展性障碍儿童家长之间的互相支持,因为他们彼此之间是同质的,这种同质性群体能够切身理解彼此的心理感受也明白彼此的需要。

第一,来自政府的支持。对于特殊儿童家庭来讲,政府给予的支持是统一的。主要是指经济上和机会上的帮助,并通过政策表达出来。如特殊儿童生均公用经费、免费的营养午餐等等。当然还有其他层面的补助。家长认识到了政府对儿童的支持,但是对某些方面的支持却不是很满意。

"(我知道)学校不收学费、学杂费、生活费、衣服费用什么的,在教育方面确实没有收过一分钱"(A 家长-1-20170518-H-08)。"还有的感觉这边(地方)政府对这个孩子的关心也没什么,就是办了残疾证一年 600 元的补助。好像 XX 康复中心和残联有合作,说是有 10000 元钱的康复补助,就是可以做康复,这里残联直接把钱划到里面去做康复,但是一个月都不到就用完了,然后就自费了,感觉 XX 康复中心也是骗人钱的感觉,马马虎虎的就结束了。感觉在医院就胡乱的花完了,也不问你有没有效果,对资金的管理是没有主动权的。这个康复中心就是什么类型的孩子都有。感觉国家给的钱三下五除二就用光了,也没有别的地方去,也不知道哪里好"(A 家长-1-20170518-H-14)。

当研究者问到 C 家长关于政府的补助时,他表示学校的支持是很满意的,但是同样表现出对地方政府扶持的不满。"(儿童)残疾证办了六七年了,但是一个低保也没有。我这个小孩可以持一个低保,但是他们连一个低保都不给我们家"(C 家长-1-20170318-H-10)。当然家长也表示希望获得一些帮助。"像我们这种不有经济(经济条件不好)的时候,给一点无息的贷款,(不然)想做事情的时候都无法去做"(C 家长-1-20170318-H-10)。

第二,来自家庭的支持。家长获得的支持主要还是以家庭内部成员给予的支持为主。家庭既可以提供人力支持来照顾孩子,同时也可以提供一些经济上和精神上的援助。研究者在对 B 家庭进行家访时,家长还特意叫了家里另外一个亲戚来帮助一起解答。当研究者问到家庭其他成员是如何帮助抚养这个孩子时,B 家长是这样说的:"经济方面主要靠爸爸,很辛苦地做一点生意,然后就全部投入到孩子身上,再从亲戚借一点钱。生活上就靠我和妈妈,最辛苦的是(我的)妈妈,当时我和妈妈就带着娃娃去省城做康复,做康复要花钱,租房子生活也要花钱,成都又那么热,这么大的岁数就陪他,人生地不熟的"(B 家长-1-20170520-H-08)。

第三,来自朋友的支持。家长自身也有一定的社会网络,这些社会网络以同事和朋友的关系存在于家长的社交网络中,家长表示,有时候同事、朋友也会给自己一些帮助,大多是信息上的帮助。"有时朋友带过来一些信息,我这个过程中也接触到别人的帮助。有的家长也不愿意说。但我没有避讳,所以他们(我的朋友)会马上告诉我,他们愿意提供给我,我也很感谢他们"(D 家长-2-20180205-16)。

第四,同质性群体支持。同质性群体的帮助是指特殊儿童家长这个群体会彼此之间提供帮助。在调研时,有的老师表示一些家长会就近合租房子一起生活,然后白天带着孩子做训练,有时放假会一起出去旅游。他们之间最能理解和体谅对方的处境,也最能够互相给予帮助。国内少数的家长也愿意把自己的想法公开分享出来。"就是海南那边有一个自闭症小孩的家长,他就把他的教养经历告诉大家,并且在全国巡回演讲,我听了过后非常的受启发。他也不是专业的老师,就是一个自闭症(孩子)的爸爸,但是他非常的阳光。其实,我们非常愿意听到家长的这些声音,有时我们会不知道怎样面对问题,但是别人成功的经验对我们有很大的作用"(D 家长-2-20180205-16)。

(3)家长对儿童的合理期待。家长对儿童的期待最能反映出家长的态度。研究者在调研过程中了解到家长错误的态度有两种:一种是特别消极,认为儿童无药可救,所以就不管不顾,放弃对儿童的关注;另一种,就是不切实际,希望自己的儿童可以像普通儿童一样取得学业的进步。当这种不切实际的想法落空时则心情沮丧,甚至怨恨学校。然而,心理赋权增能水平比较高的家长并不是单纯指降低期望,而是家长能够认清当前孩子的水平与状态,体现出对儿童的深刻认识与理解,所以能够根据儿童的表现与进步调节自己的期望,这样自己也会感到努力没有白费。

当研究者问到 A 妈妈对儿童未来的期望时,家长只是以当前的一个期望去表达,切合实际。(实际情况是孩子因为左侧手脚的肌张力较高,所以无法在蹲下时独立站起,而儿童的认知则是相对正常的)"稍稍能自理就行,说话说得清楚一点,大小便能自理,解了大便后自己能站起来。以后再说以后的,如果找不到工作就算了,我就养他嘛(尴尬地笑了)"(A 家长-1-20170518-H-09)。虽然家长这样说,但是研究者最近通过电话联系得知家长目前早已将儿童从特校转到家附近的普通学校,还特意花了两周的时间陪读,帮助儿童适应普校生活。"因为在特殊学校老师教的他都会,老师说为了不耽误他应该给他转到普校,所以我也给他转到普校,他喜欢画画,我也给他报了画画班,老师还是很喜欢他,也告诉同学不许欺负他……"(A 家长-2-20180207-20)

有的家长则希望孩子能够积极融入主流群体中。"别人不理解是不理解,但是自己还是要适应这个社会。虽然他不能像其他孩子一样正常的生活,但是他也不能够影响其他人的生活。不能说你自己是个自闭症的孩子,但是也不可能让其他人融入你的行为中"(D 家长-1-20170606-S-09)。

(4)家长自身努力与儿童取得的进步。特殊儿童在生活中取得的进步成为家长心理赋权增能提升的直接动力。这离不开家长的努力。这种努力不仅仅体现在社会支持上,更体现在家长自我提升的方面,有很多家长在得知特殊儿童的情况后会自己主动买书、上网查找学习康复与教育的知识。如研究者在 A 家庭进行家访时,得知并目睹 A 家长会天天用在医院学到的方法给儿童做动作康复,日复一日。研究者在对 A 的家访结束时,A 家长曾表示希望我可以推荐一些语言康复治疗的书供她学习。这种为了儿童所努力坚持的态度着实令研究者感动。

例如,D 家长表示:"我也是自己主动学习。包括买书看书,去平台跟着学习。任何一种方法都有他的长处和短处。平时也是多多陪伴她,带她出去玩。我是自己在网上搜索,查哪里的培训是最好的。我来到咱们这些个平台,每一个我都主动要求参加,在这个过程中,老师教的一些方法知识,我回家也会用。包括在艺术平台,就是学习那些音乐游戏,我开车的时候就给他放、让他听。还有那个 ABA,有时在家里我就准备他喜欢的零食去管理他的行为。不然以前他都闹啊,不停。现在用这个方法就很好"(D 家长-1-20170606-S-04)。

2. 家长心理赋权增能的影响意义

家长心理赋权增能的提升使得家长更有能力满足儿童的需要,这对家长的心理健康、儿童发展以及整个家庭都很有帮助。

(1)促进家长的心理健康。心理赋权增能对家长心理健康的作用主要体现在促进积极心理的体验方面,另一方面则是负面压力情绪的缓解。在家长应对儿童发展需要的过程中,家长通过调整达到合理期望,并通过寻求和接受社会支持一步一步地帮助儿童成长。家长在某些程度上也感受到了儿童获得的进步,在这个过程中家长其实是经历了肩负责任、感受压力、努力奋斗的过程,所以有的家长表示现在很"欣慰"。家长很容易因为儿童的进步体验到自我效能感,作为家长的责任感、意义感。可见,心理赋权增能对积极心理体验具有积极的扩建功能。同时,家长在经历过得知自己的孩子是特殊儿童后那一段复杂的心理时期,随着对儿童了解与认识加深,家长不理解的恐惧感也会慢慢减弱,压力也会慢慢减少。

(2)促进儿童身心健康发展。家长心理赋权增能可以促进儿童身心健康发展,主要体现为家长能够察觉儿童的需要,同时能通过积极、良好的亲子沟通实现。自然而然,儿童对安全与爱的需要得到满足,对家长的依恋、对家庭的归属感就会增强。如 A 家庭中的儿童能够进入普校、D 家庭中的儿童进入了融合的幼儿园,这都得益于家长早期及时干预和坚持不懈的努力。在研究者结束对 C 家庭的家访时也正值学生结束短假返校时,学校联系司机来接研究者与儿童一同回学校。由于他们家与特校距离较远,儿童是每一周或两周回一次家,所以家长送孩子返校时给孩子买了些生活用品和零食,这个培智儿童虽然在学业上与普通儿童差异很大,但也同样表现出一个普通儿童分离时对家庭和家长的不舍,仿佛她真的理解该回学校了,所以只是哭,不会闹(C 家长-1-20170318-H-11)。至此,研究者反思,对于所有的儿童来讲,无论普通儿童还是特殊儿童,他们真正的心灵归属还是家长和家庭所给予的,家庭给他们的安全感、关怀和爱是任何其他事物替代不了的。

(3)促进家庭生活质量提升。心理赋权增能可以促进家庭之间积极情绪、情感的生发。在这个过程中,家长之间可以共享喜悦,也能共担责任、互相体谅。当家庭成员的情感与情绪处于一个良好的范围内,家庭互动与沟通就是积极有效的,这无疑会促进家庭功能的实现以及家庭生活质量的提升。家庭生活质量的提升最直接的判断来自于家长主观的生活满意程度。当问到家庭氛围时,A 家长表示:"家里有我老公、我、两个孩子,(孩子)奶奶在老家,偶尔会来一下。我主要管孩子、做饭、家务事,孩子爸爸上班,我也要上班,(孩子)爸爸出差次数多,我妈妈就帮我来带孩子。重要决策都是他爸爸(做),买房子什么事都是(孩子)爸爸说了算。对于孩子的事情就是共同努力、共同决策。每个人做得都还不错。夫妻之间关系还好,他爸爸不怎么说话,不同意就直接说不行,行的话就说行,关于孩子康复的意见,(孩子)爸爸还是会接受的,做康复就是一起带孩子做康复,与医生交流就是我多一点"(A 家长-1-20170518-H-12)。

3. 家长心理赋权增能对社会支持的作用

家长心理赋权增能对家长社会支持的一些行为具有积极的促进作用。心理赋权增能可以让家长感受到目前已有的支持、积极利用现有的支持、积极寻求其他方面的支持,并且可以促进社会对特殊儿童与家庭的了解。

(1)识别与辨别当前存在支持。心理赋权增能水平较高的家长对社会支持的识别主要是两个方面:一是对社会支持的存在与否进行识别,即感受到有无支持的存在;另一方面是对社会支持的有效程度进行识别,即感受到这样的支持对自己是否有效。很多家长是可以感受到支持的存在,但是对于某些支持类型,尤其是专业支持,家长很容易陷入盲目的境地。例如,D 家长为儿童寻求康复有着较为丰富的经历,并且在这个过程中已经清醒地认识到这样的支持是否有效。"我认为我们现在即使有一两个(私人的小机构)也是挂羊头卖狗肉。我发现一个令人愤怒的现象:像以我个人实力还可以负担孩子的成长。但是像有的自闭症儿童家长懂都不懂就加入这个行列,然后开办了所谓的机构,目的就是为了收钱、赚钱。我认为,有时候对孩子就是雪上加霜。他们没有那么专业,还收取高额的费用,而且还浪费了孩子干预的黄金时间。有的时候他们做的甚至是错误的方式,把他关到什么地方,蛮横的、强行的……做那样、做这样。不管你打着多么高深理论的幌子,你违背了孩子的心理基础,那都是不对的,所以这些孩子非常可怜"(D 家长-1-20170606-S-05)。

(2)积极寻求与利用已有支持。心理赋权增能提升的家长会想方设法寻求与利用相关支持来解决问题,这样的家长有着强烈的动机和执行能力,并能够坚持下来,这样就提高了对现有社会支持的利用率。例如,A 家长对支持的利用是非常典型的,为了促进儿童的康复发展,她尝试了许多方法。正是因为早期的康复,这个孩子能够得以在普通学校中接受教育。正是因为她的努力,融合教育在这个儿童身上能够真正实现。家长表示:在得知自己的孩子患有脑瘫后,第一时间为儿童做了颈动脉的手术(A 家长-1-20170518-H-04),后来为了腿部的康复曾尝试利用针灸的方法(A 家长-1-20170518-H-04),尝试修复神经的微创手术(A 家长-1-20170518-H-06),去医院做过按摩(A 家长-1-20170518-H-04),买过不同种类的治疗仪来进行腿部康复(A 家长-1-20170518-H-05),为了增强儿童的体质,坚持让儿童服用松花粉(A 家长-1-20170518-H-05)。后来听说同省其他地方都有脑瘫儿童的康复中心,他就自告奋勇给州长信箱写过信(A家长-1-20170518-H-14),希望地方政府能够为这些儿童和家庭创造一些条件,但是最终也不了了之。为了儿童更好地发展,她积极与当地的普通小学沟通,希望学校接受自己的孩子,她也尝试利用陪读的方式为儿童适应学校、学校适应儿童做出努力(A家长-2-20180207-20)。

(3)促进社会对家庭的认识和理解。家长心理赋权增能更能够使家长变得更加积极进取、阳光自信,改变大众对特殊儿童及其家庭的一些负面评价,使得社会大众更加了解特殊儿童及家庭。社会对"正能量"的渴求使得社会大众对特殊儿童及家庭的包容性变强。所以,心理赋权增能提升的家长本身就有一种"广告效应",他们的态度与行为更容易感染社会大众。例如,家长在面对生活困难时,能以一个积极的态度去应对,这样的过程本身就具有感染力。家长积极的一面会促进社会的广泛宣传与支持,让社会各界了解到特殊儿童的存在,尤其是自闭症儿童,所以社会也会更容易接纳这一部分群体,也会给予更多支持。

4. 发展性障碍儿童家长心理赋权增能的演进过程

根据质性研究,发现家长心理赋权增能的生发条件包括家长自身的积极心理因素、家长对儿童的合理期待、家长的努力与儿童的进步。家长心理赋权增能能够促进家长的心理健康、儿童的身心健康、家庭生活质量提升。其中,对照量化研究中心理赋权增能与社会支持相互影响的研究结果,发现家长心理赋权增能与社会支持相互影响的具体表现是,家长心理赋权增能受社会支持影响,同时,家长心理赋权增能也可以影响社会支持,包括促进家长辨别与识别当前存在的支持,积极寻求与利用已有支持,促进社会对家庭的认识与理解。

(四)分析与反思

1. 由共性到个性:对家长提供支持的视角及内容的转向

不同背景的家庭和特殊儿童家长所需要的社会支持类型是不同的,并且对不同类型的社会支持需要的程度也不同。对于这些家庭和家长来说,给予"针对性"和"个性化"的支持比统一划齐的支持要更有意义。当前国家主导的社会支持都是统一的、共性的。所以需要将"粗放性"的支持转变为"精准性"支持。对于家长来讲,针对性的支持可以使家长更深切地体验到支持的存在与价值,对于社会来讲,针对性的支持是高效支持的追求。例如,某些家庭经济条件是比较优越的,相比经济上的支持,家长可能更需要其他支持;再如,某些家庭中的精神支持需要更强烈,对于他们讲,精神支持则更具有价值。

2. 由物质到精神:关注并重视家长心理赋权增能的提升

在给予特殊儿童家长支持时要注重支持的效果,一方面是要关注对目标问题的真实解决情况,另一方面则要关注家长的主观感受。这种主观感受不仅对家长个体的心理健康有重要影响,更能够转化为一种动机影响家长的行为。首先,心理赋权增能给家长带来的自信感、意义感、效能感等积极的感受不仅激发了家长的积极情绪,更能够将这种积极的情绪传递给其他人,对家庭和谐、与他人之间的关系都有促进作用。另外,家长心理赋权增能的提升使得家长对自己的能力有了肯定,从而更能够直面困难,减少逃避行为。

3. 由他助到自助:赋权增能对个体适应存在的真正意义

对于集体来讲,支持的意义在于促进公平的实现;对于个人来讲,支持的意义在于帮助个体适应存在。然而,任何一种类型的支持都只是暂时的,不是永恒的。任何外因都要依靠内因发挥作用,只有自己对自己的帮助才是最深刻、最持久的。自助的深刻与持久体现在个体心理与行为两个方面:一方面,自助心理可以扩建自助的行为;另一方面,自助行为可以促进自助心理的生成。而心理赋权增能恰好可以促进个体从被动地接受"他助"转变为主动地"自助"的实现。所以家长要通过自己的主观努力,采取包括早期干预、积极关注、调整期望等方法才能真正为儿童的发展作出贡献。

（五）研究总结

通过对四名发展性障碍儿童家长进行个案研究,得出的结论是:

（1）家长的个体心理因素如心理弹性作用、教养子女的责任感、信念信仰,个体外部的资源如现有的社会支持条件,以及家长对儿童的期待和在生活中儿童取得的进步都可以成为促进家长心理赋权增能生发的条件。家长获得社会支持的来源包括来自政府层面、家庭成员、朋友、同质性群体,并且不同来源的支持特点不同。

（2）家长心理赋权增能对家长、儿童、家庭都具有一定的影响。家长心理赋权增能可以促进家长的心理健康,对儿童身心健康发展也有良好的作用,同时对家庭生活质量的提升也有积极的促进作用。

（3）家长心理赋权增能与社会支持相互影响的具体表现是：家长心理赋权增能受社会支持影响，同时家长心理赋权增能也可以影响社会支持，包括促进家长辨别与识别当前存在的支持，积极寻求与利用已有支持，促进社会对家庭的认识与理解。

三、智力障碍儿童家庭生活质量的个案研究

前面智力障碍儿童生活质量的现状调查中，采用自编问卷对智障儿童家庭生活质量进行了调查，得出了一些关于家庭生活质量的结论。但是需要指出的是，在整个问卷编制的过程中，为了追求数据统计上的指标合理性，研究者删掉了部分题项，可能使得调查的覆盖面不够，而且问卷调查本身也容易过于凸显研究者的外在设计，忽视了对研究对象内在性的关注不足，使得研究流于表面化，因此不一定能够深入展现家庭生活质量的状况。

具体而言，前面量的研究部分存在如下缺陷：①忽视了智障儿童家人对于家庭生活诸方面的需求性评价，导致研究不够系统。以经济状况为例，量的研究中的问卷调查部分只是对智障儿童家人的经济状况进行表面的了解，需要指出的是智障儿童家人对经济条件的期待以及需求状况会影响到其家庭生活质量，比如相同的经济条件，不同的经济期望和要求，必然会导致不同的感受；同样以针对智障儿童家庭的支持为例，不同的家庭对于外界的支持需求必然是存在差异的，这些支持需求也就包括了来自政府的财政支持、针对孩子的专业康复支持、他人的非正式支持，对这些支持不同的需求状况也会导致差异化的主观感受。②忽视了时间与精力的平衡性问题，导致对家庭生活质量的探究不够深入。首先，在家庭成员人际关系方面，以多子女的核心家庭为例，其人员构成主要有夫妻双方、智障儿童及其兄弟姐妹，那么在照顾智障儿童花费较大精力的前提下，自然存在着家长是否有精力去平衡其他家庭成员的关系，以及平衡的结果如何，比如对夫妻关系的平衡维护，对于其他子女关照的平衡，而平衡的情况如何必然会影响到家人彼此之间的关系，进而影响到整个家庭的生活质量。其次，在家庭的日常事务方面，主要涉及对孩子的教育、家务的完成、家人自身需求的满足问题，那么对于智障儿童家庭而言，其是否有足

够的时间完成家务以及满足家人自身的需求,必将影响整个家庭的稳定性,而家庭的稳定性又是家庭生活质量的一个重要体现。

因此,为了尽量深入呈现智障儿童家庭生活质量的特点,本研究在先前问卷调查的基础上,从智障儿童家庭的经济条件、智障儿童家人精力与时间的平衡性、智障儿童家人可获取支持性资源三个方面对智障儿童家庭进行访谈,进一步从纵深方面体现智障儿童家庭生活质量的特点。

（一）研究对象

根据被试自愿原则,从重庆地区的特殊教育学校或相关机构抽取了15名智障儿童家长参与访谈。具体过程为,首先,通过与相关学校或机构的老师进行联系,由老师们向家长征求了初步的访谈意愿后,有21位家长表示愿意接受访谈。其次,研究者与这21位家长进行了进一步的沟通,介绍了访谈的相关要求,其中有15名家长表示自身有合适的条件（时间、精力）接受访谈。

表6.3.1　访谈对象基本资料

访谈家长	孩子性别	孩子独生与否	孩子就读学校或干预机构
A 妈妈	男	独生	重庆师范大学儿童智能发展中心
B 妈妈	男	非独生	城口复兴小学
C 妈妈	男	非独生	城口复兴小学
D 妈妈	男	非独生	大渡口区实验小学
E 妈妈	男	独生	大渡口区实验小学
F 妈妈	男	独生	重庆师范大学儿童智能发展中心
G 妈妈	男	独生	重庆师范大学儿童智能发展中心
H 妈妈	女	独生	渝中区培智学校
I 妈妈	男	非独生	璧山特校
J 妈妈	男	非独生	璧山特校
K 爸爸	男	独生	璧山特校
L 妈妈	女	非独生	璧山特校
M 妈妈	女	非独生	大渡口区实验小学
N 妈妈	男	独生	重庆爱地守护特教机构
O 妈妈	男	非独生	重庆师范大学儿童智能发展中心

（二）研究工具

自编《重庆地区智障儿童家庭生活质量访谈提纲》，从家庭经济条件、时间与精力的平衡性、可获取支持性资源三方面展开访谈，其中家庭的经济条件主要包括家庭的住房条件和经济收入；时间与精力的平衡性主要包括对家务的平衡、夫妻关系的平衡、其他子女养护教育的平衡、自身需求的平衡；可获取支持性资源主要包括对来自政府的财政支持、针对孩子的专业康复支持、他人非正式支持资源获取的评价，其中他人非正式支持主要包括学校老师、同学和同学家长对智障儿童的接纳度以及亲戚、邻居、朋友对智障儿童及其家庭的接纳度（见表 6.3.2）。

表 6.3.2　智障儿童家庭生活质量个案研究访谈维度

访谈维度							
经济条件	精力与时间的平衡性				可获取支持性资源		
住房条件	经济收入	家务的平衡	夫妻关系的平衡	自身需求的平衡	其他子女养护教育的平衡	政府财政支持	专业康复支持	他人非正式支持

（三）研究伦理

研究的伦理原则要求研究者在研究的过程中不得对被试构成伤害，同样在本访谈中也考虑到了对被试的伦理保护，具体而言，参照 Matthew 等提出的关系伦理观念及伦理框架[①]，分别从知情同意与保密、避免伤害原则角度论述本研究是如何保证被试的伦理权利的。

（1）知情同意与保密原则。为充分保证被试的知情同意与隐私权，研究者向访谈者介绍了访谈的主题以及研究的目的，并且告知在访谈的过程中会使用手机录音，家长自愿选择是否接受访谈。同时向家长承诺，所有资料均只用于研究之用，而且对诸如被试隐私之类的信息严格保密。

（2）避免伤害原则。在访谈的过程中，难免被试会因为触及以往的一些伤心事情，而感到失落、情绪失控，甚至哭泣，比如在访谈 O 妈妈的时候，她说

---

① ［美］B.Matthew Miles & A.Michael Huberman：《质性资料的分析：方法与实践》，张芬芬译，重庆大学出版社 2008 年版，第 3 页。

到自己孩子问题行为的出现给其大女儿带来的影响时,就会哭泣,F妈妈和G妈妈谈到自己孩子的问题行为时,也出现了明显的情绪失落和低沉现象。为了将这种伤害降低到最小,研究者事先准备了纸巾,当被访者流下眼泪或者哭泣时,研究者递上纸巾,同时研究者尽可能安静地充当一个合格的倾听者,以理解、尊重的心态去面对被访者,而且在适当的时候给予被访者言语的鼓励,让访谈的过程不仅体现出研究的价值,更体现出为被访者提供情感倾诉及依托的属性。

(四)研究程序

首先,研究者在拟定访谈提纲及联系好被试后,正式实施访谈。考虑到部分被访谈者条件不方便,因此对于这部分被试,主要采用电话访谈和微信访谈进行,多数访谈则采用面谈的方式进行(见表6.3.3),为便于及时记录整理资料,所有的访谈过程均使用手机录音,访谈结束后及时将手机录音进行整理。其次,研究者根据被访者身份、访谈方式、内容进行编码,同时采用归纳的方式对资料进行进一步的分析。最后,形成访谈研究的结果。

表 6.3.3　访谈方式

被访者	访谈方式	被访者	访谈方式	被访者	访谈方式
A 妈妈	面谈	F 妈妈	微信	K 爸爸	面谈
B 妈妈	面谈	G 妈妈	电话	L 妈妈	面谈
C 妈妈	面谈	H 妈妈	电话	M 妈妈	电话
D 妈妈	面谈	I 妈妈	面谈	N 妈妈	电话
E 妈妈	电话	J 妈妈	面谈	O 妈妈	面谈

(五)访谈数据编码

表 6.3.4　访谈研究编码原则

含义	研究对象编码	访谈方式	访谈内容段落代码
代码	家长身份	微信-W 电话-T 面谈-M	01—99

如"A 妈妈-M-02"表示对"A 妈妈使用面谈的访谈方式收集资料中的第2 段内容","G 妈妈-T-05"表示对"G 妈妈使用电话的访谈方式收集资料中的第 5 段内容"。

(六)研究结果

1. 家庭的经济状况

(1)住房条件。以"你对家庭的住房条件是否感到满意？为什么?"对智障儿童家长进行调查,发现家长对于家庭的住房条件比较具有代表性的评价存在 4 种情况,即比较满意、一般、为了孩子去改变、不满意。

第一,一般对家庭住房条件要求不高。这类家长占到了绝大多数,在她们看来,家庭的住房条件等物质性的东西,已经不再重要,她们想的是只要有一个遮风避雨的住所,满足基本的睡眠、休息就行了,也不会刻意去改变。"我觉得只要有一个可以住的地方就可以了"(B 妈妈-M-01);"还是一般,基本能够满足要求"(C 妈妈-M-01);"我们为了娃儿读书,租的房子,生活所迫,也没有去考虑住房满不满意,因为其他学校不收,只有送到这个学校来,所以只能租房子"(D 妈妈-M-01)。

第二,为了孩子去改变住房。这类家长属于极少数,原本有一个基本的住房,基于对孩子的愧疚心理,觉得当孩子慢慢长大了,也开始羡慕别人家里比较好的住房条件,选择通过按揭等对经济条件冲击比较温和的方式,购买一些条件相对较好的住房。"我个人觉得本来对住房条件的要求也不是很高,恰好孩子的婆婆爷爷也给了我们一套房子,有这个房子遮风挡雨,就行了,但是最近也有一些改变,比如孩子也羡慕住电梯房啊,然后也觉得还是有必要给孩子改善一下环境,也觉得当初这个房子的装修和风水的格局有些问题,我们也觉得是时候该改变一些住房的条件,所以就提到了先改变一下环境,我们去买了房子,当了房奴。其实目前我们的房子周围环境还是好,空气也好,但是就是要爬 5 层楼,虽然对我们来说没有什么,但是对于老人来说太高了。总之说住房条件是比上不足比下有余,是基本的能够满足"(F 妈妈-W-01)。

第三,不满意。这类家长对于家庭的住房条件感到不满意的原因主要在于,觉得是租的房子,没有安全感和归属感,或者是因为面子思想,特别是来自山里面的家长,觉得在街上没有购买房子,已有的房子在山里面,家里的经济条件又不足以支持其在街上买房。"反正就是租的房子嘛,为了生活,为了娃儿,还是不满意噻,不习惯噻,没有安全感嘛;在街上没有房子,不得行,想买,我又上不到班,要陪读,没钱,所以租的房子"(D妈妈-M-01)。

第四,比较满意。这类家长的经济条件总体还算可以,她们定义的对住房条件满意的理由主要表现为,自己在城里有一套专门的房子,而且离孩子就读学校以及康复机构不是特别远,家人可以不用再租房子。"满意,自己的房子,在龙头寺"(H妈妈-T-01);"我们自己买的房子,总体还是满意"(N妈妈-T-01)。

(2)经济收入。以"你对家里的经济收入是否感到满意?为什么?"对智障儿童家长进行调查,发现家长对于家庭经济收入的评价主要表现为在"一般"与"有压力"的混合。研究者发现这一情况主要表现为,家长目前通过自己或者家人的辛苦工作以及外界的帮助,能够维持一个生活的基本条件,维持基本的经济开支,再加上由于家庭经济现实条件的限制,多数家人对于家庭的经济物质享受并无多大期望,因此也就表现为一般的评价,但是一想到"当自己老了,或者去世了,孩子又没有一技之长,未来如何生活"、"孩子长大了,如果需要接受更好、系统的康复训练"这一现实问题时,对家庭的经济收入也就出现了压力感。

"我和孩子的爸爸两个人都在上班,孩子由外公外婆带着,我们的经济条件也一般,我觉得平平凡凡的过,只要不生大灾大难,还是满意嘛,还是一般嘛,但是孩子想以后康复得更好,要吃那个药,经济还是会有些紧张"(N妈妈-T-02);"一般,我对自己的吃穿并不在意,我也不去和别人比,我觉得一家人吃穿能够满足就行了,因为他爸爸一个人工作养活一大家人,我不能给他过大的压力,但是一想到,以后我和他爸爸死了,他以后怎么办呢,或许我要给他留下一笔钱,一想到这个还是会有些压力"(G妈妈-T-02);"基本吧,经济上没有其他很大的开销,但是如果我们的孩子要进行一个很系统的康复的话,经济上还是需要一笔很大的费用,导致我们经济上会出现一定的压力"(F妈妈-W-02);"他爸爸也是打零工,没有正式工作,就是做矿工,危险,他老汉(爸爸)身体也不好,在山西做嘛,二三百一天,城口这边工资低嘛,所以一定要去外地,现在还有个大孩子,要读大学"(B妈妈-M-02);"经济困难,大的一个(孩子)读6年级了,要学费,小的一个也要,只靠老公在外打工,运气好就还好,运气不好,跑过去跑过来,就花车费钱"(C妈妈-M-02)。

2. 时间与精力的平衡性

（1）做家务。以"在照顾孩子的同时，你和家人是否能够将家务打理好？为什么？"对智障儿童家长进行调查，家长们的回答多数都表示有时间做家务，只有极少的家长表示自己精力不够，表示自己很辛苦，很累。

第一，可以完成家务。这类家长表示自己可能胜任家务，或者家务并不会让自己感到难于应付，主要原因来自三方面：一是对于部分夫妻双方都在上班的智障儿童家长而言，家里面通常有老人帮忙做家务，或者夫妻双方会进行分工，各自从事自己擅长的一方面，保证照顾孩子和做家务两不误。二是夫妻中有一方，主要是妻子，会选择辞职全职照顾孩子，当孩子去学校上学后，妈妈通常有时间做家务，而且不少妈妈懂得合理安排时间，比如让孩子参加力所能及的家务劳动以及家里其他孩子也会帮忙做家务，或者在接送孩子上学及放学的途中买菜等。三是家长知道自己的情况特殊，会选择主动减少一些工作，以保证自己有足够的精力去完成家务。

"还是有时间，早上送来了，我就回去嘛，下午来接"（A 妈妈-M-03）；"我从来不养猪，就是洗衣煮饭，还是得行的，自从带了他，我就买菜这些都没做过，就是洗衣做饭、收拾屋头，还有他姐姐也帮着带他，给他穿衣服，有的时候我出门在外送礼住一晚上，他姐姐就会做饭给他吃"（B 妈妈-M-03）；"就是煮饭这些嘛，买菜送娃儿时就买了，回去就管下娃儿做作业，然后娃儿自己看哈电视，听哈收音机，我就煮饭"（D 妈妈-M-03）；"我们家会有一个分工，比如我比较有耐心，就去照顾孩子，孩子的爸爸去做家务"（F 妈妈-W-03）；"能，我觉得前期，他小时候，我白天带他做康复，他睡觉，我就做家务、清洁，现在他独立上学了，我就在家做家务"（G 妈妈-T-03）；"可以啊，反正家里面有外公外婆（H 妈妈-T-03）；有啊，周五放学早，周六周日也都有，中午也是回去吃，有两个多小时的休息时间，就可以让我做家务"（I 妈妈-M-03）；"是可以，我可以自己打理好"（J 妈妈-M-03）；"家务开始可以做，因为我们租的房子，也没有好宽，整理得过来，我坡上老家的喂的鸡，我的爸爸都帮我照看了，我偶尔回去一下，洗衣服洗碗这些家务姐姐也会帮忙做"（L 妈妈-M-03）；"基本上是我妈在做"（N 妈妈-T-03）；"肯定要打理好啊，肯定要把家收拾得干干净净的，精力自己调节啊，比如这会孩子在做康复，我就休息一下，待会孩子放学了就带着去买菜，而且我也带着孩子一起打理家务"（O 妈妈-M-03）。

第二,很累。这类家长表示自己没有足够的精力用于完成家务,而且也表示很累,通过访谈,研究者发现这类家长主要有如下特征:一是没有老人帮忙分担家务;二是夫妻关系不和,没有精神安慰;三是对于孩子的照顾与成长,感到力不从心。"以前外公外婆在,还好,现在就是我做,很痛苦"(E 妈妈-T-03)。

(2)夫妻关系的维护。以"你和家人在照顾孩子的同时,是否能够花时间去维持好家人彼此之间的关系,比如夫妻关系等? 为什么?"对智障儿童家长进行调查,发现家长们的回答表现为三方面,第一种是会注意去维护家人关系;第二种是不会刻意维护家人关系,但家人关系并未受到消极影响,这一类家长占多数;第三种是不维护家人关系,导致家人关系受到了恶化。

第一,主动维护家人关系。这类家长主要是年轻的妈妈,她们往往会意识到除了关注孩子以外,还要关注到丈夫,她们意识到唯有如此,才能更有助于维护家庭的和谐存在,只有这样也才能对孩子更好。当然从一开始就注意到这一方面的,通过关注其他家人,比如丈夫,以此维护家庭和谐的家长比较少,在访谈中,只有一位年轻的妈妈和年轻的爸爸提到了这一看法。"肯定要,如果这方面不注意,家庭都破碎了,好多类似的这种家庭夫妻都离婚了,这样对娃儿更不好,我们还不是为了娃儿好,都没办法,都将就过"(I 妈妈-M-04);"都有噻,我们关系都还是可以,反正天天都在一起,没有忽视对方"(H 妈妈-T-04)。

第二,不会刻意维护家人关系:家人关系并未受消极影响。这一类家长表示,并不会刻意花时间和精力去维护家人,比如和丈夫的关系,但是夫妻之间的关系并未受到任何消极影响,因为孩子障碍事实的出现,往往能够让夫妻双方彼此默契,为了家庭的未来而奋斗,同时研究者发现这类家长年龄一般以中年和老年为主,按照他们的说法,大家都是老夫老妻了,感情基本稳定了,彼此达成了一定的默契,不需要刻意维护,而且夫妻双方对于孩子障碍的事实也基本上接受了。"不会刻意,但自然而然就变得更加密切了,因为照顾孩子是你的责任,而且儿子出现这个问题,还让我和我丈夫之间的关系更加密切了,我丈夫以前从来不知道主动关心人,自从儿子出现这个事情后,他都知道主动关心我和儿子"(O 妈妈-M-04);"不需要维持,一直就这样平平淡淡地过,也不会因为娃儿的问题去吵,仅仅是因为说你把娃儿弄摔了,就这样"(N 妈妈-

T-04）；"都是顺其自然"（J妈妈-M-04）；"我们关系一直都很好,不用刻意花时间去维持"（H妈妈-T-04）；"关系还可以,老夫老妻嘛,都是为了孩子"（B妈妈-M-04）；"我的爸爸和我在一起,我们关系好,我爸爸最在意我,因为我条件最差,他一直都帮我弄,也不图我的回报,他也是看我没有办法,他在坡上帮我喂鸡,以前还帮我放羊,但是他年纪大了,我怕他摔倒,所以就只养鸡"（L妈妈-M-04）。

第三,不会维护家人关系:家人关系恶化。这一类情况主要表现为孩子的妈妈作为主要照顾者,当得知孩子处于智力残疾这一事实后,选择将所有精力放在孩子身上,完全忽视了对丈夫的感情,而丈夫往往又觉得孩子没有任何希望,自己又得不到妻子的关注,于是家庭关系迅速恶化,这种情况也主要出现在夫妻中有一方没有接受孩子的家庭里,特别是当被忽视的一方没有接受孩子智力障碍的事实时,就会因另一方对自己的忽视感到心生不满。"孩子的生活基本都是我在照顾,他爸爸都是上课,然后就是去开面馆,想着挣钱,完全不管孩子,对孩子已经失去信心了,孩子现在不怎么睡觉,我就白天带着他走,走累了,让他睡。我们这个年龄了,这个夫妻关系就是为了孩子,如果不是为了孩子,我们两个早就分了"（E妈妈-T-04）；"我觉得现在照顾孩子,我们还是有一定矛盾,对待孩子有不同的意见,孩子到了青春期,也比较敏感,他往往会觉得作为大人,你们的意见都没有达到统一,我为什么要听你们的? 这也导致家里面有一些矛盾,特别是当孩子出了一些问题的时候,我们夫妻之间也不能很好地去沟通。有时候我就想啊,为了孩子我就忽视了家里面人的关系,比如夫妻关系,现在我也在思考这个问题,比如现在孩子的父亲压力就很大"（F妈妈-W-04）；"当我知道孩子得了脑膜炎后,我就觉得夫妻的感情不好了,我积极带孩子去治疗,也不关心我的丈夫,我只找他要钱来去治疗,这也是我终身的遗憾"（G妈妈-T-04）；"没有,没有精力去维持嘛,再加上也没有在一起,他在北京,我们关系也不好,以前我们一起在北京的时候,他就经常埋怨我没有把孩子带好,我就说,孩子和我们两个人在一起,你说我没带好,难道你带好了吗?"（A妈妈-M-04）

（3）对其他子女的照顾。以"你的家庭是否还有其他孩子? 如果有,是否会有因为照顾了这个孩子,而忽视了对其他孩子的关心和照顾?"对那些多子女的智障儿童家长进行调查,发现多数家长表示基本上都有在智障儿童身上花的时间精力更多的情况,但深入分析,也会发现一些差异,表现为受到子女之间年龄差距及另一个孩子智力是否正常的影响。比如,当子女之间年龄差距较大时,特别是年龄较大的一个子女智力正常时,家长就会把更多的时间花在智力障碍这个孩子身上,因为另外一个孩子基本能够自己照顾自己;当两个孩子之间的年龄差距不大,而且其中一个为智力正常时,家长就会尽量注意平衡教育与抚养的时间与精力,因为家长往往会考虑到要对智力正常的这个孩子进行足够的教养,以便自己年老及智力障碍孩子以后有一个合适的依靠。

"一般还是这个孩子占主要,都有点对这个孩子身上花的时间更多"(C妈妈-T-04);"总的来说,还是两姊妹一样对待,但是对大的那个孩子的关心还是要少一些,比如现在对这个孩子比对他姐姐关心很多倍,他姐姐也基本上能够理解,还会帮着照看弟弟"(D妈妈-M-04);"家里还有另外一个娃娃,要小些的,也是智力差,肯定存在忽视另外一个娃娃的情况,我现在带大的一个,肯定对大的要多花些精力,就没什么时间管小的一个,小的一个教他,他也不懂,现在小的个是婆婆在管,这种娃儿教着很累,都不想教"(I妈妈-M-04);"大的一个儿子比他大13岁,在读大学,基本上能够自己照顾自己,他也基本不要我们管,他自己兼职打工挣生活费,也告诉我们只管小的一个,再加上我们文化也不高,是农村的,都告诉大的一个孩子,外面的路靠你自己去闯,我们也不懂"(J妈妈-M-04);"还是好,那两个娃儿还不说我偏心,我都尽量都关注到嘛,小的一个,我还是要检查作业,我不可能不管小的一个嘛,小的一个很聪明,我和这个二娃(智力障碍孩子)以后都还要靠小的一个,所以我要把小的一个好好培养着,大的一个女儿都大了,所以不用怎么管"(L妈妈-M-04);"以前他小的时候,倒是要多花时间额外经常陪他,现在他大了,懂事了,对他的时间就要少些了,能够关注到其他孩子了"(M妈妈-T-04);"有喔,我从来没有单独陪他姐姐去逛街耍过,要带都是三个一起,两个娃儿一起,他帮着带,偶尔有时他爸爸带着孩子,我和他姐姐一起出去耍,他姐姐就说:'妈,好安逸喔,我们两个一起好好出去耍了。'他姐姐也还是不说啥,都理解"(B妈妈-M-04)。

(3)家人自身需求的满足。以"在照顾孩子的同时,你和家人是否能够关注到自身需求的满足?为什么?"对智障儿童家长进行调查,发现多数家长对于自我需求的重视程度不够,因为他们把主要的精力都放到了孩子身上,虽然部分文化程度相对比较高的家长会表示,自己会在意识上要求自己关注到自我需求的满足,不能把所有心思放在孩子身上,但这也仅仅只能停留在一种主观想法上,当面对自己孩子时,总是会忽视自己享受生活的需求。

"我就是想找一份工作,但就是没有合适的,没有考虑到个人的享受";B妈妈:"没有,只要把他照顾好,不摔倒就行了,我也没有像其他的那些女人一样到处去耍、去潇洒,随时都会把娃儿想到"(A妈妈-M-04);"反正就是想把他养大,自己都没有想这些,他爸爸也没有想"(D妈妈-M-04);"哪里有,根本也就没为自己考虑过,主要是没精力没时间,感觉其他什么事情都没有意义了"(E妈妈-T-04);"我们现在还是意识到我们也不应该全部为了孩子忽视自己,理论上说是这样,但是现实中我们也做不到,还是会忽视自己的需求和圈子,我觉得特殊儿童的父母也缺乏这种支持吧"(F妈妈-W-04);"我不知道我老公,反正我没有,我就是尽量考虑到他,我觉得他好我便是晴天"(G妈妈-T-04);"少得多了"(H妈妈-T-04);"我们这种就不行了,经济条件好点的行,我们反正都是先考虑到孩子,我们一个月生活费都要1000多元,一个人挣钱怎么行,有的时候都不能满足自己的需求"(I妈妈-M-04);"一般需求不差就差不多,一般的需求嘛,比如吃饭睡觉嘛,其他的就不要奢望了"(J妈妈-M-04);"有时候还是感觉到都想通了,娃儿都11岁了,扔了也不行,我们想生一个,但是媳妇要做试管婴儿,等后面做,更多地要考虑到娃娃,自身也没怎么满足自己的需求,后面还是必须要一个娃儿"(K爸爸-M-04);"这哈只有将就嘛,你想嘛,只有想办法把他的自理能力弄好了来,你看嘛陪读,现在这里(学校)床不够,睡不到午觉,只有到教室去睡,这哈就没有考虑自己的需求"(L妈妈-M-04);"我们自己还是有自己的需求,但是得不到满足,因为我还有其他两个小孩,肯定就忙不过来"(M妈妈-T-04);"我们就没有啥子自己需求了,我们要上班,周末还要看哈娃儿,完全围绕娃儿转"(N妈妈-T-04);"适当满足,吃肯定比以前更加注意嚓,我要保证一个健康的身体,让自己好陪伴娃娃,吃注意嘛,自己保养哈,营养跟上,穿和打扮就随便一点嘛"(O妈妈-M-04)。

需要指出的是,研究者发现智障儿童家人对于一些基本的需求,比如休息、身心健康等,还是会有所关注,特别是当他们逐渐正视自己孩子智力障碍事实,接受现实后,多数家长基本上都能够关注到自身的基本需求,而且这些家长往往会更加关注自己的休息和身心健康,因为在他们看来,唯有自己保持一种好的状态,孩子才有依靠的对象。"可以的,因为娃儿睡眠都是比较规律,所以到了这个时间我也都会休息"(A妈妈-M-04);"还是勉强可以,之前不行,之前睡眠不好,之前刚刚知道娃儿这个情况时,睡不着,现在基本适应了"(D妈妈-M-04);"更加关注,比如我心里有不开心的,会找家长一起赶快谈心,大家相互谈心,哭出来就好了"(O妈妈-M-04);"正常休息还是能保证,我也没带娃儿睡觉,因为娃儿跟着我睡,他一动我就要醒过来,没精力上班,他就是外公外婆在带"(N妈妈-T-04);"休息还行吧,还是会给自己休息的时间,我也想自己都垮了,孩子怎么办呢? 身体健康,没有什么大问题,都不会去管,心理上嘛,有的时候会发火,比如教他写9和11,始终学不会,就生气,我还是会放松自己,大不了就不想管他,越管他越冒火哦,让自己轻松一下,也让孩子轻松一下"(I妈妈-M-04);"我们都还是要关心到自己的休息,都还是知道自己要保重自己的身体健康,家里面的人也都会相互叮嘱"(J妈妈-M-04)。

另外对于外出玩耍休闲这一类需求,往往会受到家庭经济条件的制约,一般是爸爸为了工作不能和家人一起外出休闲玩耍,只有妈妈和孩子一起出去,而且这种休闲玩耍已经不带有真正放松的味道,而是想让孩子获得更多见识外面世界的机会,同时外出玩耍的机会也会受到孩子就读年级的影响,一般当孩子小的时候外出玩耍的机会要多一些,当孩子入学年级变高后,因为要考虑到孩子学业负担加重这一情况,所以外出玩耍的机会就要少很多。"我们经常出去耍,每周都出去耍,带着他,教他,我们就和朋友这些,一起教他,比如通过烧烤,让他自己去烤,自己去作料"(K爸爸-M-04);"我们还是会参与一些休闲活动,比如昨天晚上和今天的下午,我们一起出去骑了共享单车,开始我们没有成功,他很气愤,后来他就逼着我去学怎么弄,后来我们就学会了怎么使用这个,他也非常高兴,很满意,现在孩子都很向往骑着这个车,我们一起骑车,他骑得很好,我都不敢,我还去请教孩子怎么做到平衡感这么好的,从眼神看得出来,他也备受鼓舞"(F妈妈-W-04);"一般都是我们娃儿放假了,我带他出去耍,他爸爸不去,也就一年一次吧,以前一年级时,我们还会每周去周边公园耍,但是现在基本没有了,只是暑假才出去耍,因为现在娃儿学业负担要重些,就没时间了"(G妈妈-T-04)。

　　同时对于社交这方面的需求,研究者发现多数家长表示考虑得并不多,一是因为要照看孩子,而且有的家庭还不止一个孩子,没有过多的精力参与社交活动外。二是部分家长的自卑心理或者觉得周围他人的不理解,比如作为家长在一起,最容易谈论的就是相互之间的孩子,而智障儿童的家长也就会觉得自卑,比如一起出去玩耍,其他家长会觉得有自己的孩子在不方便等,从而下次也就不主动和另人玩耍了。"有忽视社交,整个精力都在娃娃身上"(A妈妈-M-04);"有忽视,比如不想去结交朋友,已有的朋友也不想交往了,因为我们这个年纪的人在一起,谈论的就是娃儿如何如何,我们就不愿意去,亲戚嘛,知道我们这个情况的就会去,不知道的我们就能够别人代礼去的就不去,他爸爸的同学朋友聚会也不会带他,反正我们没有接受,自己心里也自卑"(G妈妈-T-04);"肯定有啊(忽视社交),有时还是会和亲戚保持联系,特别是有这种娃儿的朋友也喊一起把娃儿带出去耍"(D妈妈-M-04);"没有了啊,朋友啊、同事啊,基本就没什么交流了,上班下班就干自己的了"(E妈妈-T-04);"很少有时间,因为我家里人多,娃儿多,忙不过来"(M妈妈-T-04);"还是有这个时间出去耍,比如吃了饭,和几个老婆婆一起逛杨家坪,爸爸没有时间去耍,爸爸还是好,下班回来,还主动做家务,不打牌,都是把孩子一起带出去耍,我们还专门开车带他去耍,他不去,我们也不去。还是没有以前耍得开心,其他的孩子都穿得干干净净洋洋气气的,带上我们这个孩子,又走不动,掉在别个后头,别个有要和我们一起耍的,还要专门等我们,时间一长,就不和我们去了"(B妈妈-M-04);"我们都忙,要上班,而且回来也累,基本也没有什么社交"(N妈妈-T-04);"偶尔出去耍一下,很少出去,就是上次有个家长开着车子,带着我到秀湖公园去耍了一下,平时都没出去,我偶尔还要种点菜,毕竟街上的菜农药多"(L妈妈-M-04);"肯定噻,你要出去,带着他一起,你就不敢去了"(J妈妈-M-04);"基本就没有了,我就基本没时间和朋友玩了,以前就是妹儿嘛,社交就要宽一点,有了这个孩子就交往少了,丈夫还好,对他没什么影响,因为我付出要多一些,带孩子都是妈付出的多一些,女娃儿要累一点,男娃儿都不这样"(I妈妈-M-04);"肯定,因为你没办法,你要花更多时间陪着你娃儿,而且有的人也不理解你娃儿,你就没必要去交往。你想加入同学聚会,你肯定不能去,去了你要想娃儿要按时睡觉"(O妈妈-M-04)。

　　当然还是会有少部分家长表示自己的社交活动并未受到影响,一是因为这部分家长本身心态比较平稳,不会觉得自己孩子情况特殊就会低人一等,或者有自卑心理,因此也不会向他人隐瞒自己孩子的情况。二是因为周围的朋友也比较接纳自己的孩子,愿意和自己的孩子一起玩耍。"其实我们的社交圈子都比较小,相对而言我的朋友在和我的孩子交往的时候,会主动鼓励他,我觉得孩子很愿意和他们交谈,尽管交谈的层次很浅,我的朋友也愿意和孩子交往,我还是很感动,我幸好有这样一些朋友"(F妈妈-W-04)。

3. 可获取支持资源

对于智障儿童家庭的相关支持主要包括来自政府等部门的财政支持,以及针对智障儿童的专业康复支持和来自他人的非正式支持。

(1)政府财政支持。以"你对政府为你家庭提供的财政支持有何看法?"对智障儿童家长进行调查,发现家长们对于政府财政支持的评价分为三种情况:第一种是多数家长的看法,即政府财政补助远远不够,不能解决家庭的实际问题,希望得到政府的财政支持,而且也有家长指出不同地区之间的财政补助不够均衡,对此感到不满意。第二种是少部分家长的看法,即觉得政府的财政支持尚可。第三种是不需要政府的财政支持。为何在基本相类似的财政支持模式下,会出现智障儿童家长对此不同评价的状况呢?研究者在访谈中发现,通常家庭经济较为拮据,孩子智力障碍程度较严重的家长对于政府的财政支持会普遍存在着不满意的评价,而家庭经济条件较好、孩子的智力障碍程度较轻的家长对于政府财政支持则抱着"只要政府有补助,自己就感到满意"的态度,而那些不需要政府财政支持的家庭,则是对目前政府对特殊儿童财政支持评定模式存在意见的家庭,因为这种家长觉得要先去给孩子评定一个残疾证,才能领取补助,他们并不愿意让自己的孩子被正式刻上一个残疾的标签,特别是在补助额度本来就不大的情况下,更是不愿意去接受这种财政补助,当然这种家长本身的文化程度较高,或者也没有足够接纳孩子残疾这一事实。

第一,渴望得到政府财政支持。"没有什么财政支持,我们娃儿评了个残疾,一年有一千多块的补助,不够"(A妈妈-M-05);"申请有低保,办了残疾证,不办政府也不会管"(B妈妈-M-05);"就有一个'七彩梦',一年有9千,好像,在XX实验中心,免学费。但是到医院治疗,都没有享受优惠,上次他爸爸提到要去给他办一个残疾证,但是我觉得没有必要,因为评一个三、四级又能怎么样嘛,要一、二级才有钱。觉得不满意,我觉得政府把钱拿去支持这支持那,其实支持这些残疾人才是应该的"(G妈妈-T-05);"二级残疾,智力残疾,一个月50元的补助,完全靠这个资金来生活是不可能,因为现在生活水平这么高,我大的一个儿子都希望能够找一个工作,不读大学了,希望节省钱,目前的情况看,50元钱确实太少了"(I妈妈-M-05);"只有一个月50元钱的补助,娃娃评了残疾证,这也不够,他们爸爸一年要不要(重庆话,即偶尔的意思)去做两三个月,而且我们要照顾娃儿也走不开,因为娃儿有的时候要打人,我们也走不了,怕把其他娃儿打到"(J妈妈-M-05);"没得啥子,我去年想去给我们二娃办低保,但是户口本在丈夫那里,要转户口,但是他们老汉(重庆话,即爸爸的意思)就不愿意,给村里面说,村里面故意装怪(重庆话,即推三阻四的意思),说你娃儿父母都在,这种情况办不了(低保),当然办了个一级残疾,每个月有60元钱,但远远不够"(L妈妈-M-05);"没有什么财政支持,特别是我们娃儿的这个硬化病都没有纳入这个医疗保险政策,而且西宝林这个药物(针对孩子硬化病的特效药)也没有纳入这个报销的范围,我们没有去办这个残疾证,因为要求是一级,而且还要是在你不生二胎,一年才有五六千元钱,如果生二胎,一个月也就50元或60元钱,而且商业保险,也不给我们报销,因为我们这个是先天性疾病"(N妈妈-T-05);"我以前带孩子到以琳机构做康复的时候,就发现其他区的每个孩子都有300元的补助,可是我们大渡口区就没有,我去问大渡口区残联,都说没有。我们在外面做康复,都是私人机构,要收费的"(E妈妈-T-05)。

第二,政府财政支持尚可。"还是有,有时候还可以领到钱,还有慰问,村里还给残疾娃儿发过年钱,还是满意";M妈妈:"我觉得还是可以,因为我们享受到了低保的";H妈妈:"还是可以,7岁之前,享受国家补贴,每年12000元,因为我们娃儿办了残疾证,每个月有70元的补助,坐车不要钱"(K爸爸-M-05)。

第三,对政府财政支持有抵触。"首先,我们没有去给孩子办理残疾证,我们虽然去鉴定了,他可以申请,比如他可以去办理三级的,但是我们没有去,虽然我们办了过后可以得到一些补助,但是我们没有去,因为我们还是抱着一种侥幸的心态,我们不希望有那么一个证去把孩子笼罩了"(F妈妈-W-05)。

(2)专业康复支持。以"你和家人给孩子做过哪些医疗康复训练和教育康复训练?孩子的进步情况怎么样?"对智障儿童家长进行调查,发现多数家长们对于孩子的专业康复支持的评价还是尚可,指出了孩子经过专业机构以及特殊教育学校老师的帮助后,获得了较大的进步。当然也有部分家长有对此感到一般以及不满意的。

第一,对专业康复支持感到满意。这类家长对孩子接收到了专业康复支持感到满意,觉得孩子有一定的进步,进一步分析,研究者发现有不少家长对来自孩子就读的特殊教育学校的评价较好,觉得孩子在特殊教育学校就读后,生活自理能力以及学习等获得了一定的进步,但是也有家长指出在孩子生活自理能力进步的同时,学习上还不够,比如不爱写字等。

"去年在这边儿童中心,前年在星光之家,还是可以,比如语言这块就发展起来了"(A 妈妈-M-06);"到学校来了,我觉得他还是听话些,比如有礼貌了,比如老师来找板凳了,他还会帮忙。他现在拍照,玩耍手机各种都会,还自己在手机上学歌,在学校的进步都还可以,对他来说,我不希望他读好多书,只要生活能够自理,他现在吃饭也不会剩太多。而且以前都不会吸奶,上街买都要买那种有盖盖的奶给他喝,后来老师教他,吹气球,慢慢地现在都会吸奶了"(B 妈妈-M-06);"没有刻意到外面机构做康复训练,现在在这个学校说话比以前清晰了,现在还是会主动给爸爸倒水,学校的老师还是有耐心"(C 妈妈-M-06);"还是可以,老师都是从好的方面教他,不会整他,他会自己穿衣服,毛衣穿反了都知道,内裤也都会自己穿,能够自己漱口,而且能够区分洗脸和洗脚的盆子,洗脸洗脚的毛巾也会分开,能够自己洗袜子,还能够写一些简单的字"(D 妈妈-M-06);"没怎么做,主要是经济条件不行;娃娃在学校的,以前在幼儿班什么都不知道,在这里写字,比如放学回家,你不喊他,他都知道自己写字,而且有的字,简单的,你不帮助,他都会写,但是有时候在家,我一出去了,他上厕所,你不喊他,他就不会弄,但是比以前还是要好些"(L 妈妈-M-06);"就是在学校读书,没有到外面去做过专门的康复训练,进步肯定比原来好些,读了书比原来好多了,还是满意"(M 妈妈-T-06);"他做了 3 个月的肢体康复,就能够走了,开始我们不敢给他做,怕有副作用,后来看他确实走不了,就让他去做,就能够走了,后来又去做语言康复;语言也还是有变化,现在还不会把书放到嘴巴里面咬,虽然还不怎么说话,但是现在已经有一些发音的情况"(N 妈妈-T-06);"以前没怎么做过(专业康复),因为离婚后,我就在外面打工,爷爷婆婆就根本没有那种让他做专业支持训练的意识,后来我和我现在的老婆耍朋友后,老婆都会帮助教育孩子学写字这些,特别是来璧山读书了,(进步)还是可以的,吃了饭后,(孩子)都还是自己去洗碗,不管洗不洗得干净,我们都还是夸他洗得好,学习上就是不喜欢写字"(K 爸爸-M-06)。

第二,专业康复支持不够。对于专业康复支持感到一般和不满意的这部分家长,其自身已经表达出了不满意的原因:一是家庭经济条件受限,导致孩子错过了早期接受康复训练的机会。二是家长和学校的老师交流合作不够,学校也没有足够地听取家长的意见。比如家长觉得学校的教育理念不对,把自己的孩子特殊对待,让家长觉得心里不高兴,觉得学校对孩子不够平等、不够尊重,或者家长觉得学校或者机构对待孩子管理太松散或者太苛刻。三是部分社会上的专业机构对孩子康复训练方式不对、不够专业化,仅仅是强迫孩子学习一些技能,导致孩子学习进步状况不佳。总体而言,这类家长较多,也折射出目前国内针对智障儿童的专业康复支持工作还有待提升。

"现在的学校感觉没有什么效果,认知指令都听不了"(E 妈妈-T-06);"(孩子)都是去训练了的,比如新世纪。在那里(新世纪康复中心)去了,回来好像就不够活泼了,有点死板,因为那里太那个了(强制、死板的管理方式)。后面我们就还是(把孩子)弄到 xx 特校,开始智商还高一点,但是现在在这里智商还差了,其实我想(把他)放到普通学校和正常娃儿一起要好些,但是他爸爸的意思是普通学校的老师精力忙不过来,不准送过去,在这里(xx 特校)一点强制都没有,感觉又太宽松了,(他犯错误)老师没有及时纠正,现在他就只要不高兴,就不会动脑筋"(J 妈妈-M-06);"主要是特教训练,我也是一个比较理智的人,也不会盲目去做,在采取每个措施以前,我要详细了解。其实我还想让孩子上语言,但是排很长的队,去不了。多数机构的专业性还不够,有的机构我交了钱,发现不行,我就走了,最近报了个机构,教孩子语言,但是教的不好,老师也不愿意和我好好沟通,老师都应该和家长沟通,但是这些老师做不到。因为家长很了解娃儿,我们可以把娃儿的详细情况说给老师,老师也应该来听听。在外面的学校,在外面上幼儿园,说到外面的帮助不满意,去年上的幼儿园还可以,因为园长自己的孩子是个聋哑娃儿,我自己都好奇,自己的孩子安安静静地坐在那里几个小时,园长接受了我娃儿,但是今年没办法了,因为这个幼儿园小班今年收了 40 多个人,没办法精力忙不过来,我也就只有去外面找,有的说你娃儿读小班、你娃儿读中班、你娃儿读学前班、你娃儿读不要钱的班,后来找了一个幼儿园,但是我一进去就发现我娃儿被特殊对待,放在第一排一个特殊位置,一个人坐,我想娃儿不需要被特殊对待"(O 妈妈-M-06)。"我们接触的康复这块是很少的,也不知道怎么去进行,我觉得我们的孩子婴儿大时,他们说怀疑我们的孩子是脑瘫,让我们做康复训练,但是由于经济条件,我们也没有做。总的来说,我们孩子接受到的康复训练是很少的,也不系统,孩子在学校的表现也是时好时坏,我们的孩子在普通学校就读,如果孩子的情绪比较稳定,家长和学校联系紧密,这样会好一点,但是作为父母我们做不到与学校努力沟通,这一块比较缺乏,孩子的进步,说不到有很大,只要孩子在学校不要闹很大的麻烦,就是进步了吧。现在就是学校的老师会展开一些心理方面的辅导课,在班会的活动上也会开展教孩子为人处世,而且学校的老师也是比较有耐心的,这点我们也是很感动的,但是我们还是不善于与老师交流,孩子也不会主动给我们说,因此对于孩子在学校的表现也不是很清楚"(F 妈妈-W-06);"(孩子)就是在专门的培训机构做训练,慢慢来嘛,进步还是有,就是很慢"(H 妈妈-T-06);"还是可以,学校要求陪读,娃儿(孩子)各方面差一点,害怕(孩子)摔倒,所以我来陪读,我要求严格一些,他都还进步要大一些,还是需要家长配合学校,多费心"(I 妈妈-M-06)。

(3)他人非正式支持。

第一,教师、同学、同学家长接纳。以"学校的老师和同学及家长是否接纳孩子? 你对此是否感到满意? 为什么?"对智障儿童家长进行调查,发现绝大多数家长对来自于学校老师的包容接纳都感到满意,并指出老师们都比较有爱心,但是对于来自同学和家长的接纳,则有些不够,主要原因在于部分同学不懂事,以及部分家长的不理解,也有家长指出孩子的问题行为严重程度以及孩子教育安置的环境会影响到孩子的接纳度,比如特殊教育学校或者有特教班的普校,学校的老师等就会对自己的孩子更加接纳,同时如果孩子的问题行为不会对他人产生较为严重的影响,周围人,比如同学、家长等也一般是会接纳孩子的。

"应该比其他学校好些,因为你们学校有特教班,校长老师都还是会更加理解,同学嘛,接触不多吧,孩子和同学接触不多,特别是和正常的同学"(E 妈妈-T-07);"上学那里是一个培智学校,都还是接纳"(H 妈妈-T-07);"特教老师肯定接受,多数家长接受,但是也有部分家长不接受,甚至上机构时,有个家长还打了我的孩子一耳光，因为那次我孩子轻轻地拍了一下别个的孩子，是为了引起我的注意，我想也打不疼，我想别人家长也是特殊儿童的家长，应该能够理解，结果第三下一耳光打过来了，我也不能说什么，因为是自己的错"（O妈妈-M-07）；"老师还好，但是和同学还是有点不好，不是很合群。我对老师还是很满意，对娃儿好"（C妈妈-M-07）；"娃儿，比如正常娃儿都还是对张晶（化名）有点歧视，老师还是好"（M妈妈-T-07）；"老师做得好，同学嘛，一般，个把会不，多数还是会让着，头回有几个娃儿说张军（化名），但就是不懂事，后来老师说了就不了"（D妈妈-M-07）；"接纳，因为我们这个孩子没有大问题，只是手脚无力，智力差，和这些娃儿都合得来，也不打人"（I妈妈-M-07）。

第二，邻居、亲戚、朋友的接纳度。以"你觉得邻居、亲戚、朋友是否接纳你的孩子和家庭？为什么？"对智障儿童家长进行调查，发现家长对于这一问题的回答，主要表现为：消极逃避、比较满意、希望周围的人多理解包容三个方面。从访谈结果来看，消极逃避和感觉比较满意的家长较少，感到希望周围人多理解包容的家长较多。

①消极逃避。这一类家长主要是因为自己的自尊心较强，也没有从根本上接受孩子智力残疾的事实，担心与他人交往，会让他人知道自己孩子的更多情况，让自己抬不起头，因此会主动选择避免与他人接触，因此也就不需要所谓的他人接纳。从访谈结果来看，这类家长比较少。"邻居，其实在我们小区住了这么多年，要得好的也就1或2个，其实我也不愿意和他们有深入的交往，因为深入交往，对方就会知道我孩子的情况，我有个姨妈也住在我们小区里面，我知道小区里面有人去向我姨妈打听我孩子的情况，我后来知道了，处于一种很愤怒的状态。亲戚、朋友这块也没有过多的交往，但他们还是觉得孩子有了一些进步，都还是比较正面的评价"（G妈妈-T-08）。

②希望周围的人多理解，多包容。这一类家长从主观意愿上，渴望得到来自他人的理解，但是由于受社会习俗、孩子问题行为给他人带来了不方便以及周围他人对孩子智力障碍缺乏正确的认识等条件所限，家长会感受到来自他人对其孩子或者家人的不友好行为，对此多数家长往往会感到无奈，从而选择让自己接受这种现实，也不会想办法去改变。"我觉得周围邻居基本能够接受孩子了，可能邻居嘴巴上不怎么说吧，心里还是有意见。当然孩子在家会大

闹,或者往窗户下面倒水,楼下都说了好几次,我也只有去解释"(E 妈妈-T-08);"农村就是这种风俗,有的人说这个娃儿是个哈子(傻瓜),别人要议论,你也没办法,农村都存在这种议论的情况,是一种习惯"(I 妈妈-T-08);"娃儿给别个(其他孩子)耍,会去推别人,久而久之其他人就不和娃儿玩了,别人也会说你个哈子娃儿(傻瓜),亲戚嘛,虽然他们不说,但自己心里还是有点(自卑),本来我们祖宗八代都没有遇到生到过这种娃儿,自己心里还是自卑"(J 妈妈-T-08);"我们在重庆,亲戚这些都不在重庆,都没怎么接触,而且亲戚也不怎么了解这个病,而且我们也没怎么回家,因为家里的气候比较冷,孩子回去怕不适应,邻居也有些爱议论的,但是我都看开了,别人愿意怎么说就怎么说"(N 妈妈-T-08);"我的朋友、同学都知道孩子是特殊的,我也不会刻意隐瞒,但是也有部分人不理解,到处去耍,有的人都会怪怪的看着孩子,当然主要还是不懂得如何和孩子打交道,导致了他们不敢和孩子玩耍"(H 妈妈-T-08);"邻居、亲戚也谈不上,你对别人有影响,别人肯定不接受,你对别人有恩,别人可能也是表面接受,表面接受更让人更难受,周围的人对我们这种娃儿缺乏一种正确的认识,比如上次我带着孩子坐轻轨,孩子学狗叫着玩,一个老大爷就说我娃儿是疯狗,我心里非常不高兴"(O 妈妈-M-08);"孩子的爷爷根本就不接受我们,就是孩子出生的时候,他爷爷给了 1 万块钱,后面就不管我们了,还说些打击你的话,说是哑巴娃儿之类的"(A 妈妈-M-08)。

③比较满意。这类家长感觉周围的邻居、亲戚等对孩子和自己的家庭还是比较接纳的,会因为自己家庭遭遇到这种情况,给予一些特别的关照,但是需要指出的是,研究者通过访谈发现,这种接纳和包容是建立在一定的现实条件基础上的,表现为人际关系的亲密程度和孩子问题行为的严重程度,比如当孩子的主要照顾者为妈妈时,与妈妈关系比较亲密的人,比如孩子的外公外婆或者舅舅姨妈等亲戚会为孩子及其家庭提供更多的接纳和帮助,当孩子的妈妈和孩子的姑姑等关系恶化后,姑姑这一类亲戚对孩子不会那么包容;孩子的问题行为严重程度直接影响到了周围他人对孩子的接纳,比如当孩子的问题行为比较轻微,他人接纳照看孩子比较容易,那么这种接纳度就会更高。"邻居对孩子还是关心,邻居还是通情达理,还是献爱心,害怕孩子吃不到,他们感觉我的这个孩子比正常娃儿可怜些,对我们家庭还是没有其他想法,很少有说闲话的,邻居素质还是可以"(D 妈妈-M-08);"多少还是帮一下,有啥子事

情,有的还是帮忙看,比如会帮着看哈娃儿,我们娃儿其实还是可以,吃饭穿衣睡觉,这些自理能力都行,就是说不怎么出来(语言沟通不行),对他不要求非要看着(不一定一直看着孩子),只是偶尔看着一下就行了"(K爸爸-M-08);"我的大女儿,孩子的舅舅,对孩子还是好,今年我的柑橘都是舅舅去弄回来的,丈夫那边的亲戚都不管我们,我的丈夫喜欢喝酒抽烟,我就看不惯,要说,孩子的姑姑就在中间装怪,嫌弃我没在外面工作,只在家看娃儿,就教着他来和我闹矛盾。大的一个姑娘下班又不走哪里,都在家帮我的忙,照看娃儿"(L妈妈-M-08)。

(七)反思与总结

1. 经济状况的矛盾性期望

访谈发现多数智障儿童家人对于家庭经济条件的主观评价存在一种比较集中的矛盾性期望,表现为,一是家长们对于经济条件并无额外的奢求与期望,只要能够满足基本的开支即可;二是当一想到孩子的未来生活,便会想到要给孩子留下更多的金钱,创造好的经济条件,于是对现在的经济状况也就会感到不满意。罗玲对成都地区自闭症儿童家庭生活质量的研究指出,自闭症儿童家长对满足家庭基本日常生活开支和孩子成长开支的期望较高,与本研究的结果基本能够保持一致。出现这一情况的原因在于,一是因为孩子障碍事实的存在,导致家庭康复支出的增加,而且孩子的主要照顾者往往也不能正常工作,导致家庭收入减少,因此现实的家庭经济条件也就制约了家长对于家庭经济状况的期望。二是因为对孩子未来生活的担忧和愧疚心理,导致家长希望自身有足够的经济条件去支持孩子未来一生的生活,当这种期望遭遇到现实经济条件的制约时,家长也就对家庭的经济出现了一种不满足。

2. 合理安排,追求时间与精力的最大平衡

访谈发现多数家庭能够基本将有限的时间和精力进行平衡性安排,以维持家庭生活的基本正常运转,通常他们做出时间与精力平衡性安排的考虑因素主要有:①外部机会与条件。比如多数家长们会利用送孩子上学或者放学的机会完成家务活动,或者夫妻之间进行合理的分工等。②成果期望。比如多数家长会选择性的满足一些基本的自身愿望,比如足够的休息、健康的饮食等,而这样做的目的是让自己有足够的精力照顾好孩子,对于一些额外的需求,比如享受生活,则进行适当的忽视,进而可以把精力用在照顾孩子上;比如在平衡子女之间的照顾时,家长会根据其他孩子是否正常,以及年龄是否能够实现自我照顾这些因素来安排教育的时间和精力,如果另外的孩子是正常的,而且年龄较小,那么家长就会在照顾智障孩子的同时,安排时间去照顾好这个正常且年龄较小的孩子,因为这个孩子是家长和智力障碍孩子未来的依靠。

3. 有待完善的外界支持资源系统

访谈结果发现,多数家长对于来自政府的财政支持、康复支持和他人非正式支持感到不够满意。虽然家长对外界支持的满意度情况受到本身需求及期望的影响,但从多数家长的角度而言,他们都表示出了对于外界支持的迫切需求,以及对现实支持性资源系统的不够满意。出现这一情况的根本原因主要在于国家对残疾人及其家庭的政策支持保障还不够完善,社会大众对于残疾人群体需求的了解和关注不够。

四、学前智力障碍儿童家庭积极贡献

(一)问题提出

学前智障儿童是指智力明显低于一般儿童的水平,并显示出适应性行为障碍的0-6岁儿童。家长作为其主要的照顾者和教育者,长期承受着来自经济、心理、家庭内部、社会等多重压力,[1]他们普遍处于较高的亲职压力水平,身心健康问题严重。[2] 每个学前智障儿童家庭都经历过或正经历着无助、失望的历程。这些无力感可能和知识与信息不足、缺乏家庭所需的支持与服务有关。[3] 因此,大多数研究将智障儿童家庭、家长视为问题群体,而忽视其本身所具有的应对逆境的能力,以及这种挑战性经历所带来的积极意义。[4] 但有的研究者意识到了家长在教养智障儿童的过程中存在着积极认知,以乐观、

---

[1] 张涛:《缓解弱能儿童家心理压力的实务探究——以深圳市Z街道为例》,硕士学位论文,郑州大学,2016年。

[2] J.A.Weiss, T Diamond, "Stress in parents with intellectual disabilities attending Special Olympics competitions", *Journal of Applied Research in Intellectual Disabilities*, 2005, 18(3):263-270.

[3] M.C.Camara, "Parent education in family-centered practice with families of children with special needs: A partnership towards family empowerment", *Master's Thesis in University of Manitoba*, Winnipeg, Canada, 2003, pp.1-324.

[4] R.P.Hastings & H.M.Taunt, "Positive perceptions in families of children with developmental disabilities", *American Journal on Mental Retardation*, 2002, 107(2):116-127.

接纳和欣赏的心态适应家庭生活的变化和应对压力。①② 学者们的视角也由此转向了残疾儿童家庭积极贡献的研究。

20世纪80年代,特恩布尔(Turnbull)等开始研究智力发展迟钝者对家庭的积极意义③。最初研究者认为,残疾儿童家长积极观念的存在和增加意味着消极认知的减少,④积极观念源于家长对生活重新获得掌控意识。⑤ 研究者发现残疾儿童家庭积极贡献主要有父母的转变(如耐心、爱与慈悲、宽容)、希望、家庭经历、接受诊断的经验、充实感与压力、从责任中获得的满足感、家庭关系、生活有新目标、家庭/婚姻更牢固、对生命新的认识。⑥⑦ 残疾儿童家庭积极贡献与其父母、家庭的积极适应和应对慢性压力相关,家庭的信念(世界观、价值观和什么对家庭最重要的认识)影响着残疾儿童家庭的适应和应变能力。⑧ 研究者还编制了量表研究残疾儿童对其家庭的影响,⑨其中,堪萨斯父母感知量表(the Kansas Inventory of Parental Perceptions)中的家庭积极贡

① A.P. Turnbull, J. M. Patterson, S. K. Behr, D. L. Murphy, et al., *CognitiveCoping, Families and Disability*, Baltimore: Paul H.Brookes Publishing Co., 1993, p. 37.

② M.E.P.Seligman & M.Csikszentmihalyi, "Positivepsychology: an introduction", *American Psychologist*, 2000, 55: 5-14.

③ A.P.Turnbull, S.K.Behr & N.Tollefson, "Positivecontributions that persons with mental retardation make to their families", *American Association on Mental Deficiency*, Denver, CO. 1986, cited in G. King, et al., "Parent views of the positive contributions ofelementary and high school-aged children withautism spectrum disorders and Down syndrome", *Child: Care, Health and Development*, 2012, 38 (6): 817-828.

④ S.L.Judge, R.L.Burden, "Towards a tailored measure of parental attitudes: an approach to the evaluation ofone aspect of intervention projects with parents of handicapped children", *Child Care Health Dev*, 1980, 6(1): 47-55.

⑤ J.A.Summers, S.K.Behr & A.P.Turnbull, "Positive adaptation and coping strengths of familieswho have children with disabilities", in*Support forCaregiving Families: Enabling Positive Adaptations toDisability*, eds G.H.S.Singer & L.K.Irvin, Paul Brookes, Baltimore, MD, USA., 1989, pp. 27-40.

⑥ S.Kausar, R.F.Jevne & D.Sobsey, "Hope in families of children with developmental disabilities", *Journal on Developmental Disabilities*, 2003, 10(1): 35-46.

⑦ K.Scorgie & D.Sobsey, "Transformational outcomesassociated with parenting children who havedisabilities", *Mental Retardation*, 2000, 38(3): 195-206.

⑧ T.Lloyd, R.P.Hastings, "Psychological variables as correlates of adjustment in mothers of children withintellectual disabilities: cross-sectional and longitudinal relationships", *Intellect. Disabil. Res*, 2008, 52(1), 37-48.

⑨ B.Trute & D.Hiebert-Murphy, "Family adjustment to childhood developmental disability: a measure of parent appraisal of family impacts", *Journal of Pediatric Psychology*, 2002, 27(3): 271-280.

献量表(the Positive Contributions Scale,PCS)应用广泛。① 研究发现,在父母感知情境中,感知控制是残疾儿童家庭健康的一个关键性因素。感知控制是残疾儿童父母所感受到的控制程度,包括对自己从专业人士那里获得的障碍性质、治疗和教育机会的控制感,对孩子当下和未来事务规划与决策的参与程度的控制感,以及来自家庭和外界的支持与服务。② 家庭信念的改变、以家庭为中心的服务和支持能促进残疾儿童家庭积极贡献的产生。③ 然而,大多研究较少关注整个残疾儿童家庭、不同类型的残疾儿童家庭以及家长的教养角色。因此,学者们开始研究不同类型残疾儿童的整个家庭的积极贡献,如智障、自闭症、唐氏综合征儿童家庭等。

研究发现,智障儿童家庭积极贡献包括个人成长、感恩、家庭亲密度增加、敏感性提高、减少对物质的关注、社交扩展,④⑤⑥父母在抚养智障儿童过程中压力和积极认知相伴。⑦ 消极压力与照顾者的困难特征、看护负担相关;被照顾者的积极特征和照顾者的积极感知相关。⑧ 积极感知表现在生活满意度和独立性两方面。⑨ 父母的积极感知会因其他父母、朋友和家庭的支持、采用积

① S.K.Behr,D.L.Murphy & J.A.Summers, *User's Manual*:*Kansas Inventory of Parental Perceptions* (KIPP).Lawrence,KS:Beach Center on Families and Disability,1992:1-40.

② K.Eskow,L.Pineles,J.A.Summers, "Exploring the effect of autism waiver services on family outcomes", *Journal of Policy and Practice in Intellectual Disabilities*,2018(1):28-35.

③ G.King,L.Zwaigenbaum,A.Bates,D.Baxter and P.Rosenbaum, "Parent views of the positive contributions of elementary and high school-aged children with autism spectrum disorders and Down syndrome", *Child*:*Care*,*Health and Development*,2011(38):817-828.

④ K.Scorgie & D.Sobsey, "Transformational outcomesassociated with parenting children who havedisabilities", *Mental Retardation*,2000,38(3):195-206.

⑤ H.M.Taunt & R.P.Hatings, "Positive Impact of Children with Developmental Disabilities on their Families:A Preliminary Study", *Education and Training in Mental Retardation and Developmental Disabilities*,2002,37(4):410-420.

⑥ Greer,F.I.Grey,B.McClean, "Coping and positive perceptions in Irish mothers of children with intellectualdisabilities", *Journal of Intellectual Disabilities*,2006,10(3):231-248.

⑦ G.Hornby, "A Review of fathers'accounts of their experiences of parenting children with disabilities", *Disability*,*Handicap*,*and Society*,1992,7(4):363-374.

⑧ R.P.Hastings,A.Beck,C.Hill, "Positive contributions made by children with an intellectual disability in the family", *Journal of Intellectual Disabilities*,2005,9(2):155-165.

⑨ R.P.Hastings,R.Allen,K.Mcdermott & D.Still, "Factors related to positive perceptions in parents of children with intellectual disabilities", *Journal of Applied Research in Intellectual Disabilities*,2002,15(3):269-275.

极的应对策略而增加。[1] 因此,学前智障儿童家庭积极贡献离不开社会支持,其家长将负面影响转化为积极态度,需要自我理性支持、家庭情感支持以及社会服务等支持。[2][3] 基于国内鲜有对残疾儿童家庭积极贡献及其与社会支持关系的研究,研究者试图通过了解学前智障儿童家庭积极贡献的现状及其与社会支持的关系,以唤起社会对智障儿童家庭的支持,提升其家庭生活质量。同时,对残疾儿童及其家庭的关注和支持关系到我国残疾人福利制度的优化和重构,有利于社会的稳定和发展。此外,幼儿园等教育机构在应对和支持"具有挑战性行为的儿童及其家庭"时也能从中获得重要的启发。

(二)研究方法

1. 研究对象

本研究的对象是来自广东、四川、重庆、浙江、辽宁5个省市204名学前智障儿童家长,由于本研究样本群体较为特殊,故采用目标抽样的方法获取研究对象,研究对象基本涵盖了不同经济水平的区域,不同程度障碍儿童家庭,样本具有较好的代表性和典型性。家长基本信息和儿童基本信息详见表6.4.1。

表 6.4.1　被试基本情况表(N=204)

基本属性	人数(人)	百分比(%)	基本属性	人数(人)	百分比(%)
家长年龄	—	—	儿童年龄	—	—
35 岁以下	38	18.6	0—3 岁	99	48.5
36—44 岁	116	56.9	3—6 岁	105	51.5
45 岁以上	50	24.5	儿童健康状况	—	—
学历	—	—	健康	84	41.2
高中及以下	147	72.1	一般	76	37.3
大专	28	13.7	体弱多病	44	21.5
大学及以上	29	14.2	儿童性别	—	—

---

[1] G.H.S.Singer,J.Marquis,L.K.Powers,et al.,"A multi-Site evaluation of parent to parent programs for parents of children with disabilities",*Journal of Early Intervention*,1999,22(3):217-29.

[2] 张宁生、荣卉:《残疾儿童的父母如何调适心路历程》,《心理科学》1997 年第 20 期。

[3] K.Eskow,L.Pineles,"Summers,J.A.Exploring the effect of autism waiver services on family outcomes",*Journal of Policy and Practice in Intellectual Disabilities*,2011,8(1):28-35.

续表

基本属性	人数(人)	百分比(%)	基本属性	人数(人)	百分比(%)
职业情况	—	—	男	125	61.3
公务员、事业单位	53	26	女	79	38.7
务农	32	15.7	发现问题时间	—	—
无业	61	29.9	3岁前	166	81.4
其他	58	28.4	3岁后	38	18.6
家庭月收入	—	—	障碍程度	—	—
4000元以下	133	65.2	轻度	27	13.2
4000—8000元	49	23	中度	82	40.2
8000元以上	24	11.8	重度及以上	95	46.6

2. 研究工具

(1)学前智障儿童家庭积极贡献问卷。本研究以堪萨斯父母感知量表(KIPP)中的家庭积极贡献量表(PCS)为模板,改编而成了《学前智障儿童家庭积极贡献问卷》。PCS包括了9个维度(从特殊的生活经历中学习、幸福和成就感、家庭更亲密、明白生活目的、对将来的觉察能力、个人成长和成熟、社会关系扩展、职业/工作的发展、自豪感与合作)46个题项。量表主要涉及了工作、生活、社交、对家庭和家长自身的积极意义等内容,改编的《学前智障儿童家庭积极贡献问卷》的8个维度也涉及了这些内容,研究者结合我国国情、文化、对学前智障儿童家长访谈的实际情况、语言表达方式等对PCS做了改编,对回收的问卷进行探索性因素分析,根据统计标准(具体见以下的探索因素分析)对有些维度的题项进行了重组,概括出积极生活与工作、爱与责任、价值与意义、亲密和快乐、理性和公正、社交扩展、付出意愿、应对能力8个维度。其中积极工作与生活对应从特殊的生活经历中的学习、职业/工作的发展,爱与责任对应幸福和成就感,价值与意义对应明白生活的目的,亲密和快乐对应家庭更亲密,理性和公正对应个人成长与成熟,社交扩展对应社交关系扩展,应对能力对应对将来的觉察能力,删除了自豪感与合作维度。在PCS中自豪感与合作指孩子给家庭带来的自豪感,根据国内实际情况,智障儿童给家庭带来了很多困扰,而非自豪感,所以自豪感与合作的其中两个题项归于价值与意义因子中。改编问卷第一部分是受访者的基本信息,包括家长和孩子基本情况,第二部分为问卷内容。采用李克特五级评分制,1—5 代表"非常不同意""不同意""不确定""同意""非常同意"。

第一,项目分析。采用极端值比较以及各项目与题项总分的相关,对问卷项目的区分度进行检验,删除了与总分相关系数低于 0.4 的题项,每个维度的题项至少包含 3 个。初测问卷共 76 题,删除不符合项 37 题,保留 39 题。

第二,探索性因素分析。该问卷的 KMO 值为 0.909,P<0.001,非常适合进行因素分析。使用主成分分析法和正交旋转法,收敛最大迭代 100,参照因素特征值大于 1、每个维度包含至少 3 个题项、MSA 值大于 0.5、题项共同性大于 0.2,提取出 8 个因子,共 39 个题目,累计贡献率为 61.89%,见表 6.4.2。因素 1 积极生活与工作指家长生活、工作积极和有动力,因素 2 爱与责任指家长更有爱心和责任感,因素 3 价值与意义指学前智障儿童对其家庭的价值与意义,因素 4 亲密和快乐指家庭氛围和谐、亲子关系融洽,因素 5 理性和公正指家长处事更加理性和公正,因素 6 社交扩展指家长和家庭的社交圈扩大,因素 7 付出意愿指家长更愿意为家庭付出,因素 8 应对能力指家长承受和应对困难的能力增强。

表 6.4.2 学前智障儿童家庭积极贡献因素分析结果

题号	F1	F2	F3	F4	F5	F6	F7	F8
A23	0.675	—	—	—	—	—	—	—
A24	0.675	—	—	—	—	—	—	—
A22	0.671	—	—	—	—	—	—	—
A20	0.575	—	—	—	—	—	—	—
A7	0.554	—	—	—	—	—	—	—
A34	0.520	—	—	—	—	—	—	—
A32	0.508	—	—	—	—	—	—	—
A15	0.492	—	—	—	—	—	—	—
A8	—	0.672	—	—	—	—	—	—
A10	—	0.653	—	—	—	—	—	—
A6	—	0.634	—	—	—	—	—	—
A2	—	0.613	—	—	—	—	—	—

续表

题号	F1	F2	F3	F4	F5	F6	F7	F8
A5	—	0.602	—	—	—	—	—	—
A28	—	0.594	—	—	—	—	—	—
A17	—	0.512	—	—	—	—	—	—
A33	—	—	0.799	—	—	—	—	—
A36	—	—	0.600	—	—	—	—	—
A35	—	—	0.579	—	—	—	—	—
A37	—	—	0.554	—	—	—	—	—
A38	—	—	0.485	—	—	—	—	—
A4	—	—	—	0.763	—	—	—	—
A3	—	—	—	0.637	—	—	—	—
A1	—	—	—	0.497	—	—	—	—
A31	—	—	—	—	0.726	—	—	—
A30	—	—	—	—	0.716	—	—	—
A18	—	—	—	—	0.550	—	—	—
A19	—	—	—	—	0.540	—	—	—
A14	—	—	—	—	—	0.639	—	—
A16	—	—	—	—	—	0.528	—	—
A12	—	—	—	—	—	0.440	—	—
A21	—	—	—	—	—	—	0.620	—
A27	—	—	—	—	—	—	0.604	—
A25	—	—	—	—	—	—	0.520	—
A26	—	—	—	—	—	—	0.496	—
A13	—	—	—	—	—	—	0.490	—
A39	—	—	—	—	—	—	0.419	—
A9	—	—	—	—	—	—	—	0.735
A11	—	—	—	—	—	—	—	0.674
A29	—	—	—	—	—	—	—	0.461
特征值	13.201	2.385	1.918	1.723	1.481	1.303	1.096	1.030
解释变异量%	33.848	6.114	4.918	4.417	3.798	3.340	2.811	2.642
累积解释变异量%	33.848	39.963	44.881	49.298	53.096	56.436	59.247	61.889

第三,信度分析。见表6.4.3,该问卷的Cronbach a系数为0.944,具有很高的信度。各维度的Cronbach a系数在0.7—0.8之间,表明该问卷及其各维度具有良好的信度。

表6.4.3　学前智障儿童家庭积极贡献初测问卷各维度与总问卷内部一致性系数

信度指标	积极生活与工作	爱与责任	价值与意义	亲密和快乐	理性和公正	社交扩展	付出意愿	应对能力	家庭积极贡献
a系数	0.870	0.831	0.793	0.673	0.775	0.668	0.785	0.712	0.944

第四,效度分析。本研究使用皮尔逊的相关系数检验各维度之间、各维度与积极贡献之间的关系,以进一步验证问卷结构的合理性。由表6.4.4可知,该问卷各维度相关系数在0.40—0.70之间,处于中度相关,且数值多数大于0.7,该问卷各维度与问卷总分之间的相关高于维度之间的相关,且各维度的相关显著($P<0.01$)。总体上,问卷具有较好的结构效度。

表6.4.4　学前智障儿童家庭积极贡献各维度与总分的相关系数

	1	2	3	4	5	6	7	8	9
1. 积极生活和工作	1	—	—	—	—	—	—	—	—
2. 爱和责任	0.566**	1	—	—	—	—	—	—	—
3. 价值与意义	0.600**	0.436**	1	—	—	—	—	—	—
4. 亲密和快乐	0.466**	0.478**	0.535**	1	—	—	—	—	—
5. 理性和公正	0.542**	0.535**	0.425**	0.336**	1	—	—	—	—
6. 社交扩展	0.656**	0.498**	0.513**	0.395**	0.517**	1	—	—	—
7. 付出意愿	0.695**	0.557**	0.589**	0.548**	0.544**	0.563**	1	—	—
8. 应对能力	0.618**	0.541**	0.464**	0.400**	0.507**	0.469**	0.575**	1	—
9. 积极总贡献	0.879**	0.751**	0.774**	0.662**	0.692**	0.742**	0.837**	0.728**	1

注: * $p<0.05$, ** $p<0.01$, *** $p<0.001$。

(2)社会支持量表。本研究采用台湾学者张美云所修订的社会支持量表。该量表分为情绪支持(1—4题)、工具支持(5—11题)和讯息支持(12—

14 题)三个维度。情绪支持(emotional social support)指可从他处得到开心和倾诉,包括正向情感的表达、肯定的赞赏、可靠的关系及安全感和信赖感。工具支持(instrumental social support)指实际接收到的物质与经济、社会资源、实际照顾和家事协助等支持。信息支持(informational social support)指给予指导、建议或回馈等以个人运用来解决问题。根据支持程度分为没有、偶尔、很多、非常多,分数计算分别为1—4分。该量表通过专家效度、项目分析、内部一致性对社会支持进行信度分析,用因素分析对社会支持进行效度分析,发现社会支持类型内部一致性为0.86—0.93,此量表信效度较高。由于该量表从支持类型角度对社会支持进行了较科学的分类,这种分类也符合大陆社会支持的实际情况。因此,本研究使用了该量表。

3. 研究过程

本次调查共有 10 名特殊教育学研究生参与,项目组先对其培训,测试合格后,把他们分为两个调查小组,每组 5 人,由 1 人做主试,4 人辅助。他们到广东、四川、重庆、浙江、辽宁五个省市进行问卷发放,对家长的疑问给予解释,家长当场填写问卷。将回收的 256 份问卷按照题项有规律作答、回答缺失或有误的标准进行剔除,共得到 204 份有效问卷(重庆 23 份,广东 69 份,四川28 份,浙江 40 份,大连 44 份)。将相关数据录入后,采用SPSS21.0中的项目分析检验题项的区分度,使用探索性因素分析检验问卷的结构效度,并对问卷的信效度进行检验,采用独立 t 检验和单因素方差分析学前智障儿童家庭积极贡献的影响因素,用逐步回归分析法剖析了学前智障儿童家庭积极贡献与社会支持的关系。

(三)结果分析

1. 学前智障儿童家庭积极贡献的整体状况

由表 6.4.5 可知,学前智障儿童家庭积极贡献总体处于较高水平,爱与责任得分最高,该维度处于同意程度,趋向于非常同意。

表 6.4.5　学前智障儿童家庭积极贡献的整体情况(N=204)

	总体	积极生活与工作	爱与责任	价值与意义	亲密和快乐	理性和公正	社交扩展	付出意愿	应对能力
均值	3.81	3.68	4.22	3.40	3.87	4.00	3.59	3.84	3.73

续表

	总体	积极生活与工作	爱与责任	价值与意义	亲密和快乐	理性和公正	社交扩展	付出意愿	应对能力
标准差	0.46	0.63	0.45	0.77	0.70	0.51	0.68	0.52	0.65
极小值	2.41	1.88	2.00	1.00	1.67	2.00	1.67	2.17	1.33
极大值	4.97	5.00	5.00	5.00	5.00	5.00	5.00	5.00	5.00

2. 学前智障儿童家庭积极贡献各维度差异性情况

对学前智障儿童家庭积极贡献 8 个维度进行重复测量方差分析,因不满足球形假设,采用 Greenhuse-Geisser 校正,结果显示,$F_{(7,1421)} = 67.918$,$p = 0.000 < 0.01$,表明家庭积极贡献的八个维度均值有极显著性差异,如表 6.4.6 所示。

表 6.4.6　学前智障儿童家庭积极贡献各维度差异性情况(均值差值 I-J)(LSD)

	1	2	3	4	5	6	7	8
1. 积极生活和工作	1	—	—	—	—	—	—	—
2. 爱和责任	-0.541**	1	—	—	—	—	—	—
3. 价值与意义	0.281***	0.822***	1	—	—	—	—	—
4. 亲密和快乐	-0.187***	0.355***	-0.467***	1	—	—	—	—
5. 理性和公正	-0.322***	0.219***	-0.603***	-0.135**	1	—	—	—
6. 社交扩展	0.091*	0.632***	-0.190***	0.277***	0.413***	1	—	—
7. 付出意愿	-0.160***	0.382***	-0.440***	0.027	0.162***	-0.250***	1	—
8. 应对能力	-0.045	0.496***	-0.326***	0.141**	0.277***	-0.136**	0.114**	1

注:* $p < 0.05$,** $p < 0.01$,*** $p < 0.001$。

事后多重比较显示,应对能力分别与积极生活和工作没有显著差异($P = 0.248 > 0.05$),亲密和快乐与付出意愿没有显著差异($P = 0.523 > 0.05$)。其余各维度之间的差异均显著。

3. 学前智障儿童家庭积极贡献的主要影响因素

（1）家长文化程度。由表6.4.7可知，家长文化程度在爱与责任、应对能力维度均表现出显著性差异。多重事后比较发现，大学及以上学历的家长在以上维度的得分均显著高于专科和高中及以下学历者。

表 6.4.7　家长文化程度对学前智障儿童家庭积极贡献的影响（N=204）

	M	SD	F	p	多重比较		（LSD）	
					（I）	（J）	平均差	p
爱与责任	3.867	0.702	4.074	0.018	专科	≥大学	-0.286*	0.017
—						≤高中	0.252**	0.007
应对能力	3.840	0.516	3.503	0.032	大学≥	≤高中	0.343**	0.010
—						专科	0.357*	0.037

注：* p< 0.05，** p<0.01，*** p<0.001。

（2）家庭收入。由表6.4.8可知，家庭收入在学前智障儿童家庭积极贡献总体、亲密和快乐维度均表现出显著性差异。多重事后比较发现，家庭收入在8000元以上者在以上维度的得分均显著高于月收入在4000元以下和4000—8000元家庭。

表 6.4.8　家庭收入对学前智障儿童家庭积极贡献的影响（N=204）

	M	SD	F	p	多重比较		（LSD）	
					（I）	（J）	平均差	p
积极贡献总体	3.810	0.463	5.111	0.026	8000≥	4000元≤	0.273**	0.008
—	—	—	—	—		4000—8000元	0.199*	0.045
亲密和快乐	3.867	0.702	6.226	0.002	8000≥	4000元≤	0.524***	0.001
—	—	—	—	—		4000—8000元	0.360*	0.038

注：* p< 0.05，** p<0.01，*** p<0.001。

（3）儿童性别。由表6.4.9可知,儿童性别在亲密和快乐、付出意愿维度表现出显著性差异,女童在以上维度的得分均显著高于男童。

表 6.4.9　儿童性别对学前智障儿童家庭积极贡献的影响（N=204）

	男（N=125）		女（N=79）		t	p
	M	SD	M	SD		
亲密和快乐	3.771	0.685	4.019	0.707	−2.491*	0.014
付出意愿	3.781	0.167	3.933	0.503	−2.068*	0.040

注：* p< 0.05, ** p<0.01, *** p<0.001。

（4）发现孩子问题时间。由表6.4.10可知,发现孩子问题时间在付出意愿、应对能力维度均表现出显著性差异。3 岁前发现孩子问题者在这两方面得分均显著高于 3 岁后发现孩子问题者。

表 6.4.10　发现孩子问题时间对学前智障儿童家庭积极贡献的影响（N=204）

	3 岁前（N=166）		3 岁后（N=38）		t	p
	M	SD	M	SD		
付出意愿	3.892	0.463	3.613	0.663	−2.457*	0.018
应对能力	3.775	0.620	3.510	0.740	−2.295*	0.023

注：* p< 0.05, ** p<0.01, *** p<0.001。

（5）障碍程度。由表6.4.11可知,障碍程度在学前智障儿童家庭积极贡献总体、爱与责任、价值与意义、亲密和快乐维度均表现出显著性差异。多重事后比较发现,中度障碍儿童家庭在以上各维度的得分均显著高于重度障碍儿童家庭,在价值与意义上非常显著。

表 6.4.11　障碍程度对学前智障儿童家庭积极贡献的影响（N=204）

	M	SD	F	p	多重比较（LSD）			
					（I）	（J）	（I–J）	p
贡献总分	3.810	0.463	3.508	0.032	中度	重度	0.297*	0.014
爱与责任	3.867	0.702	3.519	0.031	中度	重度	0.170*	0.013
价值与意义	3.400	0.766	5.57	0.004	中度	重度	0.377***	0.001

续表

	M	SD	F	p	多重比较（LSD）			
					（I）	（J）	（I-J）	p
亲密和快乐	3.867	0.702	3.147	0.045	中度	重度	0.256*	0.015

注：* p< 0.05，** p<0.01，*** p<0.001。

（6）健康程度。由表6.4.12可知,健康程度在学前智障儿童家庭积极贡献总体水平、积极生活与工作、爱与责任、价值与意义、亲密和快乐、社交扩展、付出意愿、应对能力维度表现出显著性差异,健康儿童在以上维度的得分均显著高于病弱儿童。在社交扩展方面得分非常显著。

表6.4.12 健康程度对学前智障儿童家庭积极贡献的影响（N=204）

	健康（N=160）		病弱（N=44）		t	p
	M	SD	M	SD		
家庭积极贡献总分	3.860	0.437	3.627	0.512	3.026*	0.003
积极生活与工作	3.729	0.613	3.503	0.643	2.143*	0.033
爱与责任	4.255	0.430	4.102	0.430	1.991*	0.048
价值与意义	3.469	0.720	3.147	0.878	2.495*	0.013
亲密和快乐	3.933	0.665	3.627	0.786	2.596*	0.010
社交扩展	3.673	0.644	3.286	0.723	3.443**	0.001
付出意愿	3.883	0.483	3.685	0.601	2.272*	0.024
应对能力	3.782	0.643	3.502	0.635	2.610*	0.010

注：* p< 0.05，** p<0.01，*** p<0.001。

（二）社会支持与学前智障儿童家庭积极贡献的相关关系

1. 学前智障儿童家庭社会支持的总体情况

表6.4.13 学前智障儿童家庭社会支持的总体情况（N=204）

	总体	情绪支持	工具支持	信息支持
均值	2.05	2.31	1.95	1.92
标准差	0.62	0.69	0.71	0.73

续表

	总体	情绪支持	工具支持	信息支持
极小值	1.00	1.00	1.00	1.00
极大值	4.00	4.00	4.00	4.00

由表6.4.13可知,学前智障儿童家庭积极贡献总体处于中等水平,情绪支持得分最高,该维度处于偶尔和很大程度之间。信息支持得分最低。

2. 学前智障儿童家庭社会支持各维度的差异性情况

表6.4.14　学前智障儿童家庭社会支持各维度的差异性情况(均值差值I-J)(LSD)

	1 情绪支持	2 工具支持	3 信息支持
1	1	—	—
2	0.356 ***	1	—
3	0.388 ***	0.032	1

注: * p<0.05, ** p<0.01, *** p<0.001。

对社会支持3个维度进行重复测量方差分析,因不满足球形假设,采用Greenhuse-Geisser校正,结果显示,$F_{(2,406)} = 46.725$,$p = 0.000 < 0.01$,表明三组均值有极显著性差异,具体参见表6.4.14。

事后多重比较显示,情绪支持与工具支持有极显著差异($P = 0.000 < 0.05$);情绪支持与信息支持有极显著差异($P = 0.000 < 0.05$);工具支持与信息支持没有显著差异($P = 0.430 > 0.05$)。

3. 社会支持与学前智力障碍儿童家庭积极贡献的相关

表6.4.15　社会支持与学前智障儿童家庭积极贡献的相关系数

	积极贡献总分	积极生活与工作	爱与责任	价值与意义	亲密和快乐	理性和公正	社交扩展	付出意愿	应对能力
情绪支持	0.512 **	0.420 **	0.313 **	0.400 **	0.369 **	0.341 **	0.447 **	0.493 **	0.370 **
工具支持	0.482 **	0.413 **	0.224 **	0.492 **	0.318 **	0.240 **	0.370 **	0.462 **	0.360 **
信息支持	0.361 **	0.356 **	0.162 *	0.367 **	0.164 *	0.155 *	0.297 **	0.312 **	0.300 **

	积极贡献总分	积极生活与工作	爱与责任	价值与意义	亲密和快乐	理性和公正	社交扩展	付出意愿	应对能力
支持总分	0.583**	0.519**	0.278**	0.531**	0.377**	0.380**	0.427**	0.559**	0.440**

注：* $p<0.05$，** $p<0.01$，*** $p<0.001$。

由表 6.4.15 可知,社会支持各维度与学前智障儿童家庭积极贡献总分及其各维度的相关系数值在分别在 0.36—0.51、0.16—0.50 之间;社会支持总分与学前智障儿童家庭积极贡献各维度的相关系数在 0.28—0.56 之间。社会支持总体及其各维度与学前智障儿童家庭积极贡献总体及其各维度均呈现极其显著的正相关。情绪支持与学前智障儿童积极贡献总体的联系最为紧密(r=0.512)。

4. 学前智障儿童家庭积极贡献各维度对社会支持的多元回归分析

表 6.4.16　学前智障儿童家庭积极贡献各维度对社会支持的多元回归分析

因变量	自变量	R	R^2	F	$Adj\ R^2$	β	t
积极生活和工作	情绪支持	0.420	0.177	43.370***	0.173	0.325	4.602***
—	信息支持	0.458	0.210	26.719***	0.202	0.206	2.909**
爱与责任	情绪支持	0.313	0.098	21.887***	0.093	0.313	4.678***
价值与意义	工具支持	0.492	0.242	64.390***	0.238	0.492	8.024***
亲密和快乐	情绪支持	0.369	0.136	31.914***	0.132	0.369	5.649***
理性和公正	情绪支持	0.341	0.116	26.604***	0.112	0.341	5.158***
社交扩展	情绪支持	0.447	0.200	50.431***	0.196	0.447	7.101***
付出意愿	情绪支持	0.493	0.243	65.005***	0.240	0.333	4.030***
—	工具支持	0.522	0.273	37.667***	0.265	0.234	2.839**
应对能力	情绪支持	0.370	0.137	31.945***	0.132	0.231	2.604**
—	工具支持	0.398	0.158	18.875***	0.150	0.202	2.269*

注：* $p<0.05$，** $p<0.01$，*** $p<0.001$。

由表 6.4.16 可知,社会支持类型中的 3 个自变量分别进入学前智障儿童家庭积极贡献八个维度的逐步回归分析后,情绪支持和信息支持能有效预测积极生活和工作,并能解释21%的变异量;情绪支持能有效预测爱与责任、亲密与快乐、理性与公正、社交扩展,能解释的变异量分别是9.8%、13.6%、11.6%和20%;工具支持能有效预测价值与意义,并能解释24.2%的变异量;情绪支持和工具支持能有效预测付出意愿和应对能力,能解释的变异量分别为27.3%和15.8%。标准化回归方程如下:

积极生活和工作=0.325×情绪支持+0.206×信息支持。

爱与责任=0.313×情绪支持。

价值与意义=0.492×工具支持。

亲密与快乐=0.369×情绪支持。

理性与公正=0.341×情绪支持。

社交扩展=0.447×情绪支持。

付出意愿=0.333×情绪支持+0.234×工具支持。

应对能力=0.231×情绪支持+0.202×工具支持。

5. 学前智障儿童家庭积极贡献总体对社会支持的多元回归分析

表6.4.17　学前智障儿童家庭积极贡献总体对社会支持的多元回归分析

因变量会支持	保留自变量顺序	R	R^2	F	$Adj\ R^2$	β	t
积极贡献总体	情绪支持	0.512	0.262	71.894***	0.259	0.343	4.223***
	工具支持	0.543	0.295	41.997**	0.288	0.246	3.031**

注:* p<0.05, ** p<0.01, *** p<0.001。

由表6.4.17可知,社会支持中的3个自变量进入回归方程后,能够显著预测学前智障儿童家庭积极贡献总体的变量有情绪支持和工具支持,并能解释29.5%的变异量。标准化回归方程为:学前智障儿童家庭积极贡献=0.343×情绪支持+0.246×工具支持。

(四)分析与讨论

1. 学前智障儿童家庭积极贡献的现状分析

(1)学前智障儿童家庭积极贡献的总体水平。本研究发现,学前智障儿童家庭积极贡献总体均值为3.81,处于较高水平,各维度都处于中高水平。可能原因如下:首先,2014年国家颁布了《特殊教育提升计划(2014—2016

年)》,明确指出积极发展非义务教育阶段特殊教育,支持普通幼儿园接收残疾儿童、特殊教育学校和有条件的儿童福利机构增设附属幼儿园。同时,还加大了对特殊教育经费投入力度。本研究涉及的 5 个省市积极响应国家号召,大力推进学前融合教育和加大对学前残疾儿童家庭的资助力度,并用专项资金资助学前残疾儿童入园。此外,残联《贫困智力残疾儿童康复救助项目》的实施,对 7 岁以下的贫困智障儿童进行系统康复训练,并对家长进行培训。这些来自政府、康复机构、幼儿园的经济和物质支持、专业支持、康复照顾支持,以及亲戚朋友的物质支持和精神慰藉等社会支持,使学前智障儿童家长缓解了照顾、教育孩子的压力和经济压力,促进了家庭积极贡献的形成。其次,家长从发现孩子有智力问题到接纳,大多都会经历否认—自责和罪恶感—困惑—沮丧—接纳的心路历程。随着时间的推移,大多数家长逐渐接受孩子智障的现实,以积极的心态面对和适应家庭的变化。最后,有些智障儿童家庭的良好内在品质,如开朗积极的性格、坚持不懈的毅力、较好的学习能力等都有利于个体内在抗逆力的形成。[1] 这与已有研究,智障儿童家庭的积极贡献得分较高,与福利、支持和家庭适应相关,[2]保持了一致。

(2)学前智障儿童家庭积极贡献的影响因素分析

家长文化程度。本研究发现,家长文化程度对爱和责任、应对能力均表现出显著性差异,大学及以上学历者得分要显著高于专科和高中及以下学历者。其原因是家长文化程度会影响家庭的收入和社会资本,[3]还会影响父母为孩子寻求社会支持的多寡以及利用社会资源的能力。进而影响家长的爱心和责任感,以及承受和应对困难的能力。家长的文化程度越高,其家庭经济条件就相对较好,家庭积累的社会资本就更多,家长了解有关支持信息的渠道就会更广,更能充分地利用可以得到的支持;同时,文化程度越高,家长的学习能力就越强,更容易了解和掌握智障儿童相关知识和应对策略,其应对困难的能力也

① 孙璐:《家庭照顾者抗逆力提升的社区工作介入——W 南京市 X 社区智残儿童家庭照顾者为例》,硕士学位论文,南京农业大学,2014 年。

② Fina Ferrer, Rosa Vilaseca, Joan Guardia Olmos, "Positive perceptions and perceived control in familieswith children with intellectual disabilities:relationshipto family quality of life", *Quality & Quantity*, 2017, 51(2):903-918.

③ 熊妮娜、杨丽、于洋等:《孤独症、肢体残疾、智力残疾儿童家庭经济负担调查》,《中国康复理论与实践》2010 年第 8 期。

会增强。

家庭收入。本研究发现,家庭收入对学前智障儿童家庭积极贡献总体、亲密和快乐维度均表现出显著性差异。家庭收入在8000元以上者在以上两个维度的得分要显著高于月收入在4000元以下和4000—8000元的家庭。可能原因如下:一方面,家庭收入和家庭的社会经济地位相关,它反映了家庭所获取的现有或潜在资源的差异。[1] 家长的心理压力程度与家长所能控制的资源、与家庭的经济状况相关,这种相关性在中国等发展中国家中特别明显。[2] 有研究指出,智障儿童比普通儿童每年要多花6391元的抚养费。[3] 因此,家庭收入会影响学前智障儿童家庭积极贡献总体情况。另一方面,家庭社会经济地位越高,特殊儿童父母获得的社会支持越多,越有利于亲子亲密性的增加以及亲子冲突的减少,家庭社会经济地位是亲子关系的一个重要影响因素。因此,家庭经济条件越好,家庭积极贡献总体水平就越高,亲子关系就更融洽。在本研究中,多数家庭的月收入在4000元以下,其孩子康复的费用是这些家庭的一笔不菲开销,大多数家庭对物质和经济支持需求较大。

儿童性别。本研究发现,儿童性别对亲密和快乐、付出意愿两方面均表现出显著性差异。女童在这两个维度上的得分均显著高于男童。可能原因如下:一方面,子女对家庭的价值包括经济价值和非经济价值,如幸福感、永久性、创造性等。由于受传统生育文化重男轻女思想,特别是儒家的从夫居制、父权制的影响,男孩被寄予了社会的、经济的、传宗接代的厚望,对家庭有价值的仍然是男孩。当子女的价值下降时,实际上主要是男孩价值的下降。[4] 如果孩子智障,家长对孩子的价值期望就会下降,尤其是男孩智障的家庭,家长心理落差就会更大,对家庭的现状会持比较悲观的态度。另一方面,受传统思想的影响,相对于女童,家长对男童在康复和教育过程中期望和花费的心力更

---

[1] K A Matthews, L C Gallo, "Psychological perspectives on pathways linking socioeconomic status and physical health", *Annual Review of Psychology*, 2011, 62(1):501-530.

[2] 李敬、程为敏:《透视自闭症:本土家庭实证研究与海外经验》,研究出版社2011年版,第3—76页。

[3] 朱楠:《特殊儿童家庭社会经济地位、社会支持对亲子关系的影响》,《中国特殊教育》2015年第9期。

[4] 曾流、曾国梁:《社会经济对不同性别子女家庭价值差别影响分析—民族地区贫困与计划生育状况探索及对策思考》,《今日南国》2010年第9期。

多,而过高的期望和缓慢甚至无收获的结果之间的差距,使家长疲惫不堪。[1]这些因素都会影响亲子关系和对家庭付出的意愿。

发现孩子问题时间。本研究表明,发现孩子问题时间对付出意愿、应对能力均表现出显著性差异,3岁前发现孩子问题者在这两方面的得分均显著高于3岁后发现孩子问题者。可能原因如下:一方面,研究表明,早期干预应在6岁前进行,最好在3岁以前就开始。[2] 早期干预能防止残疾程度的加深,还能减少家庭的烦恼、压力和负担,节省家长的时间。[3] 同时,家长还能在照顾孩子中积累丰富的教育和干预经验,承受和应对困难的能力就越强。另一方面,发现孩子问题的时间越早,家长接受现实就越早,能对孩子进行较早干预,其效果就会越好,家长会因此而增强信心,就会更努力地为家庭付出。

障碍程度。本研究发现,障碍程度对学前智障儿童家庭积极贡献总体水平、爱与责任、价值与意义、亲密和快乐均表现出显著性差异。中度障碍儿童家庭在以上维度的得分均显著高于重度障碍儿童家庭,在价值与意义上表现非常显著。可能原因如下:一方面,家长的压力与孩子的障碍程度呈显著相关,[4]孩子的障碍程度是家长压力的根源,孩子障碍程度越低,家长的压力会越小,其生活态度就越积极,进而影响到家庭积极贡献总体水平、家长的责任心和爱心,尤其是孩子对家庭的价值与意义,障碍程度越低,家庭对孩子的期望就越高;另一方面,儿童障碍程度还会影响到亲子沟通的质量,进而影响到亲子关系和家庭氛围。孩子智障程度越低,亲子沟通就较容易,亲子关系就更融洽,家庭就更加亲密和快乐。

儿童健康程度。本研究发现,儿童健康程度对学前智障儿童家庭积极贡献总体水平、积极生活与工作、爱与责任、价值与意义、亲密和快乐、社交扩展、付出意愿、应对能力维度均表现出显著性差异。健康儿童在以上维度的得分均显著高于病弱儿童。可能原因如下:孩子的智障程度会影响孩子的身体状

---

[1]　Malgorzata Sekulowicz,"Burnout in parents of children with disability:diagnosis and analysis of the problem",*Proceedings for the Thirteenth Biennial Conference of the International Association of Special Education*,2013(7):20—22.

[2]　金瑞玲:《对智障儿童进行早期干预的思考》,《现代特殊教育》2008年第4期。

[3]　王雁:《早期干预的理论依据探析》,《中国特殊教育》2000年第4期。

[4]　K.M.Plant,M.R.Sanders,"Predictors of care-giver stress in families of preschool-aged children with developmental disabilities",*Journal of Intellectual Disability Research*,2007,51(2):109—124.

况,一般障碍程度越严重者通常也会伴随较多的并发症,从而间接加重照顾者的负担。可见,大多重度学前智障儿童的健康状况不容乐观,其家庭照顾负担和成本就会增加。因此,学前智障儿童健康程度对家庭影响很大,孩子越健康,家长花费在其照顾方面的精力、时间和费用就相对较少,其经济压力和精神压力就越小。家长对工作和生活的态度会更积极,更有责任心和爱心,更愿为家庭付出,家长才会有时间和精力去应对和解决生活中的问题,以及发展自己的社交。同时,儿童身体健康,他们会有更多与他人交往的机会,因此,健康儿童在社交扩展上显著高于病弱儿童。

2. 社会支持与学前智障儿童家庭积极贡献相关结果分析

(1)情绪支持是影响学前智障儿童家庭积极贡献的重要因素。本研究表明,情绪支持能有效预测学前智障儿童家庭积极贡献总体,并能有效预测学前智障儿童家庭积极贡献中的积极生活与工作、爱与责任、价值与意义、亲密和快乐、理性和公正、社交扩展、付出意愿、应对能力8个维度,相对于工具支持和讯息支持,情绪支持对智障儿童家庭积极贡献总体以及相关维度的解释力最大。说明情绪支持对学前智障儿童家庭的意义重大。可能原因如下:首先,学前特殊儿童家长对情感支持有较强的需求,学前智障儿童家长作为一个弱势群体,他们长期承受着经济压力和心理压力,还有来自社会歧视等方面形成追加的压力。他们不仅需要物质和专业的支持,更需要被人尊重、理解、肯定、信任、倾听和赞赏等情绪支持。其次,本研究中,36—44岁家长占56.9%,45岁以上家长占24.5%。40岁以上的家长步入中老年期后,精力有限,来自工作和家庭的压力却逐渐增大,加之这个阶段的父母较之年轻父母更缺乏勇气吐露教养照顾智障孩子的艰辛,更愿独自承受心理压力,这就容易造成精神负担过大,他们更需要情感慰藉。[①] 最后,情绪支持能减少残疾儿童家长精神和身体疾病的风险,[②]形成良好家庭关系和氛围,增强孩子的适应能力。[③] 由此可见,情绪支持能让智障儿童家长获得精神上的慰藉,缓解照顾倦怠,有利于

---

① 谷长芬、陈耀红、王蕊等:《北京市0—7岁残疾儿童家庭需求调查研究》,《中国特殊教育》2010年第10期。

② W.Tara,Strine,et al.,"Health-related quality of life and health behaviors by social and emotional support",*Social Psychiatry Epidemiology*,2008,43(2):151–159.

③ S.Sullivan-Bolyai,et al.,"Social Support to Empower Parents(STEP):an intervention for parents of young children newly diagnosed with type 1 diabetes",*Diabetes Educator*,2010,36(1):88–97.

其积极心理的形成,使他们对生活和工作充满信心,能够站在公正和理性的角度思考问题,遇到问题会与专业人员或其他家长交流,交往圈子扩大,应对困难与问题的能力也会增强。情绪支持还能促进良好家庭氛围的形成,使亲子关系更融洽,家长更具责任感和爱心,为家庭付出的意愿更强烈。

（2）工具支持是影响学前智障儿童家庭积极贡献比较重要的因素。本研究表明,工具支持能有效预测学前智障儿童的家庭积极贡献总体,并能有效预测学前智障儿童家庭积极贡献中的价值与意义、付出意愿和应对能力三个维度。可能原因如下:首先,来自政府部门、机构或者他人物质和经济、照顾等工具支持,家长从中感受到了关爱与被接纳。如我国的《残疾人保障法》,从制度上根本保证了智障等弱势群体最低的经济来源、康复、教育和就业等。这些强有力的支持在很大程度上减轻了家长的生活和心理压力,对学前智障儿童家庭积极贡献产生了积极影响。其次,经济压力和专业康复知识匮乏是影响智障儿童家庭生活质量的客观因素,如果家长能够争取和运用到物质与经济、专业康复等相关资源,就不会因为经济压力和康复知识的缺乏而陷入失望和无助的境地,能用平和的心态接受孩子智障的现实,努力为家庭付出,积极应对问题和困难,并能较深刻地认识到孩子对家庭的价值和意义。

（3）信息支持对学前智障儿童家庭积极贡献影响较低。本研究表明,信息支持不能有效预测学前智障儿童家庭积极贡献总体,只能有效预测其中的积极生活和工作这一维度。可能原因如下:学前智障儿童家庭因获得专业指导、建议而减轻了教育康复和心理等方面的压力,从而能以积极的心态面对工作和生活。比起情绪支持和工具支持,讯息支持能预测的维度要少,可能一方面是因为情绪支持和工具支持,家长能立即获取和感受强烈,这些支持对于给予者而言,较为容易实施。但在信息支持方面,首先需要支持者关注到某些信息,并耗费一定的时间来吸收方能将信息传递给需要的家庭。[①] 另一方面,由于关于智障儿童专业指导机制不健全,学前智障儿童家庭获取信息的渠道不畅,其家庭获得的专业指导和建议就会很少甚至没有。这与已有研究结果,家庭照顾者在所获得的支持中,以情绪性支持为最高,工具性支持次之,信息性

---

① 李方方:《特殊儿童家庭照顾者的照顾倦怠与照顾者负荷、社会支持的关系研究》,西南大学硕士学位论文,2016年。

支持最低,保持了一致性。由此可见,对学前智障儿童家庭的信息支持应该加强。

(五)结论与建议

1. 结论

(1)学前智障儿童家庭积极贡献整体上处于较高水平,在家长文化程度、家庭收入、儿童性别、发现孩子问题时间、障碍程度、儿童健康水平上差异显著。

(2)社会支持与学前智障儿童家庭积极贡献各维度呈显著正相关,情绪能有效预测积极生活与工作、爱与责任、价值与意义、亲密和快乐、理性和公正、社交扩展、付出意愿、应对能力8个维度,工具支持能有效预测价值与意义、付出意愿和应对能力3个维度,讯息支持能有效预测积极生活和工作。

(3)社会支持与学前智障儿童家庭积极贡献总体呈显著正相关,情绪支持和工具支持能有效预测智障儿童家庭积极贡献总体。

2. 建议

(1)建立"三位一体"的社会支持网络,增能智障儿童家庭

"三位一体"指三个方面连成一个整体,学前智障儿童社会支持是一项系统工程,需要发挥政府、社区和幼儿园三方职能,并形成合力,提升支持效果。

强化政府职能,建立智障儿童家庭社会支持体系。首先,政府应充分发挥其主导职能,通过政策制定和服务供给,为智障儿童提供生活保障、康复、教育等工具性支持。保障智障儿童及其家庭的利益并落到实处,加大对智障儿童家庭,尤其是低收入和农村智障儿童家庭的经济支持,切实减轻其经济压力。其次,政府要加大对医疗保障和康复训练机构投入,改善医疗康复服务水平,提升康复质量,满足智障儿童康复需求,以及为家长提供康复教育咨询、技能培训和心理辅导。政府还可以通过税务减免、提供场地,支持公益性的私营康复机构,扩大资源供给。再次,政府应通过媒介宣传智障儿童干预相关知识,建立信息平台沟通和分享经验与教训,为智障儿童家庭提供信息支持。最后,政府应通过舆论引导社会加大对残疾儿童事业的慈善资助和关心,给予智障等残疾儿童家庭信息、情绪和工具支持。

利用社区资源,为智障儿童家庭提供个别化服务。首先,社区应组织专业人士向家长宣传儿童健康标准和问题儿童识别,做到早识别早治疗。其次,社

区应建立智障儿童档案,组织专业社工人员介入其家庭,评估其需求,基于专家和家长意见,设计可行的康复教育计划,并对这些家庭进行定期追踪和评估,及时干预其经济、健康和心理危机。最后,社区应建立家长中心,引导智障儿童家长参加团体活动,让他们在交流和互助中获得情绪支持和获得信息支持。

积极推进融合教育,加强家园合作,为智障儿童融入主流生活提供必要条件,减轻家庭照顾负担。首先,教师应树立融合教育理念、具备融合教育的相关知识,接纳智障儿童,了解其身心发展特点,为智障儿童提供个别化教育。其次,教师应常与智障儿童家长沟通,为家长提供信息支持。最后,鼓励家长积极参与到教学活动中,共享资源,最大限度地帮助智障儿童补偿缺陷,开发其潜能。

(2)发挥家庭的正向功能,建立自我理性支持

家庭在学前智障儿童成长中扮演重要角色,起着不可替代的作用。首先,家长要接纳孩子智障的现实,树立男孩女孩对家庭同等重要的意识,营造和谐的家庭氛围,积极生活,努力工作,为家庭提供较好的物质条件。其次,家长应该积极了解残疾儿童相关法律,知道残疾儿童享受的权利,家长应积极寻求和利用身边的资源和社会支持,尽可能减轻经济和教育康复等压力。积极参加幼儿园、康复机构举办的家长培训,学习智障儿童身心发展特点及其康复的相关知识,学会简单的康复方法。同时,家长应积极参与制订孩子的康复计划和实施的康复活动,积极参与诸如同情和倾听重要得多。家长参与有助孩子获得语言、自助等技能,可帮助孩子与同伴和成人建立更加积极的关系。① 再次,家长要通过学习,对自己的心理压力有一定的觉察和认识,积极向家人、亲朋好友或者专业机构寻求有效的情绪支持,缓解心理压力,维护家庭的和谐稳定。最后,积极与其他智障儿童家庭互动,并建立家长互助网络,交流照料经验和培养孩子自立的经验,在互动的过程中感受到被支持,从而增强生活的信心。

---

① 申仁洪:《走向伙伴协作的残障儿童家庭参与——基于美国研究的考察》,《比较教育研究》2016 年第 4 期。

第七章　伙伴协作与家庭本位实践

前面我们在理论上讨论了特殊儿童家庭赋权增能内涵、基本理念、影响因素与实践模式;对特殊儿童家庭生活质量、家庭赋权增能、亲职压力、家庭心理赋权增能等相关变量的研究工具进行了本土化处理;对特殊儿童家庭生活质量、家庭赋权增能进行了大规模现状调查;对特殊儿童的亲职压力、家庭赋权增能、应对方式与家庭生活质量的关系模型进行了探索;对与特殊儿童家庭赋权增能密切相关的家庭心理赋权增能和家庭积极贡献进行了专题研究。所有这些研究得出一个关键性的结论:家庭是特殊儿童发展的关键变量,高质量的家庭生活既是整个残疾人事业和特殊儿童发展的基础,更是发展所追求的目标。家长参与是当今残疾人事业和特殊教育发展的重要原则,参与的前提是家长有参与的意愿与参与的能力。因此,家庭赋权增能也就成为家长和家庭成长的重要基础。如何促进特殊儿童家庭赋权增能也就是一个非常重要的问题了。本部分内容在前面研究的基础上,就这一问题提出相应的对策。

一、走向伙伴协作的家长参与

特殊教育是一个跨学科团队协作的事业,在这个团队中家庭扮演着独特的角色,起着不可替代的作用。[1] 在美国特殊教育发展进程中,特殊儿童家庭成立家长团体,借助立法、诉诸诉讼,从最初的机会平等诉求到争取完全参与、独立生活、经济自足[2],取得了卓越成效。家庭参与也从最初的压力应对演进到伙伴协作与赋权增能。

---

① 申仁洪:《论随班就读的家庭支持》,《中国特殊教育》2006 年第 2 期。
② Turnbull et al., *Exceptional Lives:Special Education in Today's Schools*(7th ed.), New Jersey:Pesrson,2012,pp. 8-9.

（一）帮助特殊儿童家庭有效应对压力

残障儿童的出生，几乎给所有家庭都带来了强大的亲职压力。面对这一局面，家庭参与首先思考的问题是残障儿童家庭到底面临什么样的压力，当面临这些压力时，残障儿童家庭采取什么方式进行有效应对。家庭参与是从压力应对开始的。

1. 特殊儿童家庭多元化走向

随着社会的演进，特殊儿童家庭面临着多元化的挑战。传统上，家庭通常指基于生育（血缘）或婚姻关系而居住在一起的多人群体。但是近年来，美国对于家庭的定义正在悄然发生着变化，多元文化正在逐步进入人们的观念之中。两个或者两个以上的人，只要他们自己认为存在于同一个家庭，并且实现着家庭典型的功能，就可以被认定为组成了家庭。① 这就意味着一个家庭的成员可能并不一定居住在一起，或者也可能突破血缘、婚姻关系的联结。Harry 等学者在 2005 年的一份研究报告中显示，在 12 个非洲裔美国残障儿童家庭中，只有 1 个属于传统的核心家庭范畴，其余 11 个家庭甚至超出了所有传统单亲家庭的范畴，其中 1 个家庭由祖母抚养、2 个由母亲和继父抚养、1 个由叔叔抚养、5 个由单身母亲抚养、2 个由单身父亲抚养。②

在我国，研究者对这 298 户西南少数民族地区残疾儿童家庭进行调查，其中有约 14% 属于单亲家庭。儿童父母离异约为 8.72%；父母双方抛弃儿童约为 2.35%；儿童父母一方亡故约为 1.68%；父亲坐牢约为 1%。③ 形成单亲家庭的原因很复杂，其中经济压力、突发意外、缺乏支持很容易使家长因无法承受巨大压力而丧失信心，最终产生单亲家庭。

多元化的特殊儿童家庭带来严重的复杂挑战：失业、频繁的工作变动、家庭成员的亡故、财政困难、身心疾病、物质滥用、儿童虐待、社区暴力、对外来的不确定性等等。尤其是低收入和低水平的教育显得更加突出。2003 年，美国残障儿童家庭大约有 36% 年收入在 25000 美元以下，而非残障儿童家庭的这

① D.Poston，A.Turnbull，J.Park，H.Mannan，J.Marquis & M.Wang，"Family quality of Life：A qualitative inquiry"，*Mental Retardation*，2003，41（5）：313-328.
② B.Harry，J.K.Klingner & J.Hart，"African American families under fire：Ethnographic views of family strengths"，*Remedial and Special Education*，2005，26：101-112.
③ 申仁洪、任春雷：《西南少数民族地区残疾儿童家庭生活的支持模型——基于六地家庭的质性研究》，《重庆师范大学学报（社会科学版）》2018 年第 2 期。

一比例则只有24%;2002年22%的残障儿童的主要抚养人学历在高中以下,而非残障儿童家庭的这一比例则只有9%。① 我们在前面对特殊儿童家庭生活质量、亲职压力、应对方式等方面的调查结果证明,残障儿童家庭比普通儿童家庭面临着更高风险和更严重的发展危机。因此,对于残障儿童家庭或者可能出现残障儿童的家庭提供整体的支持性干预就显得特别重要。

2. 残障儿童家庭压力评估

残障儿童的出现使得其家庭面临着众多的挑战:如社会隔离(朋友及家庭成员并不了解孩子的特殊需要,因而不能有效地提供孩子所需要的支持)②、公众消极的刻板印象(低成就水平、非正常行为的低容忍度、公众场合的负面注意)③、对特殊孩子和其兄弟姐妹关照的失衡等等。同时,家庭压力与常规生命周期存在着交互影响。几乎所有的研究都报告残障儿童家庭在应对矫正孩子问题行为、解决财政压力、关照孩子未来生活等方面经历了或多或少的负面经验。但并不是所有的家庭都经历了功能失调。"非常清楚的是,持续增长的压力并不必然导致家庭负面经验增加和家庭功能失调。"④

为了弄清楚残障儿童家庭压力状况,评估就成为一个不能回避和不可或缺的活动。人们对残障儿童家庭压力评估通常采用病理学的方法,将残障儿童家庭作为实验组、将非残障儿童家庭作为控制组,以控制组作为正常标准,通过标准化的数据,寻求二者之间的统计学差异。⑤ 人们采用这种方法进行了大量的研究,有效评估了残障儿童家庭压力状况,得出了一些有价值的结论。Burr在改进已有研究的基础上,测量了残障儿童家庭压力、可利用的资

① H.R.Turnbull, A.Turnbull & M.Wehmeyer, *Exceptional Lives: Special Education in Today's Schools* (*6th ed.*), Upper Saddle River, NJ: Merrill/Prentice Hall, 2010, p.102.

② W.N.Friedrich, M.T.Greenberg & K.Crnic, "A short form of the Questionnaire on Resources and Stress", *American Journal of Mental Deficiency*, 1983, 88:41-48.

③ A.E.Kazak & B.L.Wilcox, "The structure and function of social support networks in families with handicapped children", *American Journal of Community Psychology*, 1984, 12:645-661.

④ P.Beckman, "Comparison of mothers' and fathers' perceptions of the effects of young children with and without disabilities", *American Journal on Mental Retardation*, 1991, 95:585-595.

⑤ M.Innocenti, K.Huh & G.Boyce, "Families of children with disabilities: Normative data and other considerations on parenting stress", *Topics in Early Childhood Special Education*, 1992, 12:403-427.

源和其他变量的关系,这项改进为定量研究奠定了更坚实的基础。[①] Lippman and Blumen(1977)区分了残障儿童家庭压力评估的8个向度:(1)内部因素与外部因素,家庭对压力的控制在哪里。(2)压力扩散与压力约束,家庭能够将压力控制在局部释放还是对其他领域产生影响。(3)认知与逐步改进,家庭是否有机会计划应对压力。(4)强烈与温和,压力强度如何。(5)暂时的与持续的,压力持续时间的长短。(6)随机与预料之中,家庭是否能够预期压力。(7)自然与人为,压力是常规的还是非常规的。(8)可以解决与不可解决,在人们的认识中这些问题是否可以被解决。[②] McCubbin and Colleagues(1980)对整个70年代家庭压力研究进行了分析,发现传统研究的基础是 ABC-X 家庭压力模型(A-活动事件、B-可资利用的资源获取压力、C-家庭认知、X-家庭经历的压力数量)。[③] Lavee,et.al(1996)通过对287个典型学龄期儿童家庭进行调查,以了解其婚姻压力、经济因素、工作、孩子的数量与居家角色,评估了家庭压力数量及常规压力源(孩子出生、入学、空巢、退休)和非常规压力源(失业、自然灾害和家庭中有残疾人)。[④]

3. 促进家庭压力应对

家庭压力应对研究的前提是对于家庭压力功能的研究。通常,人们认为在家庭压力作用之下,亲子关系和婚姻关系的满意度可能导致家庭功能的失调。残障儿童的到来给家庭,特别是父母的婚姻质量带来巨大的负面影响。然而,母亲心理失调和负面经验增加的事实也没有得到相关数据的支持。[⑤]早期,通常人们认为残障儿童的到来会导致父母离婚率的升高,但是研究显示特殊孩子父母离婚率并不比非特殊孩子父母离婚率显著增高;在这项研究中,只有9%的专业人士相信在父母亲职经验中可以获得正向的力量,但是实际

---

① W.Burr,*Theory Construction and The Sociology of The Family*,New York:Wiley and Sons,1973.

② L.Lippman & P.Blumen,"'Normalization' and related concepts:Words and ambiguities",*Child Welfare*,1977,56:301-310.

③ H.I.McCubbin,C.B.Joy,A.E.Cauble,J.K.Comeau,J.M.Patterson & R.H.Needle,"Family stress and coping:A decade review",*Journal of Marriage and the Family*,1980,43:855-868.

④ Y.Lavee,S.Sharlin & R.Katz,"The effect of parenting stress on marital quality",*Journal of Family Issues*,1996,17:114-135.

⑤ N.Breslau & G.C.Davis,"Chronic stress and major depression",*Archives of General Psychiatry*,1986,43(4):309-314.

情况是 75% 的父母描述了在亲职关系中有获得正向力量的经验。[1] 对许多夫妻而言,残障儿童的存在不仅不会对婚姻带来负面影响,而且残障儿童的到来反而会增进婚姻质量。[2] 一项通过标准化测量的对残障儿童家庭功能、父母婚姻质量、自尊与沮丧的研究显示,82% 没有明显沮丧的首要照顾者能够获得较高的自尊;婚姻的稳固性在 0.001 的水平上明显高于平均水平,冲突在 0.001 水平上明显低于平均水平;在家庭功能方面,大多数家庭在情感表达、与他人深度交流、对家庭价值观的遵从方面有力量感。[3] 我们在前面的研究也充分证明了这一点。

残障儿童家庭的正向功能通常来源于家庭对于压力的积极应对。相对于家庭压力评估聚集于"是什么",基于实践取向,家庭压力应对研究关注残障儿童家庭功能变化及如何克服危机。尽管残障儿童的存在会给家庭带来强大的压力,并且有些残障儿童家庭压力会持续增加,但也有很多家庭在面对压力时具有巨大的弹性,他们能够有效地搜索资源去应对他们所面临的特殊挑战。[4][5][6] Beckman 等学者研究发现,压力并不是一个状态功能,而是一种动力功能;如果需要支持,则家庭可以调动资源;在一个时期内接收到的资源越多,则在下一个时期内感受到的压力越小。[7] Barnett 等学者研究发现,对于先天性异常或慢性疾病孩子的家庭而言,父母对于孩子症状的适应可以预测家

[1] L.Winkler,"Chronic stresses of families of mentally retarded children",*Family Relations*,1981,30:281-288.

[2] A.E.Kazak & R.Marvin,"Differences,difficulties and adaptation:Stress and social networks in families with a handicapped child",*Family Relations*,1984,33:67-77.

[3] B.Trute & C.Hauch,"Building on family strength:A study of families with positive adjustment to the birth of a developmentally disabled child",*Journal of Marital and Family Therapy*,1988,14:185-193.

[4] D.Abbott & W.Meredith,"Strengths of parents with retarded children",*Family Relations*,1986,35:371-373.

[5] J.Bebko,M.Konstantareas & J.Springer,"Parent and professional evaluations of family stress associated with characteristics of autism",*Journal of Autism and Developmental Disorders*,1987,17:565-576.

[6] C.Trivette,C.Dunst,A.Deal,A.Hamer & S.Propst,"Assessing family strengths and family functioning style",*Topics in Early Childhood Special Education*,1990,10:16-35.

[7] P.Beckman,J.Pokorni,E.Maza & L.Balzer-Martin,"A longitudinal study of stress and supports in families of pre-term and full term infants",*Journal of the Division for Early Childhood*,1986,11:2-9.

庭健康和孩子安全感的获得。而父母适应能力取决于社会加工过程(影响因素:鼓励、群体支持、婚姻关系、与服务提供者关系)、情感加工过程(影响因素:悲伤、接受与表达、负面情绪)、认知与行为加工过程(影响因素:改变态度、扩展应对、提升亲职关系)。因此,聚焦于父母对孩子状况的情绪、认知和行为适应的干预有助于对家庭健康的促进。提升父母适应能力可以通过八个步骤实现:了解彼此、确认问题所在、确认梦想与目标、给自己足够时间接受自己对孩子问题的应对、给足够时间改变负面行为、慢慢重建新的梦想、与他人密切联系、与孩子建立亲密关系。①

残障儿童家庭应对有着不同的价值取向与应对模式。Mink 等学者通过研究 97 个智障孩子的家庭环境和行为,发现存在五类家庭:(1)亲密定向——亲近、较少冲突、家中得到很好的安排,但是牺牲了与其他家庭成员的关系;(2)控制定向——规则、不协调、冲突、关注安全,但情感缺乏;(3)对孩子回应定向——以首要照料者和孩子之间的亲近为特征;(4)伦理—宗教定向——低成就、伦理或宗教价值观、高社区卷入;(5)成就定向——关注竞争与成果、缺少宗教关注、较少情感表达、较高水平的激励。② 有研究分析了 174 封寄往健康与人类服务部的关于残障新生儿治疗的信,归纳出快乐、从经验中学习、爱、家庭力量四个方面的积极应对之源。③ 对于许多残障儿童家庭,积极的适应方式和正向力量有助于解决残障儿童及家庭所遇到的问题,接纳孩子的障碍,成功地处理各种关系。另外一项关于视觉障碍儿童的质性研究提出关于视觉障碍儿童家庭的三个关键性主题:(1)情绪,包括压力与积极应对;(2)可资利用的资源,包括母亲内部力量和外部支持网络;(3)问题与关注,诸如与专业人士和社会公众互动、为孩子的教育所做的鼓动与宣导、所能分配给孩子的时间等。④

①　D. Barnett, M. Clements, M. Kaplan-Estrin, J. Fialka, "Building New Dreams: Supporting Parents' Adaptation to Their Child with Special Needs", *Infants and Young Children*, 2003, 16(3):184–200.

②　I. T. Mink, J. Blacher & K. Nihira, "Taxonomy of family life styles: III. Replication with families with severely mentally retarded children", *American Journal on Mental Retardation*, 1988, 93:250–264.

③　H. R. Turnbull, D. Guess & A. P. Turnbull, "Vox populi and baby doe", *Mental Retardation*, 1988, 26:127–132.

④　K. Hancock, C. Wilgosh & L. McDonald, "Parenting a visually impaired child: The mother's perspective", *Journal of Visual Impairment and Blindness*, 1990, 10:411–413.

相对于压力评估研究模式,压力应对研究以"怎么做"超越了"是什么",并涉及"积极应对",这些有价值的研究结论可能会导致专家以一种移情的方式对待残障儿童及其家庭。但是这些研究依然存在着以家庭对压力的调节机制固化"缺陷中心定向"的不足。很多研究只是折射了社会对残障儿童负面的和价值丢失的认知侧面,将是否有残障孩子作为引起负面经验的单一变量,而且认为一个家庭一旦有一个残障儿童,将会带来持续的痛苦,社会的整体认知是拥有一个残障儿童是一个永远无法弥补的说不出口的悲剧。相应的,相关的干预策略也就折射出这种价值观。社会对残障儿童及家庭的责任没有纳入研究视野。事实上,残障儿童家庭的负面经验并不总是由残障儿童导致的,社会的负面认知也扮演着不可忽略的角色。于是社会支持理所当然地进入到研究者的视野之中。

(二)为特殊儿童家庭提供支持

残疾既是个人的不幸,也是社会的责任,道义和伦理上的支持对于残障儿童家庭不可或缺,同时也是追求社会公正的基本价值取向。特殊儿童家庭支持在强化实践取向的基础上,假定残障并不仅仅是个人和家庭的不幸,更是整个社会运作体系的结果,因此社会责任需要纳入研究范畴。

特殊儿童家庭支持实际上就是一个系统。基于不同的视角,特殊儿童家庭支持有着不同的表现形式。从层级上看,特殊儿童家庭支持包括宏观系统、外系统和中观系统。[①] 宏观系统主要为社会的、政治的和文化的相关因素,其中对残障儿童家庭产生重大影响的因素主要有:贫困的冲击、服务的无障碍、可用服务的文化价值。研究发现,美国现有服务主要为中产阶级、非少数民族家庭所设计。外系统主要为家庭服务机构与代理,其事务影响着家庭接受服务的路径。研究发现,许多残障儿童家庭所获得的服务通常是非常有限的,但是他们需要的却是年复一年的持续支持;如果家庭无法获得特定的儿童照顾服务,父母寻找工作将存在着阻碍;同时家庭接收到多样化的专业建议会使之感到不知所措。中观系统指的是家庭成员与服务提供者(或实践干预者)的关系,在中观系统服务中,父母经常感到干预者缺

---

① U.Bronfenbrenner, *The Ecology of Human Development : Experiences by Nature and Design*, Cambridge, MA : Harvard University Press, 1979.

乏倾听、尊重、态度恶劣、不敏感等。在这三大系统中,分别存在着正式和非正式的支持系统。①

特殊儿童家庭支持无论对于儿童的发展还是家庭生产力的建设都具有重大意义。大量研究表明,对特殊儿童家庭或者高危家庭提供整体性支持可以产生事半功倍的效果。如果给予恰当的支持和资源,智力障碍儿童的父母能够有效地应对孩子所带来的挑战(如对特殊孩子的照顾花费太多时间而忽略其他孩子的需要,进而对兄弟姐妹的关照出现失衡),并为其成长提供富有营养的家庭成长环境。② 而富有营养的家庭成长环境可以有效预测在学校中的成功以及紧随其后的工作训练和职业成功,进而增长其满意度和独立性。③ 特殊儿童家庭支持介入的时间与残障儿童家庭成效之间存在着显著的相关。早期干预便是一条支持残障儿童家庭行之有效的途径。致力于强化残障儿童家庭资源支持的早期干预,能够显著地影响和提升智障儿童功能性水平和家庭满意度。④

另外,有研究也发现,高社会支持满意度可以预测压力更小和家庭正向功能发挥。⑤ 该研究进行了学龄期发展性障碍儿童父亲和母亲(30 对)与普通学龄期儿童父亲和母亲(32 对)关于压力家庭功能和社会支持的对比性研究(对两类家庭的社会经济地位、家庭结构和孩子年龄进行了匹配),发现:(1)学龄期发展性障碍儿童家庭特别容易感受压力;(2)两类家庭中父母压力水平都没有显著差异(一般认为母亲对于儿童疾病所感受的压力会明显高于父亲,因为母亲是病孩的主要照顾者);(3)对社会支持满意度高的家庭同时也

① P.Beckman & M.Bristol,"Issues in developing the IFSP:A framework for establishing family outcomes",*Topics in Early Childhood Special Education*,1991,11:19-31.

② C.A.Crnic,W.N.Friedrich & M.T.Greenberg,"Adaptation of families with mentally retarded children:A model of stress,coping and family ecology",*American Journal of Mental Deficiency*,1983,88:125-138.

③ S.E.Mott,R.R.Fewell,M.Lewis,S.J.Meisels,J.P.Shonkoff & R.J.Simeonsson,"Methods for assessing child and family outcomes in early childhood special education programs:Some views from the field",*Journal of Early Childhood Special Education*,1986,6:1-15.

④ M.E.Ziolko,"Counseling parents of children with dis abilities:A review of the literature and implications for practice",*Journal of Rehabilitation*,1991,57(2):29-34.

⑤ L.Dyson,"Fathers and mothers of school-age children with developmental disabilities:Parental stress,family functioning,and social support",*American Journal on Mental Retardation*,1997,102:267-279.

显示出并感受到更少的压力和获得更好的家庭功能。Dunst 等学者(1990)对47 个具有生理障碍或发展性障碍或两者兼具的残障儿童家庭社会支持、个人健康、家庭健康和孩子行为特征的关系进行了研究,讨论了一个关键性概念——嵌入性(孩子归属其家庭,而家庭单元嵌入一个更大的社会单元,如学校、社区、宗教团体)。研究发现,父母亲在扮演亲职角色过程中的行为受到角色需求、压力和来自其他情境中支持的影响。同时,社会支持(信息的、心理的、物质的和身体的资源)对于家庭消极压力具有缓冲作用;父母健康、家庭健康和社会支持与孩子行为特征显示出最为重要的相关性。[①] 这一发现有助于理解家庭系统变量与孩子功能行为之间的相互依赖关系。

(三)建立家庭参与的伙伴协作关系

特殊儿童家庭参与孩子的教育从家庭压力应对演进到家庭支持之后,随着家庭支持研究模式的深入开展,人们发现,如果家庭有力量和能力决定其孩子相关事务,就会感觉到自己是孩子干预和应对的真正参与者。

1. 伙伴协作关系所指

伙伴关系意味着家庭、专业人士和学校对残障儿童发展共同责任的卷入。伙伴协作在家庭支持上发展而来,指家庭和专业人士通过合作、利用彼此的判断和专业知识以便增进儿童、家庭和专业人士利益。[②] 特殊儿童家庭的伙伴协作致力于促进家庭生活领域的健康发展。这包括情绪健康(朋友或其他人提供支持;家庭接收的支持减轻压力;时常满足自己的兴趣爱好;外部帮助能够便利地照顾所有家庭成员的特殊需求)、亲职关系(知道如何帮助孩子学会独立;知道如何通过学校作业和活动帮助孩子;知道如何教会孩子与他人相处;知道如何安排时间照顾每个孩子的个别化需要)、家庭互动(共享时光;相互自由交谈;共同解决难题;相互体现爱与关怀)、物资/资源丰富(能够迁移到自己需要的地方居住;有途径满足所需花费;在家、工作、学校和邻里感到安全;需要时能得到医疗服务)、特殊的相关支持(学校或工作方面实现目标;在

---

① C. Dunst, C. Trivette, D. Hamby & B. Pollock, "Family systems correlates of the behavior of young children with handicaps", *Journal of Early Intervention*, 1990, 14:204-218.

② A. A. Turnbull, H. R. Turnbull, E. J. Erwin, L. C. Soodak & K. A. Shogren, *Families, Professionals, and Exceptionality: Positive Outcomes Through Partnerships and Trust* (7th Ed.), Pearson eText with Loose-Leaf Version-Access Card Package, 2014.

家不断成长;交友;在家庭和服务提供者之间建立良好的关系)等。[1]

2. 伙伴协作的意义

无论对于残障儿童、残障儿童家庭还是对于学校,伙伴协作都具有重要意义。首先,学校管理者、教职员工、家庭、学生凝聚成专业伙伴能够使孩子获得更高的信任水平[2],而信任水平越高,道德水准越高,学校气氛就越积极,教学、学习和行为方面的问题就越容易解决。其次,无论是在小学、初中还是在高中,伙伴关系和信任氛围中孩子学业成就水平都比没有形成伙伴关系和信任的学校中的孩子要高。过去三十年的研究发现,在普通教育中,家长参与孩子的学校教育对于儿童在不同阶段的发展都具有正向功能。学前阶段,家长参与有助孩子获得语言、自助、社会、动机、学前技能;可以有效地帮助孩子与同伴和成人建立更加积极的关系;能够使孩子更顺利地进入一年级学习;使更少的孩子需要特殊教育。小学阶段,家长有效参与能够让孩子学术成就增加;使不同文化背景孩子之间的隔阂更少;孩子文明行为增加。中学阶段(初中和高中)的家长参与能够让孩子学术成就获得提升;促进孩子学术水准的整体提升;更有机会获得转衔成功;后续学习更棒。最后,高质量的伙伴协作关系能有效促进家庭生活质量的提升,如家庭需求得到更大程度的满足、家庭成员更加乐于共享生活、家庭成员更有机会做对自己来说重要的事情。

3. 伙伴协作的原则

家庭、专业人士和学校之间伙伴关系的建立基于残障儿童家庭参与孩子教育的程度。而残障儿童家长参与程度取决于以下因素:日常工作和职业限制,家里需要照顾的其他幼儿状况,交通的便利程度,家长(生理的和心理的)的健康状况,家长自身的成熟和对孩子需要的理解,对学校、教师和权威人物的态度,与项目文化和语言的一致程度,在班级中的满意度和感知能力,等等。在残障儿童家庭充分参与之下,建立帮助家庭成为专业伙伴需要遵循七大原则:沟通(友好、倾听、清晰、真诚、提供与整合信息)、专业(提供优质教育、持

---

① L. Hoffman, J. Marquis, D. Poston, et al., "Assessing family outcomes: psychometric evaluation of the Beach Center Family Quality of Life Scale", Journal of Marriage and the Family, 2006, 68(4): 1069-1083.

② W. K. Hoy, "Family trust: A key to student achievement", Journal of School Public Relations, 2002, 23: 88-103.

续学习、高期望)、尊重(尊重文化多样性、肯定力量、使学生和家庭获得尊
严)、承诺(适用性和无障碍、走向优秀与卓越、对情绪需求的敏感性)、平等
(分享权力、增权赋能、提供机会)、宣导(寻找双赢解决方案、预防问题发生、
保持良心的活力、精确定义和整理问题、形成同盟)、信任(成为可靠的人、使
用准确的判断力、保持自信心、信任自己),其中信任关系的建立是关键。

4. 伙伴协作要求为家庭提供专业支持

伙伴协作要求提升家庭处理与儿童生涯发展和家庭整体生活的能力。其
中,专业支持占据着重要地位。有研究通过对 60 个轻度、中度和重度智障儿
童母亲的调查探索了家庭资源、压力和其他与智障儿童父母调适关联的因素,
发现家庭长期功能可能依赖于家庭应对压力的资源和对于压力事件的认知,
家庭支持和积极的家庭认知能够有效地调节压力,外部的信息支持对于缓解
家庭孤独感具有重要作用。因此,家庭所感知到的压力水平与家庭所能够接
收到的专业支持密切相关。[①] 另外一项研究通过对 165 个智障孩子的家庭和
52 个所有孩子都正常的家庭进行面谈、调查,对一个 10 分钟的问题解决任务
进行录像,探索了典型家庭和智障孩子家庭在问题解决过程中家庭协作及其
影响。结果发现两组中的正常兄弟姐妹被相同水平的问题所吸引,两组父母
都积极参与问题解决。但是智障孩子父母明显花费更多的时间进行行为管
理,而单亲智障儿童父亲或母亲,因为要扮演多重角色,花费在问题解决上的
时间明显更少。[②] 这在很大程度上意味着智障儿童家庭需要更多的专业支持
以达到提升应对能力之目的。

5. 伙伴协作指向家庭正向功能形成

伙伴协作要帮助其获得家庭力量感、增进家庭正向功能。家庭力量和正
向功能可以表现为:(1)对每个家庭成员健康和成长的承诺;(2)对每个家庭
成员做得很好的小事的欣赏;(3)共同的正式和非正式活动时间的保证;(4)
对理解好时光和坏时光的目的感觉;(5)对目的和需要一致性的感觉;(6)强

① P.M.Minnes, "Family and stress associated with having a mentally retarded child", *American Journal of Mental Retardation*, 1988, 93: 184-192.

② C.Costigan, F.Floyd, K.Harter & J.McClintock, "Family process and adaptation to children with mental retardation: Disruption and resilience in family problem-solving interactions", *Journal of Family Psychology*, 1997, 11: 515-529.

调积极互动的相互交流沟通的能力;(7)清晰的规则、价值和信仰;(8)不同种类的应对策略;(9)满足需要的问题解决策略;(10)预见所有生活积极面的能力,甚至直到将压力事件当作"成长的机会";(11)具有弹性的和可适应的角色;(12)家庭内外资源的平衡。在所有这些力量和正向功能之中,家庭选择是关键性要素。家庭选择、家庭决策、自我决定是早期干预和特殊教育中最好实践努力的一部分,同时也是家长自我效能和赋权增能的关键性因素。

6. 伙伴协作通过家庭参与

家庭的积极参与是伙伴协作的重要路径。许多研究发现,鼓励父母在孩子的干预治疗中扮演积极角色的援助与控制感存在着显著相关。一项为智障儿童家庭提供支持、行为管理训练和教学材料的基于居家的父母训练项目研究证明,父母倾向于精确甚至十分精确地、持续不断地评估他们的经验;父母感觉到这个项目非常有用,通过这个项目,他们对自己孩子的教学能力感觉充满自信。① 因此,对于父母而言,积极参与比诸如同情和倾听重要得多。进一步的研究将家庭中心的实践与早期干预中的亲子互动关联起来,发现专业人士和家庭的自然伙伴协作关系是家庭赋权增能获得成功的一个关键性变量,父母对孩子关注的自然性、家庭压力水平、社会支持的可利用性、家庭参与的行为、对其他孩子优先经验、家庭的教育水平等因素决定着家庭卷入干预的水平。② 这意味着:(1)家庭是孩子事务的专家;(2)家庭是关于家庭和孩子事务的最后决定者;(3)家庭是孩子生活的持续提供者,而服务提供者只是暂时的;(4)家庭在目标和服务设置上具有优先权;(5)家庭选择其参与的水平;(6)家长和服务提供者之间需要合作与信任关系;(7)服务提供者需要尊重文化差异和应对风格的不同。

今天对于残障儿童家庭参与研究已经出现一个新的趋势:以跨学科的视角,超越残障儿童及家庭与文化的人为二元分离,消解特殊教育知识建构和干预实践开发之间的鸿沟,构建文化与残障儿童及家庭之间的实质性联系、协调

① B.Baker,S.Landen & K.Kashima,"Effects of parent training on families of children with mental retardation:In creased burden or generalized benefit?", *American Journal on Mental Retardation*, 1991,96(2):127-136.
② S.Baird & J.Peterson,"Seeking a comfortable fit between family-centered philosophy and infant-parent interaction in early intervention:Time for a paradigm shift?", *Topics in Early Childhood Special Education*,1997,17(2):139-164.

研究与专业实践的关系。因此,作为群体或个体特征而存在的文化有必要被"过程定向"(process-oriented)的文化观和在本土情境中运用特殊教育政策和研究知识所整合。家庭参与、家庭支持、家庭与专业之间伙伴协作、家庭赋权增能、家庭生活质量走向深度整合,重构着特殊教育图景。

二、基于资源整合的家长中心

无论是建立帮助家长应对各种压力、获得专业支持、形成伙伴协作关系,还是提升家庭赋权增能水平和家庭生活质量,都需要为家长提供各种可能的资源支持,如法律的、政策的、技术的、医疗的、康复的、教育的、评估的等等。根据国外相关经验,建设家长中心是非常有效集成整合相关资源、促进家庭赋权增能的措施。

(一)国外经验的借鉴

美国家长中心作为残障儿童家庭赋权增能的一种实践形式,在残障儿童家长权利意识逐渐觉醒和法律对残障儿童家庭作用强化的过程中应运而生,其中残障儿童家长是重要的推动力量。美国家长中心包括全国范围内的家长培训及信息中心(Parent Training and Information Centers,PTI)和社区家长资源中心(Community Parent Resource Center,CPRC)。这两种家长中心都由美国《残障人士教育法》(The Individual with Disabilities Education Act,IDEA)授权并资助,通过联邦政府拨款和社会团体赞助得以运行,是非营利性的机构。它们的主要服务对象是0—26岁残障儿童、青少年及其整个家庭,并且它们提供的服务大多是免费的。它们共同的理念是在承认家庭的地位和潜力的前提下,通过给予信息的、技术的支持去帮助残障儿童家长明确权利,提高能力。PTI和CPRC的性质和工作相同,只是CPRC更多是为低经济水平家庭、非英语文化背景等限制更多的家庭提供帮助。美国每个州都至少有一个PTI,人口多的地方会更多,有的地方也有CPRC。[①] 此外,家长中心技术援助联盟(The Technical Assistance ALLIANCE for Parent Centers,the ALLIANCE)也由

---

① Center for Parent Information and Resources.PTIs and CPRCs,*Resources for Parents*,2016.10.18, http://www.parentcenterhub.org/wp-content/uploads/repo_items/bp3. pdf.

政府部门资助,已设立一个国家援助中心和六个区域援助中心,专门为家长中心提供信息技术支持,如中心网站中的最新信息、联系通讯、培训资料、出版物、在线研讨会等的制作与更新。① 这三者的配合使得家长中心运行有序、高效。自 1975 年 5 个具有试验性的家长中心成立到 1984 年 IDEA 提出在全国范围内建立家长中心以来,美国的家长中心为促进残障儿童家庭的赋权增能起到了相当重要的作用。目前,美国有 103 个遍布各州的家长中心。②

(二)家长中心的意义

家长中心与法律政策、社会资源及残障儿童家庭间的关系(如图 7.2.1 所示),这意味着家长中心在法律的规范下通过整合社会资源,对接有需要的家庭来解决残障儿童家长与社会信息不对称和教养能力不匹配的问题。

1. 解决家长与社会信息不对称,能力不匹配的问题

通常,无论是在国外还是在中国,家长与社会信息极其不对称,家长对残障儿童的教养能力不匹配。任颂羔先生曾在其著作中分享过他在美国从事特殊教育工作的见闻,他发现美国的家长虽然维权意识很强,但有时却对法律没有全面了解。如很少有在普通学校接受特殊教育服务的学生的家长提出要求给自己子女提供全年的特殊教育服务计划(Extended School Year Services, ESY),其中重要原因就是家长不知道这项权利。③ 所以,虽然许多社会资源向家庭开放,但家长可能不知道自己的儿童应接受什么样的帮助,法律授予了自己和儿童哪些权利,有哪些可用的资源,如何获得这些资源,能否负担起这些条件。或者如因无法理解专业人士的表达内容、不理解 IDEA 的权利说明及消极的倾听角色等情况都会让残障儿童的家长认为无法与学校合作。反过来,残障儿童家庭中的困难总是令家长难以启齿,且每个家庭的需求不同。政府和医疗、教育团体很难主动定位每一个有特殊需要的家庭,所以就需要家长中心作为一个信息的中介,将家庭与社会上的资源对接起来。

---

① Technical Assistance ALLIANCE for Parent Centers, *About the ALLIANCE*, 2016.10.18, http://www.taalliance.org/about.html.

② ALLIANCE National Parent Technical Assistance Center at PACER, *Parent' Centers Helping Families Outcome Data* 2012－2013, Minneapolis; Alliance National Parent Technical Assistance Center at Pacer, 2013, pp. 2-4.

③ 任颂羔编著:《特殊教育发展模式》,北京大学出版社 2012 年版,第 64—77 页。

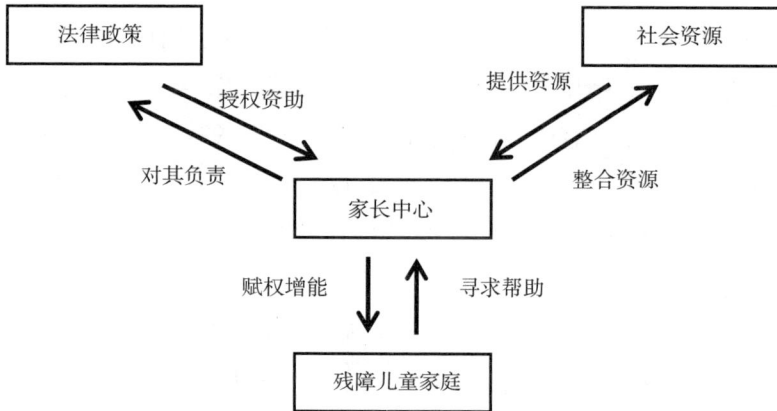

图 7.2.1　家长中心与法律政策、社会资源、残障儿童家庭间的关系

2. 帮助家庭整合社会资源，信息沟通的中介作用

家长中心将社会资源的信息整合起来，提供给有需要的家庭。家长中心会收集自己所负责地区足够多的政策、教育医疗机构、活动项目等信息以供家长之需，也会请专家为家长提供培训，当家长与学校出现争议时，还会帮助家长协调解决纠纷。家长中心还接受企业的赞助与私人的捐赠。同时，还公开招聘工作人员以及招募志愿者。家长中心与政府部门也保持良好的合作。家长中心需要与教育行政部门保持良好的合作关系，家长中心的代表与家长可以融入到州教育政府部门的决策中，相互开放的沟通、国家资金援助的保障、信任与相互尊重和接受不同观点也都促成了他们之间成功的合作。

当家长向家长中心寻求帮助时，家长中心就成为了残障儿童家庭强大的后盾力量。在美国，有一个"残障家庭之助"（Support for Families of Children with Disabilities）的家长中心在 2014 年的年度报告中提到有 100% 的家长感到获得了支持、98% 的家长认为他们有机会和其他家长分享感受、有 80% 的家庭增加了孩子关于特殊需要方面的知识、86% 的家长学习到了有效地为孩子维权的策略。家庭中心的帮助是有效的。[1] 根据家庭需要提供帮助是最大的特点。根据地理位置划分家长中心的服务范围是最基本的，其人文关怀还体现

---

[1] *Support for Families of Children with Disabilities*: *Annual Reports*, 2016. 10. 28, http://www. phpgroup. co. uk/~/media/Files/P/PHP/documents/item-pdfs/reports-and-presentation/php-an-nual-report-2014. pdf.

在根据不同文化背景、家庭情况等其他因素来为不同类别的家庭提供服务。

(三)家长中心的功能

特殊儿童的家长需要信息的、技能的、情感的支援。家长中心的最大优势就是通过区域分工来对接每一个有特殊需要的家庭，而家长通过这个平台可以方便地获取到自己所需要的资源，既优化了资源的配置，又提高了服务效率，为残障儿童的教育与康复争取了宝贵的时间。总体来说，家长中心体现了这样几种功能：

1. 促进家长观念更新

家长中心倡导的赋权增能理念成为他们工作的依据，他们的目标是改变残障儿童家庭单纯依赖于社会补助的情况，通过广泛的支持帮助残障儿童家长学会自助。首先，他们肯定和相信家长的能力，他们认为通过一系列的帮助就能够帮助家庭解决困难，这是赋权增能理念的基础条件。其次，家长中心要联系社会中的各种资源，所以需要协调社会中的许多关系，合作意识也是他们重要的理念。再次，增能最重要的条件就是给予充足而又丰富的援助，这种援助不仅是"授之以鱼"，更是"授之以渔"。必要的物质帮助是基础，更重要的是给予可以利用的知识、信息、实用的技能，以及不断增长的信心，也就是帮助家长学会自我帮助。

2. 宣导与普及法律政策

家长中心最鲜明的任务就是为残障儿童家长普及法律与政策。残障儿童家长维护儿童和家庭的权利的两个前提是，法律赋予家长权利，家长通晓法律政策。我国与残疾人相关的法律政策体系相当复杂，涉及不同法律层级、立法层级、政策层级。如我国的残疾人保障法、义务教育法、残疾人教育条例、残疾人就业条例、残疾预防与残疾人康复条例、特殊教育提升计划、各部门的行政政策与相关项目、各地方关于各种法律政策的实施办法等等。如此复杂的法律政策既为残疾人及其家庭提供了强大的支持保障，同时也让残疾人及其家庭很难准确了解自己的权利和可能的资源支持。此时，家长中心就发挥了他的作用，即通过印发宣传手册、短期专业人士的培训或直接引导等方式帮助家长了解自己应有的权利。当然，有些家长中心还会沟通政府工作人士、专家学者，推动法律政策的制定，或与高校合作，培养律师，更是对促进维护残障人士的相关法律与政策的制定，具有一定的影响力。

3. 提供相关信息咨询

家长中心最基本的任务就是为家长提供咨询服务。他们可以提供的信息基本上涵盖了残障儿童家长教养和养护方方面面的问题。如了解残障儿童的特殊需要,如何与自己的儿童沟通,可以获得哪些辅助技术和资源的支持,如何联系开展个别化家庭教育计划(Individual Family Service Plan,IFSP)和进行早期干预,如何选择合适的安置方式,如何参与到个别化教育计划(Individual Education Plan,IEP)的制定,转衔问题,获得相关医疗保健资源,如何管理家庭经济等。一般地,每个家长中心都会有标准的官方网站,家长可以上网查询,也可以在网上填写相关服务的申请。此外,家长中心还提供传统的电话、传真联系方式,现代的电子邮件、博客、脸书(Facebook)、推特(Twitter)等联系方式。家长中心还会印发宣传手册来进行宣传。

4. 直接而具体的服务

家长中心也提供具体的服务。最常见的服务就是家长工作坊(Workshop)和家长互助。为家长印发指导手册只能起到一定的宣传作用,家长未必去实践,而面对面的培训则能够督促家长进行实践。一般地,家长中心会预先通过广播、报纸、学校公告、传单等途径进行宣传,而想参与的家长则填写申请表申请培训,培训的主题与家长咨询的内容相关,一般是短期培训。残障儿童家长的互助也是一种有效的服务。有的家长中心还会提供"喘息服务"(Respite Services)。喘息服务实际上是一种缓解家庭压力的方式,家长可以将自己的儿童暂时交由专门的照顾者进行照顾以得到暂时的放松。有的家长中心还会开展娱乐活动,如儿童夏令营活动,或者具有特殊意义的活动。提供相应的辅助器械也是服务内容之一。

5. 帮助协调争议

我国相关法律政策强化了家庭在残障儿童教养中的作用。其中一个重要的原则就是程序性保护(Procedural Safeguards),也就是对儿童的评估过程和内容的参与和了解、IEP 的制定或者对有违法案行为的争议处理等。在这个过程中,家长很容易与学区方面产生不同的意见。但家长可以提出书面意见,许多学区会提供一些解决争议的方法,如通过调解或提出申诉和正当程序的听证会以及决议会议。家长中心会为家长提供这些程序上的指导与帮助,指导家长如何提出申请,帮助家长了解流程,如何行使自己的权利,如何提高自已的沟通和解决问题的能力。

三、家长自我倡导能力

在世界残疾人事业和特殊教育发展历程中,对特殊儿童家庭自我倡导(Self-Advocacy)能力的发展,是社会变革和法律要求使然。自我倡导作为自我决定(Self-Determination)的核心成分,是特殊儿童及其家庭从依赖到独立的重要基础。

(一)自我倡导的发展

自我倡导这个概念最初是一种社会运动的存在,它根植于美国20世纪社会运动理念之中。其中1910—1920年的妇女选举权运动和1950年—1960年的民权运动的影响最为显著,将在社会上处于弱势的妇女和黑人权利主张提到了前所未有的高度。在这些社会运动的发展过程中,人们发现平权最根本的途径是社会团队及其相关人士对自身权利的主张和宣导,最终通过法律加以保障。从20世纪70年代开始,经过了四十几年的发展,自我倡导能力的培养逐渐成为特殊儿童P-12教育和转衔服务的重要领域。

从20世纪70年代后期开始,特殊儿童家长、残疾群体及相关人士从民权运动中得到启发,开展了残障人士平权运动。20世纪70年代的正常化(normalization)运动和去机构化(deinstitutionalization)运动,20世纪80年代的自助运动(self-help movement)①等都成为残障人士及其家庭自我倡导运动发展的催化剂;残障人士独立生活运动(independent living movement)也为自我倡导提供了丰富的养料和跳板②。特殊儿童家长成立自己的倡导团体,为孩子发展争取平等权利和充足资源的保障。其中弧光(The Arc)就是最具代表性的家长倡导组织。1974年,俄勒冈"人民第一"(People First)成为美国第一个残障人士自我倡导团体,主张残障人士对自己的社会组织承担责任。同时,北欧

---

① M.Wehmeyer & M.Schwartz, "The self-determination focus of transition goals for students with mental retardation", *Career Development for Exceptional Individuals*, 1998. 21:75–86.

② V.Brooke, M.Barcus & K.Inge, (Eds.), *ConsumerAdvocacy and Supported Employment: A Vision for the Future*, Richmond: Virginia Commonwealth University, Rehabilitation Research and Training Center, 1991.

斯堪的纳维亚半岛第一批自我倡导团体发展起来,残障人士在社会环境中集会,讨论他们的生活。① 1991 年,美国全国性自我倡导组织联合会"赋权自我倡导"(Self-Advocacies Becoming Empowered,SABE)成立,自我倡导引起全国性关注。② 自我倡导是特殊儿童及其家庭参与的基本保障,也是转衔服务计划的核心内容之一。自我倡导就从社会变革运动发展成为教育服务的重要内容。

在各种力量推动之下,自我倡导运动无论是对残障者本身,还是对学术研究社区都取得了令人瞩目的成就。在北美,成年发展性障碍者不断增长的领导能力和他们自我概念的持续增强,就是自我倡导所产生的显著影响的表现;学术研究社区关乎自我倡导的声音和高品质的研究(研究项目、研究团队和研究成果的发表)越来越多,影响越来越大;各种倡导团队或委员会成员的倡导意识不断高涨;自我倡导获得在地和在线社区成员的认可与支持越来越多。③ 所有这些都是自我倡导对人们产生广泛影响的具体范例。

(二)自我倡导的内涵

自我倡导与自我决定存在着密切的关系。自我决定对残障人士带有根本性意义,自我决定能力培养是特殊教育的核心内容之一。有良好自我决定的人,通常会在走出学校之后获得一个更好的发展结果,如获得较好的工作和更高的收入水平,从而在基本生活消费、医疗保险与医疗服务等方面获得更高水平的独立。④ 根据自我决定理论(Self-Determination Theory,SDT),人们有三个原始心理需求:自主(Autonomy)、能力(Competence)和关系(Relatedness)。当这三种需求得到满足时,内部动机就会得到增强。反之,则会给学生正直、诚

---

① R.Traustadottir, "Learning about self-advocacy from life history:A case study from the United States", *British Journal of Learning Disabilities*, 2006,34,3:175–180.

② M.L.Wehmeyer,M.Agran,C.Hughes,J.E.Martin,D.E.Mithaug & S.B.Palmer, "Teaching Self-advocacy & student involvement in educational planning",In *Promoting Self-determination in Students with Developmental Disabilities*, Harris, K.R. & Graham, S.(Eds.), NY:Guilford Press, 2007, pp. 60–72 & 157–160.

③ T.G.Ryan & S.Griffiths, "Self-advocacy and its impacts for adults with developmental disabilities", *Australian Journal of Adult Learning*,2015,55,1:31–53.

④ M.Wehmeyer & S.Palmer, "Adult outcomes for students with cognitive disabilities three-years after high school:The impact of self-determination", *Education and Training in Developmental Disabilities*,2003,38:131–144.

实和健康带来显著的负面结果,产生习得性无助。① 因此,自我决定有三个关键性成分:(1)自我知识,明确自己喜欢的、不喜欢的、愿望、需求、优势、限制;(2)决策中的自主性和控制性;(3)需要和兴趣的表达机会。这恰恰就是自我倡导的核心内涵。自我倡导是自我决定的关键性成分,是通向自我决定的重要阶梯,良好的自我倡导行动可以引发更好的自我决定。

1. 作为赋权增能的自我倡导

早期自我倡导通常被看成是残障个体或群体及其家庭通过自我宣传、进行自我决策、坚持自身权利,达成赋权增能的目的。(1)残障人士基本公民权利宣言。愿意被看成是贡献他人,分享技能之人,而非残疾或受限之人。(2)为自己说话的权利。自我倡导被描述为"一个人主张自己法律权利,挑战残障人士不能为自己说话的刻板印象"②。(3)为了获得有意义的公民身份,增加对人类和公民基本权利和责任的知识与理解,为此残障人士及其家庭需要独立或者与他人或团体一起工作,寻找、发现和培养自己的兴趣,认识并把握自己的权利,负责处理相关侵犯自己和他人权利的事件。③ 与此类似,罗德斯(Rhodes,1986)将自我倡导定义为"由残障人士在非残疾顾问的辅助下组织和控制的社会运动,以积极促进残障者努力成为平等、独立和具有成熟认知的社会成员,并致力于保障和保护智力落后者合法的公民权利和对人类服务消费参与的基本权利"④。然而,对广大残障人士及其家庭而言,结果导向的平权最终需要内化为自身心理结构和外显行为表现。人们对自我倡导的理解逐渐走向了活动技能导向。

2. 作为活动技能的自我倡导

活动技能包括内在心理结构与外显行为表现。作为内在心理结构,自我

① E.L.Deci & R,M.Ryan,"The'what'and'why'"of goal pursuits:Human needs and the self-determination of behavior",*Psychological Inquiry*,2000,11:227-268.

② A.L.Sievert,A.J.Cuvo & K.A.Davis,"Training self-advocacy skills to adults with mild handicaps",*Journal of Applied Behavior Analysis*,1988,21:299-309.

③ M.Wehmeyer & M.Schwartz,*We can Speak for Ourselves:Self-advocacy by Mentally Handicapped People*,Bloomington:Indiana University Press,1982,p. 143.

④ N.Longhurst,*The Self-advocacy Movement by People with Developmental Disabilities:A Demographic study and Directory of Self-advocacy Groups in the United States*,Washington,DC:American Association on Mental Retardation,1994,1.

倡导是一种自我意识和自我认识；是一种沟通能力、判断能力和决策能力。（1）自我倡导以"对自己的优势、能力、限制和独特学习需要的基本理解"为基础，"知道如何运用自己的独特贡献提升生活质量"。其中自我意识和自我认识是自我倡导的两个基础性成分。[1]（2）因为残障人士及其家庭自我倡导是为自己或团体代言。所以沟通能力就成为自我倡导的基本内核之一，这种沟通是为了获取信息、寻求帮助，以满足个人需要、实现个人目标。[2]（3）自我倡导还是一种根据自身需要和现实情境进行决策的能力。[3] 残障人士及其家庭面临问题和挑战时，有多种选择与多种可能。如何清晰地向他人表达自己独特的个人需要，并对满足这些需要的可能方式与路径进行独立判断，作出恰当而明智决定的能力就显得十分重要。

作为外显的行为表现，自我倡导是在认识自我、了解自我的基础上，为自己代言，表达自己需要，宣传自己主张和信仰，作出自己的决定，维护自己的权利等方面的技能。这些技能通常在个体和团体两个层面表现出来。在个体层面上，自我倡导是一种生活方式，它鼓励残障人士及其家庭尽可能保持思想和行动的独立，并以社会平等公民身份生活。为此，自我倡导首先意味着残障学生及其家庭理解自己的残障，意识到自己的优势和由残障所带来的功能性限制，有能力表达合理的学习、生活、工作、娱乐等领域的物质和心理需要。[4] 然后理解个人权利，自信表达想法、需要和权利，决定和寻求满足自身需要的支持，做自己的事情。在团体层面，在不损害自己和他人尊严情况下，自我倡导致力于构筑联盟和同盟，为实现个人和团体目标而一起工作[5]，在由残障人士

---

[1] B. Doll, D. J. Sands, M. L. Wehmeyer & S. Palmer, "Promoting the development and acquisition of self-determined behavior", in *Self-determination Across the Life Span*, D. J. Sands & M. L. Wehmeyer (Eds.), Baltimore: Brookes, 1996, pp. 70-71.

[2] F. Balcazar, S. Fawcett & T. Seekins, "Teaching people with disabilities to recruit help to attain personal goals", *Rehabilitation Psychology*, 1991, 36:31-41.

[3] M. Izzo & P. Lamb, *Self-determination and Career Development: Skills for Successful Transitions to Postsecondary Education and Employment*, Manuscript submitted for publication, 2002, pp. 8-9.

[4] R. Lynch & L. Gussel, "Disclosure and self-advocacy regarding disability-related needs: Strategies to maximize integration in postsecondary education", *Journal of Counseling and Development*, 2001, 74:352-357.

[5] A. A. Cone, "Profile of advisors to self-advocacy groups for people with mental retardation", *Mental Retardation*, 1999, 37:308-318.

及其家庭所控制的独立团体中,通过团体参与,并与团体成员相互发现、相互支持、相互帮助、相互照顾、共同学习、建立信心、宣传主张、反对歧视、追求公正,了解自己权利的同时,明确自己的责任,从而使自己更加独立。这就意味着自我倡导聚焦在残障人士选择的场所和社区,为实现有质量的生活而奋斗,为获得更多和更好地由自己控制的服务而奋斗,为残障社区中更伟大的权利意识而奋斗。

3. 走向整合的自我倡导

特斯特(Test,D.)等回顾了从 1972—2003 年超过 150 篇关于残障人士及其家庭自我倡导的研究文献,最后精选 20 项符合条件的基于数据的干预研究,系统梳理了自我倡导概念的各种定义,最终形成了一个整合性的自我倡导概念框架(如图 7.3.1)。[1] 这个概念框架有效地整合了权利、知识、技能、个体、团队等不同范畴。在这个框架中,自我倡导包括自我的知识、权利的知识、交流沟通和领导力。其中自我和权利的知识是自我倡导的前提和基础,沟通交流是自我倡导的行为方式和实现路径,领导力是自我倡导的结果表现。

(三)自我倡导的培养模式

20 世纪 90 年代以后,特殊儿童及其家庭自我倡导能力的培养成为特殊教育的一个重要领域,各地对此进行了大量的实践。

1. 独立课程培养模式

自我倡导能力培养的核心是特殊儿童了解和维护法律框架内自己的权利,为自己辩护、宣传,对学习、生活、工作和休闲进行选择和决策,明确和履行自己的责任。这些能力可以通过专门课程的开发和实施来形成。这包括培训家长如何参与孩子的个别化家庭服务计划、个别化教育计划、转衔服务计划、支持性就业计划等特殊儿童发展的关键性项目,也包括为家长开设专门的诸如自我决定能力提升课程、自我倡导能力训练项目等。

2. 自我决定学习教学模型(Self-Determined Learning Model of Instruction)[2]

该模型使用结构化的问题解决方法和发展性活动帮助学生或家长获得自

---

[1] D.Test, C.Fowler, W.Wood, D.Brewer & S.Eddy, "A conceptual framework of self-advocacy for students with disabilities", *Remedial and Special Education*, 2005, 26, 1:43-54.

[2] M.L.Wehmeyer, S.B.Palmer M.Agran, D.E.Mithaug & J.E.Martin, "Promoting causal agency:The self-determined model of instruction", *Exceptional Children*, 2000, 66, 4:439-453.

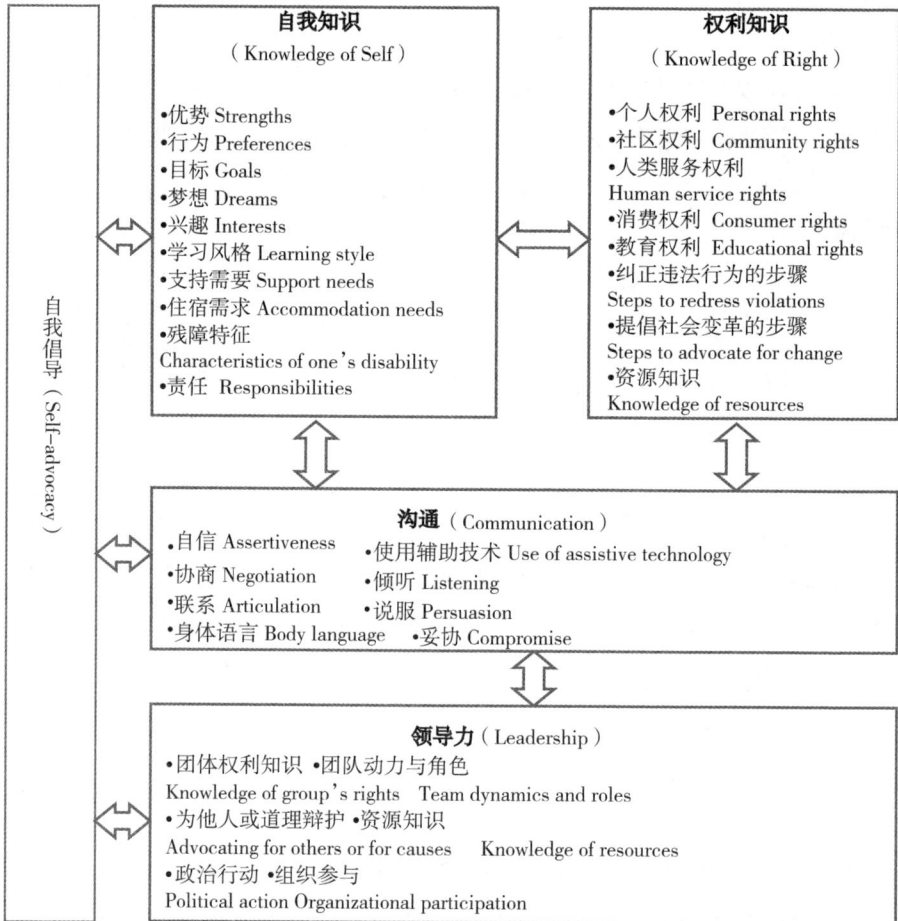

自我知识
（Knowledge of Self）

- 优势 Strengths
- 行为 Preferences
- 目标 Goals
- 梦想 Dreams
- 兴趣 Interests
- 学习风格 Learning style
- 支持需要 Support needs
- 住宿需求 Accommodation needs
- 残障特征 Characteristics of one's disability
- 责任 Responsibilities

权利知识
（Knowledge of Right）

- 个人权利 Personal rights
- 社区权利 Community rights
- 人类服务权利 Human service rights
- 消费权利 Consumer rights
- 教育权利 Educational rights
- 纠正违法行为的步骤 Steps to redress violations
- 提倡社会变革的步骤 Steps to advocate for change
- 资源知识 Knowledge of resources

自我倡导（Self-advocacy）

沟通（Communication）

- 自信 Assertiveness
- 协商 Negotiation
- 联系 Articulation
- 身体语言 Body language
- 使用辅助技术 Use of assistive technology
- 倾听 Listening
- 说服 Persuasion
- 妥协 Compromise

领导力（Leadership）

- 团体权利知识 Knowledge of group's rights
- 团队动力与角色 Team dynamics and roles
- 为他人或道理辩护 Advocating for others or for causes
- 资源知识 Knowledge of resources
- 政治行动 Political action
- 组织参与 Organizational participation

图 7.3.1　整合的自我倡导概念框架图

我倡导技能。模型由三个教学阶段组成,每个阶段有四个需要回答的问题。第 1 阶段"我的目标是什么?"(我要学什么? 我了解要学的东西吗? 学习我不知道的东西时我必须做什么改变? 我能做什么使这些改变发生?)。第 2 阶段"我的计划是什么?"(为学习不知道的东西,我能做什么? 有哪些东西会妨碍我采取行动? 我能做什么可以消除这些阻碍? 什么时间我会采取行动?)。第 3 阶段"我学到了什么?"(我采取了什么行动? 我消除了什么阻碍? 对那些我不知道的东西我有什么改变? 我知道我想要知道的东西吗?)。该模型的教学策略包括技能的清晰教学、角色扮演学习、自我倡导技能的频繁使用机会等。

3. 教育与转衔计划中的自我倡导策略(Self-Advocacy Strategy for Education and Transition Planning,I-PLAN)①

该项目将 IEP 会议和自我倡导教学相结合。由五个步骤或技能组成:优势、需要改进领域和学习需要调查(Inventory your strengths),提供调查信息(Provide your inventory information),倾听和反应(Listen and respond),提问(Ask questions),确定目标(Name your goals)。课程的七个教学策略:将学生和家长引导至 IEP 会议和转衔计划之中;提供关于转衔计划细节的大量信息,告知学生和家长参加自己的 IEP 会议的具体好处,介绍 I-PLAN 步骤;教师将 I-PLAN 模型化,学生和家长完成个别化问卷;学生和家长用口头事件演练 I-PLAN 的每个步骤;学生和家长参加小组模拟 IEP 会议实践;学生和家长有个别化实践和与老师反馈的机会,自己评估在表达 I-PLAN 步骤中的行为;在真实 IEP 会议上概括 I-PLAN 步骤。

4. 倡导团体影响模式

自我倡导团体既是社会运动的推动力,也是社会运动的产物,更是在学校之外特殊儿童权利的维护者和自我倡导能力的养成场所。自我倡导团体对特殊儿童的身份识别有着重要影响。那些以团体成员为主人,由团体成员所控制,采取以合议制为特征的残障人士自我倡导团体,给成员提供有偿或志愿工作机会,帮助成员发展那些对自信建立和有效参与生活有益的自我倡导技能与友谊。这些团体有助于成员获得新的更积极的身份:如专家、商业人士、自我倡导者、独立人士。因此自我倡导成为智障人士融入社会的重要手段(如图 7.3.2)。②

(四)自我倡导训练的关键点

1. 导向独立的自我倡导支持

现代特殊教育的一个基础就是对特殊儿童的特殊性的认识。早期,本着医学模式,人们认为特殊儿童的特殊性主要是缺陷,而缺陷的主要根源在于儿

① A.K.VanReusen,C.S.Bos.J.B.Schumaker & D.D.Deshler,*Tee self-advocacy strategy for education and transition planning*.Lawrence,KS:Edge Enterprises,1994.

② S.Anderson & C.Bigby,"Self-Advocacy as a Means to Positive Identities for People with Intellectual Disability:'We Just Help Them,Be Them Really'",*Journal of Applied Research in Intellectual Disabilities*,2017,30:109-120.

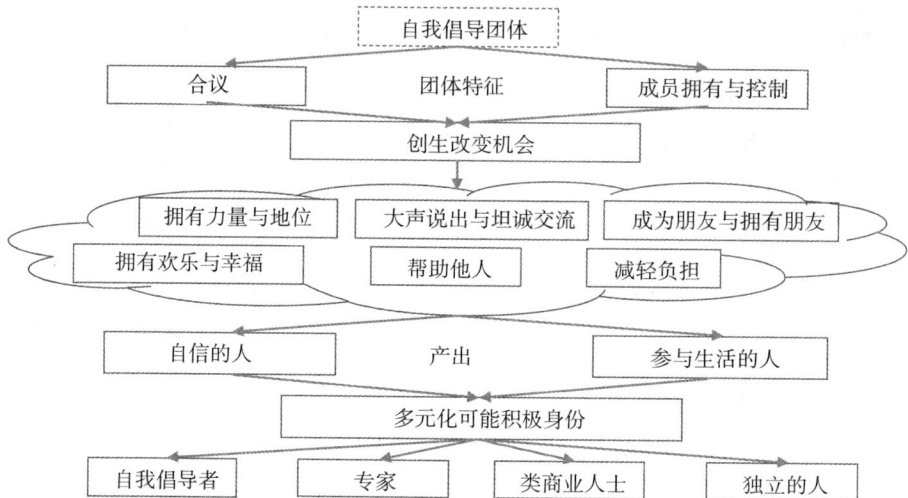

图 7.3.2 自我倡导团体对残障人士社会身份影响模型

童本身的基因或者器质性病变。于是儿童及家庭应该为其缺陷负责。特殊教育也就异化为缺陷的补偿,从改进特殊儿童的机能入手,希望最终达成适应社会的目的。而缺陷补偿的特殊教育始终是一种追赶式的方式,特殊儿童的发展始终落后于普通儿童。随着人们认识的深化,生态模式逐渐超越医学模式。根据生态模式,特殊儿童的特殊性更多是在特定环境中的限制。限制可能来源于基因或器质性病变,但是在根本上是社会环境的限制,而且任何一个特殊儿童都是限制与优势并存。基于此,特殊教育也就从缺陷补偿演进到潜能开发。支持成为特殊教育的核心理念和关键性概念。人们希望通过包括早期干预、特殊教育教学和相关服务在内的支持体系的优化,促进特殊儿童学习、生活、工作、休闲等方面特殊需要的满足。激进的支持主义者甚至以支持遮蔽了特殊教育的终极目的:促进特殊儿童最终独立生活。

坚定主张自我倡导的残障人士经常挑战这样的观点:将他们看成没有能力进行自我决策的群体,而需要国家政策和专业人士的引导和保护。因为过度保护会滋养和形成对他人的依赖,从而对自主性造成负面影响。残障人士及其家庭自我倡导技能的发展对其向独立成人生活的成功转衔具有关键性作用。而导向独立的自我倡导教学训练可以为特殊儿童带来很多好处:导向更成功的 IEP 会议(当事人的参与);更成功的转衔服务(当事人的自我决定及主张);表现更恰当的角色行为;更积极请求朋友或同学的协助;对重要生活决定能力更加自信;学生更积极主动的教育经历和教育经验;更成功的就业和社会互动;更高的生活质量。

2. 贯穿 P-12 的自我倡导培养

从实践层面上看,特殊儿童自我倡导能力的培养,始终面临两个关键性问题:学(教)什么、如何学(教)。其中学(教)什么在自我倡导的概念框架中已经解决,如何学(教)成为 20 世纪 90 年代以后自我倡导培养的核心问题。如何学(教)在空间维度上就是学习方法和教学策略问题,而时间维度上则是在什么时候学习和教学。美国特殊儿童自我倡导教学实践的早期一直将之看成是中学后转衔计划中的一部分。因此大部分是从中学后转衔计划实施开始进行自我倡导教学。但是对自我倡导教学效果评估中发现这种模式效果似乎并不理想。许多特殊儿童离开学校之后并没有形成所需要的自我倡导意识和能力,对自身的权利、优势、限制、兴趣、需要也不是十分清晰,更不用说以此为基础的权利主张、资源获取和理性决策。

导致这种状况出现的基本根源在于形成自我倡导能力有前提条件:特殊儿童的自我意识、自我概念、自我认知、自我调适和许多基础性的认知沟通能力。这些能力发展贯穿特殊儿童整个生涯的发展历程。独立的自我倡导课程和教学可以解决一定的问题,但是真正的自我倡导一定是与儿童日常学习和生活事件融合在一起的。将自我倡导能力发展与特殊儿童的学校生活、课堂学习、社区参与和家庭生活融合在一起才是真正自我倡导能力培养之道。这就意味着自我倡导学习要贯穿 P-12 整个过程之中。也只有如此,自我倡导教学才可能实现其价值取向:导向独立生活与自我决断。但这也意味着对整个基础教育的挑战。

3. 突破学业标准导向教学的限制

特殊儿童及其家庭自我倡导培养历程显示,要迎接强化自我倡导所面临的挑战,需要教育者理解自我倡导的地位,认识到它在家庭发展和特殊儿童离开学校系统之后取得成功结果的重要性。同时,特殊教育工作者需要清晰地理解他们用于有效促进残障学生自我倡导技能发展的课程与教学策略。如果他们认识到了自我倡导对残障学生发展的重要性,并有关于自我倡导教育教学的相关信息,那么他们就会愿意花时间来支持这些技能的发展。只要认识问题解决了,技术问题都是可以创新的。

阻碍人们的认识问题主要为传统的特殊教育模式和基于标准的学校教学变革。传统的特殊教育教学由教师和家长决定 IEP 目标,学生只是被动参与 IEP 会议;在教学过程中,学生对教师、支持者和家长的严重依赖、等待;基于缺陷补偿的医疗模式依然是主宰,外部动机极力压制内部动机的激发;自我实现的预言效应阻止了学生控制自己的决策和发展能力的形成机会;自我强加的限制(如对 IEP 会议持续时间的限制)并不鼓励或支持学生的积极主动参与;教育者的观念限制(如特殊教育教学如此复杂,以至于残障学生不能理解,也不能做出合理的、理性的决定)。基于标准的学校教学使教育者将大部分时间花在阅读、语言、数学、科学等学业课程领域的教学之上,几乎没有时间用于自我倡导领域的教学。这两大阻碍也是我国特殊教育所面临的问题。去除这两大阻碍的唯一路径就是逐渐重构我们的学校文化。

4. 基于结果的过程优化

自我倡导能力培养是一个过程。但是这个过程最终要通过结果来检验。结果导向是特殊儿童及其家庭自我倡导运动和能力教学四十年发展的关键性启示。倡导技能与积极参与趋势是早期生活角色模式社会化的结果。他们能够利用基本的自我倡导技能积极参与各种形式的残障相关活动,如做事、角色建模、自我倡导教学;通过教育和讲故事降低污名化;积极参加集体活动和超越残障的其他事务。[1] 导向这个结果的方法和路径是多元的:如何认识和评估选择;耐心与坚持;领袖与引导;独断(与侵略性分开);如何协商、妥协与说服;如何设定和实现目标;如何使用自我掌控技术;发展解释心理—教育报告的能力;寻求帮助的技能;学习技能;社会技能;个体撰写或口述自己的故事或传记;讨论未来的变化;等等。

基于结果的过程优化可能面临着很多的问题需要人们研究和解决:比如中国文化背景下特殊儿童自我倡导的构成有自己的独特因子吗?不同类别特殊需要领域的儿童自我倡导教学的重点和教学方法是否有差异?有没有可能针对不同特殊需要儿童的自我倡导学习进行通用设计?中国本土化融合教育

---

① E.W. Kimball, P. F. Troiano, A. Moore, A. Vaccaro & B. M Newman, "College Students with Disabilities Redefine Activism: Self-Advocacy, Storytelling, and Collective Action", *Journal of Diversity in Higher Education*, 2016, 9, 3: 245-260.

中特殊儿童自我倡导能力培养空间和资源在哪里？是否有自己独特的实践模式？独立的自我倡导课程模式与融合日常课堂教学教师创新的培养方法对特殊儿童自我倡导结果影响有差异吗？贯穿和融通 P-12 历程的自我倡导培养是否可能？如何设计相关的课程体系和纵向研究？如何解决教师观念、知识和策略的阻碍问题？

四、家庭本位的早期干预实践

早期干预不仅对特殊儿童的缺陷补偿和潜能开发具有巨大的成效，而且对于整个家庭、社会都具有巨大的收益。经过五十多年的探索和发展，家庭本位实践已经逐渐超越儿童中心成为特殊儿童早期干预的最佳实践。

（一）从儿童中心到家庭本位的发展历程

从 20 世纪 60 年代开始，随着人们对特殊儿童早期发展认知的深化，学前特殊教育和早期干预逐渐进入人们的视野。1963 年，美国《大学附设机构法》（University Affiliated Facilities，PL88-164）要求利用联邦政府基金在各州设立大学附设机构，对发展性障碍幼儿干预与教育项目的设置、论证和评估进行探索，并开展早期干预专业人员的培训。1968 年，《残疾儿童早期教育援助法》（Handicapped Children's Early Education Assistance act，PL90-538）要求对残疾和高危境地的婴幼儿及家庭提供高质量的早期干预（early intervention，EI）服务和幼儿特殊教育（early childhood special education，ECSE）。1975 年，美国《所有残疾儿童教育法》（Education for All Handicapped Children Act，EAHCA，PL94-142,1975）明确提出要为所有 3-21 岁的残疾儿童提供免费且合适的教育，并通过个别化教育计划的制订与实施加以保障。由此，特殊儿童早期干预和幼儿特殊教育得到迅速发展。

早期干预以儿童为中心，聚焦特殊儿童的残疾与障碍，或高危儿童可能出现的困难与问题，通过对残疾儿童或者是高危儿童的早发现、早诊断、早干预、早教育，减轻甚至消除残疾的负面影响，或避免高危儿童发展成为特殊儿童。尽管儿童中心的早期干预取得一些成效，但同时也存在一系列的不足：以僵硬且界限分明的分类为基础，而分类和标签会导致一系列的负面预言效应；属于危机取向，是对问题和潜在问题的被动反应；因高度个别化的干预而无法发展广泛范围的解决方法;关注焦点是家庭的不足与问题,而没有充分发掘家庭的优势与力量;在不同服务机构之间缺乏功能沟通。① 这些问题的存在,使得教育、医疗、心理健康和社会服务领域中的许多人相信,成功解决当前社会问题的关键更多在于如何提供服务,而不是提供多少服务,因此家庭本位实践逐渐发展起来。

人们对早期干预和幼儿特殊教育的家庭本位实践概念的广泛讨论开始于20世纪80年代早期。尽管人们担心家庭本位实践可能存在对特殊儿童问题聚焦不足、针对性不够、干预专业性不强等担忧,但是随着特殊教育中儿童发展和教育的生态学观念取代医学观念,人们认识到家庭在儿童早期发展中占据绝对主导地位,家庭是儿童生活和发展的主要和最自然的场所,为其提供了资源、金钱、情感、认知等全方位的支持,承担了沟通和整合儿童及其家庭的需求和社区、政策、社会价值观的角色。因此,家庭对特殊儿童早期发展具有决定性作用。

如此,在家长团体、专业人士和法律工作者的推动下,1986 年《所有残疾儿童教育法》修正版(PL99-457)要求各州逐步建立全州范围的、综合的、多学科和多部门合作的早期干预计划,即"残疾婴幼儿早期干预计划"(the Early Intervention Program for Infants and Toddlers with Disabilities),以满足 3 岁以下残疾婴幼儿及其家庭的特殊需要。此法案认识到"一个急迫的和持续的需要是强化家庭的能力,以满足残障婴幼儿的特殊需要",并通过多种方式将家庭本位实践原则具体化。这是美国法律第一次授权为残障婴幼儿及其家庭提供服务。从那时起,早期干预的家庭本位实践就成为引导早期干预服务模式和个人发展模式设计和运行的整合原则。② 1991 年,《残障个体教育法案》(Individuals with Disabilities Education Act Amendments,IDEA,PL102-119)对家庭本位实践的早期干预再次予以确认。此后,1997 年、2004 年和 2015 年 IDEA 法案的修正案都强调为整个家庭单元提供早期干预,而不仅仅聚焦残障儿童

① A.I.Melaville,M.J.Blank & G.Asayesh,"Together we can Report by U.S.Department of Education and U.S",*Department of Health & Human Services*,Washington,DC:U.S.Government Printing Office,1993.

② M.Blue-Banning,J.A.Summers,H.C.Frankland,L.L.Nelson & G.Beegle,"Dimensions of family and professional partnerships:Construction guidelines for collaboration",*Exceptional Children*,2004,70,2:167-184.

或处于残障危险的儿童。从 1993 年开始,美国特殊教育委员会(the Council for Exceptional Children,CEC)幼儿分会(the Division of Early Childhood,DEC)确认将家庭本位实践作为早期干预服务的推荐模式,并将其当成一种哲学和实践,承认和尊重家庭在早期干预和幼儿特殊教育中的核心地位,充分认识强化特殊儿童家庭优势与能力的重要性。如今,家庭本位模式已经超越了早期干预的范畴,而广泛适用于普通教育和特殊教育[1],以及儿童福利保健[2]、社会工作与服务[3]和心理康复[4]等领域。

(二)聚焦家庭力量与赋权增能的价值取向

家庭本位实践与其说是一种形式和一套程序,不如说是一种意愿和价值:尊重家庭,聚焦其优势与力量,通过合作伙伴关系实现赋权增能。

1. 基于家庭优势与力量

在传统的儿童中心干预模式中,人们常常直接针对儿童的已经出现或者可能出现的问题与障碍,提供直接的训练和干预。此时对特殊儿童家庭的关注也多将其作为"问题的一部分",测量其面临的压力及其负面影响,以此尽可能减轻压力,消解其负面效应。这在本质上是一种消极压力应对模式。[5]而家庭本位实践的早期干预模式则折射出一种新的理念:家庭单元是儿童发展和成长、安全和健康的关键性情境。作为健康、教育、康复和医疗服务体系的源头,每个家庭都是一个整体存在;都有自己的优势与力量;在干预中有最终决定权和理性行动的能力;因此需要努力确保理性的家庭选择,以及从家庭优势视角进行运作。[6]

① R.A.McWilliam, K.L.Maxwell & K.M.Sloper, "Beyond 'involvement': Are elementary schools ready to be family-centered?", *School Psychology Review*, 1999, 28: 378-394.

② J.McCrae, M.Scannapieco, R.Leake, C.Potter & D.Menefee, "Child welfare worker reports of buy-in and readiness for organizational change", *Children and Youth Services Review*, 2014, 37: 28-35.

③ L.Michalopoulos, H.Ahn, T.V.Shaw & J.O'Connor, "Child Welfare Worker Perception of the Implementation of Family-Centered Practice", *Research on Social Work Practice*, 2012, 22, 6: 656-664.

④ K.A.Moreau & J.B.Cousins, "A survey of program evaluation practices in family-centered pediatric rehabilitation settings", *Evaluation and Program Planning*, 2014, 43: 1-8.

⑤ 申仁洪:《走向伙伴协作的残障儿童家庭参与——基于美国研究的考察》,《比较教育研究》2016 年第 4 期。

⑥ R.I.Allen & C.G.Petr, "Rethinking Family-Centered Practice", *American Journal of Orthopsychiatry*, 1998, 68(1): 4-15.

概括而言,特殊儿童家庭优势与力量包括:对每个成员健康和成长的承诺;对每个家庭成员良好行为及后果的欣赏;共同参与活动(包括正式和非正式的)的时间保证;充分体验和理解共享时光(包括好时光和坏时光)的目的;充分体验和感觉目的与需要的一致性;强调和增进积极的交互沟通能力;形成和尊重清晰的规则、价值和信仰;发展和应用各种应对策略;发展和应用需求导向的问题解决策略;发展发现所有生活积极面的能力,将所面对的压力当作"成长的机会";扮演弹性的和可适应的角色;家庭内外资源的平衡。① 此外,家庭优势与力量还通过家庭和儿童发展积极结果表现出来。研究者对 47 项关于家庭本位实践研究进行元分析,结果发现家庭本位实践与六个积极的家庭结果关联在一起:高满意度、积极的自我效能、自然的社会支持、适应和恰当的儿童行为、家庭成员的身心健康以及充分实现的亲职功能。② 家庭本位实践所期望的家庭结果包括:孩子健康而充分的发展、家长对孩子发展满意度的增加、积极亲子关系的建构与强化、家长压力负面效应的降低和积极效应的实现、家长亲职能力的提升,以及家庭赋权增能水平的增加等,最终能够充分实现正向的家庭功能,并以此为基础促进儿童和家庭力量的生成。

然而特殊儿童家庭本位实践过程与家庭和儿童最终积极结果之间存在非常复杂的关系,需要借助于孩子/家长的特征、家长对支持的满意度和家长可控的共享(如自我效能)三大中介变量实现积极的家庭结果。③ 尽管家庭本位早期干预实践本身可能导致积极的结果,但是致力于改进家长满意度和家庭效能的工作联盟关系与属性(尤其专业人士—家庭伙伴关系的顺畅运行)才是关键。在许多时候,特殊儿童家庭和早期干预服务人员对于家庭本位早期干预实践的评价往往存在着较大的差异。而消解这些差异的负面功能,增加积极的促进因素需要聚焦家庭资源的丰富性,用文化好奇心进行实践,将服务

① C.Trivette,C.Dunst,A.Deal,A.Hamer & S.Propst,"Assessing family strengths and family functioning style",*Topics in Early Childhood Special Education*,1990,10:16-35.

② C.J.Dunst,C.M.Trivette & D.W.Hamby,"Meta-analysis of family-centered help-giving practices research",*Mental Retardation and Developmental Disabilities*,2007,13:370-380.

③ I.Dempsey & D.Keen,"A Review of Processes and Outcomes in Family-Centered Services for Children with a Disability",*Topics in Early Childhood Special Education*,2008,28,1:42-52.

与家庭需求进行匹配,促进家庭赋权增能,增加家庭的责任。① 这包括在跨越不同情境的基础上对家庭本位实践的内涵定义和重新定义;为相关人士提供与家庭成员(而不仅仅是服务于儿童)一起工作的支持和训练;开发满足家庭独特需要的具有弹性和创新性的服务;鼓励和发展家庭对孩子教育与照顾的参与和领导能力。

基于家庭优势与力量,意味着尊敬和尊重家庭的多样性与独特性。如用家长真正能够理解的语言提问和提供信息,开发能够被社会大众理解的印刷品;向家长传达并使之感受到对他们意见和感情的尊重与接纳,即便你的意见与他们冲突的时候也要如此;理解和尊重你所服务家庭的文化和价值,即便与你自己的价值冲突的时候;为促进家庭参与孩子教育,在必要时使用翻译和解释者。确认和构筑孩子与家庭的积极面与优势,需要通过面谈、写信或电话等方式告知家长孩子的优势、成就和积极侧面;从家长那里获取孩子和家庭的长期目标、希望与愿景;感谢和祝贺家长为孩子进步作出的独特贡献;为形成目标和干预方案向家长了解孩子的优势领域;帮助家长明白他们可以给孩子的生活带来积极的不同。

2. 特殊儿童家庭的赋权增能

基于家庭优势和力量增进的家庭本位实践早期干预模式可以使家庭成员获得控制感、效能感、能力感和满意感②,因而最终指向特殊儿童家庭的赋权增能。所谓家庭赋权增能是家庭成员对自身处理特殊儿童发展相关事务能力的内在主观感觉和外在能力体现,是"家庭成员在通过自身努力满足特殊需求的过程中最终获得对其发展过程的控制感",以及"创造机会,使家庭成员变得更有能力,自我维持对自己调集社会网络能力的尊重"以便获得需要的满足和实现预期的目标。③ 在内容侧面,特殊儿童家庭赋权增能可以通过态度、知识和行为来表达:态度关涉家长/家庭成员/照顾者对孩子及其发展、家

---

① W.C.Madsen,"Collaborative helping:A practice framework for family-centered services",*Family Process*,2009,48,1:103-116.

② C.Trivette,C.Dunst & D.Hamby,"Factors associated with perceived control:Appraisals in a family-centered early intervention program",*Journal of Early Intervention*,1996,20:165-177.

③ K.E.Allen & G.E.Cowdery,*The Exceptional Child:Inclusion in Early Childhood Education 5ᵗʰ*,Albany,NY:Delmar,2005,p.168.

庭功能实现、自身权利以及服务支持和资源获取的感受和信念;知识关涉家长/家庭成员/照顾者关于孩子及其发展、家庭功能实现、自身权利以及服务支持和资源获取方面的认知和所知道的信息、对潜在行动与家庭优先事务的把握;行为是在态度和知识基础上,家长/家庭成员/照顾者综合各种因素而实际采取的行动。在力量源侧面,特殊儿童家庭赋权增能可以通过三个内部和外部因素来进行操作性定义:家庭、服务系统和社区。① 家庭因素是指家长在家庭中对日常情景的管理能力。服务系统因素是指家长意识到自己、家庭和孩子所拥有的权利;采取行动从相关服务系统中获得孩子所需要的服务和资源,满足家庭需要的能力。社区因素是指家长为提升孩子所接受的服务数量与质量所进行的主张与宣导,表现为家长对社区、都市(乡镇)、区域和政府层面提供的有效服务的洞察能力。在所有这些能力中,家庭选择、家庭决策和自我决定是家庭赋权增能的关键性因素。

高水平的特殊儿童家庭赋权增能可以导向特殊儿童家庭权利的充分实现和能力的表达,进而促进特殊儿童家庭功能的充分实现、特殊儿童家庭生活质量的提升与特殊儿童家庭对早期干预、特殊教育和相关服务的有效参与。在特殊儿童家庭赋权增能的指引下,家庭本位实践的早期干预具有共同特征:家庭导向(针对整个家庭,而不仅仅是为儿童提供服务)、正能量(帮助家庭最佳发展,而不是对其进行判断)、敏感性(专业人士对家庭产生移情,理解其需要和关注,支持并增能家庭)、响应性(及时回应家庭参与其关注事务的要求)、亲和性(像朋友一样对待家庭)、合作性(为满足家庭需要,与儿童一起工作的技能和与社区机构合作的技能,尤其是在评估中合作、人际敏感性、尊重和沟通)。②

高水平的特殊儿童家庭赋权增能水平通过家长的积极参与,可以有效促进特殊儿童和家庭成员的共同成长。过去三十年的研究发现,家长参与孩子的学校教育对于儿童不同阶段的发展都具有正向功能。学前阶段,家长参与有助于孩子获得语言、自助、社会、动机、学前技能;可以有效帮助孩子与同伴

---

① P.E.Koren, N.DeChillo & B.J.Friesen,"Measuring empowerment in families whose members have emotional disabilities:a brief questionnaire", *Rehabilitation Psychology*, 1992,37:305~321.

② R.A.McWilliam, A.Ferguson, G.L.Harbin, P.Porter, D.Munn & P.Vandiviere, "The family-centeredness of individualized family service plans", *Topics in Early Childhood and Special Education*, 1998,18:69~82.

和成人建立更加积极的关系;能够使孩子更顺利地进入一年级学习;使更少的孩子需要特殊教育。家长参与服务与教育计划的制订、决策和实施过程实质上已经成为早期干预、特殊教育和相关服务的核心原则。特殊儿童家庭赋权增能对特殊儿童成长和发展目标的实现是通过家庭/家长相关知识和能力的扩展、家庭正向功能的开发来完成的。家庭/家长的成长和家庭正向功能的有效实现构成了家庭赋权增能的重要目标。家庭的成长与家庭的需求密切相连,如恰当教育服务和引导服务、信息交换机会(有效的交流与沟通、家长和专业人士之间的生产性关系)、资源使用和权利倡导准备、家长/家庭的社区培训项目、家长/家庭商议、支持和咨询。

(三)家庭本位早期干预的最佳实践模式

在20世纪90年代,家庭本位服务就被认为是早期干预的最佳实践[①],并通过法律和政策在基础学校中进行强化和推广。作为最佳实践模式的家庭本位早期干预模式,从认识论讲,承认家庭系统作为一个整体单元在特殊儿童发展中的作用;从制度框架讲,尊重家庭作为自己和孩子相关事项中最终决定者的角色;从动力机制讲,以积极的力量关注取代缺陷和问题聚焦;从实践路径讲,通过专业伙伴关系支持家庭在早期干预和幼儿特殊教育中的角色承担等。

1. 家庭本位实践的核心要素

最初的早期干预家庭本位实践包含六个基本成分:家庭作为整体单元被注意、家庭选择、家庭力量、家庭—专业人士伙伴关系、家庭需求、个别化服务。[②] 随后,聚焦家庭选择和家庭与专业人士伙伴关系成为发展趋势,同时也是家庭本位实践运作的结果。[③] 其中,家庭整体作为服务对象、家庭作为干预的最终决定者、家庭—专业人士伙伴关系是最为核心的要素。

(1)家庭整体作为服务对象

根据人类发展的生态理论(ecological theory of human development),学校、

① E.F.Romer & J.Umbreit, "The effects of family-centered service coordination: A social validity study", *Journal of Early Intervention*, 1998, 21:95–110.

② R.I.Allen & C.G.Petr, "Toward developing standards and measurements for family-centered practice in family support programs", in *Redefining family support*, G.H.S.Singer, L.E.Powers & A.L.Olson(Eds.), 1996, pp.57–84.

③ P.Epley, J.A.Summers & A.Turnbull, "Characteristics and trends in family-centered conceptualizations", *Journal of Family Social Work*, 2010, 13:269–285.

家庭和社区等不同系统相互联系、相互影响,共同塑造着孩子的发展。其中,无论从先天的遗传素质来源,还是后天发展的物质基础、营养供给和情感与人格养成等环境支撑;无论是在时间卷入的长度和稳定度,还是行为和情感卷入的深度,家庭都是特殊儿童早期发展最基础的系统。

作为社会构成的基本细胞和孩子发展的基地,任何一个家庭都是一个整体的存在。在家庭系统中,家庭成员之间,如父亲和母亲、父亲和孩子、母亲和孩子、孩子与兄弟姐妹构成了复杂的情感和行为互动关系,并最终结成一个整体的有机结构,实现家庭功能,获得理想的家庭结果:对外权利倡导、资源获取、社区融入、干预和教育参与;对内满足整体和家庭成员个体的需要,增进家庭成员感情联结,构建富有营养的家庭氛围,养育孩子成长,促进孩子积极发展。

因此,家庭本位实践主张必须将儿童和家庭看成是一个相互影响的整体;家庭对孩子的发展具有至关重要的作用;每个家庭成员都在努力帮助孩子积极发展;同时对家庭和孩子提供干预的效果远远超出单纯为孩子提供干预;家庭成员应该对其所接受服务的类型和他们对这些服务参与的程度具有选择权;专业人士应该考虑家庭的优先事项,即使是这些优先事项与干预和教育机构以及服务提供者的优先事务存在差异。

(2)家庭作为干预的最终决定者

在儿童中心的早期干预模式中,人们将儿童所具有或可能出现的问题和障碍的解决当成一个专业化的工作,对于儿童的诊断与评估、干预目标的拟定和确认、干预方案的制订与实施、干预资源的集成与优化、干预效果的评估都是由专业人员来完成。专业人士是干预相关事务的最终决定者。但是,当早期干预从儿童中心演进到家庭本位之后,人们坚信:家庭,而非专业人士,是儿童生活中的常数;家庭在决定孩子需要和健康方面处于最佳位置;支持家庭是帮助孩子,理解家庭社区的最佳路径;在基于家庭力量的服务提供过程中,家庭具有选择权和决策优先权。同时,从早期干预项目的提供与实践角度上讲,家庭是早期干预项目实践的消费者,当然应该具有消费者的权利。[1] 因此,家

---

① C.J.Dunst,C.Johanson,C.M.Trivette & D.Hambry,"Family-oriented early intervention policies and practices:Family-centered or not？",*Exceptional Children*,1991,58:115-126.

庭本位实践尊重家庭作为自己和孩子相关事务中决策者的角色,支持家庭在养育和教育孩子的角色承担。

尊重家庭作为早期干预最终决策者意味着决策权利主体的转移和对家庭权利的尊重:专业人士需要认识到家庭成员是教育、干预和服务团队中的一员;家长是影响孩子教育和照顾实践的首要决策者;帮助家庭决策可以提供他们对孩子的教育和照顾优势与能力;家长在孩子教育、干预和服务计划中具有法定权利;每个家庭都希望在与专业合作中受益;如果在早期学习和发展事务中给予家长决策机会和学习倡导技能,他们在孩子后来的发展与教育中就更有可能积极参与。

家庭作为干预的最终决定者在很大程度上是专业人士通过帮助家庭决策能力提升实现合作性决策。合作性决策是家庭本位实践的核心特征,对治疗、干预和教育计划十分重要。在实践中,家长通常将自己看成是孩子的保护者;家长乐意参与决策,并有强烈愿望保持对最终决定的完全控制;信息是决策关键,家庭倾向获取治疗和医疗照护提供者的广泛信息。① 帮助家庭进行决策可以从以下方面进行:帮助家庭概括孩子和自己的相关想法;与家长一起工作,让家长用自己的话写下目标清单;将家庭当成计划和服务的真正专家对待;与家长一起生成可能的干预策略选项,并让家长决定最适合他们需要和资源的策略选择;当学校或课堂实践发生改变时,搜集家长意见;为家长提供参与孩子教育的可能时间和地点;在项目或学校(咨询)委员会中吸纳家庭成员;定时询问家长方案要如何做,他们希望看到什么样的改变。

(3)家庭—专业人士伙伴关系

家庭—专业人士伙伴关系发展前后经历了两个阶段:家长参与和伙伴关系。传统上,家长参与被许多活动所包围:课堂教学的志愿者、家长会议和家访、通过电话和书信方式与老师沟通、协助筹款和特别活动、参加咨询委员会,参加孩子计划制定。在这些传统活动中,专业人士将自己看作是决定儿童干预措施的专家,而将家庭排除在外。随着家庭本位实践的出现和发展,这种状

---

① L.Mak,D.Hiebert-Murpgy,J.R.Walker & G.Altman,"Parents' Decision Making and Their Infor-mation Needs Concerning Treatments for Child Anxiety:Implications for Family-Centered Practice",*Journal of Family Social Work*,2014,17:51-67.

况已经发生了剧烈的变化,家长与专业人士密切沟通、协同工作,构建受欢迎的伙伴关系。家庭—专业人士伙伴关系要求为所有家庭成员提供积极参与干预活动或课堂活动的机会,并使之在此感到舒服;为家长参与干预项目、课堂和学校活动或日程安排的决策提供机会;让家庭以他们感觉舒服和容易的方式参与孩子的干预和教育;与家长一起工作,改进学校政策和实践;帮助家庭寻找他们所需要的其他社区服务。

构建专业人士—家庭伙伴关系的重要路径就是使用积极沟通技能。可能的策略有:与提问和建议相比,花更多时间倾听家长;对孩子学习和教育向家长提供频繁的口头与书面反馈;家、校双向信息交流方法的个别化;按时举行日程表上的家长见面会并为家庭提供方便;使用家长能够理解的语言提问和提供信息;向家长传达你愿意在广泛领域讨论影响他们及其家庭的主题;在告知家长方案内容前询问他们的想法;对家长建议、思想和特殊要求给予及时、积极、礼貌的反馈;与家庭一起决定孩子相关事务时使用问题解决技能。

2. 家庭本位实践运作的影响因素

在实践过程中,家庭本位早期干预实践的有效运行面临着一些困难与阻碍。这些困难和阻碍主要来源于机构组织文化和专业服务人士。

(1)机构组织文化

机构创新性、弹性和关注方向与组织实施家庭本位实践的水平密切相关。在加拿大曼尼托巴省,研究者通过对服务协调员、监管者和关键信息合作者的调查,进行家庭本位实践的探索性质性研究①,结果显示,组织文化和氛围相关因素(如案例工作量的多少与活动、监管和培训)、政策限制(不存在的、模糊的、冲突的政策,如缺乏明确标准);基于管辖权变量,如由于地理位置、孩子的法律定位服务无法送达;基于儿童年龄的政策,如当孩子年满 18 岁终止服务;基于儿童诊断的政策,如那些诊断为酒精综合症(没有资格获得省级的儿童残疾服务)、附属服务等对家庭本位实践取得成功的能力有消极影响。这个发现意味着:家庭本位实践相关组织应该发展和保持正向的组织文

---

① A. Wright, D. Hiebert-Murphy & B. Trute, "Professionals' Perspectives on Organizational Factors That Support or Hinder the Successful Implementation of Family-Centered Practice", *Journal of Family Social Work*, 2010, 13:114–130.

化和氛围,支持、使用和维持家庭本位实践,使之对服务质量和结果产生积极
影响。

（2）专业服务人士

构建家庭本位实践的新型关系和发展相关的技能,对学校和早期干预机
构工作人员来讲面临巨大挑战。如专业人士对家庭本位实践缺乏理解,对其
价值认识不足;当家长成为领导和决策者的角色时,专业人士感到不适;遇到
与自己不一致的家庭观点,不愿意调和;工作人员的个人特征（工作时间长
短、训练程度、年龄,以及个人采用家庭本位实践原则的水平高低等）[1];很多
服务提供者几乎没有时间调整自己,以适应家庭本位方法的全新角色需要;专
业服务人士需要发展和保持与家庭伙伴关系的合作技能、团队工作、领导技能
与帮助技能[2]。

此外,其他支持因素也可能成为阻碍因素。如时间、资源、机会、工作氛围
和家庭参与程度[3];学校和机构管理人员相关知识、经验和领导力[4];实践项
目本身的特征[5];家庭对自己角色和与学校的关系认知也可能成为阻碍。

3. 家庭本位最佳实践的基本原则

为了促进在听力障碍儿童（children who are deaf or hard of hearing, D/
HH）家庭本位早期干预领域中推广有效的循证原则。2012 年 6 月,来自 10
个国家,包括家长、聋专业人士、早期干预项目领导、早期干预专家、研究者在
内的专家（所有人员都是听力障碍家庭工作的专家）在奥地利巴德伊舍（Bad
Ischl, Austria）就听力障碍儿童家庭本位早期干预的最佳实践 10 大基本原则

① H.Ahn, D.Keyser & A.Hayward-Everson, "A multi-level analysis of individual and agency effects on implementation of family-centered practice in child welfare", *Children and Youth Services Review*, 2016, 69:11-18.

② H.Hedges & C.Gibbs, "Preparation for teacher-parent partnerships: A practical experience with a family", *Journal of Early Childhood Teacher Education*, 2005, 26:115-126.

③ L.Michalopoulos, H.Ahn, T.V.Shaw & J.O'Connor, "Child Welfare Worker Perception of the Implementation of Family-Centered Practice", *Research on Social Work Practice*, 2012, 22, 6:656-664.

④ B.Lasky & B.Karge, "Meeting the needs of students with disabilities: Experience and confidence of principals", *NASSP Bulletin*, 2006, 90:19-36.

⑤ C.A.Lietz, M.J.Hayes, T.W.Cronin & J.C.Francie, "Anevaluationof strengths-based supervision", *The Journal of Contemporary Social Services*, 2014, 95, 4:227-235.

达成共识。会后,专家们根据大会形成的国际共识进一步提炼原则;制订文件,以描述原则本身内涵、相关项目和提供者行为以及使用的证据支撑。① 这十大原则包括:尽早、及时和公平地获得服务(Early, Timely & Equitable Accessto Services)、家庭/提供者伙伴关系(Family /Provider Partnerships)、知情选择与决策(Informed Choice and Decision Making)、家庭社会和情绪支持(Family Social & Emotional Support)、家庭婴儿互动(Family Infant Interaction)、使用辅助技术和沟通持性方法、合格的服务提供者(Qualified Providers)、合作性团队工作(Collaborative Teamwork)、进步监控(Progress Monitoring)、项目监管(Program Monitoring)。总体而言,家庭本位早期干预实践包括以下原则:家庭是服务的焦点;支持和尊重家庭决策;提供富有弹性的、及时反馈的、综合的服务设计来强化孩子和家庭功能。②

4. 家庭本位实践的基本策略

聚焦家庭参与、力量、文化与赋权增能的家庭本位早期干预实践③基本策略包括:早期干预服务应该强调整个家庭的需要,而不是仅仅聚焦于儿童;家庭应该积极参与早期干预的所有方面(如接案、评估、IFSP 的制订与实施、转衔);基于家庭需要、优势力量与资源决定 IFSP 家庭结果(目标);家庭选择参与孩子的早期干预服务项目及其实施方式;帮助家庭确认他们的力量对早期干预提供者的重要性;早期干预提供者制订干预方案时考虑家庭文化;早期干预提供者之间密切合作;早期干预提供者充分利用家庭支持系统(家庭、朋友、社区资源);早期干预提供者使用反思性实践去评估干预项目;早期干预提供者使用在家庭居家生活中自然可得的资源与材料;早期干预服务以家庭需要、优先事项和关注为基础;早期干预提供者帮助增强家庭自我倡导的能力;早期干预提供者提升家庭参与决策过程的能力;早期干预提供者及时处理

① M. P. Moeller, G. Carr, L. Seaver, A. Stredler-Brown & D. Holzinge, "Best Practices in Family-Centered Early Intervention for Children Who Are Deaf or Hard of Hearing:An International Consensus Statement", *Journal of Deaf Studies and Deaf Education*,2013,18,4:429-445.

② S.L.McBride, M.J.Brotherson, H.Joanning, D.Whiddon & A.Demmitt, "Implementation of family-centered services:Perceptions of families and professionals", *Journal of Early Intervention*,1993,17:414-430.

③ D.B.Bailey, M.Raspa & L.C.Fox, "What is the future of family outcomes and family-centered services?", *Topics in Early Childhood Special Education*,2012,31,4:216-223.

IFSP 团队中的冲突；早期干预提供者帮助家庭学习承担 IFSP 团队领导角色（如领导 IFSP 会议、关于服务的决策、倡导格外服务）的技能等。

其中最为关键的策略是：第一，干预发生在家长—专业人士伙伴关系中，实践者与家庭结成工作联盟，家长与实践者合作决定干预计划。第二，对家庭需要和优先事项的评估引导着个别化家庭服务/支持计划的发展。第三，干预最重要的目标是通过强化他们满足自身需要的能力，实现家庭的赋权增能。如在尊重家庭文化和价值的情况下，让家长引导孩子的发展；家长与孩子直接一起工作；使家长—孩子互动充满正能量；支持家长—孩子沟通。

（四）家庭本位早期干预实践的关键点

尽管家庭本位实践是在特殊儿童早期干预和特殊幼儿教育中发展出来，经过实践探索并通过法律强制和政府经费资助进行推广，使其展现出蓬勃生机。但是早期干预的家庭本位实践所显示出来的价值取向及其基本原则对整个幼儿园教育都具有启示意义。

1. 幼儿园开展融合导向的早期干预

家庭本位早期干预实践模式与整个特殊教育的融合发展方向一脉相承，在本质上是融合教育在早期干预中的体现。在我国，根据中国残疾人事业发展统计公报，2013—2015 年我国年度新诊断 0—6 岁残疾儿童分别为 5.0 万人、4.8 万人、4.8 万人。[①] 以此推算，我国共有需要接受早期干预的 0—6 岁残疾儿童有 30 万人左右。这还不包括特殊教育领域占比最大的学习障碍、情绪与行为障碍、自闭症等发展性障碍儿童。因此，实际上需要接受早期干预的特殊儿童远远超过 30 万人。如此规模的需求群体不可能单单依靠机构完成，因为这既有现实操作的困难，同时又不符合我国 2017 年新修订的《残疾人教育条例》所提出的融合优先的特殊教育原则。充分利用普通幼儿园开展早期干预，既是解决特殊儿童及其家庭的需求，同时又可促进整个幼儿园从理念到操作的范式变革。

2. 对家庭作为一个整体予以关注

家园合作与家园协同育人是我国学前教育的主题。然而由于幼儿园教育

---

① 中国残疾人联合会：《2013 年、2014 年、2015 年中国残疾人事业发展统计公报》，2016 年 11 月 16 日，见 http://www.cdpf.org.cn/zcwj/zxwj/201604/t20160401_548009. shtml。

的专业性和家庭教育的情感性使得二者之间的合作与协同似乎更多的是形式上，而非实质性的融合。根据家庭本位实践的经验，家长和家庭相关能力的提升需要借助于专业机构和专业人士的帮助和支持。幼儿园及其老师无疑就扮演着专业机构和专业人士的角色。在幼儿园及其老师对家长和家庭提供帮助和支持过程中，不仅要指导其直接解决孩子的相关问题、帮助孩子学习和发展，而且要与整个家庭建立合作关系，关注儿童发展和学习的家庭环境建设，尤其是帮助家长和家庭有效获取资源、有效解决自己所面临的问题、建构良好的夫妻关系和亲子关系、营造民主平等互助的家庭氛围。如此，方可实现家庭的正向功能，有效承担孩子发展和教育责任，并最终促进孩子的成长和发展。

3. 尊重家长在幼儿教育中的决策权

儿童在幼儿园的游戏、学习与发展通常被看作是一个高度专业化的领域，幼儿园单方面主导了相关事务，家庭和家长被排除在外，最多扮演的是被动参与的角色。但是不要忘记家庭和家长是最直接的利益相关者、是幼儿园教育的消费者、是儿童生活的主要和自然场所、是儿童生活与发展资源的主要供给者，当然也对儿童最为关心和最为了解，因此对儿童发展具有决定性作用。在儿童学习和发展目标的确定、学习和发展方案的制订、课程与教学过程的推进、学习资源的获取和支持、个别化学习需要的诊断与满足、个别化教学计划的形成与实施、学习和发展成效的评估等相关事务中，家长或家庭有最终决策权，至少应该尊重其决策参与权。如此，家长和幼儿园的关系得以重新定位，幼儿园教育的模式也将发生范式性转变。当然，这个过程必然充满挑战和阻碍，极其漫长。

4. 家庭与幼儿园教育的伙伴关系与实质性参与

真正有效家园合作与家园协同意味着新型的家园关系。传统的园主家辅、园主家从的关系让位于家园伙伴关系。伙伴关系意味着家庭、幼儿园、老师对儿童发展共同责任的卷入。家庭和幼儿园通过合作、利用彼此的判断和专业知识以便增进儿童、家庭和幼儿园及老师利益的共同成长。家庭、幼儿园及老师之间伙伴关系的建立基于家庭参与孩子教育的程度。而家长参与程度取决于以下因素：日常工作和职业限制，家里需要照顾的其他幼儿状况，交通的便利程度，家长（生理的和心理的）健康状况，家长自身的成熟和对孩子需要的理解，对幼儿园、教师和权威人物的态度，与项目文化和语言的一致程度，在班级中的满意度和感知能力,等等。在残障儿童家庭的充分参与之下,建立帮助家庭成为专业伙伴需要遵循七大原则:沟通(友好、倾听、清晰、真诚、提供与整合信息)、专业(提供优质教育、持续学习、高期望)、尊重(尊重文化多样性、肯定力量、使学生和家庭获得尊严)、承诺(适用性和无障碍、走向优秀与卓越、对情绪需求的敏感性)、平等(分享权力、增权赋能、提供机会)、宣导(寻找双赢解决方案、预防问题发生、保持良心的活力、精确定义和整理问题、形成同盟)、信任(成为可靠的人、使用准确的判断力、保持自信心、信任自己),其中信任关系的建立是关键。

5. 对家长和家庭专业指导和增能强化

家长和家庭的参与依赖于家长和家庭参与的意愿、能力。而家长和家庭参与的意愿和能力取决于家长和家庭拥有的权力与资源。概括起来就是家庭赋权增能。父母对孩子关注的自然性、家庭压力水平、社会支持的可利用性、家庭参与的行为、家长的优先经验、家庭的教育水平等因素决定着家庭参与幼儿园教育的水平。这意味着:家庭是幼儿事务的专家;家庭是关于家庭和幼儿事务的最后决定者;家庭在教育目标和相关服务设置上具有优先权;家庭选择其参与的程度和水平;家长和幼儿园之间需要合作与信任关系;幼儿园需要尊重文化差异和应对风格的不同。增进家长和家庭能力的路径有家长培训、家长指导、家长参与、家庭访问①、家长组织、家园联系等等。

五、以家庭为中心的送教上门服务②

在我国特殊儿童多元化安置体系之中,送教上门是一种重要补充。基于推进重度障碍特殊儿童义务教育的普及、追求重度障碍特殊儿童教育质量、系统规范实施重度障碍特殊儿童居家教育的诉求,特殊儿童送教上门服务得以提出和实行。

(一)理论探讨:送教上门的内涵

在普通教育中,送教上门的提法由来已久,教育史上最早的送教上门便是

---

① 田波琼、杨晓萍:《美国家访项目的内容、影响因素及其发展趋势》,《学前教育研究》2013年第6期。

② 本部分核心内容已经在学术期刊上正式发表,并注明得到本项目的资助。

家庭教师①,在推进特殊儿童教育的普及过程中,送教上门的提法被逐渐引入,它指的是特殊儿童教育安置方式中的一种。我国大陆关于"送教上门"的正式概念并不多见,虽然各地相关文件对送教上门的指导思想、服务对象、教育形式、保障等方面有所规定,但是并没有对"送教上门"进行专门定义,其中大陆学者高宇翔在2012年指出"送教上门是一种由专业教师或接受过专门培训的志愿者上门免费提供教育教学服务的个别化教育方式,服务对象主要是接受学校教育有困难,但具备基本受教育能力的6—15周岁学龄阶段中重度残疾儿童少年"②。中国台湾地区将"送教上门"称为"在家教育",陈英豪将"在家教育"解释为"适龄的学童,因身心障碍程度严重而无法到校上课,另由教育单位派教师到该学童家里为其施教"③。日本将"送教上门"称为"访问教育",指"部分县市针对无法到特殊学校就读或是免除就学义务的学生,派遣特殊学校的教师前往学生家中教育",并将"访问教育"纳入为特殊学校安置形态的一种服务模式。④"送教上门"在美国的称谓比较多样化,比如有"在家/医院教育方案"(Homebound/Hospitalized Program)、"在家方案"(Homebound Program)、"家庭/医院服务"(Home or Hospital Service)、"在家教育"(Homebound Instruction)等。

作为特殊儿童的一种教育安置形式,"送教上门"与"全纳教育"和"零拒绝"这两个理念密切相关。理解"送教上门",需要我们厘清"零拒绝"和"全纳教育"的含义。"零拒绝"是在教育公平的价值观基础上提出来的特教理念,指我们没有任何权力、任何借口,拒绝有身心障碍,哪怕是重度残疾儿童接受教育。"全纳教育"(inclusive education),又称"和谐教育",是指"通过增加学习、文化和社区参与,减少教育系统内外的排斥,应对所有学习者的多样化需求,并对其做出反应的过程"⑤。可见从"零拒绝"的角度而言,"送教上门"在于保障那些因为重度残疾而不能到校就读学生的教育机会,具有公益免费

① 方俊明:《送教上门支持保障体系的构建与完善》,《现代特殊教育》2017年第7期。

② 高宇翔:《北京郊区县学龄残疾儿童少年不在学及送教上门需求情况调查》,《南京特教学院学报》2012年第1期。

③ 田艳萍:《上海市送教上门家庭现状与服务需求研究》,华东师范大学硕士学位论文,2014年。

④ 黄俊玮:《在家教育巡回辅导措施成效评估之研究》,彰化师范大学硕士学位论文,1998年。

⑤ 周满生:《全纳教育:概念及主要议题》,《教育研究》2008年第7期。

的特征;从"全纳教育"的角度而言,"送教上门"需要关注到特殊儿童的发展性,即通过接受教育让其获得融入社区生活所必备的技能和知识,强调以促进学生的全人发展为最终目标,具有很强的专业性,又由于每个特殊儿童身心状况存在差异,注定以促进特殊儿童全人发展为目标的"送教上门服务"具有极强的个体差异性,需要为学生制定个别化的教育与康复计划。因此,可以认为"送教上门"的根本目的在于保障重度障碍的特殊儿童通过接受合适的教育,实现全人发展,获得融入主流社会生活的知识和技能,且具有免费、专业性及个别化的特征。

(二)现行送教上门工作的不足

在国家的大力重视下,针对残疾儿童的送教工作取得了相当的成绩,但由于总体上我们国家开展送教上门工作的时间较晚,缺乏系统的规划与实施模式,导致我们的送教上门工作存在一定的不足。

1. 教学内容有待进一步优化

教学内容是确保送教上门工作质量的核心要素,但目前还存在一定的问题:(1)过于注重学科教学,与特殊儿童的需求脱节。目前虽然开展了一些康复与生活技能、感统训练,但还是主要以学科教学为主,实际上重度障碍特殊儿童对文化知识的学习需求很弱,更希望进行身体机能康复和生活自理能力训练[1],明显学科化倾向的送教内容并不能很好地满足特殊儿童及其家庭的需求。(2)个别化教育计划的规范不够,制约了教学内容的科学性。在送教上门服务中,应该依据个别化教育计划(Individualized Education Program,以下简称IEP),制定适合学生发展特点的教学内容,但现实的情况是IEP文本的规范性不足,比如撰写和实施往往是送教老师一人完成,其他送教老师鲜有参与,难以保证对文本的合理性和执行有效性进行评价[2],当然这也与我们国家特殊教育政策缺乏对IEP的规范性要求有关,直接导致教学内容的设置出现随意性强等问题,影响教学内容的针对性与合理性。

2. 康复效果有待提升

虽然"送教上门服务"使得特殊儿童的生活适应、认知学习等方面的能力

---

[1] 梁爽:《上海市送教上门学生发展现状与需求研究》,华东师范大学硕士学位论文,2014年。
[2] 谈慧:《提高送教上门工作实效性的实践与思考》,《现代特殊教育》2016年第17期。

获得了一定的进步,但是这种进步还未达到一般意义的显著水平,比如梁爽对"上海市送教上门学生发展现状"的研究指出:在自理领域,只有极少数的学生能够独立完成生活自理活动;在感知运动领域,仅个别学生能够通过所有项目;在认知与表达领域,只有近30%的学生能实现正常的理解与表达;在社会适应与情绪领域,所有学生都存在社会适应不良的问题,且30%的学生存在情绪行为问题;在学习领域,学生的学习水平平均落后于同年级普通学生两个年级段。[1] 董玮倩对我国台湾地区特殊儿童在家教育的研究也表明实施效果不尽人意,在学习和生活上的改善情形普遍认为不甚乐观。[2] 这些都说明在目前的"送教上门服务"工作背景下,特殊儿童的教育康复效果还有待进一步提升。

3. 对特殊儿童家庭的支持不够

"送教上门服务"的对象应该包括残疾儿童的家庭,但是目前送教上门的受惠对象主要是特殊儿童[3],对其家庭的关注和支持不够,主要表现为:(1)对信息的支持不足。特殊儿童家庭非常需要对相关信息进行了解,因为这可以让他们明白自身享有的合法权益,进而去主动争取维护自身权益,但相关家庭目前接收到的信息支持明显不够,导致他们掌握的信息类型单一,了解不详尽,特别对与孩子相关的教育帮扶政策、就业保障政策、康复保障政策(康复救助、康复补助)、医疗保障政策、生活保障政策等根本不了解或者了解不全面。[4] (2)对家庭经济状况的支持不够。相关研究指出,接受"送教上门服务"的特殊儿童家庭面临着沉重的经济负担,而且这类家庭最多的需求还是改善家庭经济状况,对绝大多数这类家庭而言,由于孩子的障碍程度较重,往往要耗费掉一个家庭劳动力来照顾孩子,这也使得家庭劳动力减少,直接导致家庭经济收入减少。同时,孩子的各项医疗、辅助器具等开支导致家庭经济支出增加,再加上虽然目前国家对于这类家庭经济状况有所关注,但是更多的体现是免费提供"送教上门服务",对于真正意义上的经济投入性帮助则少有涉

---

① 梁爽:《上海市送教上门学生发展现状与需求研究》,华东师范大学硕士学位论文,2014年。

② 董玮倩:《美国与中国台湾地区特殊儿童在家教育比较研究及启示》,华东师范大学硕士学位论文,2013年。

③ 邹燕君、孙玉梅等:《残疾儿童家庭对送教上门的需求调查——以武汉市为例》,《现代特殊教育》2016年第24期。

④ 田艳萍:《上海市送教上门家庭现状与服务需求研究》,华东师范大学硕士学位论文,2014年。

及,因此使得特殊儿童家庭的经济状况不乐观。(3)对家长心理疏导不够。特殊儿童家长面临着较大的心理压力,更多家长面临消极情绪,这种消极情绪一方面影响着其自身的健康,如果这种消极情绪长期不能得到舒缓,还会直接影响到家长对待孩子的养护态度,比如导致家长对孩子的期望降低,因此"送教上门服务"应该为特殊儿童家长提供心理疏导。但相关研究表明,多达一半多的接受"送教上门服务"的家长仍面临着巨大的心理压力,而且选择封闭自己,不愿向他人倾诉,也没有认识到心理疏导和解压的重要性。这种情况表明,"送教上门服务"对于特殊儿童家长的心理疏导工作还有待加强。

(三)以家庭为中心的送教上门服务

结合国家对开展特殊儿童"送教上门服务"的指导精神、"送教上门服务"面临的不足及取得的成功经验,构建以家庭为中心的送教上门服务,有助于丰富"送教上门服务"的理论内涵,保障特殊儿童"送教上门服务"得到更好的实施。

1. 送教上门的目的和价值

《特殊教育提升计划(2014—2016年)》在"扩大残疾儿童义务教育规模"这一主要措施里明确指出"县(市区)教育行政部门要统筹安排特殊教育学校和普通教育学校资源,为确实不能到校就读的重度残疾儿童少年提供送教上门或远程教育等服务,并将其纳入学籍管理"。可见,"送教上门服务"的目的在于保障重度障碍特殊儿童义务教育的实现。送教上门作为一项系统工作,涉及教师、学生、政府及学校的参与,彼此相互影响,对于教师,"送教上门"让他们为特殊儿童送"教",体现了"师道的专业性和人文关怀价值";对于特殊儿童,"送教上门"瞄准的是他们的"学",让他们实现作为学生"成长和发展的权利";对于政府和学校,他们在"送教上门服务"中扮演着管理组织的角色,承担了组织统筹"送教上门服务"工作开展的义务,也体现了作为公共职能部门社会公益性的价值。概言之,"送教上门"作为一项系统工程,其价值在于:送的是"教育、康复",瞄准的是特殊儿童的"学",实现的是作为学生的"权利",规范的是政府和学校的"义务",核心在于维护教育的"公平"。

2. 送教上门的地位

对于重度障碍的特殊儿童而言,他们接受教育的方式永远被定格为"送教上门服务"吗? 如果将他们的教育方式永远定格为"送教上门服务",将会与"融合教育"的理念相违背,因为单纯的"送教上门服务"已经将重度障碍特殊儿童所处的教育学习环境限定在家庭,隔绝了与同龄人的接触的机会,不利于他们更好地融入主流社会,而且对于送教上门的资源也是一种负担。如果将"送教上门服务"定位为辅助、补充的地位,让重度障碍特殊儿童在接受"送教上门服务"的同时,在学习接受知识能力获得一定发展的情况下,定期回归学校,或者直接转为全日制的在校学生,则可以让他们接受更为系统的教育康复训练,获得更多地接触外界环境的机会,帮助他们更好的成长,同时也有利于减轻"送教上门服务"的资源压力。

3. 送教的主体

送教的主体指的是具体由谁负责实施"送教上门服务"? 在"医教结合"的理念下,送教的主体应该是特殊教育学校(中心)还是医院?《特殊教育提升计划(2014—2016年)》指出:"县(市、区)教育行政部门要统筹安排特殊教育学校和普通学校教育资源,为确实不能到校就读的重度残疾儿童少年提供送教上门或远程教育服务,并将其纳入学籍管理",这说明教育行政部门是送教上门工作的管理部门,那么相应的特殊教育学校(中心)就应该成为送教的主要实施主体,具体负责实施送教,因为教育行政部门不可能去管理医院。但在"医教结合"的理念下,送教的内容不再是单独认知、学科知识教育,还包括康复治疗。因此,单纯依靠特殊教育学校(中心)的教育资源还远远不能满足重度障碍特殊儿童的需求,真正的实践机制还应该是由特殊教育学校(中心)代表政府,集成相关资源及相关服务,比如让医院的康复师等参与到送教队伍中,为特殊儿童实施送教。

4. 送教的内容

确定合适的送教内容是"送教上门服务"的核心。那么如何确定合适的送教内容呢? (1)以教育为核心,整合相关服务。在"医教结合"的理念下,为特殊儿童不能单纯地送"教育",还应该整合医疗服务,为他们送"康复",同时还应该联合社会公益力量,为特殊儿童及其家庭送"温暖"。(2)坚持贯彻"特殊教育学校课程标准"的相关要求。2016年,教育部发布了最新的"三类特殊教育学校(盲、聋、培智)课程标准",新的三类特殊教育学校课标注重了与普通教育的衔接,强调了个别化、差异教学;同时,课程的目标和内容充分考虑到特殊儿童的缺陷补偿和潜能开发,高度关注学生社会适应性。因此,在确定送教内容时应该突出个别化原则,即从认知、沟通、社会适应等方面对特殊儿童进行评估,并结合家长的期望,制定个别化教育计划(IEP),然后根据IEP的目标确定教学内容,以实现学生生活适应为导向。课程设置可以突出学科课程、功能性课程和生态环境课程。[①] 学科课程包括适应语文和适应数学,发展学生基本的生活认知能力。功能性课程主要包括生活自理和居家生活技能,通过缺陷补偿和潜能开发,重在培养学生独立生活的能力。生态环境课程关注的是学生与生活环境的互动能力,帮助学生将所学学科知识和功能性课程有效运用于生活。(3)关注特殊儿童及其家庭的需求。在设计送教的内容时,应该关注到特殊儿童及其家庭的实际需求。送教上门的对象主要是重度障碍的特殊儿童,他们的生活自理、适应能力较差,实现明显的康复成长并非短期可以达到。因此,送教的课时量必须足够,可以结合孩子的发展情况和目标确定全年的课时数,并细化到每周、每次的课时数。对于特殊儿童家长,他们在养育孩子的过程中,面临了巨大的精神压力,导致身心疲倦,因此送教的内容也应该适当包含对家长的喘息服务。

5. 送教方法

送教干预是以特殊儿童,还是以其整个家庭单元为中心?如果送教服务仅仅以特殊儿童为中心,虽然会取得一定成效,但这种方式更多关注的是特殊儿童及其家庭所面临的不足和缺陷,缺乏对特殊儿童家庭优势能力的利用,而且以特殊儿童的分类为基础,会导致负面标签效应的出现;相反,如果以特殊儿童的家庭整体作为送教干预的中心,将可以在发挥专业人员知识技能的基础上,集成并强化特殊儿童家庭优势力量,关注特殊儿童及其家庭成员的需求,为特殊儿童的康复成长营造一个健康、持续、和谐、智慧的有机环境。

在送教服务的过程中,以"家庭"为中心,要求以"家庭本位实践的核心要素"为依据构建服务体系:(1)以特殊儿童家庭整体作为送教服务的对象。特殊儿童的缺陷及弱势性,极大地强化了其与家庭成员的纽带关系,可以认为特殊儿童的成长无时无刻不依赖于其家庭成员的支持帮助,因此家庭系统的稳定健康对特殊儿童的成长意义重大。所以,送教服务人员应该立足于维持特殊儿童家庭系统的良好运转,关注家人所需,让他们有一个良好的身心状态,

---

① 朱红民:《重度残疾学生送教上门的实践与思考》,《现代特殊教育》2016年第22期。

进而不断激发并维持家人对特殊儿童的关怀、帮助和支持,发挥家庭的正能量。(2)发挥特殊儿童家庭对送教服务的选择权和决定权。当以特殊儿童家庭作为送教服务的对象,也就相当于将家庭成员作为了送教服务的消费者,那么家庭也就具有了作为消费者的选择权和决定权,同时家庭成员对孩子的情况最了解,对孩子的需要和发展最有发言权,因此应该赋予特殊儿童家庭在送教服务中的绝对权利。在实践家长的选择和决定权时,首先,送教专业人员可以根据家长的意见,为他们提供相关理念、知识、技能培训,让他们在孩子的教育康复过程中,有足够的能力做出合理的选择决定。其次,帮助家长厘清家庭及孩子面临的困境及预期,和家长一起制定可供选择的送教服务实施方案,并让家长最终决定选择何种方案。最后,在送教服务实施过程中,专业人员要积极听取家庭成员的反馈意见,不断优化调整送教服务。(3)建立特殊儿童家庭成员与专业人员的伙伴协作关系。既然家长在送教服务中拥有选择与决定权,那么送教的专业人员就应该充分获取特殊儿童家庭的支持,以保障送教服务的顺利实施,而获取家庭支持的有效途径便是专业人员与特殊儿童家庭成员之间建立并维持一种正向、积极、友好、协作的伙伴关系。建立维系这种关系的重要途径便是使用积极有效的沟通、尊重家庭文化、真诚帮助对方家庭面临的困境,比如可以陪伴家长,给他们提供倾诉的机会,交流应该做到让家长习惯,同时对他们的处境表示真诚的理解,尽专业人员所能为特殊儿童及他们的家庭提供多方面的帮助,并积极将特殊儿童状况和家庭成员沟通以及交换意见,采纳家长的建议等。

6. 效果评价

"送教上门服务"作为推进特殊儿童义务教育普及的一种方式,有必要对其实施效果进行评价。教育评价是一项系统的过程,一个好的评价需要解决好评价方式(评价模式)和评价内容两个方面的问题。

教育评价模式方面,在对泰勒模式进行批评的基础上,诞生了很多教育评价模式,但在现实的教育评价活动中,起主导作用、得到最广泛应用的仍是泰勒模式和后来发展的 CIPP 模式。[1] 泰勒模式过于关注预定教育方案的达成

---

[1] 戚业国、杜瑛:《教育价值的多元与教育评价范式的转变》,《华东师范大学学报(教育科学版)》2011 年第 2 期。

情况,对于方案本身的评价不够,过于强调专业人员的强势地位,并不适用于"倡导发挥特殊儿童及其家庭主导地位的送教上门服务",而 CIPP 模式则集结了对背景(context)、输入(input)、过程(process)和结果(product)的评价,超越了泰勒模式的局限,具有系统、打破专业人员强势地位的特征,因此在一定程度上适合作为"送教上门服务"的效果评价方式。

(1)在"送教上门服务"中实施 CIPP 评价模式应该注重如下方面:①在背景评价方面,关注送教服务目标制定的合理性,比如是否与国家特殊教育课程标准的总体要求、特殊儿童自身及家长的期望等相符合?②在输入评价方面,对送教服务计划的可行性和合法性进行判断,包括政府和学校为开展"送教上门服务"提供的资源保障是否到位?送教人员的专业贮备知识是否充足?教学计划是否具有可行性?教学过程安排是否能够与教育目标实现总体上的对应?③在过程评价方面,对送教上门工作进行连续不断的检查和反馈,比如教师的教学行为是否有效?教学内容设置是否体现了对特殊儿童的缺陷补偿和潜能开发?是否尊重了特殊儿童家庭的决定权?特殊儿童和其家庭在送教上门服务中的参与情况如何?④在结果评价方面,对送教服务的最终结果进行考察,一是考察送教服务目标的达成情况;二是考察教学目标实现的效能,即送教服务资源投入与目标实现的效率情况;三是考察非预期效果,在送教服务的过程中可能会出现一些创造性的非预期成果,比如转变了家长对孩子残疾的逃避、不接纳观念,对这些非预期成果进行考察,可以激发送教教师的创造性,并为后续开展送教服务工作提供更多的指导。

(2)在评价内容方面,需要重点关注对特殊儿童发展情况及家庭状况的评价。①关于特殊儿童发展情况的评价,目前中国大陆地区还没有正式的关于送教上门儿童评估工具,但中国台湾嘉义县的在家教育评估表、Gesell 发育诊断量表(Gesell Developmental Diagnosis Schedules)、Bayley-Ⅲ婴幼儿发育量表(第三版)(the Bayley Scales of Infant and Toddler Development-Third Edition,Bayley-III)可以为我们提供一定的借鉴。嘉义县的在家教育评估表将接受"送教上门服务"的特殊儿童评估分为身体健康、动作、生活自理、社会情绪、沟通及认知学习[1],Gesell 发育诊断量表主要包括适应性行为、运动行为(粗

---

[1]　梁爽:《上海市送教上门学生发展现状与需求研究》,华东师范大学硕士学位论文,2014 年。

大、精细)、语言、个人—社会行为四个领域①,Bayley-Ⅲ 包括动作、语言、认知、社会情感、适应性行为五个方面②。从这几个评估工具而言,基本都涵盖了对特殊儿童"身体健康与感知运动、生活自理能力、社会适应与情绪、语言沟通、认知学习",因此我们可以初步从这几个方面,对在接受"送教上门服务"下的特殊儿童进行评价,当然后续还应该进一步编制相应的评估量表。②对于特殊儿童家庭的评价,可以依据家庭生活质量取向,即通过"送教上门服务"是否让"家庭成员需求的满足、家庭成员共享生命时光以及家庭成员有机会深度参与重要活动的情况"③得到改善。目前关于特殊儿童家庭生活质量的评价模型比较多样化,特别是国外已经形成了比较成熟的理论,比较具有代表性的有美国堪萨斯大学提出的家庭生活质量五因素理论④和加拿大多伦多大学提出的家庭生活质量九因素理论⑤。在开展对"送教上门服务"家庭生活质量的评价中,需要进一步结合这类家庭的主要需求和实际状况,参照已有成熟理论,开发出适合国内本土情景的评价体系。

今天,在"医教结合"、"融合教育"的理念下,开展特殊儿童"送教上门服务"需要将其定位为一种辅助教育形式,让学生逐步回归开放、多元的教育安置环境,并注重以特殊儿童的家庭为服务中心,为其赋权增能,推动特殊儿童实现全人发展,同时坚持系统全面、非专业人员强势地位的方式对特殊儿童及其家庭的发展进行评价,保障"送教上门服务"的效果。

---

① 张秀玲、李寄平、秦明镜、张辰英:《Gesell 发展诊断量表 3.5—6 岁北京修订本的制定》,《中国临床心理学杂志》1994 年第 3 期。

② M.Greene,K.Patra,M.Nelson,J.Silvestri,"Evaluating Preterm Infants with the Bayley-Ⅲ:Patterns and Correlates of Development", *Research In Developmental Disabilities:A Multidisciplinary Journal*,2012,33(6):1948-1956.

③ J.Park,L.Hoffman,J.Marquis,et al.,"Toward Assessing Family Outcomes of Service Delivery:Validation of a Family Quality of Life Survey", *Journal of Intellectual Disability Research*,2003(4-5):367-384.

④ B.J.Isaacs,I.Brown,R.I.Brown,et al.,"The International Family Quality of Life Project:Goals and Description of a Survey Tool", *Journal of Policy and Practice in Intellectual Disabilities*,2007(3):177-185.

⑤ L.Hoffman,J.G.Marquis,D.J.Poston,et al.,"Assessing Family Outcomes:Psychometric Evaluation of the Family Quality of Life Scale", *Journal of Marriage and Family*,2006(68):1069-1083.

六、以问题为中心的家长培训

2015年,教育部印发了《教育部关于加强家庭教育工作的指导意见》,其中在肯定家庭教育工作重要意义的基础上,明确提出要强化家长的主体责任地位。[①] 儿童的教育仅靠学校单方面的力量是难以完成的,它需要社会各方面的支持和配合,尤其是要和家长通力合作,才能更好地发挥教育功能。特殊儿童相较于普通儿童而言需要更多的支持,这就要求特殊儿童家长要掌握更多的知识和技能,在生理和心理上给予他们更多的支持,以促进特殊儿童的健康成长。

家长培训是促进家庭赋权增能的重要路径。由于家长所面临问题的复杂性和家长行动的实践性,"以问题为中心"的培训应该成为家长培训的基本模式,"以问题为中心"的培训模式指的是在"问题"的情景中,教师引导学员围绕"问题"主动探索、发现事物发展的起因和规律,进而建构自己的知识体系,提高发现问题、分析问题和解决问题的能力,获得情感、态度、价值观的直接体验。[②] 该模式已由最初的医学领域扩展到教育学、社会学、法学等领域。

(一)"以问题为中心"的培训模式意涵

"以问题为中心"的培训模式指在"问题"的情景中,教师引导学员围绕"问题"主动探索、发现事物的起因、规律,进而构建自己的知识体系,提高发现问题、分析问题和解决问题的能力,获得情感、态度、价值观的直接体验。

关于"以问题为中心"的培训模式的基本要素包括三个方面:问题情境、学员和教师。(1)问题情境。在培训中所使用的问题为结构不良,一般有泥沼型问题、两难型问题、常规型问题、实施型问题。[③] 问题情境的设置应接近现实世界,有吸引力,能够激发学员探索、寻找问题解决方案的动机。(2)学员。在解决问题的过程中,学员是学习的主体,学员需要自己识别问题、查找

---

① 教育部:《教育部关于加强家庭教育工作的指导意见》,2015年10月16日,见 http://www.moe.gov.cn/srcsite/A06/s7053/201510/t20151020_214366.html。

② 何丽君、何丽霞:《"以问题为中心"的干部培训模式初探》,《云南行政学院学报》2009年第2期。

③ 参见[美]埃德温·M.布里奇斯、菲利普·海林杰:《以问题为本的学习在领导发展中的运用》,冯大鸣等译,上海教育出版社2002年版,第35页。

资料寻求帮助、在小组中讨论合作寻求问题解决,在问题解决的过程中构建自己的知识体系。(3)教师。教师是学员问题解决过程中的指导者、协助者。鼓励学员积极思考、发表意见,对培训进程进行宏观把握,在开始的时候提供多的指导,随着活动的开展慢慢"隐退",让学员自行独立探索。

(二)"以问题为中心"的培训模式的操作流程

"以问题为中心"的培训模式没有固定的操作过程,我国学者姚霞(2003年)在比较美、澳两国校长培训模式中指出,一般可包括问题学习单元设计、问题探究、成果汇报和后期评价反馈 4 个阶段。① 冯大鸣(2002 年)提出"以问题为中心"培训模式的操作流程包含了前期设计(问题设计、情境设计、资源提供、成果要求、时间限定)、培训实施(进行分组和角色分配、学员决定进程、教师进行辅助、动态考核)和后期工作(双向反馈、个别化评价、对原计划的修订)三个部分。②

目前国外影响最大的模式之一是 H.Barrows 在医学院开展的 PBL 模式,根据 Barrows 的模型,PBL 基本过程为:组织一个新的小组、开始一个新的问题、问题跟进、问题汇报、问题后反思。③ (1)组织一个新的小组。学生分成小组,按照小组开展学习,每个小组都有促进者(通常为教师);小组成员和教师作自我介绍,营造一种舒适的氛围;建立基本的规则。(2)开始一个新的问题。教师为学员提供一个复杂的问题,这个问题应接近学员的实际生活,能够吸引学员。在问题讨论前,每个小组都要准备一块白板,并选出专门的记录员在上面记录问题解决的过程。在问题解决的开始,学员要确定对于解决问题很重要但是他们又不了解的知识,即学习要点。教师在刚开始会给予引导,随着学习的进行,学习者对问题有一定的理解,教师角色慢慢"隐退"。但是由于知识的缺乏又阻碍了问题的解决时,学员就需要花费时间去寻找资源。(3)问题跟进。小组成员再次回到小组中来,相互分享自己搜集到的资料,学习到的知识,并运用这些知识进行分析问题。在这个过程中,学员还要评价自

① 姚霞:《美、澳两国校长培训模式比较与借鉴》,《江苏教育学院学报(社会科学版)》2003 年第 3 期。
② 冯大鸣:《美国以问题为中心的教师培训模式》,《中小学教师培训》2002 年第 1 期。
③ C.E. Hmelo, Ferrari, "The problem-based learning tutorial: Cultivating higher order thinking skills", *Journal of the Education of the Gifted*, 1997, 20(4): 401-422.

己的信息和别人的信息。(4)问题汇报。问题解决不仅是让学员解决问题,同时让他们理解问题的原因。每个小组在汇报解决方案的时候可以采取不同的形式,可以是图表分析,可以是口头表达,也可以是戏剧表演。汇报既可以被教师用来了解学员对相关内容的掌握情况,也可以增强学员对解决这一问题所用资料的理解程度。(5)问题后的反思。为了提炼他们所学习到的知识、能力,学员在问题解决后要有意识地对他们解决问题的过程进行反思。这种反思有利于更加深入地理解新知识的运用情境,这种反思使他们能够了解这种新知识是可以应用的。

此模式在实际应用中并无固定步骤,但是通常意义上的"以问题为中心"的模式都是以巴罗斯所创立的体系为基础,所以本研究中采用的"以问题为中心"的家长培训就是基于 Barrows 的这五个步骤。

(三)"以问题为中心"的家长培训案例

首先,将"以问题为中心"的培训模式引入到特殊儿童家长培训中,并根据家长的特点设计具体的操作流程。其次,在了解发展性障碍儿童家长亲子沟通现状的基础上拟定培训主题。最后,运用"以问题为中心"的培训方式对实验组十名家长进行干预,以此探究"以问题为中心"的家长培训对发展性障碍儿童家长亲子沟通的干预效果。

1. 培训对象为 10 名发展性障碍儿童家长

这些家长具有以下特征:孩子的直接照顾者,父亲或母亲(也可同时参加);有想要改变亲子沟通的动机,并承诺能够积极配合在研究中的各种需要;家长无严重的躯体和精神疾病,并且具有一定的理解能力和书写能力。

表 7.6.1 家长基本资料

	家长年龄	家长受教育程度	孩子年龄	孩子性别	孩子障碍类型
S1	36 岁	高中	11 岁	男	智力障碍
S2	38 岁	本科	10 岁	男	智力障碍
S3	39 岁	大专	10 岁	女	自闭症
S4	29 岁	高中	7 岁	男	唐氏综合征
S5	31 岁	本科	7 岁	女	自闭症
S6	35 岁	初中	8 岁	男	智力障碍

续表

	家长年龄	家长受教育程度	孩子年龄	孩子性别	孩子障碍类型
S7	32 岁	大专	10 岁	男	脑瘫(轻度)
S8	35 岁	高中	10 岁	女	脑瘫(轻度)
S9	40 岁	高中	9 岁	男	智力障碍
D1	37 岁	初中	10 岁	男	自闭症
D2	28 岁	高中	6 岁	女	唐氏综合征
D3	36 岁	大专	8 岁	女	自闭症
D4	36 岁	高中	7 岁	男	唐氏综合征
D5	40 岁	初中	10 岁	男	智力障碍
D6	39 岁	大专	8 岁	男	智力障碍
D7	38 岁	本科	11 岁	女	智力障碍
D8	35 岁	高中	10 岁	男	脑瘫(轻度)
D9	30 岁	本科	7 岁	女	自闭症
D10	39 岁	本科	10 岁	男	智力障碍

2. 问题确定

培训前通过资料搜集,确定家长在亲子沟通方面存在的问题和需求。包括:(1)运用《亲子沟通问卷》对实验组家长和对照组家长进行施测,作为此次培训的前测资料。(2)采用自编访谈问卷,对实验组家长进行访谈,了解亲子沟通中存在的问题及原因、家长在处理亲子沟通问题时常使用的方法及效果,以及他们渴望在培训中得到哪些方面的帮助。

通过对访谈资料的整理分析,发现亲子沟通中存在的问题有:一是对孩子的不理解,家长不明白孩子想表达的意思,不能从行为背后判断孩子想传递的信息。二是家长无法正确地表达自己,在恰当的时候给予孩子回应。三是家长在面对亲子冲突的时候,不知道如何处理。家长认为出现亲子沟通问题的原因主要是孩子缺乏沟通能力和家长自身压力大、缺乏沟通技巧两大方面。家长在处理问题时常采用的方法有:语言制止、不理睬、惩罚。从干预效果来看,处理效果比较差,问题行为难以减少,虽然会马上起到制止的效果,但是后续还会反复。他们希望学习一些策略来解决亲子沟通中的冲突;学习如何与孩子互动,引起孩子的兴趣;学习表达技巧来引导孩子;学习孩子学习成长的规律。

3. 确定培训主题

根据此次家长访谈,最终确定了儿童学习和发展规律、积极聆听、正确表达、赞赏教育、行为矫正、游戏开展六大主题,见表7.6.2。

表 7.6.2　培训主题

次数	单元主题	单元目标
单元一	儿童学习和发展规律	了解儿童的成长发展,为后续培训的开展奠定基础。
单元二	积极聆听	帮助家长学习有效的聆听技巧,改善亲子关系。
单元三	正确表达	帮助家长掌握正确的表达技巧,以增进亲子沟通。
单元四	赞赏教育	让家长学会理解和欣赏孩子,强化孩子的好行为。
单元五	行为矫正	让家长掌握矫正孩子不当行为的方法。
单元六	游戏开展	搭建亲子沟通的桥梁。

4. 培训具体流程

运用“以问题为中心”的培训模式展开,整个培训是按照以下流程进行的,见表7.6.3:

表 7.6.3　“以问题为中心”的家长培训具体操作流程

环节	步骤	学时	内容
家长分组	分组	2min	分组,之后家长以小组为单位开展学习、讨论。
问题分析	呈现问题情境	8min	教师呈现问题情境,家长分析问题情境,界定研究问题。
	资源提供	30min	提供学习资源:书、文章、专业人士(特别注意:教师对于核心概念、重难点的讲解也属于资源提供),便于家长学习。
	分析研究问题	20min	以小组为单位进行自主学习或组内交流,完善已有知识,发现新问题。
资料搜集	查找收集资料	6d	通过网络、书籍、向专家咨询等方式自主学习或合作学习,搜集资料,探索解决问题。
问题解决	小组讨论	20min	以小组为单位,成员之间相互合作、交流,达成小组共识,提出本小组的解决方案。
成果汇报	成果展示	30min	在小组讨论的基础上,每个小组都要形成一份解决问题的方案,进行口头报告,并进行情景模拟。

续表

环节	步骤	学时	内容
问题反思	总结	10min	家长对问题解决的过程进行反思,教师进行总结。

从以上培训流程可以看出与经典的"以问题为中心"的培训模式略有不同,主要是针对特殊儿童家长的特点做了以下调整:

第一,合理利用教师资源。在原来的模式中,培训基本上排斥教师讲解这一方式,参加培训学员在遇到问题时都是自己通过资料的查找寻求答案。但是特殊儿童家长普遍存在以下情况:其一,文化程度普遍不高,对资料的搜集整理以及运用能力偏低,那么依靠自己通过查找资料来解决问题的方式有些力不从心。其二,由于工作和照顾孩子要花费大量的时间,家长参加培训的时间有限,他们没有时间也没有精力花大量的时间来查阅资料。而培训教师最大的优点就是拥有专业的知识,能在短时间内为家长提供资源,传递信息。所以,在"以问题为中心"的家长培训中能充分发挥优势,作为特殊儿童家长获取有关信息的渠道,在培训中教师会对重点和难点内容进行简要讲解。

第二,小组讨论的组织。小组讨论是"以问题为中心"的培训模式的重要环节,此环节的主要目的是调动参与培训学员的积极性,让大家更好地投入到问题的分析、解决中来,通过小组交流的方式形成解决方案,在这个过程中提高大家的交流、合作能力。原有模式中对小组成员进行了明确的角色划分如领导者、记录者和促进者等。但是考虑到特殊儿童家长实际知识水平有限,很少有人能够全程担任领导者的角色,所以此次培训只是在培训者的组织下开展小组讨论,发表见解,在大家的共同努力下形成结论,推荐一位家长进行总结发言。

第三,家长评价。国外参加培训的学员多为学生,培训的要求相对严格,因为成绩会直接影响到能否获得专业证书等问题,所以在评价上比较注重对学习结果的评价。而我们的家长培训,更多的是以需求为导向,以满足家长的需要,以提高家长的能力为目标,所以在评价中更注重过程性评价,注重家长的实际运用能力和家长的自身评价。

鉴于此,此次"以问题为中心"的家长培训具体流程如下:

环节一:家长分组。家长分组是此次培训的第一环节,由于此次家长来自同一个机构,为了让家长更快进入状态、以后顺畅的开展讨论,所以采用自愿结组的方法,最终将家长分为 2 个小组,每组 5 个人。家长将以此分组为单位进行课上学习与讨论、课后交流。

环节二:问题分析。a.问题情境呈现。培训的开展围绕一定的问题进行,这就要求培训者根据培训主题设置问题情境。问题情境应与现实世界相近,这样才能调动家长的积极性和求知欲。家长则需要对所呈现的问题情境认真阅读,找出问题所在。b.资源提供。在解决问题的过程中,教师是家长建构知识的引导者和协助者,开始培训时,由于家长对于问题的解决需要进行基本知识的学习,刚开始教师需要提供更多的指导。考虑到家长的特殊性,所以在资源提供环节,教师将对核心概念、重难点进行简单讲解。此外,为家长提供书籍、文章等资源。c.分析研究问题。家长以小组为单位进行自主学习或组内交流,完善知识,同时找出问题解决中需要回答的问题。根据问题分配学习任务,制订学习计划。在家长遇到困难的时候,教师及时给予指导,帮助理清思路,以防讨论方向偏离主题。

环节三:资料搜集。利用两次培训间的休息时间,家长对前面所列出的未知的信息,通过网络、书籍或向专家咨询等方式进行搜集,探索问题解决。教师可以对家长搜集信息的路径进行指导。

环节四:问题解决。小组讨论形成解决方案。在进行第一轮初步学习和讨论后小组成员再次集合,就上次问题讨论中存在的问题,小组成员相互交流最近掌握的新知识或寻求到的新帮助,对问题进行再次讨论,最终找出解决方案。

环节五:成果汇报。通过两轮的学习与讨论,小组基本形成问题解决方案,每组家长推选成员进行汇报,汇报采用口头汇报和现场情景模拟的方式进行,报告小组问题解决的方案,教师和其他家长听取后对其进行讨论和评价。

环节六:问题后的反思。家长们要在每个问题解决后,有意识的反思问题解决的过程,从中归纳总结,从而构建自己的知识结构。

5. 培训后效果评估

(1)家长反馈

运用《亲子沟通问卷》再次对家长进行施测作为此次培训的后测,以了解培训后家长在亲子沟通各个维度上的变化。对实验组家长和特殊儿童教师进行访谈,请家长填写反馈表(表7.6.4),以了解此次家长培训的效果。

表 7.6.4 "以问题为中心"的家长培训反馈表

	心态调整	改变了原来的想法。 原来看不到孩子的进步,很着急、很悲观,现在孩子只要有一点点的进步就表扬他。 这次培训和之前的都不太一样,涉及的内容很实用,原来不喜欢听这些培训、讲座,但是这次收获很大,感谢老师。
收获	问题解决(知识获得)	让我了解了孩子,在参加完此次培训后,自己对孩子有了一个较准确的定位,原来的要求基本都是参照普通儿童的年龄来定的,所以总是达不到目标,很着急,现在知道孩子的现有能力在什么水平,就会把标准调低。 学会了很多与孩子沟通互动的方式。 遇到问题行为,我知道该怎么分析了,不像之前只是单纯地说教和惩罚。 游戏主题让我受益匪浅,之前完全不知道该怎么玩,我们在一起很尴尬。
	孩子变化(知识应用)	培训过后,能够在孩子有一点进步或者表现好的时候就给予表扬,并表示学会了巧妙表达,孩子慢慢关注我了。 孩子愿意让我参与到他的游戏中了。原来一直苦恼不知道该怎么和孩子玩,现在能够把一个玩具变成多种玩法,买玩具的钱都省了。 正强化、负强化那些方法很好用,原来根本不懂,现在培训过后,自己也能够简单分析孩子的行为,然后作出判断,感觉非常好。
建议	增加实操演示	希望老师下次培训可以安排实际操作课,让家长和孩子实际操作,老师看完之后点评,给出意见。 希望孩子也可以参与进来。
	增加后续追踪与服务	希望这种培训能够持续下去,下次可以换其他主题开展培训。 希望老师能够定期指导我们,刚刚学完我们记得比较好,但是过段时间就可能忘记了。 孩子后期有什么问题,还希望老师帮忙解答,希望能够一直保持联系。

从家长培训反馈表的自陈中可以看出,家长对此次培训整体满意,在培训的过程中心态得到了调整,学习了与亲子沟通的相关知识,并能够运用在实际生活中来解决问题,达到了此次培训的预期效果。

(2)特殊儿童教师反馈

对实验组儿童任课教师进行访谈,问题设计主要涉及两个方面:一个是培训后家长的变化,另一个是培训后孩子的变化。教师表示,家长变化比较大的有以下几个方面:一是态度上的变化,培训前家长很焦虑,会对孩子提出很多不切实际的要求,现在能够认清孩子的目前水平,也不会给老师很大的压力了。二是会表扬孩子了,之前都不怎么表扬,总是说孩子做得不够好,培训过后,家长们都在尝试着夸自己的孩子,这个非常好,孩子的情绪也有了转变。三是家长们在处理孩子问题的时候策略增多,现在在跟我分析问题的时候说得头头是道,感觉家长们学习到了很多。教师表示孩子在培训期间的变化主要有:在情绪方面,孩子们整体情绪的稳定度提高,能够比较愉快地上完一节课;在语言方面,语言增多,能够配合老师的简单要求;在与人互动上,能遵守简单规则,能够主动排队参与活动,不乱跑跳;在生活上,作息也比较规律,能按时到学校上课。通过对任课教师访谈资料的整理,参加"以问题为中心"的家长培训后,家长的思想、行为确实产生了较大的改变,这种变化有利于改善亲子关系,营造良好的家庭氛围,提高亲子的沟通水平,可以看出教师对此次培训的认可。

(3)"以问题为中心"的家长培训对亲子沟通的效果

①有利于减轻家长的压力。"以问题为中心"的家长培训的一大特色是分组学习。在培训的过程中,每位家长都有相对固定的小组,家长们在培训的过程中逐渐熟悉起来,可以就某一问题尽情地发表自己的看法。此外,家长们还建立了自己的微信群。课上以小组的形式开展讨论,课下就利用微信,在线讨论、分享一些育儿的经验或生活中的困扰。家长之间的这种交流,可以起到互相支持的作用,在一定程度上缓解了家长们精神上的压力,从而促进沟通。

②有利于提高家长分析问题、解决问题的能力。"以问题为中心"的家长培训,以家长日常生活中遇到的问题为起点,激发了大家的学习兴趣和探究动机。培训中大家在问题情境中分析问题、讨论问题、寻求问题解决的答案。培训后,家长们提高了解决问题的能力,在亲子互动中能够将所学知识运用到实践中,当面对亲子沟通问题时,则可以通过所学,自己尝试进行分析,或者寻求资源帮助以解决问题。

③有利于家长团体的自我学习。特殊儿童家长也是一个相对固定的群体,当家长遇到问题时,除了向任课教师请教外,更多是家长之间的互相讨论,分享经验。但是仅仅停留在分享经验的阶段,没有比较科学的寻求答案的思

路与方法。研究发现，在此次家长培训过后，家长们之间的分享除了经验的交流外，开始在意讨论问题本身，会追溯问题产生的原因、产生的后果，应该寻求哪些资源、请教哪些专家等。可以看到家长们寻求问题解决的思路被打开。此次培训虽然结束，但是家长们学习到的这种学习方法与思维将有利于家长们在今后的日子里自我学习。

（四）成功要点

1. 培训模式

采用"以问题为中心"的培训模式符合特殊儿童家长的特点。本研究结合发展性障碍儿童家长的特点，借鉴已有研究，将"以问题为中心"的培训模式引入家长培训，取得了很好的效果。其原因可能在于该模式下的家长培训更加注重成人的学习特点，在培训中围绕家长实际生活中的问题开展，强调家长原有的社会经验。培训的目的不仅仅是掌握知识，更是为了家长能够用来解决实际生活中的问题，这些与家长的学习特点相符合，比如在培训中，课程设置就会针对家长在实际生活中存在的不会表达自己的问题而设计培训内容，家长就可以链接原有的知识并搜集新的资源进行学习，最终将学到的知识运用到实际生活中来。在与家长交流的过程中家长也表示，这次的培训更加关注学员，关注实际问题的解决，这样针对性的培训有利于实际问题的解决。已有研究也指出此种培训模式符合成人学习的特点，有利于培训活动的开展。

2. 问题选择

问题的选择皆来自于发展性障碍儿童家长的实际，符合家长的需求。问题是"以问题为中心"的家长培训的起点，也是确定培训主题的依据，整个培训将围绕问题展开，所以问题的选择就尤为重要。在本研究中，问题选择的类型为常规型问题，即大多数家长都会遇到又每每棘手的问题，这样的问题容易让家长引起共鸣，激发家长学习的积极性。在访谈中家长也表示，讨论的问题正是自己目前遇到的困难，所以很想知道如何去解决，在培训的过程中，不断尝试与小组成员讨论交流。所以，此次培训的成功离不开前期的调查，选择了贴近家长现实生活的问题。

3. 小组讨论

小组讨论激发了家长的热情，调动了学习的积极性。小组讨论环节是"以问题为中心"培训的核心环节，在培训实施过程中出现了两个问题，一是讨论缓慢,二是讨论偏离主题。家长反馈在刚开始讨论的时候更愿意别人先说,怕自己讲不好。后面进入状态后,面对跟自己生活中相似情境的问题,家长会更多地分享自己的经验,讲述自己面对这个问题采用的方法及效果,比较容易偏离主题。所以,在整个培训的过程中教师就要注意对整个培训的宏观把控。在开始讨论时鼓励家长积极发言,讨论过程中帮助小组成员及时厘清讨论方向。此外,研究者还发现,家长们对于小组讨论表现出极大的兴趣。贴合实际的问题案例、良好的互动,使家长们热情高涨,积极投入到小组讨论中,这也是培训能够取得良好效果的原因之一。

小组讨论在"以问题为中心"的家长培训中起着举足轻重的作用,而良好氛围才能让家长畅所欲言,全身心地投入到讨论中去。在此次培训中也有家长比较沉默,一直抱着我听你们说就好的心态,不发表自己的看法,这就需要培训者进行调节引导,让他们更快地融入到小组中来,鼓励他们大胆地表达自己,广泛吸收其他家长的宝贵经验,扩充自己的知识,所以在整个培训中一定要注意良好讨论氛围的营造。

4. 教师讲解

教师讲解为培训的顺利开展奠定了基础。教师在本研究开始之初,研究者考虑到了特殊儿童家长的特殊性,所以在原有经典"以问题为中心"的培训模式的基础上进行了调整,将培训教师作为一种资源,在培训的过程中进行核心知识的讲解。在培训的过程中发现这一调整是十分必要的,从实践效果来看,还应适当加大教师讲解的比例。这是因为在培训中,研究者发现,如果对于核心知识概念讲解得比较少,家长们在讨论问题时就不能很好地将理论应用到解决实践问题中去,大部分只是经验的分享。出现这种现象的主要原因可能是家长长期以来接受的教育都是以教师传授为主,他们习惯于那种知识接收式的课堂,所以如果完全让他们自主学习,他们会很难受,导致培训效果降低。所以,在此次家长培训中,教师讲解是必不可少的一部分。

此次培训中,将教师对核心知识的讲解作为资源提供的一部分,在培训的过程中为家长进行核心知识的讲解。但是可以看出来,家长对于教师讲解的依赖性比较大,这可能与我们传统的教学模式有关,家长不可能一下子从这个模式中走出来,所以可以在"以问题为中心"的培训中加入教师讲解的板块。但是要注意把握度,对时间的安排要合理,不能一节课都用来讲解知识,也不能什么知识都不讲,所以要根据家长的反馈,合理安排教师讲解的时间。对于比较难理解的主题,应加大教师讲解比例。对于比较容易的,则缩短讲解时间。

5. 家长培训与儿童干预相结合

从本次干预结果来看,家长在亲子沟通各维度上均取得了进步,从任课教师的访谈里也了解到孩子的情绪更加稳定,能够比较配合地上完一节课,但是从孩子与父母交流的维度来看,整体而言效果不是很明显。研究者认为,家长吸收培训内容需要一定的时间,而将这些技巧、策略熟练运用更是需要一段时间的沉淀,有的家长也反馈,知道怎么做,但是具体操作的时候就会忘记。所以,以后开展家长培训可以将孩子也纳入到干预的对象,这样可能更有利于亲子沟通能力的提高。

6. 网络资源的运用

在网络日益发达的今天,我们可以充分的利用网络资源,比如此次家长培训,我们建立了家长群,老师可以定时在里面分享一些特殊教育知识和养育技巧。家长有空的时候可以翻看。家长也会将孩子的一些小视频发到群里,大家一起讨论。培训虽然结束,但是微信群还在,大家还可以在里面交流,继续就某一个问题进行讨论,除了文字上的交流,更是心理的互相支持。

7. 家长自我管理

接纳孩子,给予孩子无条件的爱。美国著名家庭教育专家麦道卫博士曾说:"比起孩子获得的成就,我更欣赏孩子的努力;我欣赏孩子作为人的价值,更胜于他们的努力。"虽然特殊儿童由于各种原因导致障碍,但每个孩子都是独特的,有自己独特的优点,作为家长应该接纳孩子,时刻看到孩子的进步,让他们感受到来自家长的爱,这样才能让孩子敞开心扉,愿意向家长表达自己,分享自己的心情。

管理自己的情绪。家长的情绪会影响孩子的情绪,很多情况下家长反馈是孩子惹到自己了,所以生气,这一切都是因为孩子。在这里需要明确的是,情绪是我们自己主宰的,是通过自己的想法与信念产生的,不是孩子带来的。在情绪不好的情况下交流会把这种负面情绪传递给孩子,引起孩子的紧张、焦虑、不安。长期生活在这种环境下的孩子情绪波动比较大,康复训练进步的速度慢。因此,在与孩子交流前家长要调整好自己的情绪,以积极健康的状态与孩子沟通。

加入孩子的世界，在游戏中交流。已有研究发现，在游戏中亲子互动更多，孩子更容易接纳他人，家长要创设共同的游戏，在游戏中加入孩子的世界，跟随孩子的兴趣，发起沟通。很多家长没有意识到游戏是沟通家长和孩子最好的桥梁，一直找不到进入孩子世界的大门。但是家长只要找到孩子喜欢玩的，加入其中，就可能跟孩子进行良好的互动，从而促进沟通交流。

不断学习，更新教育知识。沟通是双方的，由于特殊儿童本身能力受限，特殊儿童家长在沟通上就必须付出比普通儿童家长更多的努力来了解儿童。孩子是成长发展的，家长要想跟上孩子的脚步就必须不断学习，更新知识，才能更准确地把握孩子的发展，了解孩子的现有能力和需求，从而进行科学、恰当的沟通。

主要参考文献

一、中文文献（姓氏汉语拼音顺序）

1. 著作（按姓氏拼音排序）

［美］布里奇斯,海林杰:《以问题为本的学习在领导发展中的运用》,冯大鸣等译,上海教育出版社 2002 年版。

戴晓阳主编:《常用心理评估量表手册》,人民军医出版社 2010 年版。

李敬、程为敏主编:《透视自闭症:本土家庭实证研究与海外经验》,研究出版社 2011 年版。

［美］迈尔斯,休伯曼:《质性资料的分析:方法与实践》,张芬芬译,重庆大学出版社 2008 年版。

任俊:《积极心理学》,开明出版社 2012 年版。

任颂羔:《特殊教育发展模式》,北京大学出版社 2012 年版。

2. 公开发表的论文及政府文件（按姓氏拼音排序）

谌小猛、李敏:《特殊儿童家庭亲职教育需求的调查研究》,《中国特殊教育》2011 年第 1 期。

方俊明:《送教上门支持保障体系的构建与完善》,《现代特殊教育》2017 年第 7 期。

冯大鸣:《美国以问题为中心的教师培训模式》,《中小学教师培训》2002 年第 1 期。

奉华艳:《先天性心脏病患儿父母赋能心理护理调查研究》,《当代护士(下旬刊)》2015 年第 9 期。

高宇翔:《北京郊区县学龄残疾儿童少年不在学及送教上门需求情况调查》,《南京特教学院学报》2012 年第 1 期。

谷长芬等:《北京市 0—7 岁残疾儿童家庭需求调查研究》,《中国特殊教育》2010 年第 10 期。

国家统计局:《2006 年第二次全国残疾人抽样调查主要数据公报(第二号)》,2007 年 11 月 27 日,见 http://www.cdpf.org.cn/sjzx/cjrgk/200711/t20071121_387540.shtml。

410

国务院:《国务院关于印发"十三五"加快残疾人小康进程规划纲要的通知(国发〔2016〕47号)》,2016年8月3日,见 http://www.gov.cn/zhengce/content/2016-08/17/content_5100132.htm。

国务院:《残疾人教育条例(中华人民共和国令第674号)》,2019年8月1日,见 http://www.gov.cn/zhengce/content/2016-08/17/content_5100132.htm。

国务院:《关于印发〈"十三五"加快残疾人小康进程规划纲要〉的通知(国发〔2016〕47号)》,2019年8月1日,见 http://www.gov.cn/zhengce/content/2016-08/17/content_5100132.htm。

国务院:《国务院关于加快推进残疾人小康进程的意见(国发〔2015〕7号)》,2015年2月5日,见 http://www.gov.cn/zhengce/content/2015-02/05/content_9461.htm。

国务院残疾人工作委员会:《关于全国残疾人基本服务状况和需求专项调查工作情况的报告》,2016年11月16日,见 http://www.cdpf.org.cn/zcwj/hywj/201601/t20160105_538257.shtml。

何丽君、何丽霞:《"以问题为中心"的干部培训模式初探》,《云南行政学院学报》2009年第2期。

胡晓毅:《论特殊需要儿童家庭与专业人员合作的几个核心问题》,《中国特殊教育》2005年第12期。

黄晶晶、刘艳虹:《特殊儿童家庭社会支持情况调查报告》,《中国特殊教育》2006年第4期。

吉彬彬等:《孤独症儿童父母社会支持和应对方式及家庭功能的研究》,《广东医学》2013年第10期。

江小英:《随班就读聋童的家庭教育个案研究报告》,《中国特殊教育》2005年第2期。

教育部:《教育部关于加强家庭教育工作的指导意见》,2015年10月16日,见 http://www.moe.gov.cn/srcsite/A06/s7053/201510/t20151020_214366.html。

金瑞玲:《对智障儿童进行早期干预的思考》,《现代特殊教育》2008年第4期。

李郁明、梁勇:《听障儿童听力语言康复效果的评价及其相关影响因素》,《中国听力语言康复科学杂志》2012年第4期。

联合国:《残疾人权利国际公约》,2006年12月13日,见 https://www.un.org/zh/documents/treaty/files/A-RES-61-106.shtml。

联合国:《儿童权利公约》,1989年11月20日,见 https://www.un.org/zh/documents/treaty/files/A-RES-44-25.shtml。

刘云、石金涛:《授权理论的研究逻辑——心理授权的概念发展》,《上海交通大学(哲学社会科学版)》2010年第1期。

戚业国、杜瑛:《教育价值的多元与教育评价范式的转变》,《华东师范大学学报(教育科学版)》2011年第2期。

钱志亮:《中国特殊儿童教育的现状报告》,《现代特殊教育》1999 年第 1 期。

申仁洪、任春雷:《西南少数民族地区残疾儿童家庭生活的支持模型——基于六地家庭的质性研究》,《重庆师范大学学报(社会科学版)》2018 年第 2 期。

申仁洪:《论随班就读的家庭支持》,《中国特殊教育》2006 年第 2 期。

申仁洪:《融合与创生:随班就读的效能实现》,《中国特殊教育》2014 年第 2 期。

申仁洪:《走向伙伴协作的残障儿童家庭参与——基于美国研究的考察》,《比较教育研究》2016 年第 4 期。

申仁洪:《融合教育背景下的特殊教育学校转型发展:方向与路径》,《现代特殊教育》2017 年第 10 期。

申仁洪:《特殊教育学校效能:来自美国的反思及其应对》,《重庆师范大学学报(哲学社会科学版)》2014 年第 1 期。

谈慧:《提高送教上门工作实效性的实践与思考》,《现代特殊教育》2016 年第 17 期。

田波琼、杨晓萍:《美国家访项目的内容、影响因素及其发展趋势》,《学前教育研究》2013 年第 6 期。

王开庆、王毅杰:《组织公平、社会支持与农民工心理授权研究——基于 10 省的问卷调查》,《西北人口》2012 年第 6 期。

王雁:《早期干预的理论依据探析》,《中国特殊教育》2000 年第 4 期。

熊妮娜等:《孤独症、肢体残疾、智力残疾儿童家庭经济负担调查》,《中国康复理论与实践》2010 年第 8 期。

杨福义、张福娟:《听力障碍儿童家庭康复个案报告》,《中国临床康复》2002 年第 15 期。

姚霞:《美、澳两国校长培训模式比较与借鉴》,《江苏教育学院学报(社会科学版)》2003 年第 3 期。

曾凡林:《孤残儿童家庭寄养政策制定的基础》,《社会福利》2002 年第 7 期。

曾流、曾国良:《社会经济对不同性别子女家庭价值差别影响分析——民族地区贫困与计划生育状况探析及对策思考》,《今日南国(中旬刊)》2010 年第 9 期。

张宁生、荣卉:《残疾儿童的父母如何调适心路历程》,《心理科学》1997 年第 5 期。

张秀玲、李寄平、秦明镜、张辰英:《Gesell 发展诊断量表 3.5—6 岁北京修订本的制定》,《中国临床心理学杂志》1994 年第 3 期。

赵燕潮:《中国残联发布我国最新残疾人口数据》,《残疾人研究》2012 年第 1 期。

《中共中央国务院关于促进残疾人事业发展的意见》,2008 年 3 月 28 日,见 http://www.gov.cn/jrzg/2008-04/23/content_952483.htm。

中国残疾人联合会:《残疾人康复服务"十三五"实施方案》,2016 年 10 月 25 日,见 https://www.cdpf.org.cn/zwgk/ggtz1/041db7f3ab09466ba2e33627e3604e9f.htm。

中国残疾人联合会:《2010 年末全国残疾人总数及各类、不同残疾等级人数的通知》，2012 年 6 月 26 日，见 https://www.cdpf.org.cn/zwgk/zccx/cjrgk/4c0d47abe6-a3414790d4ee786553fb65.htm。

《中华人民共和国残疾人保障法》，2008 年 12 月 11 日，见 http://www.gov.cn/test/2008-12/11/content_1174760.htm。

中华人民共和国中央人民政府：《2006 年第二次全国残疾人抽样调查主要数据公报》，2006 年 12 月 1 日，见 http://www.gov.cn/ztzl/gacjr/content_459223.htm。

中国人大网：《中华人民共和国义务教育法》（1986 年 4 月 12 日第六届全国人民代表大会第四次会议通过 2006 年 6 月 29 日第十届全国人民代表大会常务委员会第二十二次会议修订 根据 2015 年 4 月 24 日第十二届全国人民代表大会常务委员会第十四次会议《关于修改〈中华人民共和国义务教育法〉等五部法律的决定》第一次修正），2015 年 7 月 3 日，见 http://www.npc.gov.cn/wxzl/gongbao/2015-07/03/content_1942840.htm。

周满生：《全纳教育：概念及主要议题》，《教育研究》2008 年第 7 期。

朱红民：《重度残疾学生送教上门的实践与思考》，《现代特殊教育》2016 年第 22 期。

朱楠、彭盼盼、邹荣：《特殊儿童家庭社会经济地位、社会支持对亲子关系的影响》，《中国特殊教育》2015 年第 9 期。

邹燕君、孙玉梅等：《残疾儿童家庭对送教上门的需求调查——以武汉市为例》，《现代特殊教育》2016 年第 24 期。

3. 学位论文（按姓氏拼音排序）

董玮倩：《美国与中国台湾地区特殊儿童在家教育比较研究及启示》，华东师范大学硕士学位论文，2013 年。

杜文海：《自闭症儿童母亲心路历程的叙事研究》，重庆师范大学硕士学位论文，2013 年。

方学娇：《幼儿母亲社会支持与教养效能感关系研究》，天津师范大学硕士学位论文，2015 年。

黄俊玮：《在家教育巡回辅导措施成效评估之研究》，彰化师范大学硕士学位论文，1998 年。

黄平：《父母社会支持、父母自我效能与智力障碍儿童社会适应的关系》，上海师范大学硕士学位论文，2017 年。

江琴娣：《培智学校学生父母自我效能、教养方式、接纳态度和社会支持的现状及其关系研究》，华东师范大学博士学位论文，2014 年。

李春梅：《重庆城区0—6岁发展性障碍儿童家庭本位早期干预的实践研究》，重庆师范大学硕士学位论文，2009 年。

李方方：《特殊儿童家庭照顾者的照顾倦怠与照顾者负荷、社会支持的关系研究》，西南大学硕士学位论文，2016 年。

李晓峰:《自闭症儿童主要照料者的社会支持与其心理压力及生活满意度的相关研究》,西南大学硕士学位论文,2016年。

李秀:《学前特殊儿童转衔教育理论与实践研究》,重庆师范大学硕士学位论文,2005年。

梁爽:《上海市送教上门学生发展现状与需求研究——以崇明县为例》,华东师范大学硕士学位论文,2014年。

刘佩佩:《残疾儿童家长社会支持、应对方式、心理压力与生活满意度的关系研究》,中南民族大学硕士学位论文,2013年。

孙璐:《家庭照顾者抗逆力提升的社区工作介入——以南京市x社区智残儿童家庭照顾者为例》,南京农业大学硕士学位论文,2014年。

田艳萍:《上海市送教上门家庭现状与服务需求研究——以崇明县为例》,华东师范大学硕士学位论文,2014年。

万慧颖:《学前特殊儿童教育补偿研究》,东北师范大学博士学位论文,2014年。

严小琴:《学校本位智障儿童教育训练的家长支持模式之构建——以重师特教学院儿童实验学校为例》,重庆师范大学硕士学位论文,2007年。

张美云:《发展迟缓儿童家庭社会支持、亲职压力与赋权增能之相关研究》,彰化师范大学博士学位论文,2007年。

张涛:《缓解弱能儿童家长心理压力的实务探究——以深圳市Z街道为例》,郑州大学硕士学位论文,2016年。

二、英文文献

1. 著作(姓氏按字母排序)

Adams,Robert."Empowerment,participation and social work".New York:Palgrave Macmillan,2008.

Allen,K.E.,& Cowdery,G.E."The exceptional child:Inclusion in early childhood education 5th".Albany.NY:Delmar.2005.

ALLIANCE National Parent Technical Assistance Center at PACER."Parent Centers Helping Families Outcome Data 2012 – 2013".Minneapolis:Alliance National Parent Technical Assistance Center at Pacer,2013.

Bronfenbrenner,U."The ecology of human development:Experiences by nature and design".Cambridge,MA:Harvard University Press,1979.

Brooke,V.,Barcus,M.,& Inge,K.(Eds.)."Consumer advocacy and supported employment:A vision for the future".Richmond:Virginia Commonwealth University,Rehabilitation Research and Training Center,1991.

Burr,W.R."Theory construction and the sociology of the family". New York:John

Wiley,1973.

Camara,M.C."Parent education in family-centered practice with families of children with special needs: A partnership towards family empowerment". Unpublished master's thesis,Canada:University of Manitoba,Winnipeg,2002.

Covert,S.B."Supporting families.In J.Nibset (Ed.).Natural supports in school,at work, and in the community for people with severe disabilities".Brook Publishing,1992.

Hill,R."Families under stress".New York:Harper & Row,1949.

Izzo,M.& Lamb,P. "Self-determination and career development: Skills for successful transitions to postsecondary education and employment". Manuscript submitted for publication,2002.

Longhurst,N."The self-advocacy movement by people with developmental disabilities:A demographic study and directory of self-advocacy groups in the United States".Washington, DC:American Association on Mental Retardation,1994.

Morrison,P.G."Empowerment:Parent of children with developmental disabilities".Long Beach:California State University,2001.

Mullins,B."Exploring key working:Parents' perceptions of key workers in Clare Early Intervention Service (CEIS)".Galway,Ireland:National University of Galway Ireland.Masters in Health Science (Primary Care),2008.

Torre D."Empowerment:conceptualization and instrument development".New York.Cornell University,1985.

Turnbull et.al.,"Exceptional Lives:Special Education in Today's Schools (7th ed.)". New Jersey:Pesrson,2012.

Turnbull,A.A.,Turnbull,H.R.,Erwin,E.J.,Soodak,L.C.& Shogren K.A."Families, Professionals,and Exceptionality:Positive Outcomes Through Partnerships and Trust (7th Ed.)",Pearson e-Text with Loose-Leaf Version-Access Card Package,2014.

Turnbull,A.P.,Patterson,J.M.,Behr,S.K.,Murphy,D.L. et al."Cognitive Coping, Families and Disability".Baltimore:Paul H.Brookes Publishing Co,1993.

Turnbull,H.R.,Turnbull,A.& Wehmeyer,M."Exceptional lives:Special education in today's schools".Upper Saddle River,NJ:Merrill/Prentice Hall,2010.

Turnbull,H.R.,Turnbull,A.& Wehmeyer,M."Exceptional lives:Special education in today's schools (6th ed.)".Upper Saddle River,NJ:Merrill/Prentice Hall,2012.

Van Reusen,A.K.,Bos.C.S.,Schumaker,J.B.& Deshler,D.D."Tee self-advocacy strategy for education and transition planning".Lawrence,KS:Edge Enterprises,1994.

Weber,M."From Max Weber",H.H.Gerth & C.W.Mills (Eds.).New York:Oxford University Press,1946.

Wehmeyer,M.& Schwartz,M."We can speak for ourselves:Self-advocacy by mentally handicapped people".Bloomington:Indiana University Press,1982.

2. 论文及其他(按姓氏字母排序)

Abbott,D.,& Meredith,W."Strengths of parents with retarded children".*Family Relations*,1986(35).

Ahn,H.,Keyser,D.& Hayward-Everson,A."A multi-level analysis of individual and agency effects on implementation of family-centered practice in child welfare".*Children and Youth Services Review*,2016(69).

Akey,T.M.,Marquis,J.M.& Ross,M.E."Validation of scores on the psychological empowerment scale:a measure of empowerment for parents of children with a disability".*Educational and Psychological Measurement*,V.60,2000(3).

Allen,R.I.& Petr,C.G."Rethinking Family-Centered Practice".*American Journal of Orthopsychiatry*,V.68,1998(1).

Allen,R.I.& Petr,C.G."Toward developing standards and measurements for family-centered practice in family support programs",In G.H.S.Singer;L.E.Powers,& A.L.Olson (Eds.),*Redefining family support*,1996.

Anderson,S. & Bigby,C."Self-Advocacy as a Means to Positive Identities for People with Intellectual Disability:'We Just Help Them,Be Them Really'".*Journal of Applied Research in Intellectual Disabilities*,V.30,2017(1).

Bailey,D.B.,Raspa,M. & Fox,L.C."What is the future of family outcomes and family-centered services?".*Topics in Early Childhood Special Education*,V.31,2012(4).

Bailey,D."Using participatory research in community consortia development and evaluation:lessons from the beginning of a story".*American Sociologist*,V.23,1992(4).

Baird,S. & Peterson,J."Seeking a comfortable fit between family-centered philosophy and infant – parent interaction in early intervention:Time for a paradigm shift?".*Topics in Early Childhood Special Education*,V.17,1997(2).

Baker,B.,Landen,S. & Kashima,K."Effects of parent training on families of children with mental retardation:Increased burden or generalized benefit?".*American Journal on Mental Retardation*,V.96,1991(2).

Balcazar,F.,Fawcett,S. & Seekins,T."Teaching people with disabilities to recruit help to attain personal goals".*Rehabilitation Psychology*,1991(36).

Barnett,D.,Clements,M.,Kaplan-Estrin,M.,Fialka,J."Building New Dreams:Supporting Parents' Adaptation to Their Child With Special Needs".*Infants and Young Children*,V.16,2003(3).

Bebko,J.,Konstantareas,M. & Springer,J."Parent and professional evaluations of family stress associated with characteristics of autism".*Journal of Autism and Developmental Disorders*,1987(17).

Beckman, P. "Comparison of mothers' and fathers' perceptions of the effects of young children with and without disabilities". *American Journal on Mental Retardation*, 1991(95).

Beckman, P., & Bristol, M. "Issues in developing the IFSP: A framework for establishing family outcomes". *Topics in Early Childhood Special Education*, 1991(11).

Beckman, P., Pokorni, J., Maza, E., & Balzer-Martin L. "A longitudinal study of stress and supports in families of pre-term and full term infants". *Journal of the Division for Early Childhood*, V.11, 1986(1).

Behr, S. K., Murphy, D. L. & Summers, J. A. "User's Manual: Kansas Inventory of Parental Perceptions (KIPP)". *Lawrence, KS: Beach Center on Families and Disability*, 1992.

Benson, P.R.&Kersh, J. "Marital quality and psychological adjustment among mothers of children with ASD: cross-sectional and longitudinal relationships". *Journal of Autism and Developmental Disorders*, 2011(41).

Berman, S., Miller, C., Rose, C., & Bicchieri, S. "Assessment training and team functioning for treating children with disabilities". *Archives of Physical Medicine and Rehabilitation*, 2000(81).

Blue-Banning, M., Summers, J.A., Frankland, H.C., Nelson, L.L., & Beegle, G. "Dimensions of family and professional partnerships: Construction guidelines for collaboration". *Exceptional Children*, V.70, 2004(2).

Breslau, N. & Davis, G.C. "Chronic stress and major depression". *Archives of General Psychiatry*, V.43, 1986(4).

Bruder, M. B, "The effectiveness of special educational/ developmental curricula for children with established disabilities", In Guralnick M.J. (Ed.), *The effectiveness of early intervention*, Baltimore, MD: Paul H.Brookes, 1997.

Cartledge, G., Kea, C. & Simmons-Reed, E. "Serving culturally diverse children with serious emotional disturbance and their families". *Journal of Child and Family Studies*, V.11, 2002(1).

Center for Parent Information and Resources. "PTIs and CPRCs: Resources for Parents", 2016, 10, 18, http://www. parentcenterhub. org/wp-content/uploads/repo_items/bp3.pdf.

Chiu M Y L, Yang X, Wong F H T, et al. "Caregiving of children with intellectual disabilities in China – an examination of affiliate stigma and the cultural thesis". *Journal of Intellectual Disability Research*, V.57, 2013(12).

Cone, A.A. "Profile of advisors to self-advocacy groups for people with mental retardation". *Mental Retardation*, 1999(37).

Conger, J.A., Kanungo, R.N. "The Empowerment Process: Integrating Theory and Practice". *Academy of Management Review*, V.13, 1988(13).

Costigan, C., Floyd, F., Harter, K. & McClintock, J. "Family process and adaptation to children with mental retardation: Disruption and resilience in family problem-solving interactions". *Journal of Family Psychology*, V.11, 1997(4).

Crnic, C.A., Friedrich, W.N. & Greenberg, M.T. "Adaptation of families with mentally retarded children: A model of stress, coping and family ecology". *American Journal of Mental Deficiency*, V.88, 1983(2).

Cunningham, P., Henggeler, S., Brondino, M. & Pickrel, S. "Testing underlying assumptions of the family empowerment perspective". *Journal of Child and Family Studies*, V.08, 1999(4).

Curtis W J, Singh N N. "Family involvement and empowerment in mental health service provision for children with emotional and behavioral disorders". *Journal of Child and Family Studies*, V.05, 1996(4).

Deci. E.L. & Ryan. R, M. "The 'what' and 'why' of goal pursuits: Human needs and the self-determination of behavior". *Psychological Inquiry*, V.11, 2000(4).

Dempsey, I. & Keen D.A. "Review of Processes and Outcomes in Family-Centered Services for Children with a Disability". *Topics in Early Childhood Special Education*, V.28, 2008(1).

Dempsey, I. & Dunst, C. "Help-giving Styles and Parent Empowerment in Families with a Young Child with a Disability". *Journal of Intellectual and Developmental Disability*, V.29, 2014(1).

Doll, B., Sands, D.J., Wehmeyer, M.L. & Palmer, S. "Promoting the development and acquisition of self-determined behavior", In D.J. Sands & M.L. Wehmeyer (Eds.), *Self-determination across the life span*, Baltimore: Brookes, 1996.

Dunst, C.J., Trivette, C.M. & Hamby, D.W. "Meta-analysis of family-centered helpgiving practices research". *Mental Retardation and Developmental Disabilities*, V.13, 2007(4).

Dunst, C., Trivette, C., Hamby, D. & Pollock, B. "Family systems correlates of the behavior of young children with handicaps". *Journal of Early Intervention*, V.14, 1990(3).

Dunst, C. J., Johanson, C., Trivette, C. M. & Hambry, D. "Family-oriented early intervention policies and practices: Family-centered or not?" *Exceptional Children*, V.58, 1991(2).

Dyson, L. "Fathers and mothers of school-age children with developmental disabilities: Parental stress, family functioning, and social support". *American Journal on Mental Retardation*, V.102, 1997(3).

Epley, P., Summers, J.A. & Turnbull, A. "Characteristics and trends in family-centered conceptualizations". *Journal of Family Social Work*, V.13, 2010(13).

Eskow, K., Pineles, L., Summers, J.A. "Exploring the effect of autism waiver services on family outcomes". *Policy Pract. Intellect. Disability*, V.8, 2011(1).

European Agency for the Development in Special Needs Education (EADSNE). "Special Education across Europe in 2003: Trends in provision in 18 European countries". Middlefart, Denmark: Author, 2003.

Farber, M.L.Z.; Maharaj, R. "Empowering High-Risk Families of Children with Disabilities". *Research on Social Work Practice*, V.15, 2005(6).

Fina Ferrer, Rosa Vilaseca, Joan Guardia Olmos. "Positive perceptions and perceived control in families with children with intellectual disabilities: relationship to family quality of life". *Quality & Quantity*, V.51, 2017(2).

Fitzgerald, N., Ryan, P. & Fitzgerald, A. "Team-Based Approaches in Early Intervention Services for Children with Disabilities: Irish Parents' Experiences". *Journal of Policy and Practice in Intellectual Disabilities*, V.12, 2015(3).

Friedrich, W.N., Greenberg, M.T. & Crnic, K. "A short form of the Questionnaire on Resources and Stress". *American Journal of Mental Deficiency*, V.88, 1983(1).

Greene M, Patra K, Nelson M, Silvestri J. "Evaluating Preterm Infants with the Bayley-III: Patterns and Correlates of Development". *Research In Developmental Disabilities: A Multidisciplinary Journal*, V.33, 2012(6).

Greer, F., Grey, I., McClean, B. "Coping and positive perceptions in Irish mothers of children with intellectual disabilities". *Journal of Intellect Disabilities Joid*, V.10, 2006(3).

Hancock, K., Wilgosh, C. & McDonald, L. "Parenting a visually impaired child: The mother's perspective". *Journal of Visual Impairment and Blindness*, V.84, 1990(8).

Harry, B., Klingner, J.K. & Hart, J. "African American families under fire: Ethnographic views of family strengths". *Remedial and Special Education*, V.26, 2005(2).

Harvard Family Research Project. "Family involvement in early childhood education". *Family Involvement Makes a Difference*, 2006(Spring)(1).

Harvard Family Research Project. "Family involvement in elementary school children's education". *Family Involvement Makes a Difference*, 2006/2007(Winter)(2).

Harvard Family Research Project. "Family involvement in middle and high school students' education". *Family Involvement Makes a Difference*, 2007(Spring)(3).

Hastings, R.P. & Taunt, H.M. "Positive perceptions in families of children with developmental disabilities". *American Journal on Mental Retardation*, V.107, 2002(2).

Hastings, R. P., Allen, R., Mcdermott, K. & Still, D. "Factors related to positive perceptions in parents of children with intellectual disabilities". *Journal of Applied Research in Intellectual Disabilities*, V.15, 2002(3).

Hastings, R.P., Beck, A., Hill, C. "Positive contributions made by children with an intellectual disability in the family". *Journal of Intellectual Disabilities*, V.9, 2005(2).

Hedges, H., & Gibbs, C. "Preparation for teacher-parent partnerships: A practical experience with a family". *Journal of Early Childhood Teacher Education*, V.26, 2005(2).

Heflinger, C.A., Northrup, D.A., Sonnichsen, S.E., &Brannan, A.M. "Including a family focus in research on community-based services for children with serious emotional disturbance: Experiences from the Fort Bragg Evaluation Project", In M.H.Epstein, K.Kutash, & A. Duchnowski (Eds.), *Outcomes for children and youth with behavioral and emotional disorders and their families: Programs and evaluation best practices*, Austin, TX: Pro-Ed, 1998.

Hmelo, C. E., Ferrari. "The problem-based learning tutorial: Cultivating higher order thinking skills". *Journal of the Education of the Gifted*, V.20, 1997(4).

Hodges, V.G., Burwell, Y.& Ortega, D, "Empowering families", In L.M.Gutierrez, R.G. Parsons & E. O. Cox (Eds.), *Empowerment in social work practice: A source book. Pacific Grove: Brooks/Cole Publishing Company*, 1998.

Hoffman, L., Marquis, J., Poston, D., et al. "Assessing family outcomes: psychometric evaluation of the Beach Center Family Quality of Life Scale". *Journal of Marriage and the Family*, V.68, 2006(4).

Honda H., Shimizu Y., Imai M.& Nitto Y. "Cumulative incidence of childhood autism: a total population study of better accuracy and precision". *Child Neurol*, V.47, 2005(1).

Hornby, G. "A review of fathers' accounts of their experiences of parenting children with disabilities' ". *Disability, Handicap, and Society*, V.7, 1992(4).

Hoy, W.K. "Family trust: A key to student achievement". *Journal of School Public Relations*, V.23, 2002(2).

Individuals With Disabilities Education Improvement Act Of 2004, 2004, 11, 19, https://www.govtrack.us/congress/bills/108/hrl350/text.

Innocenti, M., Huh, K. & Boyce, G. "Families of children with disabilities: Normative data and other considerations on parenting stress". *Topics in Early Childhood Special Education*, V.12, 1992(3).

Isaacs, B.J., et al.. "The International Family Quality of Life Project: Goals and Description of a Survey Tool". *Journal of Policy and Practice in Intellectual Disabilities*, V.4, 2007 (3).

Itzhaky, H.& Schwartz, C. "Empowerment of parents of children with disabilities: the effect of community and personal variables". *Journal of Family Social Work*, 2000(5).

Judge, S.L., Burden, R.L. "Towards a tailored measure of parental attitudes: an approach to the evaluation of one aspect of intervention projects with parents of handicapped children". *Child Care Health Dev*, V.6, 1980(1).

Kausar, S., Jevne, R.F.& Sobsey, D. "Hope in families of children with developmental disabilities". *Journal on Developmental Disabilities*, V.10, 2003(1).

Kazak, A.E. & Marvin, R. "Differences, difficulties and adaptation: Stress and social networks in families with a handicapped child". *Family Relations*, V.33, 1984(1).

Kazak, A.E. & Wilcox, B.L. "The structure and function of social support networks in families with handicapped children". *American Journal of Community Psychology*, V.12, 1984(6).

Kimball, E. W., Troiano, P. F., Moore, A., Vaccaro, A. & Newman, B. M. "College Students with Disabilities Redefine Activism: Self-Advocacy, Storytelling, and Collective Action". *Journal of Diversity in Higher Education*, V.9, 2016(3).

King, G.L.Zwaigenbaum, A.Bates, D. "Baxter and P.Rosenbaum.Parent views of the positive contributions of elementary and high school-aged children with autism spectrum disorders and Down syndrome". *Child: care, health and development*, 2011(38).

Koelen, M.A.& Lindström, B. "Making healthy choices easy choices: the role of empowermen". *European Journal of Clinical Nutrition*, 2005(59).

Koren, P.E., DeChillo, N.& Friesen, B.J. "Measuring empowerment in families whose members have emotional disabilities: a brief questionnaire". *Rehabilitation Psychology*, V.37, 1992(4).

Lasky, B. & Karge, B. "Meeting the needs of students with disabilities: Experience and confidence of principals". *NASSP Bulletin*, V.90, 2006(1).

Lavee, Y., Sharlin, S. & Katz, R. "The effect of parenting stress on marital quality". *Journal of Family Issues*, V.17, 1996(1).

Lebeer, J., Birta-Székely, N., Demeter, K., Bohács, K., Candeias, A. A., Sønnesyn, G., Partanen, P., Dawson, L. "Re-assessing the current assessment practice of children with special education needs in Europe". *School Psychology International*, 2012(33).

Lietz, C.A., Hayes, M.J., Cronin, T.W. & Francie, J.C. "An evaluation of strengths-based supervision". *The Journal of Contemporary Social Services*, V.95, 2014(4).

Lippman, L. & Blumen, P. "Normalization and related concepts: Words and ambiguities". *Child Welfare*, V.56, 1977(5).

Lloyd, T., Hastings, R.P. "Psychological variables as correlates of adjustment in mothers of children with intellectual disabilities: cross-sectional and longitudinal relationships". *Intellect.Disabil.Res*, V.52, 2008(1).

Lynch, R. & Gussel, L. "Disclosure and self-advocacy regarding disability-related needs: Strategies to maximize integration in postsecondary education". *Journal of Counseling and Development*, 2001(74).

Madsen, W. C. "Collaborative helping: A practice framework for family-centered services". *Family Process*, V.48, 2009(1).

Mak, L., Hiebert-Murpgy, D., Walker, J.R.& Altman, G. "Parents' Decision Making and

Their Information Needs Concerning Treatments for Child Anxiety: Implications for Family-Centered Practice".*Journal of Family Social Work*,2014(17).

Malgorzata S,"Burnout in parents of children with disability: diagnosis and analysis of the problem", *Proceedings for the Thirteenth Biennial Conference of the International Association of Special Education*,2013.

Martinez,K.G.,Perez,E.A.,Ramirez,R.,Canino,G.& Rand,C."The role of caregivers' depressive symptoms and asthma beliefs on asthma outcomes among low-income Puerto Rican children".*The Journal of Asthma*,V.46,2009(2).

Matthews K. A., Gallo L. C. " Psychological perspectives on pathways linking socioeconomic status and physical health".*Annual Review of Psychology*,V.62,2011(1).

McBride,S.L.,M.J.Brotherson,H.Joanning,D.Whiddon,& A.Demmitt."Implementation of family-centered services:Perceptions of families and professionals".*Journal of Early Intervention*,V.17,1993(4).

McCrae,J.,Scannapieco,M.,Leake,R.,Potter,C. & Menefee,D."Child welfare worker reports of buy-in and readiness for organizational change". *Children and Youth Services Review*,2014(37).

McCubbin,H.I. & Patterson,J.M,"The family stress process:The Double ABCX Model of adjustment and adaptation", In H.I.McCubbin, A.E.Cauble, & J.M.Patterson (Eds.), *Family stress,coping,and social support*,Springfield,IL:Haworth Press,Inc,1982.

McCubbin,H.I.,Joy,C.B.,Cauble,A.E.,Comeau,J.K.,Patterson,J.M.,& Needle,R.H. "Family stress and coping:A decade review".*Journal of Marriage and the Family*,1980 (43).

McCubbin,H.I.,Patterson,J.M.,Bauman,E.I. & Harris,L."*Systematic assessment of family stress and coping*",St.Paul:University of Minnesota,1981.

McWilliam,R.A.,Ferguson,A.,Harbin,G.L.,Porter,P.,Munn,D. & Vandiviere,P. "The family-centeredness of individualized family service plans".*Topics in Early Childhood and Special Education*,V.18,1998(2).

McWilliam, R. A., Maxwell, K. L. & Sloper, K. M. " Beyond 'involvement': Are elementary schools ready to be family-centered?"*School Psychology Review*,V.28,1999(3).

Melaville,A.I.,Blank,M.J. & Asayesh,G."Together we can Report by U.S.Department of Education and U.S.Department of Health & Human Services".Washington,DC:U.S.Government Printing Office,1993.

Michalopoulos,L.,Ahn,H.,Shaw,T.V. & O'Connor,J."Child Welfare Worker Perception of the Implementation of Family-Centered Practice".*Research on Social Work Practice*,V. 22,2012(6).

Mink,I.T.,Blacher,J. & Nihira,K."Taxonomy of family lifestyles:III.Replication with families with severely mentally retarded children".*American Journal on Mental Retardation*, V.93,1988(2).

Minnes,P.M."Family and stress associated with having a mentally retarded child".*American Journal of Mental Retardation*,1988(93).

Moeller,M.P.,Carr,C.,Seaver,L.,Stredler-Brown,A.& Holzinge,D."Best Practices in Family-Centered Early Intervention for Children Who Are Deaf or Hard of Hearing:An International Consensus Statement".*Journal of Deaf Studies and Deaf Education*,V.18,2013 (4).

Moreau,K.A.& Cousins,J.B."A survey of program evaluation practices in family-centered pediatric rehabilitation settings".*Evaluation and Program Planning*, 2014(43).

Mott,S.E.,Fewell,R.R.,Lewis,M.,Meisels,S.J.,Shonkoff,J.P. & Simeonsson,R.J. "Methods for assessing child and family outcomes in early childhood special education programs:Some views from the field".*Journal of Early Childhood Special Education*,V.6,1986 (2).

Nachshen,J.S.& Minnes,P."Empowerment in parents of school-aged children with and without developmental disabilities".*Journal of Intellectual Disability Research*,2005(49).

Office of Special Education and Rehabilitative Services & U.S. "Department of Education.38th Annual Report to Congress on the Implementation of the Individuals with Disabilities Education Act", 2016, 2016, 10, 31, https://www2. ed. gov/about/reports/annual/osep/2016/parts-b-c/38th-arc-for-idea.pdf.

Office of Special Education and Rehabilitative Services & U.S. "Department of Education.40th Annual Report to Congress on the Implementation of the Individuals with Disabilities Education Act", 2018, 2019, 7, 1, https://www2. ed. gov/about/reports/annual/osep/2018/parts-b-c/40th-arc-for-idea.pdf.

Park,J.etal.."Toward Assessing Family Outcomes of Service Delivery:Validation of a Family Quality of Life Survey".*Journal of Intellectual Disability Research*,2010(47).

Pearlin,L.I. & Schooler,C."The structure of coping".*Journal of Health and Social Behavior*,1978(19).

Pierce,D.,Munier,V. & Myers,C."Informing early intervention through an occupational science description of infant-toddler interactions with home space".*American Journal of Occupational Therapy*,V.63,2009(3).

Plant,K.M.,Sanders,M.R."Predictors of care-giver stress in families of preschool-aged children with developmental disabilities".*Journal of Intellectual Disability Research*, V.51, 2007(2).

Poston,D.,Turnbull,A.,Park,J.,Mannan,H.,Marquis,J. & Wang,M.,"Family quality of Life :A qualitative inquiry".*Mental Retardation*,V.41,2003(5).

Rappaport,J."Studies in empowerment:Introduction to the issue".*Prevention in Human*

Services, 1984(3).

Rappaport, J. "Terms of empowerment/exemplars of prevention: toward a theory for community psychology". *American Journal of Community Psychology*, V.15, 1987(2).

RieWakimizu, Keiko Yamaguchi, Hiroshi Fujioka, Chieko Numaguchi, Kaori Nishigaki, Naho Sato, Miyuki Kishino, Hiroshi Ozawa, Nobuhiro Iwasaki. "Assessment of Quality of Life, Family Function and Family Empowerment for Families Who Provide Home Care for a Child with Severe Motor and Intellectual Disabilities in Japan". *Scientific Research Publishing*, 2016 (8).

Romer, E. F. & Umbreit, J. "The effects of family-centered service coordination: A social validity study". *Journal of Early Intervention*, V.21, 1998(2).

Rush, D., & Shelden, M. "On becoming a team: A view from the field". *Seminars in Speech and Language*, V.17, 1996(2).

Ryan, T. G. & Griffiths, S. "Self-advocacy and its impacts for adults with developmental disabilities". *Australian Journal of Adult Learning*, V.55, 2015(1).

Scheel, M. J. & Rieckmann, T. "An empirically derived description of self-efficacy and empowerment for parents of children identified as psychologically disordered". *The American Journal of Family Therapy*, V.26, 1998(1).

Scorgie, K. & Sobsey, D. "Transformational outcomes associated with parenting children who have disabilities". *Mental Retardation*, V.38, 2000(3).

Seligman, M. E. P. & Csikszentmihalyi, M. "Positive psychology: an introduction". *American Psychologist*, V.55, 2000(5).

Sievert, A. L., Cuvo, A. J., & Davis, K. A. "Training self-advocacy skills to adults with mild handicaps", *Journal of Applied Behavior Analysis*, V.21, 1988(3).

Simpson, R. L. & Depalmasimpson, J. "At-Risk and Disabled Students: Parent and Family Needs". *Preventing School Failure: Alternative Education for Children and Youth*, V.39, 1994 (1).

Singer, G. H. S., Marquis, J., Powers, L. K., Blanchard, L., Divenere, N. & Santelli, B., et al. "A multisite evaluation of parent to parent programs for parents of children with disability". *Journal of Early Intervention*, V.22, 1999(3).

Spreitzer G M. "Psychological empowerment in the workplace: Dimensions, measurement, and validation". *Academy of Management Journal*, V.38, 1995(5).

Sullivan-Bolyai, S. et al. "Social Support to Empower Parents (STEP): an intervention for parents of young children newly diagnosed with type 1 diabetes". *Diabetes Educator*, V.36, 2010(1).

Summers, J. A., Behr, S. K. & Turnbull, A. P, "Positive adaptation and coping strengths of families who have children with disabilities", *In: Support for Caregiving Families: Enabling*

Positive Adaptations to Disability (eds *G. H. S. Singer & L. K. Irvin*) , Paul Brookes , Baltimore , MD , USA , 1989.

Summers , J. , Marquis , J. , Mannanb , H. , Turnbulla , A. , Fleming , K. , Poston , D. , & Kupzyk , K. "Relationship of perceived adequacy of services , family – professional partnerships , and family quality of life in early childhood" . *International Journal of Disability , Development and Education* , V.54 , 2007 (3) .

"Support for Families of Children with Disabilities" . Annual Reports , 2016 , 10 , 28 , http://www.phpgroup. co. uk/ ~ /media/Files/P/PHP/documents/item-pdfs/reports-and-presentation/php-annual-report-2014.pdf , .

Tara W. Strine , et al.. "Health-related quality of life and health behaviors by social and emotional support" . *Soc Psychiatry Epidemiol* , V.43 , 2008 (2) .

Taunt , H. M. & Hatings , R. P. "Positive Impact of Children with Developmental Disabilities on their Families : A Preliminary Study" . *Education and Training in Mental Retardation and Developmental Disabilities* , V.37 , 2002 (4) .

"Technical Assistance ALLIANCE for Parent Centers" . About the ALLIANCE , 2016 , 10 , 18 , http://www.taalliance.org/about.html.

Test , D. , Fowler , C. , Wood , W. , Brewer , D. , & Eddy , S. "A conceptual framework of self-advocacy for students with disabilities" . *Remedial and Special Education* , V.26 , 2005 (1) .

Therresa M. Akey , Janet G. Marquis & Margret E. Ross. "Validation of Scores on the Psychological Empowerment Scale : A Measure of Empowerment for Parents of Children with a Disability" . *Educational and Psychological Measurement* , V.60 , 2000 (3) .

Traustadottir , R. "Learning about self-advocacy from life history : A case study from the United States" . *British Journal of Learning Disabilities* , V.34 , 2006 (3) .

Trivette , C. , Dunst , C. & Ham by , D. "Factors associated with perceived control : Appraisals in a family-centered early intervention program" . *Journal of Early Intervention* , 1996 (20) .

Trivette , C. , Dunst , C. , Deal , A. , Hamer , A. & Propst , S. "Assessing family strengths and family functioning style" . *Topics in Early Childhood Special Education* , V.10 , 1990 (1) .

Trute , B. , & Hauch , C. "Building on family strength : A study of families with positive adjustment to the birth of a developmentally disabled child" . *Journal of Marital and Family Therapy* , V.14 , 1988 (2) .

Trute , B. & Hiebert-Murphy , D. "Family adjustment to childhood developmental disability : a measure of parent appraisal of family impacts" . *Journal of Pediatric Psychology* , V.27 , 2002 (3) .

Turnbull , A.P. & Summers , J.A , "From parent involvement to family support : Evolution to revolution" , In S. M. Pueschel, C. Tingey , J. E. Rynders , A. C. Crocker , & D. M. Crutcher (Eds.) , *New perspectives on Down Syndrome : Proceedings of the state-of-the-art* conference,1987.

Turnbull,H.R.,Guess,D. & Turnbull,A.P."Vox populi and baby doe".*Mental Retardation*,V.26,1988(3).

Vuorenmaa M,Perälä M L,Halme N,et al."Associations between family characteristics and parental empowerment in the family,family service situations and the family service system".*Child:care,health and development*,V.42,2016(1).

Wakimizu R,Fujioka H,Nishigaki K,et al."Family empowerment and associated factors in Japanese families raising a child with severe motor and intellectual disabilities".*International Journal of Nursing Sciences*,V.5,2018(4).

Wakimizu R,Fujioka H,Nishigaki K,et al."Family empowerment and associated factors in Japanese families raising a child with severe motor and intellectual disabilities".*International Journal of Nursing Sciences*,V.5,2018(4).

Wakimizu R,Fujioka H,Yoneyama A,et al."Factors associated with the empowerment of Japanese families raising a child with developmental disorders".*Research in Developmental Disabilities*,V.32,2011(3).

Wakimizu R,Yamaguchi K,Fujioka H."Family empowerment and quality of life of parents raising children with developmental disabilities in 78 Japanese families".*International Journal of Nursing Sciences*,V.4,2017(1).

Wakimizu,R.,Fujioka,H. & Yoneyama A."Empowerment process for families rearing children with developmental disorders in Japan".*Nursing and Health Sciences*,V.12,2010(3).

Wakimizu,R.,Fujioka,H.,Yoneyama,A.,Iejima,A.& Miyamoto,S."Factors associated with the empowerment of Japanese families raising a child with developmental disorders".*Research in Developmental Disabilities*,V.32,2011(3).

Webb,R.,Greco,V.,Sloper,P. & Beecham,J."Key workers and schools:Meeting the needs of children and young people with disabilities".*European Journal of Special Needs Education*,V.23,2008,(3).

Wehman,T. "Family-centered early intervention services:Factors contributing to increased parent involvement and participation".*Focus on Autism and Other Development Disabilities*,V.13,1998(2).

Wehmeyer,M.L.,Agran,M.,Hughes,C.,Martin,J.E.,Mithaug,D.E.& Palmer,S.B,"Teaching self-advocacy & student involvement in educational planning",In Harris K.R.& Graham S.(Eds.),*Promoting self-determination in students with developmental disabilities*.NY:Guilford Press,2007.

Wehmeyer,M.L.,Palmer S.B.Agran,M.,Mithaug.D.E.& Martin.J.E."Promoting causal agency:The self-determined model of instruction".*Exceptional Children*,V.66,2000(4).

Wehmeyer, M. & Palmer, S. "Adult outcomes for students with cognitive disabilities three-years after high school: The impact of self-determination". *Education and Training in Developmental Disabilities*, 2003(38).

Wehmeyer, M. & Schwartz, M. "The self-determination focus of transition goals for students with mental retardation". *Career Development for Exceptional Individuals*, V.21, 1998(1).

Weiss J.A., Lunsky Y. "The brief family distress scale: A measure of crisis in caregivers of individuals with autism spectrum disorders". *Journal of Child and Family Studies*, V.20, 2011(4).

Weiss J.A., Diamond T. "Stress in parents with intellectual disabilities attending Special Olympics competitions". *Journal of Applied Research in Intellectual Disabilities*, V.18, 2005(3).

Wiatrowski, M.D. & Campover, C. "Community policy and community organization assessment and consensus development strategies". *Journal of Community Practice*, V.3, 1996(1).

Williams, J.G., Higgins, J.P. & Brayne, C.E. "Systematic review of prevalence studies of autism spectrum disorders". *Arch. Dis. Child*, 2006(91).

Winkler, L. "Chronic stresses of families of mentally retarded children". *Family Relations*, 1981(30).

Wright, A., Hiebert-Murphy, D. & Trute, B. "Professionals' Perspectives on Organizational Factors That Support or Hinder the Successful Implementation of Family-Centered Practice". *Journal of Family Social Work*, V.13, 2010(2).

Yaoying X. "Empowering Culturally Diverse Families of Young Children with Disabilities: The Double ABCX Model". *Early Childhood Education Journal*, V.34, 2007(6).

York, A.S. "Directive and non-directive approaches in community social work". *Journal and Social Work and Policy in Israel*, 1990(3).

Zaretsky, L. "A transdisciplinary team approach to achieving moral agency across regular and special education in K-12 schools". *Journal of Educational Administration*, V.45, 2007(4).

Zimmerman, M.A. "Empowerment Theory: Psychological, Organizational and Community Levels of Analysis". *Handbook of Community Psychology*, 2000.

Ziolko, M.E. "Counseling parents of children with disabilities: A review of the literature and implications for practice". *Journal of Rehabilitation*, V.57, 1991(2).

责任编辑：杨　谭

图书在版编目（CIP）数据

特殊儿童家庭赋权增能研究/申仁洪　著. —北京：人民出版社，2021.12

ISBN 978－7－01－023037－5

Ⅰ.①特…　Ⅱ.①申…　Ⅲ.①儿童教育-特殊教育-家庭教育-研究

　Ⅳ.①G78

中国版本图书馆 CIP 数据核字（2021）第 011067 号

特殊儿童家庭赋权增能研究

TESHU ERTONG JIATING FUQUAN ZENGNENG YANJIU

申仁洪　著

人民出版社 出版发行

（100706　北京市东城区隆福寺街 99 号）

中煤（北京）印务有限公司印刷　新华书店经销

2021 年 12 月第 1 版　2021 年 12 月北京第 1 次印刷

开本：710 毫米×1000 毫米 1/16　印张：27

字数：440 千字

ISBN 978－7－01－023037－5　定价：98.00 元

邮购地址 100706　北京市东城区隆福寺街 99 号

人民东方图书销售中心　电话（010）65250042　65289539